Anlegerschutz bei Genussscheinen,
Gewinnschuldverschreibungen,
Options- und Wandelanleihen

# Europäische Hochschulschriften

Publications Universitaires Européennes
European University Studies

**Reihe II**
**Rechtswissenschaft**

Série II Series II
Droit
Law

**Bd./Vol. 3084**

PETER LANG
Frankfurt am Main · Berlin · Bern · Bruxelles · New York · Oxford · Wien

Andreas Prosser

# Anlegerschutz bei Genussscheinen, Gewinnschuldverschreibungen, Options- und Wandelanleihen

## insbesondere bei Konzernierung und Umwandlung

PETER LANG
Europäischer Verlag der Wissenschaften

Die Deutsche Bibliothek - CIP-Einheitsaufnahme

Prosser, Andreas:

Anlegerschutz bei Genussscheinen, Gewinnschuldverschreibungen, Options- und Wandelanleihen : insbesondere bei Konzernierung / Andreas Prosser. - Frankfurt am Main ; Berlin ; Bern ; Bruxelles ; New York ; Oxford ; Wien : Lang, 2001

(Europäische Hochschulschriften : Reihe 2, Rechtswissenschaft ; Bd. 3084)
Zugl.: Jena, Univ., Diss., 2000
ISBN 3-631-37584-0

27
ISSN 0531-7312
ISBN 3-631-37584-0

*Meinen lieben Eltern*

# Vorwort

Die Arbeit lag im Sommersemester 2000 der Rechtswissenschaftlichen Fakultät der Friedrich-Schiller-Universität Jena als Dissertation vor. Ich danke meinem Doktorvater, Herrn Prof. Dr. Bayer, für die jederzeit menschliche und faire Betreuung der Arbeit und für die Doktorandentreffen im Kreise der Familie. Ebenso danke ich dem Zweitgutachter, Herrn Prof. Dr. Hirte, für seine wohlwollende Begutachtung.

Dank schulde ich auch meinen Eltern und Großeltern, ohne deren ideelle und materielle Unterstützung im Laufe meines Lebens diese Arbeit nicht oder nur unter Schwierigkeiten möglich gewesen wäre.

München, den 14. November 2000

# INHALTSVERZEICHNIS

## Einleitung

Genussscheine, Gewinnschuldverschreibungen und Wandelschuldverschreibungen (Optionsanleihen und Wandelanleihen) spielten in der Vergangenheit im Wirtschaftsleben Deutschlands nur eine geringe Rolle und führten daher über viele Jahrzehnte auch im juristischen Schrifttum ein Schattendasein. In den 80iger Jahren setzte ein bemerkenswerter Emissionsboom von Genussscheinen und Optionsanleihen ein. Parallel dazu beschäftigte sich die rechtswissenschaftliche Literatur vermehrt mit diesen Wertpapieren, vor allem dem Genussschein. Die Zahl der Publikationen, Länge der Abhandlungen und die Fülle des Wissens explodierte. Es wurde das Thema Anlegerschutz „entdeckt", welches in der älteren Rechtsprechung und Literatur nur eine untergeordnete Rolle spielte. Eine Folge der gestiegenen wirtschaftlichen Bedeutung der Genussscheine, Gewinnschuldverschreibungen und Wandelschuldverschreibungen waren eine Reihe wichtiger Gerichtsentscheidungen in den 90iger Jahren, deren für den Anlegerschutz bedeutendste das Klöcknerurteil des Bundesgerichtshofs[1] von 1992 war. In dieser Entscheidung nahm der Bundesgerichtshof zu den Voraussetzungen der Haftung der Aktiengesellschaft wegen sorgfaltswidriger Geschäftsführung gegenüber den Anlegern Stellung und verhalf einem in der wissenschaftlichen Literatur vorbereiteten rechtsdogmatischen Wandel zum Durchbruch, der einen Teil der älteren Literatur zum Anlegerschutz Makulatur werden ließ.

Ziel dieser Dissertation ist es, unter Zugrundelegung der aktuellen Rechtsdogmatik nach neuester Rechtsprechung und Literatur, vor allem konzern- und umwandlungsspezifische Anlegerschutzprobleme zu erörtern. Die wissenschaftliche Diskussion konzernrechtlicher und umwandlungsrechtlicher Anlegerschutzprobleme steht erst am Anfang. *Uwe Hüffer*[2] hat zu Recht festgestellt, dass im Bereich konzernrechtlicher (und umwandlungsrechtlicher) Fragen die „Praxis allenfalls teilweise auf einen gesicherten Meinungsstand zurückgreifen kann. Manches ist mehr Denkmodell als gesetzlich fundierte Lösung". Eine tiefergehende Untersuchung und Begründung der von der Literatur jeweils dargestellten Ergebnisse fand bisher kaum statt. So gesteht die herrschende Meinung zum Beispiel einem Genussscheininhaber „Anpassungsansprüche" zu, wenn der Emittent durch Abschluss eines Beherrschungs- und Gewinnabführungsvertrages zum abhängigen Unternehmen im Vertragskonzern wird. Außer der bloßen Behauptung, dass dies so sei und dass die Anpassung wie bei den §§ 304, 305 AktG zu erfolgen habe, finden sich kaum nähere Begründungen. In dieser Dissertation soll deshalb der rechtlichen Rechtfertigung des Anpassungsbegehrens und dessen rechtsdogmatischer Begründung sowie dem möglichen Inhalt des Anpassungsanspruchs nachgegangen werden. Umstritten ist desweiteren die Frage nach den Rechtsfolgen,

---

[1] BGHZ 119, 305 ff. = NJW 1993, 58 ff. (Klöckner).
[2] *Hüffer*, AktG, § 221 Rn 68.

wenn der Emittent von Genussscheinen, Gewinnschuldverschreibungen und Wandelschuldverschreibungen in eine andere Aktiengesellschaft eingegliedert (§§ 319 ff. AktG) worden ist. Während die Diskussion bei Wandelschuldverschreibungen diesbezüglich nach einer Entscheidung des Bundesgerichtshofs zur Ruhe gekommen ist, blieb dieselbe Frage für Genussscheine und Gewinnschuldverschreibungen nach wie vor offen. Bisher überhaupt nicht behandelt wurde im Zusammenhang mit der hier zu erörternden Problematik das Thema Missmanagement im Konzern. Deshalb soll in dieser Dissertation erstmals der Versuch unternommen werden darzustellen, unter welchen Voraussetzungen das Erteilen oder Befolgen von Weisungen im Konzern die Missmanagementhaftung des Emittenten gegenüber den Anlegern begründet. Ein weiteres Problemfeld sind übermäßige Rücklagenbildungen im Konzern. Diese Fragen wurden bereits mit unterschiedlichen Lösungsansätzen lebhaft diskutiert. Es wird daher zu prüfen sein, ob die bisher gefundenen Ergebnisse der durch den rechtsdogmatischen Wandel infolge des Klöcknerurteils bewirkten neuen Sichtweise standhalten.

Ein weiterer Themenkomplex betrifft umwandlungsrechtliche Anlegerschutzprobleme, insbesondere bei Verschmelzung und Spaltung. Da die ältere Literatur de lege lata überholt ist, geht es hier zunächst darum, einen gesicherten Meinungsstand auf der Grundlage des Umwandlungsgesetzes von 1994 festzustellen. Obwohl der Anlegerschutz im Umwandlungsgesetz von 1994 gesetzlich geregelt ist, besteht nicht einmal im Ansatz Einigkeit darüber, wie über den bloßen Gesetzeswortlaut hinaus der Anlegerschutz bewirkt werden soll. Deshalb ist der grundsätzlichen Frage nachzugehen, wem das Bestimmungsrecht über die Rechtspflicht, gleichwertige Rechte zu gewähren, zusteht (dem/den Rechtsträgern oder Anlegern). Bei der Spaltung ist fraglich, ob gleichwertige Rechte in einem, mehreren, allen übernehmenden und/oder im übertragenden Rechtsträger zu gewähren sind. Näher untersucht werden soll auch, wann ein Sonderrecht „gleichwertig" im Sinne des Umwandlungsrechts ist.

Auf eine Fülle von Detailfragen gibt also weder das Gesetz noch das Schrifttum eine erschöpfende Anwort. Deshalb soll in dieser Dissertation nunmehr unter besonderer Berücksichtigung der neuesten Rechtsprechung und Literatur die rechtswissenschaftliche Diskussion auf den aktuellen Stand gebracht und teilweise auch fortentwickelt werden.

# I. Kapitel: Allgemeine dogmatische Grundlagen zu Genussscheinen, Gewinnschuldverschreibungen, Optionsanleihen, Wandelanleihen

## 1. Genussscheine

### 1.1. Definition des Genussrechts und des Genussscheins

Genussrechte sind Rechte aus einem schuldrechtlichen Vertrag, in dem der Genussrechtsemittent dem Genussrechtsinhaber als Gegenleistung für die Überlassung von Kapital (Kapitalzufuhr oder Forderungsverzicht gem. § 397 BGB) oder zur Abgeltung sonstiger Ansprüche Vermögensrechte gewährt, wie sie sonst typischerweise nur im Verhältnis zu Gesellschaftern bestehen[3]. Genussscheine sind die als Wertpapier verbrieften Genussrechte. Regelmäßig, aber nicht notwendig, handelt es sich um Inhaberpapiere, die über einen Nennwert verfügen[4]. Sie können aber auch als Order- oder Namenspapiere ausgestaltet werden oder bloße Beweisurkunden sein[5]. Als aktionärstypische Vermögensrechte kommen in Betracht: das Recht auf Teilhabe am Ergebnis des Unternehmens (Gewinn und/oder Verlust), das Recht auf Teilhabe am Liquidationserlös und/oder am Liquidationsüberschuss, das Recht auf Umtausch (Wandlung) in oder Bezug von Gesellschaftsanteilen und/oder weiteren Genussrechten, das Recht auf Benutzung von Einrichtungen des ausgebenden Unternehmens[6].

---

[3] Definition nach IDW-Fachgutachten/Stellungnahmen HFA 1/1994; ähnlich im übrigen *Flechtheim* in Düringer/Hachenburg, HGB, Anh. § 179 Anm. 6a; *Ernst*, Der Genußschein (1963), S. 92 f.; *Ernst* AG 1967, 77; *Schilling* in GroßKo, AktG, § 221 Anm. 11; *Wünsch* in FS Strasser (1983), S. 879; *Vollmer* ZGR 1983, 451; *Pougin*, Genußrechte, S. 1; *Hammen* DB 1988, 2549; *Feddersen/Knauth*, Eigenkapitalbildung, S. 15; *Göhrum*, Einsatzmöglichkeiten (1991), S. 16; *Goerdeler/Müller* in Hachenburg, GmbHG, Anh. § 29 Rn 2; *Gehling* WM 1992, 1094; *Frantzen*, Genußscheine (1993), S. 3; *Sethe* AG 1993, 297; *Wiedemann* in GroßKo, AktG, 4. Aufl., Vor § 182 Rn 109; *Karollus* in Geßler/Hefermehl, AktG, § 221 Rn 238; *Hüffer*, AktG, § 221 Rn 25; *Lutter* in KöKo, AktG, § 221 Rn 21, 198; *Kallrath*, Die Inhaltskontrolle (1994), S. 12; *Luttermann*, Unternehmen, S. 80; *Krieger* in MüHandb., Band 4, § 63 Rn 47.

[4] *Frantzen*, Genußscheine (1993), S. 6 Fn 28; *Lutter* in KöKo, AktG, § 221 Rn 248.

[5] *Ernst*, Der Genußschein (1963), S. 126 ff.; *Pougin* in FS Oppenhoff (1985), S. 278; *Pougin*, Genußrechte, S. 6; *Thielemann*, Das Genußrecht (1988), S. 65 ff.; *Karollus* in Geßler/Hefermehl, AktG, § 221 Rn 339; *Lutter* in KöKo, AktG, § 221 Rn 247 ff.; *Hüffer*, AktG, § 221 Rn 28; *Krieger* in MüHandb., Band 4, § 63 Rn 47.

[6] *Ernst* AG 1967, 77; *Wünsch* in FS Strasser (1983), S. 877 f.; *Göhrum*, Einsatzmöglichkeiten (1991), S. 16; *Wiedemann* in GroßKo, AktG, 4. Aufl., Vor § 182 Rn 109; *Karollus* in Geßler/Hefermehl, AktG, § 221 Rn 263 ff.; *Lutter* in KöKo, AktG, § 221 Rn 21 und 199; *Kallrath*, Die Inhaltskontrolle (1994), S. 12 ff.; *Luttermann*, Unternehmen (1998), S. 80; *Krieger* in MüHandb., Band 4, § 63 Rn 47.

Während der Gesetzgeber im Gegensatz zu Gewinn- und Wandelschuldverschreibungen bisher auf eine Legaldefinition verzichtet hat, um die Entwicklung der Genussrechtspraxis nicht unnötig zu hemmen[7], und das Reichsgericht[8] sowie das ältere Schrifttum[9] sich zu der ständig wiederholenden Äußerung veranlasst sahen, mit dem Begriff „Genussschein" sei kein feststehender Begriff oder kein ausgeprägtes Rechtsinstitut verbunden, derselbe diene vielmehr zur Bezeichnung von Urkunden verschiedenartigen Charakters, ist nunmehr - zumindest bei den börsennotierten Finanzierungsgenussscheinen - eine gewisse Standardisierung festzustellen. Auf dem derzeitigen Kapitalmarkt lassen sich zwei Grundtypen von (Finanzierungs)-Genussscheinen unterscheiden. Der erste Typ ist der des obligationen- oder rentenähnlichen Genussscheins. Die Ausschüttung berechnet sich nach einem jährlich konstanten oder variablen Prozentsatz auf das Nennkapital, soweit der Bilanzgewinn oder Jahresüberschuss dazu ausreicht oder nach einer jährlichen, vom Bilanzgewinn unabhängigen Mindestverzinsung plus einer gewinnabhängigen Zusatzverzinsung. Diese obligationen- oder rentenähnlichen Genussscheine machen derzeit 91,67 % der börsennotierten Genussscheine aus[10]. Der zweite Typ ist der des aktienähnlichen Genussscheins. Er gewährt eine vom jeweiligen Bilanzgewinn oder Jahresüberschuss abhängige oder eine nach der Eigen- oder Gesamtkapitalrendite bemessene Ausschüttung. Der Typ des aktienähnlichen Genussscheins macht derzeit 8,33 % der börsennotierten Genussscheine aus[11]. Der Ausschüttungsanspruch der Genussscheininhaber geht dem der Aktionäre in der Regel vor. Der Rückzahlungsanspruch ist verlustbeteiligt und im Konkurs- und Liquidationsfall in der Regel nachrangig gegenüber den übrigen Gläubigern. Sind Genussscheine mit einem Bezugs- oder Umtauschrecht auf Aktien verbunden, spricht man von Options- oder Wandelgenussscheinen[12].

In der jüngeren Literatur[13] besteht die Tendenz, den Genussrechtsbegriff durch den Normzweck der jeweils anzuwendenden Norm zu beschränken (Normzwecktheorie). Danach läge ein Genussrecht im Sinn des § 221 AktG nur dann vor, wenn § 221 AktG anwendbar wäre, das heißt, wenn nach dem Normzweck des § 221 AktG ein Hauptversammlungsbeschluss zum Schutz der Aktionäre erforderlich sei. § 221 AktG erfasse nur solche Rechte als Genuss-

---

[7] RJM, Entwurf 1930, S. 124 zitiert nach *Frantzen*, Genußscheine (1993), S. 1; abgedruckt ebenfalls bei *Gehling* WM 1992, 1094 Fn 10.

[8] RGZ 30, 16 f.; RGZ 49, 10, 13 f.; RGZ 97, 197 f.; RGZ 115, 227, 230.

[9] zum älteren Schrifttum mit Überblick: *Ernst*, Der Genußschein (1963), S. 98 ff.; *Frantzen*, Genußscheine (1993), S. 9 ff., 37 ff.; *Luttermann*, Unternehmen (1998), S. 49 ff.

[10] Commerzbank Investment Research, Genußscheine (1998), S. 8.

[11] Commerzbank Investment Research, Genußscheine (1998), S. 8.

[12] *Karollus* in Geßler/Hefermehl, AktG, § 221 Rn 31; *Lutter* in KöKo, AktG, § 221 Rn 212 ff.

[13] *Gehling* WM 1992, 1094 ff.; *Lutter* ZGR 1993, 306 f.; *Karollus* in Geßler/Hefermehl, AktG, § 221 Rn 471 mit 288 ff.; *Lutter* in KöKo, AktG, § 221 Rn 198; *Hüffer*, AktG, § 221 Rn 23; *Krieger* in MüHandb., Band 4, § 63 Rn 47.

rechte, die in Konkurrenz zu einem Vermögensrecht der Aktionäre treten könnten. Die Aktionäre sollten vor Beeinträchtigungen ihrer mitgliedschaftlichen Vermögensrechte durch Genussrechtsemissionen bewahrt werden. § 221 AktG bezwecke nämlich den Schutz der Aktionäre vor einer Aushöhlung ihrer Rechtsstellung durch Ausgabe solcher Rechte, die in unmittelbare Konkurrenz zu ihren Vermögensrechten stünden. Fehle eine solche Konkurrenzsituation, könnten die Genussrechte nicht mehr zu den typischen Rechten, die auch Aktionären zustehen, gerechnet werden, sondern seien als Obligationen, auf die § 221 AktG nicht zutreffe, zu betrachten. Dem ist *Sethe*[14] zu Recht entgegengetreten. Der Ansatz der Normzwecktheorie sei zu sehr den Wertungen des Aktienrechts verhaftet. Ein rein schuldrechtliches Geschäft dürfe nicht ausschließlich anhand der engen Wertungen des Aktienrechts definiert werden. § 221 AktG enthalte keine Definition des Genussrechts, sondern setze sie vielmehr voraus.

Gegen eine Einschränkung des Begriffs „Genussrecht" nach dem jeweiligen Normzweck spricht erstens die Gesetzesgeschichte. Auf eine Definition des Genussrechts wurde bewusst verzichtet. § 221 AktG definiert das Genussrecht nicht, sondern erwähnt es nur. § 221 Abs. 3 AktG bestimmt, dass auf Genussrechte das formelle Verfahren des § 221 Abs. 1 AktG sinngemäß anzuwenden sei. Der Umkehrschluss ist jedoch nicht zwingend, dass nur dann, wenn das Verfahren des § 221 Abs. 1 AktG durchzuführen ist, ein Genussrecht vorläge. Die Verfahrensvorschrift des § 221 AktG gibt für die Bestimmung des Begriffsinhalts „Genussrecht" nichts her, weil sie nur darauf gerichtet ist, die Kompetenz der Hauptversammlung für die Ergebnisverwendung zu erhalten. Warum soll ein Genussrecht nicht vorliegen, wenn die Verfahrensvorschrift des § 221 AktG nicht eingreift? Die Normzwecktheorie engt den Begriff des Genussrechts unnötig ein und bringt die Rechtswissenschaft und -praxis nicht weiter. Zweitens erliegt die Normzwecktheorie der Gefahr unzulässiger Zirkelschlüsse. Wenn eine Rechtsnorm auf Genussrechte Anwendung finden soll, kann der Begriff des Genussrechts nicht wiederum von der Anwendung dieser Rechtsnorm abhängig gemacht werden. Der Normzweck kann zwar in teleologischer Reduktion den Anwendungsbereich einer Rechtsnorm einschränken. Dies setzt aber zwingend voraus, dass die Tatbestandsvoraussetzungen der Rechtsnorm erfüllt sind. So kann zum Beispiel gesagt werden, dass § 221 AktG auf bestimmte Genussrechte nach seinem Normzweck keine Anwendung findet. Dies setzt jedoch voraus, dass das Tatbestandsmerkmal „Genussrecht" feststeht. Der Normzweck kann aber niemals die Tatbestandsvoraussetzungen der Rechtsnorm ersetzen. Drittens wäre die Konsequenz der Normzwecktheorie eine unendliche Zersplitterung des Genussrechtsbegriffs. Da jede Rechtsnorm ihren eigenen Zweck verfolgt, gäbe es so viele Genussrechtsbegriffe wie Rechtsnormen. Es gäbe ein Genussrecht im Sinn des § 221 AktG, eines im Sinn des § 10 Abs. 5 KWG, eines im Sinn des § 23

[14] *Sethe* AG 1993, 293, 298; ebenso *Luttermann*, Unternehmen (1998), S. 92.

UmwG usw. Richtig ist es vielmehr, an einer einheitlichen Begriffsbestimmung festzuhalten und dem jeweiligen Normzweck durch teleologische Reduktion der Rechtsnorm Geltung zu verschaffen. Ein Genussrecht liegt deshalb immer vor, wenn einem Dritten ein aktionärstypisches Vermögensrecht eingeräumt wird. Ob ein Hauptversammlungsbeschluss zum Schutz der Aktionäre erforderlich ist, ist eine davon zu trennende Frage.

### 1.2. Rechtsnatur des Genussrechts

Früher hielt man sowohl gläubigerrechtlich als auch mitgliedschaftsrechtlich ausgestaltete Genussrechte für möglich[15]. Je nach vertraglicher Ausgestaltung war das Genussrecht der gläubigerrechtlichen Ebene oder der gesellschaftsrechtlichen Ebene zuzuordnen. Mit dem Begriff des Genussscheins sollten im Einzelfall auch Aktien bezeichnet werden können. Andererseits sollte es sich bei den Genussscheinen im Einzelfall aber auch um Renten- oder Schuldverschreibungen handeln können. Diese Ansicht ist darauf zurückzuführen, dass früher die rechtswissenschaftliche Diskussion von Genussrechten beherrscht wurde, die an die Stelle von amortisierten Aktien treten sollten[16]. In anderem Zusammenhang verstand man unter Genussaktien vor der Aktienrechtsreform von 1937 die bis dahin nicht gesetzlich geregelte Vorzugsaktie ohne Stimmrecht. Dieser Rechtszustand entsprach der heutigen Entwicklung des Schweizer Partizipationsscheins. Unter dem Begriff Genussscheine verstand man also sowohl sog. „Genussaktien" als auch sog. „Genussobligationen". Es war nicht immer klar, ob diejenigen Autoren, die von der Aktiennatur der Genussscheine überzeugt waren, nicht vor allem die sog. „Genussaktie" meinten[17]. Die Meinung, dass Genussscheine Mitgliedschaftsrechte verbriefen könnten, wurde inzwischen aufgegeben. Denn dem Genussschein fehlt die Beteiligung am Grundkapital. Die Grenze zwischen einem Mitgliedschaftsrecht und einem Drittrecht lässt sich allein unter dem Gesichtspunkt der Beteiligung mit einer Einlage auf das Grundkapital ziehen. Bei der Ausgabe von Genussscheinen erfolgt keine Kapitalerhöhung. Daraus geht eindeutig hervor, dass die Genussscheine außerhalb des Grundkapitals stehen. Die Gegenleistung für die Gewährung der Genussrechte ist keine Einlage. Denn sie geht nicht in das Grundkapital, sondern neben dem Grundkapital in das Vermögen der emittierenden Gesellschaft über. Da die Genussscheine keinesfalls eine Beteiligung mit einer Einlage auf das Grundkapital vermitteln, kann durch

---

[15] RGZ 30, 16 f.; RGZ 49, 10 , 13 f.; RGZ 97, 197, 198 ff.; RGZ 115, 227, 230; zur Rechtsgeschichte: *Frantzen*, Genußscheine (1993), S. 9 ff., 37 ff.; *Luttermann*, Unternehmen (1998), S. 80.

[16] zur Rechtsgeschichte: *Frantzen*, Genußscheine (1993), S. 9 Fn 49; *Luttermann*, Unternehmen (1998), S. 44 ff., 49.

[17] *Ernst*, Der Genußschein (1963), S. 103.

die Genussrechtsgewährung keine Mitgliedschaft begründet werden[18]. Die damalige Situation entspricht mittlerweile in keinster Weise den Gegebenheiten des derzeitigen Kapitalmarkts.

Beeinflusst von der damaligen Diskussion ordnete eine ältere Meinung in der Literatur[19], die sich nicht durchsetzen konnte, Genussrechte als Mittelding zwischen Mitgliedschaftsrechten und Gläubigerrechten ein. Vertreter dieser Auffassung war vor allem *Würdinger*[20]. Nach *Würdinger* sei das Genussrecht gleich der Aktie eine Beteiligung, aber ohne aktienrechtliche Mitgliedschaftsrechte. Er bestritt den Gläubigerrechtscharakter des Genussrechts, weil von einem Gläubigerrecht nicht gesprochen werden könne, wenn keine Forderung im Sinn des § 241 S. 1 BGB bestehe. Das Genussrecht stelle keine Forderung dar, weil es keinen Anspruch auf Zahlung gewähre, sondern es unterscheide sich von der Forderung in derselben Weise wie die in der Aktie enthaltene Beteiligung. Es vermittle dem Beteiligten einen Anteil am Jahresgewinn oder am Liquidationserlös oder an beidem. Insoweit habe die Beteiligung des Genussberechtigten dieselbe Rechtsnatur wie die Beteiligung des Aktionärs, welche bei ihm einen Bestandteil seiner Mitgliedschaft bilde[21]. Gegen *Würdingers* Ansatz spricht schon, dass *Würdingers* Schluss, dass das Genussrecht, da es keine Forderung im Sinne des § 241 S. 1 BGB sei, zugleich auch kein Gläubigerrecht sein könne, nicht zwingend ist[22]. Der Begriff des Gläubigerrechts ist mit dem Forderungsbegriff (Forderung = schuldrechtlicher Anspruch) nicht gleichzusetzen, sondern geht über diesen hinaus. Zweitens führt *Würdinger* mit dem Begriff der aktiengleichen Beteiligung eines Dritten eine vom Gesetzgeber nicht geregelte Kategorie ein, da er davon ausgeht, dass es sich weder um eine mitgliedschaftliche Beteiligung noch um ein Gläubigerrecht handelt. Das Gesetz kennt nur Mitgliedschafts- und Gläubigerrecht, ein Mittelding gibt es nicht[23]. Drittens lässt *Würdinger* offen, welches Recht (allgemeines Schuldrecht oder Gesellschaftsrecht, insbesondere Aktienrecht) im Verhältnis des Emittenten zum Genussrechtsinhaber Anwendung finden solle. *Würdinger* schafft mit seiner Einordnung nur begriffliche Verwirrung und Unklarheit bei der Rechtsanwendung. Da die Einordnung der Genussrechte als aktiengleiche Beteiligung ohne Mitgliedschaftsrechte nur einen weiteren vom

---

[18] *Ernst*, Der Genußschein (1963), S. 104; *Emde*, Der Genußschein (1987), S. 7; *Rid-Niebler*, Genußrechte (1989), S. 11; *Göhrum*, Einsatzmöglichkeiten (1991), S. 38.

[19] *Boemle* AG 1972, 16; *Holzheimer*, Die Bank, 1982, 18 f.; *Würdinger*, Aktienrecht bzw. Aktien- und Konzernrecht, bis 3. Aufl. (1973), S. 77 f.; abgeschwächt *Würdinger*, Aktienrecht und das Recht der verbundenen Unternehmen, 4. Aufl. (1981), S. 85 f.

[20] *Würdinger*, Aktienrecht, 1. Aufl. (1959), S. 87 f., bis 3. Aufl. (1973), S. 77 f.; abgeschwächt *Würdinger*, Aktienrecht und das Recht der verbundenen Unternehmen, 4. Aufl. (1981), S. 85 f.

[21] *Würdinger*, Aktien- und Konzernrecht, 3. Aufl. (1973), S. 78 f.

[22] *Schilling* in GroßKo, AktG, § 221 Anm. 11.

[23] *Flechtheim* in Düringer/Hachenburg, HGB, Anh. § 179 Anm. 6; *Silberberger*, Der Partizipationsschein (1983), S. 79; *Göhrum*, Einsatzmöglichkeiten (1991), S. 41.

Gesetz nicht gedeckten Begriff einführen würde und ansonsten zu keiner Klärung oder Anwendung bestimmter Rechtsfolgen führt, wird *Würdingers* Ansicht heute zu Recht nicht mehr vertreten. Es bleibt festzuhalten, dass die Einordnung des Genussrechts als Mittelding zwischen Aktie und Obligation allenfalls in wirtschaftlicher, nicht aber in rechtlicher Hinsicht zutrifft.

Schon das Reichsgericht[24] hatte in mehreren Entscheidungen Genussrechte als Gläubigerrechte behandelt. Der Bundesgerichtshof[25] übernahm die Rechtsprechung des Reichsgerichts: Genussscheine seien börsengängige Wertpapiere, die sich in bestimmten geldwerten Ansprüchen erschöpften. Eine personalistische Bindung irgendwelcher Art sei ihnen nicht eigen, Kontroll- und Mitwirkungsrechte verkörperten sie nicht. Sie verbrieften keine gesellschaftsrechtliche Beteiligung, da es an der Grundvoraussetzung hierfür, nämlich an einem personalistischen Zusammenschluss mehrerer Personen zu einer Zweckgemeinschaft, fehle. Zum Wesen der Genussrechte gehöre es, dass sie nicht gesellschaftsrechtlich geprägt seien. In der Klöckner-Entscheidung stellte der Bundesgerichtshof[26] fest: Es sei unbestritten, dass die mitgliedschaftliche Beteiligung an einer Aktiengesellschaft gegen Einlagen nicht durch Berechtigungen wie Genussscheine, sondern nur durch die Gewährung von Aktien eingeräumt werden könne. Das Genussrecht sei, wie der Senat bereits früher ausgesprochen habe, kein gesellschaftsrechtlich geprägtes Mitgliedschaftsrecht, sondern erschöpfe sich in einem bestimmten geldwerten Anspruch. Darin komme ihr Charakter als schuldrechtliches Gläubigerrecht zum Ausdruck.

Auch in der Literatur setzte sich in den zwanziger und dreißiger Jahren die Auffassung durch, dass Genussrechte immer nur Gläubigerrechte schuldrechtlicher Art darstellten. Heute ist es einhellige Auffassung[27], dass der Genussberech-

---

[24] RGZ 30, 16, 17; RGZ 49, 10, 15; RGZ 70, 52, 54; RGZ 83, 295, 297 f.; RGZ 97, 197, 199; RGZ 105, 236, 238; RGZ 115, 227, 230; RGZ 132, 199, 204, 206.

[25] BGH WM 1959, 434 (LS 1), 436; BGHZ 28, 259 ff., 265 (Harpen-Bonds); BGH WM 1958, 1541 offengelassen.

[26] BGHZ 119, 305, 309, 316 = BGH NJW 1993, 58 (Klöckner); BGHZ 120, 141 = BGH NJW 1993, 400 (Bremer Bankverein).

[27] *Flechtheim* in Düringer/Hachenburg, HGB, Anh. § 179 Anm. 6, 6a, 8; *Schlegelberger/Quassowski* § 174 Rn 19; *v. Caemmerer* JZ 1951, 418; *Ernst*, Der Genußschein (1963), S. 110; *Godin/Wilhelmi*, AktG, § 221 Anm. 5; *Baumbach/Hueck*, AktG, Vorbem. § 221 Rn 7; *Schilling* in GroßKo, AktG, § 221 Anm. 11; *Wünsch* in FS Strasser (1983), S. 879; *Vollmer* ZGR 1983, 451; *Silberberger*, Der Partizipationsschein (1983), S. 76 ff.; *Claussen* in FS Werner (1984), S. 81; *Pougin*, Genußrechte, S. 1; *Emde*, Der Genußschein (1987), S. 10; *Feddersen/Knauth*, Eigenkapitalbildung, S. 15; *Habersack* ZHR 155 (1991), 383 f.; *Göhrum*, Einsatzmöglichkeiten (1991), S. 38; *Schäfer* WM 1991, 1942 ff.; *Goerdeler/Müller* in Hachenburg, GmbHG, Anh. § 29 Rn 3; *Gehling* WM 1992, 1094; *Winter* in Scholz, GmbHG, § 14 Rn 67; *Lutter* ZGR 1993, 291, 294 f.; *Frantzen*, Genußscheine (1993), S. 9 ff; *Wiedemann* in GroßKo, AktG, 4. Aufl., Vor § 182 Rn 109; *Karollus* in

tigte dem Emittenten immer als Dritter, dagegen nie als (Mit)-Gesellschafter und Mitglied gegenüberstehe.

### 1.3. Rechtliche Einordnung des Genussrechtsvertrages

a) Meinungsstand

Eine beachtliche Mindermeinung in der Literatur[28] interpretiert den Genussrechtsvertrag als stille Gesellschaft im Sinne der §§ 230 ff. HGB. Eine stille Gesellschaft liege bei Genussrechten vor, denen ein Austauschverhältnis Kapitalbeteiligung gegen Einlage mit Verlustteilnahme zugrunde liege (= Finanzierungsgenussscheine)[29]. Die Einordnung des Genussrechtsvertrages als stille Gesellschaft stehe nicht im Widerspruch zu der Theorie, dass Genussrechte keine Mitgliedschaftsrechte, sondern ausschließlich Gläubigerrechte darstellten. Die stille Gesellschaft sei als reine Innengesellschaft eine obligatorische Beteiligung. Der stille Gesellschafter sei ebenso wie der Genussscheininhaber kein Mitglied des Beteiligungsunternehmens. Er stehe diesem nur als Dritter gegenüber[30]. *Karollus*[31] sieht die Verlustteilnahme als zwingendes Indiz für das Bestehen eines Willens zur gemeinsamen Zweckerreichung an. Gemeinsames Element der Genussrechte mit Verlustteilnahme sei die umfassende vermögensmäßige Beteiligung an Erfolg und Verlust der Gesellschaft, also die Risikobeteiligung des Genussrechtsinhabers auch im Hinblick auf das Kapital selbst, und damit die sachliche Nähe zu der stillen Gesellschaft. Die stille Gesellschaft sei die vom Gesetz vorgesehene Organisationsform für schuldrechtlich konzipierte Vermögensbeteiligungen ohne unmittelbare mitgliedschaftliche Integration in den Unternehmensträger (also als externer Kapitalgeber), und bei Teilnahme an Gewinn und Verlust lägen alle notwendigen Tatbestandsmerkmale vor. Die entscheidende Abgrenzungsfrage, ob einen ausreichende Zweckverbindung vorliege, sei bei Verlustteilnahme jedenfalls zu bejahen, da gerade im Hinblick auf diese Abgrenzungsfrage die Verlustteilnahme ein zwingendes Indiz für eine stille Gesellschaft

---

Geßler/Hefermehl, AktG, Rn 245 ff.; *Lutter* in KöKo, AktG, § 221 Rn 3, 21, 196; *Kallrath*, Die Inhaltskontrolle (1994), S. 12 und 26; *K. Schmidt*, Gesellschaftsrecht, S. 518; *Luttermann*, Unternehmen (1998), S. 113; *Hüffer*, AktG, § 221 Rn 26; *Krieger* in Mü Handb., Band 4, § 63 Rn 48.

[28] *Baumbach/Hueck*, AktG, Vorbem. § 221 Rn 7; *Meilicke* BB 1987, 1611; *Meilicke* BB 1989, 465 f.; wohl auch *Habersack* ZHR 155 (1991), 394 f., 401, dagegen S. 394 „Treuhandverhältnis"; *Schön* ZGR 1993, 235; *Karollus* in Geßler/Hefermehl, AktG, § 221 Rn 247, 277 ff.: bei aktienähnlichen Genussscheinen mit Verlustteilnahme.

[29] *Karollus* in Geßler/Hefermehl, AktG, § 221 Rn 277 ff.

[30] *Baumbach/Hopt*, HGB, § 230 Rn 2.

[31] *Karollus* in Geßler/Hefermehl, AktG, § 221 Rn 278, 279.

darstelle. Nach anderer Meinung[32] sei der Genussrechtsvertrag ein einseitig verpflichtender, abstrakter Vertrag und zwar ein abstraktes Schuldversprechen im Sinne des § 780 BGB. Es müsse geradezu als ein Charakteristikum des Genussrechts angesehen werden, dass mit diesem eine selbständige, vom Kausalgeschäft losgelöste, neue Verpflichtung des Genussrechtsverpflichteten begründet werden solle. Einige Autoren[33] sehen den Genussrechtsvertrag als ein partiarisches Rechtsgeschäft an. Partiarische Rechtsgeschäfte hätten mit dem Genussrechtsvertrag gemeinsam, dass sie im Gegensatz zur stillen Gesellschaft keinen Anteil am Unternehmen, sondern nur an dessen Erträgnissen gewährten. Nach herrschender Meinung[34] ist das auf Begründung von Genussrechten gerichtete Rechtsgeschäft ein Vertrag eigener Art. Er begründe nach allgemeiner Meinung[35], soweit er auf wiederkehrende Leistungen gerichtet sei (Regelfall), ein Dauerschuldverhältnis. Eine Besonderheit liege lediglich darin, dass die wiederkehrenden Ansprüche meist nicht gleichmäßig, sondern gewinnabhängig in unterschiedlicher Höhe anfallen und gegebenenfalls für eine Rechnungsperiode mangels Gewinns gänzlich ausfallen könnten.

b) Stellungnahme

Gegen die Einordnung des Genussrechtsvertrags als stille Gesellschaft spricht ein Einwand, der sich rechtsdogmatisch nicht überzeugend ausräumen lässt. Die stille Gesellschaft ist eine echte BGB-Gesellschaft im Sinne der §§ 705 BGB in der Form der Innengesellschaft. Durch den Gesellschaftsvertrag verpflichten sich die

---

[32] *Silberberger*, Der Partizipationsschein (1983), S. 91 Fn 285; *Emde*, Der Genußschein (1987), S. 13 f., 100; *Reusch* in Bundschuh/Hadding/Schneider, Recht und Praxis der Genußscheine, S. 26; *Frantzen*, Genußscheine (1993), S. 21 f.

[33] *Emde*, Der Genußschein (1987), S. 11; *Thielemann*, Das Genußrecht (1988), S. 62; *Göhrum*, Einsatzmöglichkeiten (1991), S. 47 f.; *Busch* AG 1994, 95; *Lutter* in KöKo, AktG, § 221 Rn 233; *Karollus* in Geßler/Hefermehl, AktG, § 221 Rn 286: bei obligationenähnlichen Genussrechten ohne Verlustteilnahme.

[34] BGHZ 119, 305, 330 = NJW 1993, 63 (Klöckner); *Ernst*, Der Genußschein (1963), S. 122 ff.; *Ernst* AG 1967, 79; *Wedel*, Der Partizipationsschein, S. 77; *Silberberger*, Der Partizipationsschein (1983), S. 86; *Pougin* in FS Oppenhoff (1985), S. 277; *Pougin*, Genußrechte, S. 4; *Rid-Niebler*, Genußrechte (1989), S. 82; *Capelle*, Der Genußschein (1989), S. 40 f.; *Niemeyer*, Genußrechtskapital (1990), S. 31; *Lutter/Hommelhoff*, GmbHG, § 55 Rn 29; *Luttermann*, Unternehmen (1998), S. 113 ff.

[35] RGZ 49, 10, 15; BGHZ 119, 305, 330 = NJW 1993, 63 (Klöckner); *Schilling* in GroßKo, AktG, § 221 Anm. 11; *Reuter* NJW 1984, 1854; *Zöllner* ZGR 1986, 288 f.; *Pougin*, Genußrechte, S. 1; *Feddersen/Knauth*, Eigenkapitalbildung, S. 79; *Thielemann*, Das Genußrecht (1988), S. 64; *Habersack* ZHR 155 (1991), 392; *Goerdeler/Müller* in Hachenburg, GmbHG, Anh. § 29 Rn 3; *Lutter* ZGR 1993, 300; *Karollus* in Geßler/Hefermehl, AktG, § 221 Rn 277; *Rowedder* in Rowedder, GmbHG, § 29 Rn 81; *Hüffer*, AktG, § 221 Rn 27.

Gesellschafter gegenseitig, die Erreichung eines gemeinsamen Zwecks zu fördern, § 705 BGB. Die Einordnung des Genussrechtsvertrags als stille Gesellschaft scheitert aber daran, dass sowohl dem emittierenden Unternehmen als auch dem Genussscheininhaber der subjektive Wille fehlt, ein Gesellschaftsverhältnis zur gemeinsamen Zweckerreichung zu begründen[36]. Der reine Kapitaleinsatz begründet noch keinen gemeinsamen Zweck. Die Genussrechtsinhaber und die emittierende Gesellschaft haben zwar ein gemeinsames Interesse daran, dass das Unternehmen einen möglichst hohen Gewinn erzielt. Im übrigen verfolgen sie aber jeweils eigene Zwecke. Der Genussberechtigte sucht einen rentable Geldanlage, das Unternehmen billiges Kapital. Es findet keine Vereinigung zum gemeinschaftlichen Erwerb und Gewinn statt.

Der Argumentation von *Karollus* ist entgegen zu halten, dass die sachliche Nähe der Genussrechte zur stillen Gesellschaft für sich allein kein ausreichender Grund für die Einordnung des Genussrechtsvertrages als stille Gesellschaft sein kann. Gerade die Diskussion um die Zulässigkeit aktienähnlicher Genussrechte zeigt, dass Genussrechte ähnlich wie Gesellschafterrechte ausgestaltet werden können. Trotzdem sollen bei aktienähnlichen Genussrechten gerade keine gesellschaftlichen Beteiligungen begründet werden. Ziel solcher Gestaltungen ist es, sachlich gesellschaftsgleiche Rechte zu begründen und gleichzeitig diese Rechte auf die nichtgesellschaftsrechtliche Ebene zu verlagern. Es kann nicht von sachlich gesellschaftrechtlichen Gestaltungen auf einen gesellschaftsrechtlichen Willen geschlossen werden. Die Verlustteilnahme bei Genussrechten ist deshalb kein zwingendes Indiz für das Vorliegen eines subjektiven Willens zur gemeinsamen Zweckerreichung.

In der Literatur wird als weiteres Argument gegen die These, dass der Genussrechtsvertrag eine stille Beteiligung darstelle, angeführt, dass dem Genussrechtsinhaber nicht die Kontroll- und Kündigungsrechte des stillen Gesellschafters (§§ 233, 234 HGB) zustünden[37]. *Frantzen*[38] hält diesem Argument entgegen, dass zum einen das Kontrollrecht des § 233 HGB disponibel und Beschränkungen durch den Gesellschaftsvertrag zulässig seien. Weiterhin könne aufgrund der

---

[36] BGH WM 1959, 434 (LS 1), 436; BGHZ 119, 305, 309 (Klöckner); *v. Caemmerer* JZ 1951, 421; *Ernst* AG 1967, 78; *Wedel*, Der Partizipationsschein (1969), S. 75; *Silberberger*, Der Partizipationsschein (1983), S. 82; *Emde*, Der Genußschein (1987), S. 12 f.; *Feddersen/Knauth*, Eigenkapitalbildung, S. 16; *Thielemann*, Das Genußrecht (1988), S. 59 ff.; *Rid-Niebler*, Genußrechte (1989), S. 81; *Niemeyer*, Genußrechtskapital (1990), S. 29; *Göhrum*, Einsatzmöglichkeiten (1991), S. 45 ff.; *Frantzen*, Genußscheine (1993), S. 15 ff.; *Sethe* AG 1993, 297; *Hüffer*, AktG, § 221 Rn 27; *Lutter* in KöKo, AktG, § 221 Rn 232.

[37] *Ernst*, Der Genußschein (1963), S. 119; *Ernst* AG 1967, 78; *Wedel*, Der Partizipationsschein (1969), S. 75; *Vollmer* ZGR 1983, 450; *Pougin* in FS Oppenhoff (1985), S. 277; *Pougin*, Genußrechte, S. 4.

[38] *Frantzen*, Genußscheine (1993), S. 17.

Vertragsfreiheit dem Genussberechtigten im Genussrechtsvertrag durchaus ein gleichwertiges Kontrollrecht eingeräumt werden. Das Kündigungsrecht des stillen Gesellschafters sei zwar vertraglich nicht ausschließbar (§§ 234, 132, 134, 135 HGB, 723 BGB), doch könne wiederum auch dem Genussrechtsinhaber auf der Basis des Genussrechtsvertrags ein (ordentliches und/oder außerordentliches = aus wichtigem Grund) Kündigungsrecht eingeräumt werden. Auch *Karollus*[39] hält die Ablehnung der Anwendung der §§ 230 ff. HGB, weil keine Mitsprache und Kontrolle gewünscht sei, für eine bloße petitio principii. Es gehe vielmehr gerade um die Frage, ob die Rechtsfolge des § 233 HGB eingreife. Diesen Einwänden ist zuzugeben, dass allein aus dem Fehlen der vertraglichen Kontroll- und Kündigungsrechte für die Genussrechtsinhaber nicht geschlossen werden kann, dass der Genussrechtsvertrag nicht als stille Gesellschaft einzuordnen sei. Der Hinweis auf fehlende Kontroll- und Kündigungsrechte ist jedoch insoweit berechtigt, als er grundlegende Mängel der Theorie, der Genussrechtsvertrag sei eine stille Gesellschaft, offenlegt. Das gesetzliche Leitbild der stillen Gesellschaft in den §§ 230 ff. HGB ist so weit von der Genussrechtspraxis entfernt, dass der Genussrechtsvertrag nicht als stille Gesellschaft eingeordnet werden kann. *Karollus*[40] spricht zwar von einer sachlichen Nähe des Genussrechtsvertrages zur stillen Gesellschaft, diese sachliche Nähe besteht aber bei genauer Betrachtung nur sehr oberflächlich. Ein Vergleich zwischen der gesetzlichen Regelung der stillen Gesellschaft in den §§ 230 ff. HGB und den Genussrechtsgestaltungen offenbart gravierende Unterschiede, so dass der Genussrechtsvertrag auch bei Verlustteilnahme nicht als stille Gesellschaft eingeordnet werden kann. Erstens ist die stille Beteiligung ohne Zustimmung des Vertragspartners üblicherweise nicht frei übertragbar. Für Genussrechte und Genussscheine gilt dies gerade nicht. Vielmehr besteht für Genussscheine ein geregelten Markt. Die Zirkulationsfähigkeit ist gerade der Zweck der wertpapiermäßigen Verbriefung der Genussscheine. Zweitens unterliegt der stille Gesellschafter der gesellschaftsvertraglichen Treuepflicht[41]. Dem schuldrechtlichen Genussrechtsvertrag kann eine besondere Treuepflicht des Genussrechtsinhabers gegenüber der Gesellschaft nicht entnommen werden. Drittens gewährt § 233 Abs. 1 HGB dem stillen Gesellschafter ein gesetzliches Einsichtsrecht in Bücher und Papiere des Handelsgeschäfts. Die Genussrechtsverträge sehen derartig umfassende Kontrollrechte nicht vor. Sie sind sogar unerwünscht. Viertens besitzt der Genussscheininhaber im Gegensatz zum stillen Gesellschafter, der unter den Voraussetzungen des § 339 HGB ein Recht zur Kündigung der stillen Gesellschaft hat, keine gleichkommende Befugnis. Fünftens wird die stille Gesellschaft durch Insolvenz des Inhabers oder des stillen Gesell-

---

[39] *Karollus* in Geßler/Hefermehl, AktG, § 221 Rn 279, ebenso *Kallrath*, Die Inhaltskontrolle (1994), S. 31.

[40] *Karollus* in Geßler/Hefermehl, AktG, § 221 Rn 278.

[41] *Baumbach/Hopt*, HGB, § 230 Rn 23.

schafters aufgelöst[42], nicht aber der Genussrechtsvertrag. Durch den Konkurs eines der Beteiligten bleibt das Rechtsverhältnis zwischen der Gesellschaft und dem Genussberechtigten unberührt. Im Konkurs des Genussscheininhabers fallen seine Titel in die Masse wie jedes andere Wertpapier.

Außerdem unterscheiden zahlreiche Gesetze zwischen stiller Gesellschaft und Genussrechten[43]. Zwar kann man einwenden, dass der Gesetzgeber die rechtsdogmatische Einordnung des Genussrechtsvertrages nicht entscheiden wollte, doch ist der Einordnung der Genussrechte als stille Gesellschaft de lege lata der Boden entzogen. Die Rechtswissenschaft kann den Genussrechtsvertrag nicht als stille Gesellschaft gegen die Gesetzessystematik einordnen, auch wenn der Gesetzgeber das Einordnungsproblem nicht entscheiden wollte. Auch die gesellschaftsrechtliche Regelung der stillen Gesellschaft in den §§ 230 ff. HGB und die bloße Erwähnung der Genussrechte in den §§ 160 Abs. 1 Nr. 6, 221 Abs. 3, Abs. 4 AktG und in § 23 UmwG sprechen für eine Unterscheidung von stiller Gesellschaft und Genussrecht.

Der Streit um die rechtsdogmatische Einordnung des Genussrechtsvertrags als stille Gesellschaft ist vor dem Hintergrund des Anlegerschutzes zu sehen. Da Genussrechte im Gesetz nicht geregelt sind, gibt es auch keine speziellen gesetzlichen Regelungen zum Anlegerschutz. Um sich nicht in unsichere Kategorien des allgemeinen Schuldrechts begeben zu müssen, liegt es nahe, für den Anlegerschutz auf gesellschaftsrechtliche Regelungen zurückzugreifen. Denn im Gesellschaftsrecht sind Interessen abgewogen und Konflikte gesetzlich geregelt, die auch beim Anlegerschutz eine Rolle spielen. Im Gesellschaftsrecht gibt es ausdrückliche Regelungen über Informations- und Kontrollrechte, Kündigungsrechte und es gibt die allgemeine gesellschaftliche Treuepflicht. So verführerisch es sein mag, den Genussscheininhabern die Segnungen des Gesellschafterschutzes zukommen zu lassen, so problematisch ist die rechtsdogmatische Begründung. Um zum gewünschten Ergebnis zu gelangen, können die tatsächlichen Voraussetzungen nicht einfach uminterpretiert werden. Der Weg, durch Interpretation des Genussrechtsvertrags als stille Gesellschaft ein gesichertes Repertoire gesellschaftsrechtlicher Schutzbestimmungen für die Genussscheininhaber zu eröffnen, ist rechtsdogmatisch zweifelhaft. Die Probleme des Anlegerschutzes sind dogmatisch sauberer auf der Grundlage des allgemeinen Schuldrechts zu lösen.

Die Meinung, die den Genussrechtsvertrag als abstraktes Schuldversprechen ansieht, verwechselt anscheinend die Abstraktheit des Wertpapiers

---

42 *Baumbach/Hopt*, HGB, § 234 Rn 5.

43 § 10 Abs. 4, Abs. 5 KWG; §§ 2 Abs. 1 Nr. 1 Buchst. f), i) und l) 5. VermBG; §§ 19a Abs. 3 Nr. 3, 9 und 11, 20 Abs. 1 Nr. 1 und 4, 43 Abs. 1 Nr. 1, 2 und 3 EStG.

„Genussschein" mit einer vermeintlichen Abstraktheit des Genussrechtsvertrages. Dass das Wertpapier „Genussschein" in abstrakter Weise einen Zahlungsanspruch verkörpert, bedeutet nicht, dass auch das zugrundeliegende Rechtsverhältnis abstrakt wäre. Umgekehrt wird aus einem Vertragsverhältnis allein durch die wertpapiermäßige Verbriefung kein abstraktes Schuldversprechen. Für die Rechtsnatur des Genussrechtsvertrages muss es unerheblich sein, ob das Genussrecht wertpapiermäßig verbrieft wurde oder nicht. Allein die Tatsache, dass das Genussrecht durch das Wertpapier „Genussschein" verbrieft wurde, qualifiziert das zugrundeliegende Genussrechtsverhältnis nicht zu einem als abstraktes Schuldversprechen um. Vielleicht entstand die Einordnung als abstraktes Schuldversprechen aus der irreführenden Fragestellung nach dem Genussrechts"verhältnis". Besser wäre es, nach der Rechtsnatur des Genussrechtsvertrages zu fragen. Deshalb hält *Karollus*[44] *Frantzen* zu Recht entgegen, dass *Frantzens* Hinweis auf die typologische Farblosigkeit des Wertpapiers „Genussschein" am Problem vorbei geht. Die Beschreibung des Wertpapiercharakters des Genussscheins, beantwortet die Frage nach der Rechtsnatur des Genussrechtsvertrages nicht.

Gegen die Einordnung des Genussrechtsvertrags als partiarisches Rechtsgeschäft spricht erstens, dass bei einem partiarischen Rechtsgeschäft zu einem selbständigen Vertrag das Merkmal der Gewinnbeteiligung hinzutreten muss[45]. Partiarische Rechtsgeschäfte sind kausale Austauschverträge, bei denen die Besonderheit vorliegt, dass als Entgelt kein fester Lohn oder Zinssatz, sondern eine Gewinn- oder Umsatzbeteiligung vereinbart wird. Sie knüpfen an selbständige Verträge an (z.B. Darlehens-, Miet-, Pacht-, Dienstverträge). Das partiarische Rechtsgeschäft ist als solches kein eigenständiger Vertragstyp. Die Bezeichnung kennzeichnet vielmehr die Entgeltregelung im Rahmen eines bestimmten schuldrechtlichen Vertrages[46]. Beim Genussschein tritt die Gewinnteilnahme aber nicht neben das Genussrecht als Grundverhältnis, sie ist dessen charakteristischer und unentbehrlicher Inhalt. Das Genussrecht ist das eigentliche Rechtsverhältnis. Zweitens ist das Genussrecht im Gegensatz zum partiarischen Rechtsgeschäft nicht auf den Gewinnanteil beschränkt, sondern es kann weitere oder auch andere Vermögensrechte beinhalten. Das Genussrecht kann auch so ausgestaltet werden, dass es keine Beteiligung am Gewinn, sondern lediglich eine Beteiligung am Liquidationserlös, ein Wandlungs- oder Bezugsrecht in Gesellschaftsanteile und/oder

---

[44] *Karollus* in Geßler/Hefermehl, AktG, § 221 Rn 280, 286.

[45] *Ernst*, Der Genußschein (1963), S. 121; *Ernst* AG 1967, 78 f.; *Silberberger*, Der Partizipationsschein (1983), S. 86; *Pougin* in FS Oppenhoff (1985), S. 277; *Feddersen/Knauth*, Eigenkapitalbildung, S. 17; *Pougin*, Genußrechte, S. 4; *Rid-Niebler*, Genußrechte (1989), S. 82; *Niemeyer*, Genußrechtskapital (1990), S. 30; *Frantzen*, Genußrechte (1993), S. 19 f.; *Sethe* AG 1993, 297.

[46] *Larenz/Canaris*, Schuldrecht II/2, § 62 III 2; *Thomas* in Palandt, BGB, § 705 Rn 51.

eine Verlustbeteiligung oder ein Benutzungsrecht gewährt. Dem Genussrechtsinhaber können die verschiedensten Rechte eingeräumt werden. Das partiarische Rechtsgeschäft setzt jedoch per definitionem immer eine Gewinn- oder Umsatzbeteiligung voraus. Beim Genussrechtsvertrag stellt das Gewinnrecht nur eines von mehreren möglichen Rechten dar. Drittens spricht die Verlustbeteiligung zwingend gegen ein partiarisches Rechtsverhältnis, da eine solche dem gesetzlichen Typus des Darlehens-, Miet-, oder Dienstvertragsrechts gänzlich fremd ist[47].

Aus alledem ergibt sich, dass sich der Genussrechtsvertrag nicht generell einem herkömmlichen Vertragstyp zuordnen lässt. Das Genussrecht ist ein vielgestaltiges Recht, das aus den verschiedensten rechtlichen Gründen herrühren kann. Der Inhalt des Genussrechtsvertrages ist weitgehend eine Frage der konkreten Ausgestaltung. Genussrechte beinhalten im Regelfall ein Recht eigener Art auf Teilnahme am Gewinn- und Verlust, das mit Gewinn- und Verlustbeteiligungen eines stillen Gesellschafters nichts zu tun hat. Bei den Finanzierungsgenussrechten dominiert das darlehensrechtliche Element. Im übrigen können zum Beispiel je nach Ausgestaltung kauf-, dienst-, erlassvertragliche Elemente vorkommen. Die Annahme, dass der Genussrechtsvertrag keine einheitliche Rechtsnatur aufweist, vielmehr Vermögensrechte in Form typischer Aktionärsrechte als Gegenleistung für verschiedenste schuldrechtliche Leistungsaustauschgeschäfte enthalten kann, entspricht am besten dem Zweck des jeweiligen Vertrages und den Interessen der Parteien. Sonst würde man den zahlreichen Erscheinungsformen nicht gerecht werden können. Die herrschende Meinung sieht deshalb im Genussrechtsvertrag zu Recht einen Vertrag eigener Art.

---

[47] *Larenz/Canaris*, Schuldrecht II/2, § 62 III 2 b.

## 2. Gewinnschuldverschreibungen

### 2.1. Begriffsbestimmung der Gewinnschuldverschreibung

Im Gegensatz zu den Genussrechten enthält das Gesetz in § 221 Abs. 1 S. 1, Fall 3 AktG eine Legaldefinition. Das Gesetz definiert Gewinnschuldverschreibungen als Schuldverschreibungen, bei denen die Rechte der Gläubiger mit Gewinnanteilen von Aktionären in Verbindung gebracht werden, § 221 Abs. 1 S. 1, 3. Fall AktG. Die Schuldverschreibung ist anstelle oder zusätzlich zu einer festen Verzinsung mit einer Gewinnbeteiligung ausgestattet. Dabei ist die Bemessungsgrundlage „Gewinn" weit zu verstehen. In der Regel bemisst sich die Gewinnbeteiligung nach der Höhe des Dividendensatzes der emittierenden Aktiengesellschaft. Obwohl § 221 Abs. 1 AktG nur Gewinnanteile von Aktionären nennt, ist auch eine Anknüpfung der Gewinnbeteiligung an den Jahresüberschuss, den Bilanzgewinn oder andere ergebnisorientierte Faktoren wie z.B. die Gesamtkapitalrendite möglich[48]. Als Schuldverschreibungen bedürfen die Gewinnschuldverschreibungen der Verbriefung. Anders als bei den Genussrechten ist die Verbriefung Wesensmerkmal der Gewinnschuldverschreibungen[49]. Sie können als Inhaberpapier (Regelfall) im Sinne der §§ 793 ff. BGB oder Orderpapier im Sinn der §§ 363 ff. HGB, aber auch als Namenspapier verbrieft werden[50]. Der Inhaber eines solchen Titels erlangt einen festen Anspruch auf Rückzahlung des gezahlten Kapitals.

Umstritten ist, wodurch sich Gewinnschuldverschreibungen von Genussscheinen unterscheiden. Nach einer Mindermeinung[51] liege der Unterschied darin, dass Genussrechte einen Anteil am Gewinn (Aktionärsrecht) verbriefen, Gewinnschuldverschreibungen aber nur Ansprüche, die sich am Gewinnanteil orientieren. Demgegenüber sieht die herrschende Meinung [52] keine strukturellen Unterschiede

---

[48] RGZ 118, 152, 155; *Godin/Wilhelmi*, AktG, § 221 Anm. 4; *Schilling* in GroßKo, AktG, § 221 Anm. 3; *Karollus* in Geßler/Hefermehl, AktG, § 221 Rn 473 und 290; *Lutter* in KöKo, AktG, § 221 Rn 446; *Kallrath*, Die Inhaltskontrolle (1994), S. 10; *Krieger* in MüHandb., Band 4, § 63 Rn 44.

[49] *Karollus* in Geßler/Hefermehl, AktG, § 221 Rn 476.

[50] *Baumbach/Hueck*, AktG, Vorbem. § 221 Rn 6; *Karollus* in Geßler/Hefermehl, AktG, § 221 Rn 470, 485; *Kallrath*, Die Inhaltskontrolle (1994), S. 11.

[51] *Flechtheim* in Düringer/Hachenburg, HGB, Anh. § 179 Anm. 6a, 18; Untersuchung des Bundesjustizministeriums zitiert nach *Feddersen/Knauth*, Eigenkapitalbildung, S. 18; *Ernst*, Der Genußschein (1963), S. 84 f.; *Lutter* in KöKo, AktG, § 221 Rn 21 anders dagegen Rn 234, 447.

[52] *Schlegelberger/Quassowski* § 174 Anm. 10; *v. Caemmerer* JZ 1951, 418; *Ernst*, Der Genußschein (1963), S. 99; *Ernst* AG 1967, 77; *Schilling* in GroßKo, AktG, § 221 Anm. 11; *Wünsch* in FS Strasser (1983), S. 882; *Feddersen/Knauth*, Eigenkapitalbildung, S. 17; *Rid-*

zwischen Genussscheinen und Gewinnschuldverschreibungen. Unterscheidungsversuche seien praktisch nicht durchführbar. Im übrigen enthielten derartige Abgrenzungen einen Zirkelschluss, wenn die Einordnung der Ausschüttung als Gewinn oder Zins wiederum von der Art des Titels abhängig gemacht werde. Die Inkonsequenz liegt aber bereits darin, Genussrechte einerseits als aktionärstypische Vermögensrechte zu definieren und andererseits zwischen Genussrechten und Gewinnschuldverschreibungen einen strukturellen Unterschied herausarbeiten zu wollen. Sieht man in den Genussrechten aktionärstypische Vermögensrechte, kann es keinen strukturellen Unterschied zwischen Genussrechten und Gewinnschuldverschreibungen geben. Denn die Verbindung mit Gewinnanteilen von Aktionären im Sinne der Legaldefinition (§ 221 Abs. 1 S. 1, Fall 3 AktG) ist stets aktionärstypisch. Im übrigen sind subtile Differenzierungen weder praxisgerecht noch sachlich einleuchtend. Richtigerweise sieht die herrschende Meinung keine strukturellen Unterschiede zwischen Genussscheinen und Gewinnschuldverschreibungen. Die Gewinnschuldverschreibung ist demnach ein Unterfall des Genussrechts. Denn die Gewinnbeteiligung bei der Gewinnschuldverschreibung ist aktionärstypisches Vermögensrecht. Das entscheidende, aber rechtlich nicht zwingende Abgrenzungsmerkmal liegt nach der herrschenden Meinung darin, dass Gewinnschuldverschreibungen einen festen und unbedingten Rückzahlungsanspruch vorsehen, Genussrechte hingegen eine Verlustteilnahme. Gewinnschuldverschreibungen sind Schuldverschreibungen mit Gewinnteilnahme, nicht mit Verlustteilnahme. Dieses Unterscheidungsmerkmal ist rechtlich nicht zwingend[53], sondern Folge einer unsicheren Begriffsbildung. Der Versuch, das Erfordernis der Gewinnteilnahme aus den Definitionsbestandteilen „Gewinn"-schuldverschreibung bzw. „Gewinn"-anteil herauszulesen, ist untauglich. Denn auch die Verlustteilnahme bei Genussscheinen vermittelt dem Genussscheininhaber keine Genüsse. Mit Gewinn ist Gewinn und Verlust, also das Ergebnis eines Unternehmens gemeint.

## 2.2. Rechtsnatur der Gewinnschuldverschreibung

Im Gegensatz zu den Genussrechten war die schuldrechtliche Natur der Gewinnschuldverschreibung nie umstritten. Dies kommt daher, dass Schuldverschreibungen auch in der Vergangenheit stets als ausschließlich schuldrechtliche Wert-

---

*Niebler*, Genußrechte (1989), S. 4; *Goerdeler/Müller* in Hachenburg, GmbHG, Anh. § 29 Rn 4; *Gehling* WM 1992, 1099; *Wiedemann* in GroßKo, AktG, 4. Aufl., Vor § 182 Rn 116; *Karollus* in Geßler/Hefermehl, AktG, § 221 Rn 478 und 248 f.; *Kallrath*, Die Inhaltskontrolle (1994), S. 14 f.; *Lutter* in KöKo, AktG, § 221 Rn 234, 447 anders dagegen Rn 21.

[53] *Karollus* in Geßler/Hefermehl, AktG, § 221 Rn 298; *Kallrath*, Die Inhaltskontrolle (1994), S. 15.

papiere eingeordnet wurden[54]. Die Diskussion um Amortisationspapiere, der Vorzugsaktie ähnliche Beteiligungen oder aktiengleiche Wertpapiere wurde von Anfang an nur im Zusammenhang mit Genussscheinen geführt. Denn zum einen erschien die Rechtsnatur der Genussscheine nicht durch die Einordnung als Schuldverschreibung vorgegeben. Zum anderen war nicht sicher, ob die gewissermaßen subsidiäre Erscheinungsform der Genussscheine nicht gerade die Gestaltung einer mitgliedschaftlichen Beteiligung ermöglichen sollte. Die rein schuldrechtliche Natur der Gewinnschuldverschreibung ist deshalb unbestritten. Die Gewinnschuldverschreibung hat keinen mitgliedschaftlichen Charakter, obwohl sie sich am mitgliedschaftsrechtlichen Gewinnanteil von Aktionären orientiert. Eine mitgliedschaftliche Beteiligung ist mit ihr nicht verbunden[55].

[54] *Hueck/Canaris*, Recht der Wertpapiere, § 24 I 1.

[55] RGZ 118, 152; *Schlegelberger/Quassowski* § 174 Anm. 3; *v. Caemmerer* JZ 1951, 418; *Godin/Wilhelmi*, AktG, § 221 Anm. 4; *Baumbach/Hueck*, AktG, Vorbem. § 221 Rn 3; *Schilling* in GroßKo, AktG, § 221 Anm. 4; *Wiedemann* in GroßKo, AktG, 4. Aufl., Vor § 182 Rn 116; *Lutter* in KöKo, AktG, § 221 Rn 450; *Karollus* in Geßler/Hefermehl, AktG, § 221 Rn 477; *Hüffer*, AktG, § 221 Rn 8; *Krieger* in MüHandb., Band 4, § 63 Rn 44.

## 3. Optionsanleihen

### 3.1. Begriffsbestimmung der Optionsanleihe

Das Gesetz definiert Wandelschuldverschreibungen in § 221 Abs. 1 S. 1 AktG als Schuldverschreibungen, bei denen den Gläubigern ein Umtausch- oder Bezugsrecht auf Aktien eingeräumt wird. Dabei werden nach heutiger Terminologie Schuldverschreibungen, bei denen den Gläubigern ein Bezugsrecht auf Aktien eingeräumt wird, § 221 Abs. 1 S. 1, Fall 2 AktG, Optionsanleihen (oder Optionsschuldverschreibungen) und Schuldverschreibungen, bei denen den Gläubigern ein Umtauschrecht auf Aktien eingeräumt wird, § 221 Abs. 1 S. 1, Fall 1 AktG, Wandelanleihen (oder Wandelschuldverschreibungen im engeren Sinne) genannt[56]. Die Optionsanleihe ist eine echte Schuldverschreibung, in der Regel Inhaberschuldverschreibung im Sinne der §§ 793 ff. BGB. Anders als bei Genussrechten ist die Verbriefung Wesensmerkmal der Optionsanleihe[57]. Sie verbrieft einen Anspruch auf laufende Verzinsung sowie auf Rückzahlung des eingesetzten Kapitals bei Laufzeitende.

Der Inhaber der Optionsanleihe erhält zusätzlich zu der Schuldverschreibung ein Recht zum Aktienbezug. Schuldverschreibung und Aktienbezugsrecht stehen dem Inhaber kumulativ zu (Schuldverschreibung und Aktienbezug). Er muss die Schuldverschreibung nicht aufgeben, sondern nur die Bezugsbedingungen erfüllen, in der Regel einen Bezugspreis bezahlen. Auf die Schuldverschreibung hat die Ausübung des Bezugsrechts keinen Einfluss. Da es gerade nicht zu einem Umtausch Schuldverschreibung gegen Aktie kommt, ist die gesetzliche Definition der Optionsanleihe als Wandelschuldverschreibung irreführend. Das Aktienbezugsrecht kann untrennbar mit der Schuldverschreibung verbunden sein (unselbständiges Optionsrecht). Es steht dann nur dem Berechtigten aus der Schuldverschreibung zu und kann nur zusammen mit der Schuldverschreibung übertragen werden. Häufiger ist das Bezugsrecht in selbständigen, abtrennbaren Optionsscheinen verbrieft, die zunächst mit der Optionsanleihe fest verbunden sind, von einem bestimmten Zeitpunkt an von ihr abgetrennt werden können. Das Optionsrecht kann dann unabhängig von der Schuldverschreibung ausgeübt und selbständig übertragen werden. Welche Gestaltung vorliegen soll, kann die

---

[56] *Wiedemann* in GroßKo, AktG, 4. Aufl., Vor § 182 Rn 102; *Krieger* in MüHandb., Band 4, § 63 Rn 4.

[57] *Karollus* in Geßler/Hefermehl, AktG, § 221 Rn 476 für Gewinnschuldverschreibungen; *Lutter* in KöKo, AktG, § 221 Rn 149, 108.

emittierende Aktiengesellschaft bei der Ausgabe frei entscheiden[58]. Ein selbständiger Optionsschein kann sowohl als echtes Wertpapier als auch als bloßes Legitimationspapier ausgestellt werden[59].

Unter den Begriff Bezugsrecht auf „Aktien" fallen nur Aktien (auch stimmrechtslose Vorzugsaktien), nicht andere Titel, also keine Gewinnschuldverschreibungen oder Genussrechte[60]. Ebensowenig liegt eine Optionsanleihe vor, wenn bloß ein Ausgleich der Kursdifferenz garantiert wird[61]. Nicht entscheidend ist, dass sich das Optionsrecht gerade auf Aktien des emittierenden Unternehmens richtet. Das Bezugsrecht auch sich auch auf Aktien anderer Unternehmen richten (sog. Drittemissionen)[62]. In den Anwendungsbereich des § 221 AktG fallen jedoch nur solche Aktien, die von einer Aktiengesellschaft ausgegeben werden und eine Schuldverschreibung mit einem Bezugsrecht auf Aktien gerade der emittierenden Aktiengesellschaft verbinden.

## 3.2. Rechtsnatur der Optionsanleihe und des Bezugsrechts

Nach allgemeiner Meinung[63] sind Optionsanleihen echte Schuldverschreibungen und gewähren als solche ausschließlich Gläubigerrechte. Die Mitgliedschaft entsteht erst nach Ausübung des Optionsrechts, und zwar mit Wirkung nur für die Zukunft. Es geht um das Recht auf Erwerb einer bis dahin nicht bestehenden Mitgliedschaft. Vor der Ausübung des Optionsrechts hat der Optionsanleiheinhaber keine Gesellschafterrechte in der Aktiengesellschaft. Für die zentralen Gesellschafterrechte wie zum Beispiel Stimmrecht, Anfechtungsrecht, Einberufung der Hauptversammlung, Antrag auf Sonderprüfung usw. wäre eine vertragliche Einräumung sogar unzulässig. Das Bezugsrecht auf den Erwerb der

---

[58] *Schumann*, Optionsanleihen (1990), S. 25 f.; *Karollus* in Geßler/Hefermehl, AktG, § 221 Rn 23; *Kallrath*, Die Inhaltskontrolle (1994), S. 7; *Lutter* in KöKo, AktG, § 221 Rn 150; *Hüffer*, AktG, § 221 Rn 6, 55.

[59] *Hueck/Canaris*, Recht der Wertpapiere, § 25 V 4; *Karollus* in Geßler/Hefermehl, AktG, § 221 Rn 72.

[60] *Karollus* in Geßler/Hefermehl, AktG, § 221 Rn 8; *Lutter* in KöKo, AktG, § 221 Rn 152; *Krieger* in MüHandb., Band 4, § 63 Rn 4.

[61] *Karollus* in Geßler/Hefermehl, AktG, § 221 Rn 9.

[62] *Schumann*, Optionsanleihen (1990), S. 19, 92 ff.; *Karollus* in Geßler/Hefermehl, AktG, § 221 Rn 33 ff.; *Lutter* in KöKo, AktG, § 221 Rn 166 ff.; *Hüffer*, AktG, § 221 Rn 70 ff.

[63] *Flechtheim* in Düringer/Hachenburg, HGB, Anh. § 179 Anm. 20; *Schlegelberger/Quassowski* § 174 Anm. 1; *v. Caemmerer* JZ 1951, 418; *Meyer* BB 1955, 549; *Georgakopoulos* ZHR 120 (1957), 87; *A. Hueck* DB 1963, 1347; *Schilling* in GroßKo, AktG, § 221 Anm. 4; *Schumann*, Optionsanleihen (1990), S. 27; *Karollus* in Geßler/Hefermehl, AktG, § 221 Rn 11; *Lutter* in KöKo, AktG, § 221 Rn 3, 92, 148; *Hüffer*, AktG, § 221 Rn 6.

künftigen Mitgliedschaft ist nach allgemeiner Ansicht rein schuldrechtlicher Natur[64].

In terminologischer Hinsicht wird diskutiert, ob man den Begriff Bezugsrecht und Optionsrecht gleichsetzen oder aber zwischen Optionsrecht und Bezugsrecht unterscheiden soll. Nach der zivilrechtlichen Definition gibt das Optionsrecht dem Berechtigten die Befugnis, durch einseitige Willenserklärung, deren Abgabe regelmäßig im Belieben des Optionsberechtigten steht, unmittelbar einen Vertrag mit dem im Optionsvertrag bereits fest vereinbarten Inhalt zustande zu bringen[65]. Deshalb geht die herrschende Meinung[66] im Aktienrecht davon aus, dass das Bezugsrecht jedenfalls dann ein Optionsrecht darstellen könne, wenn der Inhalt des Zeichnungsvertrages bei Begründung des Erwerbsrechts bereits abschließend geregelt wurde, so dass der Optionsanleiheinhaber ohne Mitwirkung der Aktiengesellschaft den Zeichnungsvertrag zustande bringen kann. Andernfalls, wenn der Inhalt des Zeichnungsvertrages noch nicht abschließend geregelt wurde, läge ein Vorvertrag vor, aus dem der Anleiheinhaber nur einen schuldrechtlichen Anspruch auf Abschluss eines Zeichnungsvertrages geltend machen kann. Folgt man der Begriffsbildung des BGB-Schuldrechts, ist die herrschende Meinung konsequent. Auf einem anderen Blatt steht die Frage, ob man im Aktienrecht bei Optionsanleihen terminologisch unterscheiden sollte. Im Aktienrecht ist die terminologische Unterscheidung zwischen Optionsrechten und Bezugsrechten im Sinn des § 221 AktG unnötig. Das Aktiengesetz verwendet das Bezugsrecht als einen neutralen Begriff. Zumindest für die aktienrechtliche Diskussion sollte man aus praktischen Gründen die einheitliche Bezeichnung aller Optionsanleihen und den ebenfalls umfassend gedachten gesetzlichen Begriff des Bezugsrechts beibehalten[67].

Eine andere Streitfrage ist, wie der Aktienbezug nach § 221 Abs. 1 S. 1, 2. Fall AktG rechtlich zu konstruieren ist. Nach der Theorie vom Angebotsvertrag[68]

---

[64] *Flechtheim* in Düringer/Hachenburg, HGB, Anh. § 179 Anm. 20; *Schlegelberger/Quassowski* § 174 Anm. 1; *v. Caemmerer* JZ 1951, 418; *Georgakopoulos* ZHR 120 (1957), 87; *A. Hueck* DB 1963, 1347; *Schilling* in GroßKo, AktG, § 221 Anm. 1; *Baumbach/Hueck*, AktG, Vorbem. § 221 Rn 3; *Schumann*, Optionsanleihen (1990), S. 27; *Karollus* in Geßler/Hefermehl, AktG, § 221 Rn 11; *Lutter* in KöKo, AktG, § 221 Rn 151, 157; *Hüffer*, AktG, § 221 Rn 7, 56.

[65] *Georgiades* in FS Larenz (1973), S. 409; *Larenz*, Schuldrecht II/1, § 44 IV 3; *Vollkommer* in Jauernig, BGB, § 504 Rn 8; *Heinrichs* in Palandt, BGB, Einf. v. § 145 Rn 23.

[66] *Martens* in FS Stimpel (1985), S. 621 Fn 4; *Martens* in Busse von Colbe, Bilanzierung, S. 123; *Schumann*, Optionsanleihen (1990), S. 19 ff.; *Lutter* in KöKo, AktG, § 221 Rn 151, § 197 Rn 5.

[67] *Karollus* in Geßler/Hefermehl, AktG, § 221 Rn 144.

[68] *von Einem*, Rechtsnatur der Option, S. 42 ff.; *Henrich*, Vorvertrag, Optionsvertrag, Vorrechtsvertrag, S. 241 ff.

kann ein Bezugsrecht so konstruiert sein, dass der Bezugsverpflichtete ein bindendes Angebot abgibt, welches der Begünstigte unter den vertraglich festgelegten Bedingungen annimmt, wobei im Einzelfall auch ein durch die Potestativbedingung der Erklärung des Berechtigten aufschiebend bedingter Vertrag vorliegen kann[69]. Die herrschende Meinung[70] im Aktienrecht folgt für den Fall des Bezugsrechts der Angebotstheorie. Danach wird das Bezugsrecht durch Bezugserklärung des Berechtigten ausgeübt. Die Bezugserklärung enthält erstens die Geltendmachung des Bezugsrechts. Nach *Karollus*[71] soll es sich dabei um eine Gestaltungserklärung handeln. Dies ist für den Fall der Optionsanleihe zweifelhaft. Denn die Geltendmachung des Bezugsrechts greift in das bestehende Rechtsverhältnis nicht dergestalt ein, dass dieses Rechtsverhältnis durch die Erklärung umgestaltet oder verändert wird. Die Geltendmachung des Bezugsrechts zeigt dem Adressaten nur an, dass der Optionsanleiheinhaber von dem Bezugsrecht auf Aktien aufgrund eines bestimmten Titels Gebrauch machen will. Die Bezugserklärung enthält zweitens die auf Abschluss des Zeichnungsvertrages gerichtete Willenserklärung[72]. Ist der Inhalt des Zeichnungsvertrages bereits durch die Anleihebedingungen hinreichend fixiert, liegt bereits darin ein bindendes Vertragsangebot der Aktiengesellschaft. Die Bezugserklärung ist dann die Annahmeerklärung. Bei nicht ausreichender Fixierung des Zeichnungsvertrages enthält die Bezugserklärung das Angebot auf Abschluss des Zeichnungsvertrages, das der Annahme durch die Aktiengesellschaft bedarf, wobei die Aktiengesellschaft aufgrund der Bezugsvereinbarung zur Annahme verpflichtet ist. Die Annahme durch die Aktiengesellschaft ist einklagbar und nach § 894 ZPO vollstreckbar. Die Erklärungen werden mit Zugang wirksam. Erst mit Zustandekommen des Zeichnungsvertrages erhält der Optionsberechtigte das Recht auf Aushändigung der Aktien. Für den Regelfall der bedingten Kapitalerhöhung muss die Bezugserklärung einheitlich nach § 198 AktG erfolgen und die Mitgliedschaft entsteht gem. § 200 AktG mit Ausgabe der Aktien[73]. Für den Fall der genehmigten Kapitalerhöhung sind Bezugserklärung und Zeichnungserklärung nach §§ 203

---

69 BGHZ 47, 387, 391; *Heinrichs* in Palandt, BGB, Einf. v. § 145 Rn 23; *Huber* in Soergel, BGB, Vor § 504 Rn 16; *Bork* in Staudinger, BGB, Vorbem. zu § 145 Rn 69.

70 *Georgakopoulos* ZHR 120 (1957), 118; *Schilling* in GroßKo, AktG, § 198 Anm. 1; *Hefermehl/Bungeroth* in Geßler/Hefermehl, AktG, § 198 Rn 5; *Schumann*, Optionsanleihen (1990), S. 21 ff.; *Karollus* in Geßler/Hefermehl, AktG, § 221 Rn 142 f.; *Lutter* in KöKo, AktG, § 198 Rn 3 und § 221 Rn 151; *Hüffer*, AktG, § 221 Rn 7; *Krieger* in MüHandb., Band 4, § 57 Rn 32.

71 *Karollus* in Geßler/Hefermehl, AktG, § 221 Rn 142.

72 *Hefermehl/Bungeroth* in Geßler/Hefermehl, AktG, § 198 Rn 4.

73 *Hefermehl/Bungeroth* in Geßler/Hefermehl, AktG, § 200 Rn 12; *Karollus* in Geßler/Hefermehl, AktG, § 221 Rn 141, 143; *Lutter* in KöKo, AktG, § 200 Rn 2.

Abs. 1, 185 AktG nicht zwingend einheitlich zu erklären[74] (§ 198 AktG gilt nicht) und die Mitgliedschaft entsteht mit Registereintragung, § 189 AktG[75].

Nach der Gestaltungsrechtstheorie lässt sich das Optionsrecht im allgemeinen zivilrechtlichen Sinne auch als besonderes Gestaltungsrecht konstruieren[76], durch dessen Ausübung der Kaufvertrag mit dem im Optionsvertrag bestimmten Inhalt in Geltung gesetzt wird. Ausgehend von der Gestaltungsrechtstheorie konstruiert *Martens*[77] den Aktienbezug über eine Gestaltungserklärung, durch deren Ausübung der Zeichnungsvertrag ohne Mitwirkung des anderen Vertragspartners, der Aktiengesellschaft, unmittelbar zustande komme. Dies gelte jedoch nur dann, wenn der Inhalt des Zeichnungsvertrag bei Begründung des Aktienerwerbsrechts schon abschließend geregelt worden sei, so dass im strengen zivilrechtlichen Sinne ein Optionsrecht vorliege. Sei der Inhalt des Zeichnungsvertrags noch unbestimmt, so liege ein Bezugsrecht (kein Optionsrecht) vor, das lediglich einen schuldrechtlichen Anspruch auf Abschluss des Zeichnungsvertrages darstelle. Für den Fall des Bezugsrechts will Martens anscheinend, ohne dies ausdrücklich zu sagen, der Angebotstheorie folgen. *Schumann*[78] hält *Martens* entgegen, dass *Martens* Konstruktion bei Drittemissionen versage. Denn bei Drittemissionen enthalte der Optionsvertrag zwischen Mutter- und Tochtergesellschaft nicht den Willen des Optierenden, sondern nur den Willen von Mutter und Tochter. Dies genüge zur Begründung des Gestaltungsrechts nicht. *Schumanns* Einwand ist jedoch nicht durchgreifend, weil *Martens* den Optionsvertrag als Vertrag zwischen Mutter- und Tochtergesellschaft zugunsten eines Dritten konstruiert. Das Gestaltungsrecht zugunsten des Dritten kann aber auch entstehen, wenn der Dritte nicht am Optionsvertrag beteiligt ist. Nach § 328 Abs. 1 BGB erwirbt der Dritte „unmittelbar" das Recht, die Leistung zu fordern. Unmittelbarer Rechtserwerb bedeutet, dass eine (rechtsgeschäftliche) Mitwirkung des Dritten zur Begründung seiner Gläubigerstellung nicht erforderlich ist[79]. *Martens* ist aber aus anderen Gründen nicht zu folgen. Die unterschiedlichen rechtlichen Konstruktionen des Optionsrechts sind vor dem Hintergrund der Grundstücksoption zu sehen. Während nämlich überwiegend für den Optionsvertrag und auch für die Ausübung des Optionsrechts die Beachtung der Formvorschrift des § 313 BGB (notarielle Beurkundung) verlangt wird wie für den Hauptvertrag[80], wird bei der

[74] *Hefermehl/Bungeroth* in Geßler/Hefermehl, AktG, § 186 Rn 47; *Karollus* in Geßler/Hefermehl, AktG, § 221 Rn 141.
[75] *Hefermehl/Bungeroth* in Geßler/Hefermehl, AktG, § 189 Rn 9 und § 203 Rn 8; *Karollus* in Geßler/Hefermehl, AktG, § 221 Rn 143; *Lutter* in KöKo, AktG, § 189 Rn 2.
[76] *Larenz*, Schuldrecht II/1, § 44 IV 3; *Vollkommer* in Jauernig, BGB, § 504 Rn 8.
[77] *Martens* in FS Stimpel (1985), S. 621 Fn 4, S. 623; *Martens* in Busse von Colbe, Bilanzierung, S. 123.
[78] *Schumann*, Optionsanleihen (1990), S. 21.
[79] *W. Bayer*, Der Vertrag zugunsten Dritter, S. 219.
[80] *Larenz*, Schuldrecht II/1, § 44 IV 3; *Kramer* in MüKo, BGB, Vor § 145 Rn 44, 45.

Annahme eines aufschiebend bedingten Kaufs vertreten, dass die Ausübung formlos erfolgen könne[81]. Für die Ausübung des Bezugsrechts bei der Optionsanleihe haben die unterschiedlichen rechtlichen Konstruktionen keine Auswirkung. Die Ansicht *Martens* führt nur zu unnötigen Differenzierungen. Bei Optionsrechten (im engeren Sinne) erfolge der Aktienerwerb durch Gestaltungsrecht. Bei Bezugsrechten (nach der Terminologie Martens) erfolge der Aktienerwerb auf Grundlage der Angebotstheorie. Es erscheint unnötig subtil, bei den Aktienerwerbsrechten zwischen Optionsrechten und Bezugsrechten zu unterscheiden und bei den einen mit der Gestaltungsrechtstheorie, bei den anderen mit der Angebotstheorie zu argumentieren. Plausibler ist es, mit der herrschenden Meinung den Aktienbezug in allen Fällen auf rechtsgeschäftlicher Grundlage von Antrag und Annahme mit der Angebotstheorie zu erklären.

Ist der Optionsanleiheinhaber Aktionär geworden, bleibt die Anleihe bestehen. Bei der Optionsanleihe stehen Schuldverschreibung und Bezugsrecht selbständig nebeneinander. Die Ausübung des Bezugsrechts hat keinen Einfluss auf die Schuldverschreibung[82].

---

[81] BGH LM § 433 Nr. 16, Bl. 3; *Heinrichs* in Palandt, BGB, Einf. v. § 145 Rn 23.

[82] *Karollus* in Geßler/Hefermehl, AktG, § 221 Rn 148.

## 4. Wandelanleihen

### 4.1. Begriffsbestimmung der Wandelanleihe

Das Gesetz definiert Wandelschuldverschreibungen in § 221 Abs. 1 S. 1 AktG als Schuldverschreibungen, bei denen den Gläubigern ein Umtausch- oder Bezugsrecht auf Aktien eingeräumt wird. Dabei werden nach heutiger Terminologie die Schuldverschreibungen, bei den den Gläubigern ein Umtauschrecht auf Aktien eingeräumt wird, § 221 Abs. 1 S. 1, Fall 1 AktG, Wandelanleihen (oder Wandelschuldverschreibungen im engeren Sinne) genannt. Bei Wandelanleihen handelt sich in der Regel um Inhaberschuldverschreibungen, die einen Anspruch des Inhabers auf die Schuldsumme nach den Regeln der §§ 793 ff. BGB verbriefen. Sie können aber auch als Order- oder Namenspapier ausgestaltet werden[83]. Anders als bei Genussrechten ist die Verbriefung Wesensmerkmal der Wandelanleihe [84].

Der Gläubiger erhält ein Recht zum Aktienbezug im Umtausch (Wandlungsrecht) gegen die Schuldverschreibung. Er kann gegen Hingabe der Schuldverschreibung Aktien beziehen, also die Schuldverschreibung gegen Aktien eintauschen. Der Gläubiger hat die Alternative, entweder die Schuldverschreibung zu behalten oder aber zugunsten des Aktienbezuges aufzugeben, d.h. auf die Rückzahlung des für den Erwerb der Anleihe eingesetzten Kapitals zu verzichten (Schuldverschreibung oder Aktienbezug). Ein Umtausch liegt auch dann vor, wenn der Gläubiger die Aktien gegen Hingabe der Schuldverschreibung und einer Zuzahlung bekommt (§ 129 Abs. 2). Es handelt sich auch dann noch um eine Wandelanleihe[85]. Das Umtauschrecht bezieht sich nur auf Aktien, nicht auf andere Titel (z.B. Gewinnschuldverschreibungen oder Genussrechte)[86]. Für den Begriff der Wandelanleihe ist es nicht entscheidend, dass sich das Umtauschrecht gerade auf Aktien des emittierenden Unternehmens richtet. In den unmittelbaren Anwendungsbereich des § 221 AktG fallen aber nur solche Wandelanleihen, die von einer Aktiengesellschaft emittiert werden und die Anleihe mit einem Umtauschrecht auf Aktien gerade der emittierenden Aktiengesellschaft verbinden.

---

[83] *Hueck/Canaris*, Recht der Wertpapiere, § 25 V 4; *Karollus* in Geßler/Hefermehl, AktG, § 221 Rn 72; *Kallrath*, Die Inhaltskontrolle (1994), S. 5; *Lutter* in KöKo, AktG, § 221 Rn 92.
[84] *Karollus* in Geßler/Hefermehl, AktG, § 221 Rn 476 für Gewinnschuldverschreibungen; *Lutter* in KöKo, AktG, § 221 Rn 108.
[85] *Karollus* in Geßler/Hefermehl, AktG, § 221 Rn 19.
[86] *Karollus* in Geßler/Hefermehl, AktG, § 221 Rn 8.

### 4.2. Rechtsnatur der Wandelanleihe und des Umtauschrechts

Nach allgemeiner Meinung[87] sind Wandelanleihen echte Schuldverschreibungen und gewähren ausschließlich Gläubigerrechte. Der Wandelanleiheinhaber erhält lediglich eine gläubigerrechtliche Stellung. Die Mitgliedschaft entsteht erst infolge der späteren Ausübung des Wandlungsrechts, und zwar mit Wirkung nur für die Zukunft. Vor diesem Zeitpunkt hat der Wandelanleiheinhaber keine mitgliedschaftlichen Rechte in der Aktiengesellschaft. Rechtlich gesehen liegt daher keine Mischform zwischen Anleihe und Aktie vor. Insbesondere hat der Wandelgläubiger keine Stellung als allein durch die Ausübung seines Erwerbswillens aufschiebend bedingter Aktionär[88] oder als Anwartschaftsberechtigter auf Aktien[89]. Bis zur Ausübung des Umtauschrechts bestehen keine Vorwirkungen mitgliedschaftlicher Natur. Bis zum Umtausch ist der Wandelanleiheinhaber Gläubiger und ausschließlich Gläubiger, wie jeder sonstige Inhaber einer Schuldverschreibung[90]. Auch das Wandlungsrecht ist rein schuldrechtlicher Natur[91]. Es gewährt einen Anspruch auf Abschluss eines Zeichnungsvertrages. Eine Mitgliedschaft besteht (noch) nicht.

Der Wandelanleiheinhaber übt das Umtauschrecht durch Umtauscherklärung aus. Die Umtauscherklärung ist eine einseitige empfangsbedürftige Willenserklärung (§ 130 BGB). Sie enthält erstens die Geltendmachung des Umtauschrechts. Es handelt sich um eine Gestaltungserklärung auf Ausübung des Wahlrechts, statt der Schuldverschreibung den Umtausch in Aktien zu wählen. Die gestaltende Umtauscherklärung bewirkt den Untergang der Anleiheforderung. Die Umtauscherklärung enthält zweitens die auf Abschluss des Zeichnungsvertrages gerichtete Willenserklärung. Es ist also nicht notwendig zuerst die Wandlung zu erklären und dann eine zusätzliche Bezugserklärung mit neuerlichem Gestaltungselement abzugeben, aus der dann wieder um erst das Recht zum Abschluss eines

---

87 *Flechtheim* in Düringer/Hachenburg, HGB, Anh. § 179 Anm. 20; *Schlegelberger/Quassowski* § 174 Anm. 1; *v. Caemmerer* JZ 1951, 418; *Meyer* BB 1955, 549; *Georgakopoulos* ZHR 120 (1957), 87; *A. Hueck* DB 1963, 1347; *Schilling* in GroßKo, AktG, § 221 Anm. 4; *Baumbauch/Hueck*, AktG, Vorbem. § 221 Rn 3; *Karollus* in Geßler/Hefermehl, AktG, § 221 Rn 11; *Lutter* in KöKo, AktG, § 221 Rn 3, 92; *Hüffer*, AktG, § 221 Rn 4, 5.

88 *Meilicke* BB 1963, 501.

89 *Meyer* BB 1955, 549; *Baumbach/Hueck*, AktG, Vorbem. § 221 Rn 4; *Holzheimer* WM 1986, 1169; *Koch/Vogel* BB 1986, Beilage 10, S. 3; *Busse von Colbe* in Busse von Colbe, Bilanzierung, S. 50, 52, 81.

90 *Flechtheim* in Düringer/Hachenburg, HGB, Anh. § 179 Anm. 20; *A. Hueck* DB 1963, 1347; *Karollus* in Geßler/Hefermehl, AktG, § 221 Rn 12; *Lutter* in KöKo, AktG, § 221 Rn 3, 92; *Hüffer*, AktG, § 221 Rn 5.

91 *Flechtheim* in Düringer/Hachenburg, HGB, Anh. § 179 Anm. 20; *Schlegelberger/Quassowski* § 174 Anm. 1; *Georgakopoulos* ZHR 120 (1957), 87; *A. Hueck* DB 1963, 1347; *Schilling* in GroßKo, AktG, § 221 Anm. 1; *Karollus* in Geßler/Hefermehl, AktG, § 221 Rn 11; *Lutter* in KöKo, AktG, § 221 Rn 137; *Hüffer*, AktG, § 221 Rn 5, 56.

Zeichnungsvertrages erwächst[92]. Beide Erklärungen können in einer Erklärung verbunden sein.

Die Rechtsnatur des Umtauschrechts war früher umstritten[93]. Heute ist unstreitig[94], dass trotz der gesetzlichen Bezeichnung „Umtauschrecht“ kein Tauschvertrag im Sinn des § 515 BGB (Tausch Anleihe gegen Aktie) vorliegt. Denn der Gläubiger übt ein Recht aus, das ihm schon zusteht. Nach einer Mindermeinung[95] sollte der Umtausch eine Aufrechnung der Anleiheforderung gegen die Einlageschuld darstellen. Aber gerade darin liegt der Unterschied zu Optionsanleihen mit Verrechnungsabrede, dass bei Wandelanleihen nie eine eigenständige Einlageschuld für die Aktien entsteht, sondern direkt durch die Umwidmung der auf die Anleihe eingezahlte Betrag (zuzüglich einer etwaigen Zuzahlung) zur Einlage wird. Die Wandelanleihe beinhaltet ein Gestaltungsrecht, das auf eine direkte rechtsgestaltende Umwidmung des Anleiheverhältnisses in eine Aktionärseinlage hinausläuft (Ersetzungsbefugnis des Anleihegläubigers)[96]. Nach heute allgemeiner Meinung[97] handelt es sich bei dem Umtauschrecht um eine Ersetzungsbefugnis des Gläubigers. Die Ersetzungsbefugnis gibt dem Wandelanleiheinhaber ein Wahl- und Gestaltungsrecht, unter Aufgabe seines Gläubigerrechts Aktionär zu werden. Der Wandelanleiheinhaber hat einen Anspruch auf Rückzahlung des Geldbetrages zu dem in den Anleihebedingungen bestimmten Zeitpunkt, es sei denn, er macht von dem Recht Gebrauch, durch Umtauscherklärung eine andere in den Anleihebedingungen bestimmte Leistung, nämlich Aktien, zu fordern. Bei dem Umtauschrecht handelt sich um ein Gestaltungsrecht, mit dessen Ausübung das Rechtsverhältnis Schuldverschreibung erlischt und ein auf Verschaffung der Mitgliedschaft gerichtetes Rechtsverhältnis entsteht. Die ursprünglich auf die Wandelanleihe geleistete Zahlung wird als auf die Einlage geleistet angesehen (Causaänderung kraft Gestaltungsrecht)[98].

---

[92] *Karollus* in Geßler/Hefermehl, AktG, § 221 Rn 145; *Lutter* in KöKo, AktG, § 198 Rn 2 und § 221 Rn 94, 137; *Hüffer*, AktG, § 221 Rn 5.

[93] Meinungsstand bei *Georgakopoulos* ZHR 120 (1957), 131 ff.

[94] *Flechtheim* in Düringer/Hachenburg, HGB, Anh. § 179 Anm. 22; *Meyer* BB 1955, 549; *Baumbach/Hueck*, AktG, Vorbem. § 221 Rn 5; *Karollus* in Geßler/Hefermehl, AktG, § 221 Rn 146; *Lutter* in KöKo, AktG, § 221 Rn 94; *Hüffer*, AktG, § 221 Rn 4.

[95] *Georgakopoulos* ZHR 120 (1957), 132.

[96] *Schumann*, Optionsanleihen (1990), S. 30 ff.; *Karollus* in Geßler/Hefermehl, AktG, § 221 Rn 20, 146; *Lutter* in KöKo, AktG, § 221 Rn 94; *Kallrath*, Die Inhaltskontrolle (1994), S. 5.

[97] *Meyer* BB 1955, 549; *A. Hueck* DB 1963, 1347; *Godin/Wilhelmi*, AktG, § 221 Anm. 3; *Baumbach/Hueck*, AktG, Vorbem. § 221 Rn 5; *Schilling* in GroßKo, AktG, § 221 Anm. 1; *Schumann*, Optionsanleihen (1990), S. 31; *Karollus* in Geßler/Hefermehl, AktG, § 221 Rn 146; *Lutter* in KöKo, AktG, § 221 Rn 94; *Hüffer*, AktG, § 221 Rn 4, 5.

[98] *Karollus* in Geßler/Hefermehl, AktG, § 221 Rn 146; *Lutter* in KöKo, AktG, § 221 Rn 141.

Erst mit Zustandekommen des Zeichnungsvertrages erhält der Umtauschberechtigte das Recht auf Aushändigung der Aktien. Für den Regelfall der bedingten Kapitalerhöhung muss die Bezugserklärung einheitlich nach § 198 AktG erfolgen und die Mitgliedschaft entsteht gem. § 200 AktG mit Ausgabe der Aktien[99]. Für den Fall der genehmigten Kapitalerhöhung sind Bezugserklärung und Zeichnungserklärung nach §§ 203 Abs. 1, 185 AktG nicht zwingend einheitlich zu erklären (§ 198 AktG gilt nicht) und die Mitgliedschaft entsteht mit Registereintragung, § 189 AktG[100].

Bei der Wandelanleihe stehen dem Inhaber Anleihe und Umtauschrecht alternativ zu. Der Wandelgläubiger erhält die Mitgliedschaft statt der Obligation. Mit dem Wirksamwerden der Umtauscherklärung (nicht erst mit dem Zustandekommen des Zeichnungsvertrages oder mit Entstehung der Mitgliedschaft) erwirbt die Aktiengesellschaft eine Einwendung gegen den Zahlungsanspruch nach § 796 BGB[101]. Gegenüber dem Anleiheinhaber besteht diese Einwendung endgültig. Der Gläubiger hat mit der Wandlungserklärung sein Wahlrecht verbraucht und kann auch bei Nichtverschaffung der Aktien nicht mehr auf die Anleihe umsteigen. Die Aktiengesellschaft schuldet ihm dann aber Schadensersatz wegen Nichterfüllung[102]. Der Unterschied zwischen Optionsanleihe und Wandelanleihe besteht darin, dass bei der Optionsanleihe das Bezugsrecht auf Aktien zusätzlich zur Schuldverschreibung besteht. Die Schuldverschreibung bleibt bei der Optionsanleihe auch nach Gebrauchmachen vom Bezugsrecht bestehen. Bei der Wandelanleihe steht der Aktienerwerb alternativ zum Fortbestehen der Schuldverschreibung. Die Schuldverschreibung erlischt mit der Ausübung der Umtauschrechts.

---

99 *Hefermehl/Bungeroth* in Geßler/Hefermehl, AktG, § 200 Rn 12; *Karollus* in Geßler/Hefermehl, AktG, § 221 Rn 141 ff., 147; *Lutter* in KöKo, AktG, § 189 Rn 2 und § 200 Rn 2 und § 221 Rn 137; *Hüffer*, AktG, § 221 Rn 5, 57.

100 *Hefermehl* in Geßler/Hefermehl, AktG, § 203 Rn 8; *Hefermehl/Bungeroth* in Geßler/Hefermehl, AktG, § 186 Rn 47 und § 189 Rn 9; *Karollus* in Geßler/Hefermehl, AktG, § 221 Rn 141 ff., 147; *Lutter* in KöKo, AktG, § 189 Rn 2 und § 198 Rn 2.

101 *Lutter* in KöKo, AktG, § 221 Rn 141.

102 *Karollus* in Geßler/Hefermehl, AktG, § 221 Rn 149.

# II. Kapitel: Allgemeiner Anlegerschutz

## 1. Genussscheine, Gewinnschuldverschreibungen

### 1.1. Aktionärsklagen, Auskunftsrechte, Einsichtsrechte, Sonderprüfung

a) Meinungsstand

Obwohl die heute allgemeine Meinung im Schrifttum die Rechte aus Genussscheinen, Gewinnschuldverschreibungen, Optionsanleihen und Wandelanleihen als schuldrechtliche Gläubigerrechte einordnet, wird die Übertragung von Aktionärsrechten auf Wertpapieranleger immer wieder diskutiert. Im Mittelpunkt der Diskussion steht der Genussschein und das Recht der Genussscheininhaber, Beschlüsse der Hauptversammlung anzufechten (§ 246 AktG) oder Klage auf Feststellung der Nichtigkeit (§ 249 AktG) zu erheben. Nach einer Mindermeinung[103], deren beharrlichster Vertreter *Vollmer* ist, soll der Genussscheininhaber Hauptversammlungsbeschlüsse des Emittenten mit der Anfechtungs- oder Nichtigkeitsklage (§§ 246, 249 AktG) angreifen können. Die erfolgreiche Anfechtungs- und Nichtigkeitsklage führe zur Nichtigkeit des Hauptversammlungsbeschlusses. Die Hauptversammlung müsse in diesem Fall im Rahmen des rechtlich Zulässigen erneut beschließen. Nach *Vollmer*[104] solle die Aktionärsklage dem Genussscheininhaber durch ergänzende Vertragsauslegung zugesprochen werden. Zu unterscheiden sei jedoch zwischen obligationenähnlichen und aktienähnlichen Genussscheinen[105]. Nur beim aktienähnlichen Genussschein solle auf aktienrechtliche Grundsätze zurückgegriffen werden, während der Inhaber eines obligationenähnlichen Genussscheines auf schuldrechtliche Schutzmechanismen verwiesen werde[106]. *Vollmer* und *Lorch*[107] berufen sich darauf, dass der Inhaber des aktienähnlichen Genussscheines in einem organisationsrechtlichen (gesellschaftsrechtsähnlichen) Verhältnis zur Gesellschaft und ihren Gesellschaftern stehe. Für diese Lösung spreche auch ein Vergleich mit dem Schweizer Recht. Nach dem 1991 neu eingeführten Art. 656 a Abs. 2 OR des Schweizer Rechts gelten die Bestimmungen über den Aktionär auch für den

---

[103] *Vollmer* ZGR 1983, 445, 460, 469; *Vollmer* GmbHR 1984, 329, 333; *Schwark* in FS Stimpel (1985), S. 1087, 1107; *Reuter* in FS Stimpel (1985), S. 645, 655; *Vollmer/Lorch* ZBB 1992, 44, 46 ff.; *Lorch*, Der börsenfähige aktienähnliche Genußschein (1993), S. 304; *Hirte* ZIP 1988, 488: nur bei unzulässiger Umgehung der §§ 139 ff. AktG.

[104] *Vollmer* ZGR 1983, 445, 460; anders *Vollmer/Lorch* ZBB 1992, 44, 46 ff.: kraft Gesetzes.

[105] *Vollmer/Lorch* ZBB 1992, 44 ff.

[106] *Vollmer/Lorch* ZBB 1992, 44, 46.

[107] *Vollmer/Lorch* ZBB 1992, 44, 46.

Inhaber eines Partizipationsscheines. Die herrschende Meinung in der Literatur[108] lehnt ein Klagerecht analog §§ 246, 249 AktG für die Genussscheininhaber ab. Sie führt als wichtigstes Argument an, dass eine solche Klage unmittelbar in die innere Struktur der Aktiengesellschaft eingreife. Eingriffsrechte in die Autonomie der Gesellschaft und die Mitgliedsstellung der Aktionäre seien jedoch an die Mitgliedschaft geknüpft. Eine mitgliedschaftsrechtliche Stellung komme den Genussscheininhabern jedoch nicht zu.

Ein weiterer Diskussionspunkt sind Auskunfts- und Einsichtsrechte der Genussscheininhaber. Eine starke Mindermeinung[109] will Auskunfts- und Einsichtsrechte der Genussscheininhaber aus §§ 131, 132, 175 Abs. 2 AktG, 51a, 51b GmbHG, 118, 166, 233 HGB, 713 mit §§ 666, 716 BGB bzw. ergänzender Vertragsauslegung ableiten. Den Genussscheininhabern sollen die gleichen Rechte zuerkannt werden wie den Gesellschaftern. Demgegenüber lehnt die herrschende Meinung[110] die analoge Anwendung der Gesellschafterinformationsrechte auf Genussscheininhaber ab. Weiterhin umstritten sind Einsichtsrechte der Genuss-

---

[108] *Ernst*, Der Genußschein (1963), S. 179 ff., 207; *Ernst* AG 1967, 75, 80; *Schilling* in GroßKo, AktG, § 221 Anm. 11; *Wünsch* in FS Strasser (1983), S. 871, 880; *van Look* in Bundschuh/Hadding/Schneider, Recht und Praxis der Genußscheine, S. 35, 41, 43; *Schneider* in FS Goerdeler (1987), S. 511, 519; *Pougin*, Genußrechte, S. 4 f.; *Feddersen/Knauth*, Eigenkapitalbildung, S. 73 f.; *Thielemann*, Das Genußrecht (1988), S. 129 ff.; *Lutter* in FS Döllerer (1988), S. 393, 384; *Hirte* ZIP 1988, 477, 482; *Capelle*, Der Genußschein (1989), S. 126; *Rid-Niebler*, Genußrechte, S. 55 f.; *Hammen* BB 1990, 1919; *Habersack* ZHR 155 (1991), 378, 384; *Goerdeler/Müller* in Hachenburg, GmbHG, Anh. § 29 Rn 9; *Winter* in Scholz, GmbHG, § 14 Rn 74; *Raiser*, Recht der Kapitalgesellschaften, § 18 Rn 21; *Frantzen*, Genußscheine (1993), S. 222 f.; *Sethe* AG 1993, 355; *Kallrath*, Die Inhaltskontrolle (1994), S. 88; *Karollus* in Geßler/Hefermehl, AktG, § 221 Rn 322; *Lutter* in KöKo, AktG, § 221 Rn 197, 219; *Hüffer*, AktG, § 221 Rn 26, 65.

[109] *Vollmer* ZGR 1983, 468 ff.; *Schwark* in FS Stimpel (1985), S. 1107; *Meilicke* BB 1987, 1611 und BB 1989, 465 f.; *Habersack* ZHR 155 (1991), 395; *Luttermann*, Unternehmen (1998), S. 628.

[110] *Feddersen/Knauth*, Eigenkapitalbildung, S. 80 ff.; *Schneider* in FS Goerdeler (1987), S. 519; *van Look* in Bundschuh/Hadding/Schneider, Recht und Praxis der Genußscheine, S. 41; *Thielemann*, Das Genußrecht (1988), S. 178 f.; *Capelle*, Der Genußschein (1989), S. 126; *Rid-Niebler*, Genußrechte (1989), S. 53; *Raiser*, Recht der Kapitalgesellschaften, § 18 Rn 21; *Frantzen*, Genußscheine (1993), S. 224 ff.; *Sethe* AG 1993, 356; *Kallrath*, Die Inhaltskontrolle (1994), S. 125; *Wiedemann* in GroßKo, AktG, 4. Aufl., Vor § 182 Rn 109; *Lutter* in KöKo, AktG, § 221 Rn 197, 219, 376; *Karollus* in Geßler/Hefermehl, AktG, § 221 Rn 322.

scheininhaber in Bücher und Papiere des Emittenten[111] sowie ein Recht zur Sonderprüfung analog §§ 142 ff., 258 ff. AktG[112].

Die herrschende Meinung im Schrifttum, die Gesellschafterrechte für Genussscheininhaber ablehnt, wird von der Rechtsprechung des Bundesgerichtshofs gestützt. In der Klöcknerentscheidung äußert der Bundesgerichtshof[113] unter Bezugnahme auf eine frühere Entscheidung[114], dass das Genussrecht kein gesellschaftsrechtlich geprägtes Mitgliedschaftsrecht sei, sondern ein Recht, das sich in einem bestimmten geldwerten Anspruch erschöpfe. Das Genussrecht trage einen schuldrechtlichen Charakter. Damit nimmt der Bundesgerichtshof ausdrücklich gegen die Vorstellung *Vollmers* vom organisationsrechtlichen Verhältnis zwischen Gesellschaft und Genussscheininhaber Stellung. Der Bundesgerichtshof[115] betont ausdrücklich, dass das Genussrecht die mit der Aktie verbundenen, auf der Mitgliedschaft beruhenden Mitverwaltungsrechte nicht gewähre. In der Klöcknerentscheidung führt der Bundesgerichtshof[116] aus, dass die den Aktionären zustehenden Mitwirkungsrechte Ausfluss ihrer mitgliedschaftlichen Beteiligung an der Aktiengesellschaft seien. Den Genussscheininhabern komme eine solche mitgliedschaftliche Stellung nicht zu. Sie erschöpfe sich formal in einer schuldrechtlichen Gläubigerstellung und materiell in einer teilweisen vermögensrechtlichen Haftungsbeteiligung in der Gesellschaft. Ein Eingriff in das innere Gefüge der Aktiengesellschaft durch Mitwirkung an Entscheidungen der Hauptversammlung sei ihnen verwehrt. Auch das Anfechtungsrecht des Aktionärs gegen Beschlüsse der Gesellschaft beruhe auf seiner mitgliedschaftlichen Stellung. Es sei als Instrument zur Kontrolle der Recht- und Gesetzmäßigkeit des Organhandelns einer Kapitalgesellschaft ausgestaltet und in die Hände der Gesellschafter gelegt. Es erscheine bedenklich, ein solches nicht nur den Interessen des einzelnen Aktionärs, sondern den wohlverstandenen Gesamtbelangen der Aktiengesellschaft dienendes Kontrollinstrument außenstehenden Dritten zugänglich zu machen, und sei es auch nur zur Wahrung ihrer stark begrenzten Interessen. Da die Genussscheininhaber den Aktionären nur in stark eingeschränktem Maße haftungsmäßig gleichgestellt seien, im übrigen aber - wenn

---

[111] Dafür: *Frantzen*, Genußscheine (1993), S. 228; *Sethe* AG 1993, 351, 357; dagegen: *Ernst*, Der Genußschein (1963), S. 182; *Kallrath*, Die Inhaltskontrolle (1994), S. 128 f.; *Rowedder* in Rowedder, GmbHG, § 29 Rn 85; dazu allgemein *Hüffer* in MüKo, BGB, § 810 Rn 11; *Thomas* in Palandt, BGB, § 810 Rn 2; *Teichmann* in Soergel, BGB, § 242 Rn 195.

[112] Dafür: *Vollmer* ZGR 1983, 468 f.; *Vollmer* GmbHR 1984, 334 Fn 44; *Schwark* in FS Stimpel (1985), S. 1107; *Sethe* AG 1993, 357: Sonderprüfung analog § 242 BGB; *Luttermann*, Unternehmen (1998), S. 524; dagegen: *Frantzen*, Genußscheine (1993), S. 231; *Karollus* in Geßler/Hefermehl, AktG, § 221 Rn 322.

[113] BGHZ 119, 305 (Klöckner).

[114] BGH WM 1959, 434 ff.

[115] BGHZ 119, 305, 310 (Klöckner) = NJW 1993, 58.

[116] BGHZ 119, 305, 316 (Klöckner) = NJW 1993, 59.

auch im Range nach den anderen Gläubigern - der Gesellschaft als Fremdgläubiger gegenüberstünden, bestehe die Gefahr, dass die Anfechtungsklage nicht zur Wahrung berechtigter eigener Belange und zur Kontrolle des Handelns der gesellschaftlichen Organe, sondern in erhöhtem Maße funktionswidrigen Eigeninteressen dienstbar gemacht werden könne. Ferner sei zu bedenken, dass die Erweiterung des Anfechtungsrechts auf Genussscheininhaber einen Eingriff in die Mitgliedsrechte und Mitgliedsstellung der Aktionäre darstellen würde, der ohne gesetzliche Regelung nicht zulässig erscheine. Es werde zwar für möglich gehalten, den Genussscheininhabern ein Recht auf Teilnahme an der Hauptversammlung einzuräumen. Derartigen Befugnissen komme jedoch, wenn überhaupt, nur eine geringfügige eigenständige Bedeutung für die Wahrnehmung eigener Rechte zu. Sie erlangten ihre Bedeutung erst im Zusammenhang mit den Mitverwaltungsrechten, deren sachgemäßer Ausübung sie in der Regel als Hilfsrechte (z.B. Auskunftsrecht) dienten. Auch an anderer Stelle lehnt der Bundesgerichtshof[117] das Stimmrecht, das Auskunftsrecht nach § 131 Abs. 1 AktG und das Anfechtungsrecht für Genussscheininhaber ausdrücklich ab. Dem Kapitalgesellschafter stünden Mitverwaltungsrechte zu, die ihm die Möglichkeit gewähren, zur Wahrung seiner Gesellschafterrechte - wie etwa der Vermögensrechte oder - allgemein - seiner Beteiligungsinteressen Einfluss auszuüben. Obwohl es dem Aufsichtsrat obliege, die Geschäftsführung des Vorstandes zu überwachen und die Gesellschaft bei der Geltendmachung von Schadensersatzansprüchen gegenüber Vorstandsmitgliedern zu vertreten, sei der Gesellschafter in der Lage, durch Ausübung seiner Mitwirkungs- und Kontrollrechte (§§ 84 Abs. 3 S. 2, 119 Abs. 1 Nr. 1 und 3, 120 Abs. 2, 131 Abs. 1 142 Abs. 1 und 2, 243 ff. AktG) auch darauf Einfluss zu nehmen. Diese Möglichkeit habe der Genussrechtsinhaber nicht. Dabei könne es auch dahingestellt bleiben, ob man ihm ein Recht auf Teilnahme an der Hauptversammlung bzw. Informationsrechte oder ein Kontrollrecht entsprechend § 233 HGB einräume. Diese Rechte blieben ein stumpfes Schwert, solange sie nicht durch das Stimmrecht, das Auskunftsrecht im Sinne des § 131 Abs. 1 AktG und das Anfechtungsrecht ergänzt würden.

Die Tendenz in Rechtsprechung und Literatur geht also gegen eine Anwendung von Gesellschafterrechten auf Genussscheine und Gewinnschuldverschreibungen.

b) Stellungnahme

Die Behauptung *Vollmers*, die Inhaber aktienähnlicher Genussscheine stünden in einem organisationsrechtlichen Verhältnis zur Gesellschaft und ihren Gesellschaftern, ist rechtsdogmatisch zweifelhaft. Das Organisationsrecht ist das Innenrecht

---

[117] BGHZ 119, 305, 327 ff. (Klöckner) = NJW 1993, 62.

der Gesellschaften[118]. Der Genussscheininhaber ist aber weder in die Organisationsverfassung der Gesellschaft eingebunden noch durch die Grundsätze des Mitgliederschutzes geschützt. Denn der Genussscheininhaber ist kein Gesellschafter. Er ist nicht am Vermögen des Emittenten beteiligt. Seine Rechte erschöpfen sich in einem gewinnorientierten Anspruch gegen die Gesellschaft. Der Genussscheininhaber ist als Dritter kein Mitglied der Hauptversammlung. Da er als Nichtgesellschafter nicht berechtigt ist, an der Willensbildung der Gesellschaft teilzunehmen, steht ihm auch kein Stimmrecht zu. Nicht einmal *Vollmer* selbst behauptet, dass der Genussscheininhaber ein Teilnahme- und Stimmrecht in der Hauptversammlung hätte. Die vertragliche Einräumung eines Stimmrechts wäre sogar nach allgemeiner Meinung[119] unzulässig. *Vollmers* These vom organisationsrechtlichen Verbund zwischen Genussscheininhaber und Gesellschaft trifft deshalb nicht zu. Besteht zwischen den Genussscheininhabern und der Gesellschaft kein organisationsrechtlicher Verbund, greift zugunsten des Genussscheininhabers auch kein Mitgliederschutz ein, da er Nichtmitglied ist. Er kann sich nur auf allgemeinen Gläubigerschutz berufen.

Auch *Vollmers* Vergleich mit dem Schweizer Recht überzeugt nicht. Denn mit Art. 656 a Abs. 2 OR wurde im Jahr 1991 die bis dahin im Schweizer Recht unbekannte Vorzugsaktie ohne Stimmrecht eingeführt[120]. Der Schweizer Partizipationsschein ist spätestens seit 1991 mit dem deutschen Genussschein nicht mehr vergleichbar. Der Schweizer Partizipationsschein ist eine Aktie.

Da die Anleger gerade nicht in einem organisationsrechtlichen Verbund mit der Gesellschaft und den Aktionären stehen, können sie auch keine Aktionärsklagen erheben. Die Anfechtungs- oder Nichtigkeitsklage ist an die Mitgliedschaft geknüpft, weil diese Klagen in die Willensbildung der Gesellschaft eingreifen. Die innere Willensbildung der Aktiengesellschaft erfolgt durch die Hauptversammlung. Träger des Beschlusses ist die Hauptversammlung und durch diese die Aktiengesellschaft. Der Beschluss kann nur von Organen bzw. Mitgliedern der Organe angefochten werden, § 245 AktG. Daraus ergibt sich, dass zur Anfechtung nur berechtigt ist, wer gesellschaftsrechtlich zur Willensbildung in der Gesellschaft berufen ist bzw. die Interessen der Gesellschaft wahrzunehmen hat. Es würde einen Eingriff in die organisationsrechtliche Struktur der Aktiengesellschaft bedeuten, wenn außenstehende Gläubiger in die Willensbildung

---

[118] *K. Schmidt*, Gesellschaftsrecht, § 14 I.

[119] BGHZ 119, 305, 316 = NJW 1993, 59 (Klöckner); *Feddersen/Knauth*, Eigenkapitalbildung, S. 82; *Schneider* in FS Goerdeler (1987), S. 511, 519; *Winter* in Scholz, GmbHG, § 14 Rn 74; *Goerdeler/Müller* in Hachenburg, GmbH, Anh. § 29 Rn 9; *Karollus* in Geßler/Hefermehl, AktG, § 221 Rn 322; *Hüffer*, AktG, § 221 Rn 26.

[120] *Forstmoser/Meier-Hayoz/Nobel*, Schweizerisches Aktienrecht, § 46 N Rn 9, *Böckli*, Schweizer Aktienrecht, Rn 478.

eingreifen könnten. Auch Gläubigerschutzinteressen können einen solchen Eingriff nicht rechtfertigen. Denn Gläubiger sind zur Willensbildung nicht berufen. Es wäre mit der Autonomie der Gesellschaft nicht zu vereinbaren, wenn Dritte über Anfechtungsklagen ihre eigenen, unter Umständen den Aktionärsinteressen zuwiderlaufenden Zielvorstellungen verfolgen könnten. Die Anfechtungs- oder Nichtigkeitsklage ist unlösbar an eine mitgliedschaftliche Beteiligung gebunden und mit dem rein gläubigerrechtlichen Charakter des Genussrechts nicht zu vereinbaren. Auf die praktische Nutzlosigkeit der Aktionärsklage für Genussscheininhaber weist *Frantzen*[121] hin. Die Genussscheininhaber haben naturgemäß kein Interesse an der Wiederholung der Beschlussfassung, weil sie im Gegensatz zu den mitgliedschaftlich beteiligten Gesellschaftern in der Hauptversammlung weder anwesend sind, noch Antrags- oder Stimmrecht haben. Auch die Emittenten sind an der Wiederholung einer Beschlussfassung nicht interessiert. Käme es entsprechend dem Vorschlag *Vollmers* zu einer erneuten Beschlussfassung über die Gewinnfeststellung und/oder Gewinnverwendung, drohe die Gefahr, dass die Genussrechtsinhaber erneut von ihren Klagerechten Gebrauch machen müssten und es zu weiteren Rechtsstreitigkeiten käme. Es kann also festgehalten werden, dass der Genussscheininhaber niemals die Aktionärsklagen erheben kann. Unbenommen bleibt dem Genussscheininhaber natürlich das Recht, die allgemeine Nichtigkeitsfeststellungsklage gem. § 256 ZPO zu erheben, wenn er ein besonderes Rechtsschutzinteresse an der Feststellung der Nichtigkeit des Beschlusses über die Verwendung des Bilanzgewinns oder des festgestellten Jahresabschlusses hat[122].

Auch der analogen Anwendung der Gesellschafterinformationsrechte bedarf es nicht[123]. Erstens fehlt es bereits an einer Regelungslücke. Kontrollrechte stellen kein Gesellschaftsspezifikum dar. Für Anleger reicht auch der allgemeine Auskunftsanspruch aus § 242 BGB. Es ist in Rechtsprechung[124] und Literatur[125] anerkannt, dass nach Treu und Glauben (§ 242 BGB) eine Auskunftspflicht besteht, wenn die zwischen den Parteien bestehenden Rechtsbeziehungen es mit

---

[121] *Frantzen*, Genußscheine (1993), S. 223.

[122] *Ernst*, Der Genußschein (1963), S. 207; *Vollmer* ZGR 1983, 463; *Thielemann*, Das Genußrecht (1988), S. 131; *Winter* in Scholz, GmbHG, § 14 Rn 74; *Goerdeler/Müller* in Hachenburg, GmbH, Anh. § 29 Rn 9; *Frantzen*, Genußscheine (1993), S. 223.

[123] *Feddersen/Knauth*, Eigenkapitalbildung, S. 80 ff.; *Rid-Niebler*, Genußrechte (1989), S. 53; *Frantzen*, Genußscheine (1993), S. 225; *Sethe* AG 1993, 356; *Kallrath*, Die Inhaltskontrolle (1994), S. 125.

[124] RGZ 108, 1, 7; RGZ 158, 377, 379; BGHZ 10, 385, 386 f.; BGHZ 55, 201, 203; BGHZ 61, 180, 184; BGHZ 81, 21, 24; BGHZ 87, 346, 351 f.; BGHZ 91, 154, 171; BGH WM 1982, 689; BGH NJW 1986, 423, 424; BGH NJW 1995, 387.

[125] *Selb* in Staudinger, BGB, § 260 Rn 18 f.; *Heinrichs* in Palandt, BGB, § 261 Rn 8; *Keller* in MüKo, BGB, § 260 Rn 10; *Teichmann* in Soergel, BGB, § 242 Rn 190; *Wolf* in Soergel, BGB, § 259 Rn 8 und § 260 Rn 23.

sich bringen, dass der Berechtigte in entschuldbarer Weise über Bestehen oder Umfang seines Rechts im Ungewissen ist und der Verpflichtete die zur Beseitigung der Ungewissheit erforderliche Auskunft unschwer geben kann. Dieser allgemeine Auskunftsanspruch steht nach herrschender Meinung[126] auch dem Genussscheininhaber zu. Der Genussscheininhaber, der vom Geschäftserfolg des Emittenten abhängt, darf nicht vollkommen der Willkür des Emittenten ausgeliefert sein. Es muss ihm möglich sein, die ordnungsgemäße Ermittlung der Ausschüttung zu überprüfen. Jeder Gläubiger, der keine Nominalforderung, sondern eine vom Verhalten des Schuldners abhängige Forderung innehat, muss in der Lage sein, seinen Schuldner zu kontrollieren. Neben dem allgemeinen Auskunftsanspruch steht dem Genussscheininhaber nach herrschender Meinung[127] der Anspruch auf Rechenschaftslegung zu, §§ 242, 259 BGB. Nach §§ 242, 259 BGB hat der Verpflichtete dem Berechtigten eine die geordnete Zusammenstellung der Einnahmen und Ausgaben enthaltende Rechnung mitzuteilen. Der Umfang der Rechenschaftspflicht ist für den Einzelfall nach Treu und Glauben zu ermitteln. In der Regel ist dem damit Genüge getan, dass der Emittent den Bezugswert der Ausschüttungsermittlung (z.B. Dividendensatz, Jahresüberschuss) angibt und über die Ausschüttung abrechnet. Besteht Grund zu der Annahme, dass die in der Abrechnung enthaltenen Angaben nicht mit der erforderlichen Sorgfalt gemacht worden sind, so hat der Emittent auf Verlangen zu Protokoll an Eides Statt zu versichern, § 259 Abs. 2 BGB. Die Aushändigung der Bilanz kann der Anleger nur ausnahmsweise verlangen, wenn dies zur Sicherung seiner Rechte unbedingt notwendig ist. Nach *Sethe*[128] steht das Recht auf Aushändigung der Bilanz jedem Genussrechtsinhaber zu. Ein Grenze des Auskunftsanspruchs sind die Kriterien des § 131 Abs. 3 AktG. Wenn schon den Mitgliedern entsprechende Informationen vorenthalten werden dürfen, gilt dies erst Recht gegenüber Dritten[129]. Da den Anlegern der allgemeine Auskunftsanspruch nach § 242 BGB zusteht, fehlt es für eine analoge Anwendung der Aktionärsauskunftsrechte an einer Regelungslücke. Zweitens passt der Auskunftsanspruch des Aktionärs nach § 131 AktG nicht auf Nichtgesellschafter. § 131 AktG ist als

---

[126] *Silberberger*, Der Partizipationsschein (1983), S. 114; *Emde*, Der Genußschein (1987), S. 190 f.; *Schneider* in FS Goerdeler (1987), S. 519; *van Look* in Bundschuh/Hadding/Schneider, Recht und Praxis der Genußscheine, S. 35, 41; *Rid-Niebler*, Genußrechte (1989), S. 53; *Frantzen*, Genußscheine (1993), S. 225; *Sethe* AG 1993, 356; *Kallrath*, Die Inhaltskontrolle (1994), S. 125 ff.; *Lutter* in KöKo, AktG, § 221 Rn 376 ff.

[127] *Silberberger*, Der Partizipationsschein (1983), S. 113 f.; *van Look* in Bundschuh/Hadding/Schneider, Recht und Praxis der Genußscheine, S. 35, 41; *Emde*, Der Genußschein (1987), S. 191; *Meilicke* BB 1987, 1611; *Capelle*, Der Genußschein (1989), S. 124; *Frantzen*, Genußscheine (1993), S. 226; *Kallrath*, Die Inhaltskontrolle (1994), S. 126 f.; *Lutter* in KöKo, AktG, § 221 Rn 378 f.; für Gewinnbeteiligung (Lizenzgebühr): BGHZ 10, 385, 386 f.

[128] *Sethe* AG 1993, 357.

[129] *Sethe* AG 1993, 357.

Auskunftsrecht in der Hauptversammlung konzipiert. § 131 AktG soll dem Aktionär die Informationen beschaffen, die er zur Ausübung seines Stimmrechts benötigt. Es kann nur in der Hauptversammlung ausgeübt werden, § 131 Abs. 1 S. 1 AktG. Inhaltlich muss es sich auf die sachgemäße Beurteilung eines Gegenstandes der Tagesordnung beziehen, § 131 Abs. 1 S. 1 AktG. Der Anleger hat aber weder Anwesenheits- noch Stimmrecht in der Hauptversammlung. § 131 AktG knüpft damit an Rechte des Aktionärs an, die dem Genussscheininhaber fehlen.

Gegen ein Einsichtsrecht in die Unterlagen der Gesellschaft sprechen vor allem die berechtigten Geheimhaltungsinteressen des Emittenten[130]. Für die Inhaber von Genussscheinen oder Gewinnschuldverschreibungen ist in der Regel nur die Kenntnis der dem Ausschüttungsanspruch zugrunde liegenden Bezugsgrößen (z.B. Jahresüberschuss, Bilanzgewinn, Dividendensatz) von Bedeutung. Die Angaben über Jahresüberschuss, Bilanzgewinn oder Dividendensatz sind für die Anleger ohne größeren Aufwand zu kontrollieren. Das Einsichtsrecht in Bücher und Papiere des Emittenten bedarf es dazu nicht. Ein Einsichtsrecht würde zu weit gehen. Die Interessen der Anleger sind bereits durch den Auskunfts- und Rechnungslegungsanspruch ausreichend geschützt.

Die Anleger haben auch kein Recht zur Bestellung von Sonderprüfer[131]. Die Anleger sind durch Auskunfts- und Rechnungslegungsansprüche ausreichend geschützt. Desweiteren ist das Recht auf Sonderprüfung eine aktienrechtliche Ausnahme, die nicht analogiefähig ist. Dem übrigen Gesellschaftsrecht sowie dem Schuldrecht sind ein Recht auf Sonderprüfung unbekannt. Außerdem ist das Recht auf Sonderprüfung inhaltlich zu sehr auf die Hauptversammlung zugeschnitten. Nach § 142 Abs. 1 S. 1 AktG bestellt die Hauptversammlung die Sonderprüfer. § 258 Abs. 1 S. 1 Nr. 2 AktG nimmt Bezug auf vom Vorstand in der Hauptversammlung gemachte Angaben, nach denen gefragt worden und deren Aufnahme in die Niederschrift verlangt worden ist. Die §§ 142, 258 AktG beziehen sich also auf Rechte in der Hauptversammlung, die den Inhabern von Genussscheinen oder Gewinnschuldverschreibungen nicht zustehen.

Da der Inhaber eines Genussscheins oder einer Gewinnschuldverschreibung ausschließlich schuldrechtlicher Gläubiger ist, ist der Anlegerschutz aus dem Schuldrecht zu entwickeln. Der Unterschied zwischen schuldrechtlichem Gläubiger und Gesellschafter kann nicht durch analoge Anwendung der Gesell-

---

[130] *Ernst*, Der Genußschein (1963); S. 182; *Kallrath*, Die Inhaltskontrolle (1994), S. 128 f.; dazu allgemein *Teichmann* in Soergel, BGB, § 242 Rn 195; *Hüffer* in MüKo, BGB, § 810 Rn 11; *Thomas* in Palandt § 810 Rn 2.

[131] *Frantzen*, Genußscheine (1993), S. 231; Karollus in Geßler/Hefermehl, AktG, § 221 Rn 322.

schafterrechte eingeebnet werden. Es wäre inkonsequent, zuerst den gläubigerrechtlichen Charakter des Genussrechts zu betonen und dann Aktionärsrechte analog anwenden zu wollen. Wollte man Aktionärsrechte analog anwenden, wäre es rechtsdogmatisch konsequent, mit *Würdinger* das Genussrecht von Anfang an als Zwischending zwischen Gläubigerrecht und Gesellschafterrecht einzuordnen. Dadurch würden jedoch ohne Not die Grenzen zwischen einer mitgliedschaftsrechtlichen und einer gläubigerrechtlichen Beteiligung verwischt. Wie gerade die Klöcknerentscheidung zeigt, können Aktionärsschutz und Anlegerschutz durchaus auseinander laufen ohne die Anleger einer Schutzlücke preiszugeben. Der schuldrechtliche Schutz kann sogar im Einzelfall stärker sein als der Aktionärsschutz. Zum Beispiel können die Anleger die Gesellschaft schadenersatzpflichtig machen, obwohl den Aktionären keine Schadensersatzansprüche gegen die Aktiengesellschaft zustehen. Der Anlegerschutz ist also mit der herrschenden Meinung auf schuldrechtlicher Grundlage zu bewirken, nicht durch analoge Anwendung der Aktionärsrechte.

Zusammenfassend kann gesagt werden, dass dem Anleger richtigerweise die Aktionärsklagen nicht zustehen. Er hat auch kein Recht auf Bestellung von Sonderprüfern. Auskunftsrechte bestehen nicht in Form der Gesellschafterkontrollrechte, sondern auf Grund des allgemeinen Auskunftsanspruchs nach § 242 BGB.

### 1.2. Schadensersatzansprüche

a) Meinungsstand

Den ersten Versuch, den Umfang eines Anlegerschutzes zu bestimmen, machte das Reichsgericht[132] in einer Entscheidung aus dem Jahre 1922. In dieser Entscheidung lehnte das Reichsgericht den Schutz eines Genussscheininhabers ab, dessen Emittent mit einem anderen Unternehmen einen Beherrschungs- und Gewinnabführungsvertrag abgeschlossen hatte. Ein Schadensersatzanspruch des Genussscheininhabers sei nach Meinung des Reichsgerichts nur in engen Grenzen möglich. Eine gegenüber dem Genussscheininhaber bestehende Pflicht der Aktiengesellschaft zu sorgfältiger Unternehmensführung bestehe nicht. Die Frage, wie der Gewinn erzielt werde, sei eine innere Angelegenheit des Unternehmens. Es komme dem Genussscheininhaber zu weit entgegen, wenn die Haftung für ein etwaiges Mindererträgnis schon für den Fall eines Verschuldens des Unternehmens eingreife. Die Gesellschaft habe gegenüber dem Genussscheininhaber freie Hand, wie sie ihre Geschäfte führe und eine Dividende erwirtschafte. Haftbar wäre die Gesellschaft erst, wenn deren Organe absichtlich zum Nachteil des

---

[132] RGZ 105, 236, 240 f.

Genussscheininhabers handelten. Damit verwies das Reichsgericht die Genussscheininhaber auf § 826 BGB. Dem folgte die herrschende Meinung[133] in der Literatur in den nächsten Jahrzehnten im Grunde. Abgesehen von sprachlichen Modifikationen, wonach Schadensersatzansprüche angenommen wurden, wenn die Aktiengesellschaft die Genussrechte treu- und sittenwidrig verkürzt[134], blieb es bei der restriktiven Linie des Reichsgerichts. Dies führte dazu, dass der Anlegerschutz in der Praxis leerlief.

Allmählich setzte sich in der Literatur[135] zunehmend die Auffassung durch, dass die Aktiengesellschaft den Genussscheininhabern zu sorgfältiger Geschäftsführung verpflichtet sei. Aus dem Genussrechtsvertrag ergäben sich Schutz- und Sorgfaltspflichten der Aktiengesellschaft gegenüber den Genussscheininhabern, deren Inhalt in der Wahrung der Rechte des anderen Vertragsteils und der Rücksichtnahme auf seine wohlverstandenen Interessen bestehe und bei deren Verletzung eine Haftung aus positiver Vertragsverletzung eingreife. Der Genussscheininhaber verbinde mit dem Abschluss des Genussrechtsvertrags die berechtigte und dem Emittenten erkennbare Erwartung, dass das Unternehmen nach den Regeln kaufmännischer Sorgfalt betrieben werde. Zwar solle dem Emittenten ein unternehmerischer Handlungsspielraum verbleiben, im Rahmen dessen er das Unternehmen ohne Rücksicht auf etwaige entgegenstehende Interessen der Genussscheininhaber führen dürfe. Ein objektiver Fehlgebrauch des unternehmerischen Ermessens solle aber nicht zu Lasten der Genussscheininhaber gehen. Der Genussscheininhaber müsse das Risiko der wirtschaftlichen Entwertung seiner Rechte durch eine sorgfaltswidrige Geschäftsführung des Emittenten nicht übernehmen. Er müsse darauf vertrauen dürfen, dass die Aktiengesellschaft ihre Geschäfte ordnungsgemäß führe, zumal er selbst keinen Einfluss auf deren Führung nehmen könne. Deshalb sei es geboten, den fehlenden Einfluss des Genussscheininhabers auf die Geschäftsführung durch die Verpflichtung der Gesellschaft zur sorgfältigen Geschäftsführung auszugleichen. Dies zeige auch das Beispiel der stillen Gesellschaft, bei der ein Schadensersatzanspruch des Stillen bei sorgfaltswidriger Geschäftsführung anerkannt sei.

---

[133] *Flechtheim* in Düringer/Hachenburg, HGB, Anh. § 179 Anm. 8; *Goerdeler/Müller* in Hachenburg, GmbHG, 7. Aufl., Anh. § 29 Rn 25; *Lutter* in KöKo, AktG, 1. Auflage, § 221 Rn 70; *Wünsch* in FS Strasser (1983), S. 881; *Vollmer* ZGR 1983, 467 f.; *Schneider* in FS Goerdeler (1987), S. 517; *Winter* in Scholz, GmbHG, 8. Aufl., § 14 Rn 78.

[134] *Goerdeler/Müller* in Hachenburg, GmbHG, 7. Aufl., Anh. § 29 Rn 25; *Lutter* in KöKo, AktG, 1. Aufl., § 221 Rn 70; *Wünsch* in FS Strasser (1983), S. 881; *Vollmer* ZGR 1983, 467 f.

[135] *Ernst*, Der Genußschein (1963), S. 169; *van Look* in Bundschuh/Hadding/Schneider, Recht und Praxis der Genußscheine, S. 35, 42; *Thielemann*, Das Genußrecht (1988), S. 129; *Hirte* ZIP 1988, 487; *Capelle*, Der Genußschein (1989), S. 127; *Rid-Niebler*, Genußrechte (1989), S. 116; *Hirte* ZIP 1991, 1467; *Habersack* ZHR 155 (1991), 391 ff.; *Lorch*, Der börsenfähige aktienähnliche Genußschein (1993), S. 305 ff.; *Frantzen*, Genußscheine (1993), S. 289.

Der Bundesgerichtshof hat die vordringende Literaturmeinung in seiner Klöckner-Entscheidung[136] übernommen und ausgebaut. Die Aktiengesellschaft hafte aus positiver Vertragsverletzung, wenn der zulässige unternehmerische Gestaltungsspielraum überschritten werde und daher eine alleinige Risikotragung durch den Genussrechtsinhaber nicht mehr angemessen erscheine. Der Bundesgerichtshof prägte die Formel von der völlig unverantwortlichen Geschäftsführung. Der Genussscheininhaber dürfe erwarten, dass sein Kapital nicht durch eine Geschäftstätigkeit gefährdet werde, die schlechterdings kein seriöser Kaufmann durchführen würde. Der Genussscheininhaber brauche nicht damit zu rechnen, dass sein Kapital durch Entscheidungen gefährdet werde, die schlechthin nicht gerechtfertigt werden können und zu deren Durchführung ein verantwortungsbewusst denkender und handelnder Kaufmann zu keiner Zeit bereit wäre. Dazu gehörten umfangreiche, nicht der Preisabsicherung dienende Spekulationen auf dem Ölterminmarkt. Zusätzlich solle nach der Rechtsprechung des Bundesgerichtshofs ein Anspruch aus positiver Vertragsverletzung bestehen, wenn die Aktiengesellschaft solche Geschäfte tätige, die sich nicht mehr im Rahmen des von der Satzung vorgegebenen Unternehmensgegenstandes bewegen.

Die Klöckner-Entscheidung fand in der Literatur[137] überwiegend Zustimmung. Lediglich bei der Schadensersatzhaftung wegen satzungswidriger Geschäfte beschränkt die herrschende Literatur[138] die Haftung der Aktiengesellschaft auf solche Geschäfte, die schlechthin nichts mehr mit dem Unternehmensgegenstand zu tun haben, also auch in weitestem Sinne nicht mehr zum Unternehmensgegenstand gerechnet werden können. Außerdem müsse zwischen Satzungsbeschränkung und verwirklichtem Risiko ein spezifischer Zusammenhang bestehen[139]. Für die Frage der schuldhaften Pflichtverletzung gelte nicht der Haftungsmaßstab des § 93 Abs. 1 AktG[140]. Aus der Trennung von Mitgliedschaft und schuldrechtlicher Forderung folge die Anwendung allein der engeren Regeln des Schuldrechts. Eine Einschränkung der Haftung auf besonders grobe (qualifizierte) Pflichtverstöße sei nicht geboten[141]. Vielmehr sei schon bei der Bestimmung der Sorgfaltsanforderungen zu berücksichtigen, dass bei wirtschaftlicher Tätigkeit

[136] BGHZ 119, 305, 326 ff.= NJW 1993, 63 (Klöckner); ablehnend Vorinstanz OLG Düsseldorf ZIP 1991, 1070, 1077 f.

[137] *Lutter* ZGR 1993, 300 ff.; *Sethe* AG 1993, 360 ff.; *Luttermann* DB 1993, 1812; z.T. ablehnend *Busch* AG 1993, S. 164; *Kallrath*, Die Inhaltskontrolle (1994), S. 115 ff.; *Lutter* in KöKo, AktG, § 221 Rn 355; *Karollus* in Geßler/Hefermehl, AktG, § 221 Rn 382 ff.; *Luttermann*, Unternehmen (1998), S. 518 ff.; *Hüffer*, AktG, § 221 Rn 65; *Winter* in Scholz, GmbHG, § 14 Rn 78; *Krieger* in MüHandb., Band 4, § 63 Rn 56.

[138] *Lutter* ZGR 1993, 301; *Karollus* in Geßler/Hefermehl, AktG, § 221 Rn 388; *Sethe* AG 1993, 362; *Claussen* AG 1993, 133 f.

[139] *Karollus* in Geßler/Hefermehl, AktG, § 221 Rn 388.

[140] BGHZ 119, 305, 331; *Sethe* AG 1993, 361; a.A. *Habersack* ZHR 155 (1991), 398 f.

[141] *Kallrath*, Die Inhaltskontrolle (1994), S. 118 f.

Prognoseentscheidungen zu treffen sind und wirtschaftliche Risiken eingegangen werden müssen. Der Gesellschaft sei ein weiter Ermessensspielraum zuzugestehen. Erst wenn sie diesen Ermessensspielraum überschreite, liege ein Pflichtenverstoß vor. Die Aktiengesellschaft hafte aus positiver Vertragsverletzung wegen pflichtwidriger Geschäftsführung gegenüber den Anlegern für Vorsatz und jede Fahrlässigkeit[142]. Nachdem die Genussscheininhaber Dritte und nicht Mitglieder seien, könne dem Emittenten ein sorgfaltswidriges Fehlverhalten des Vorstands und auch das von Angestellten zugerechnet werden[143]. Umstritten ist auf der Rechtsfolgenseite, ob der Anspruch aus positiver Vertragsverletzung stets nur auf Geldersatz gerichtet ist. Der Bundesgerichtshof[144] lehnte in der Klöckner-Entscheidung Naturalherstellung in Form der Ausgabe neuer Genussscheine wegen der großen Tragweite einer solchen Verpflichtung (Widerspruch zu den durch § 221 AktG geschützten Aktionärsinteressen) ab. Um eine vertraglich nicht vorgesehene Kapitalrückzahlung zu vermeiden, solle nach der Literatur[145] bei fortbestehendem Genussrechtsverhältnis durch Naturalrestitution eine vorrangige Wiederauffüllung des durch die Schädigung geminderten Genusskapitals in Frage kommen. Der Bundesgerichtshof[146] hat den Anspruch aus positiver Vertragsverletzung ausdrücklich nur für den Fall der aktienähnlichen Klöckner-Genussscheine zugesprochen. Nach herrschender Literatur[147] gilt die Klöckner-Rechtsprechung jedoch nicht nur für aktienähnliche Genussscheine, unabhängig von ihrer Bilanzierung als Eigenkapital oder Fremdkapital, sondern auch für obligationenähnliche Genussscheine und Gewinnschuldverschreibungen.

In eine andere Richtung gehen jedoch die Ausführungen des Bundesgerichtshofs in der Klöckner-Entscheidung zu § 93 Abs. 5 AktG (obiter dictum)[148]. Der Bundesgerichtshof führt aus, dass der Genussrechtsinhaber aufgrund seiner Gläubigerstellung im Grundsatz zwar das Recht habe, gemäß § 93 Abs. 5 AktG den Ersatzanspruch der Gesellschaft entsprechend seiner Stellung nach den Genussscheinbedingungen geltend zu machen, soweit er von dieser keine Befriedigung erlangen könne. Dazu sei er jedoch zumindest insoweit nicht in der

---

[142] *van Look* in Bundschuh/Hadding/Schneider, Recht und Praxis der Genußscheine, S. 42; *Sethe* AG 1993, 361; *Feddersen/Meyer-Landrut* ZGR 1993,320; *Kallrath*, Die Inhaltskontrolle (1994), S. 118 Fn 509.

[143] BGHZ 119, 305, 333; *Habersack* ZHR 155 (1991), 398; *Sethe* AG 1993, 361; *Reuter* in MüKo, BGB, § 31 Rn 18, 25.

[144] BGHZ 119, 305, 333 f.

[145] *Sethe* AG 1993, 362, 365, 367; *Karollus* in Geßler/Hefermehl, AktG, § 221 Rn 392.

[146] BGHZ 119, 305, 326 ff.

[147] *Lutter* ZGR 1993, 302; *Karollus* in Geßler/Hefermehl, AktG, § 221 Rn 385; für Gewinnschuldverschreibungen: *Karollus* in Geßler/Hefermehl, AktG, § 221 Rn 486; *Kallrath*, Die Inhaltskontrolle (1994), S. 119.

[148] BGHZ 119, 305, 329 = NJW 1993, 62 (Klöckner); zustimmend *Sethe* AG 1993, 361; *Karollus* in Geßler/Hefermehl, AktG, § 221 Rn 391.

Lage, als das von ihm zur Verfügung gestellte Kapital haftungsrechtlich der Einlage der Gesellschafter gleichgestellt sei, was der Fall sein solle, wenn das Genusskapital - wie bei den Klöcknergenussscheinen - verlustbeteiligt und bei Kapitalherabsetzungen zur Sanierung an das Grundkapital gekoppelt sei. In diesem Rahmen sei sein Genussrecht materiell nicht als Gläubigerrecht im Sinn des § 93 Abs. 5 AktG zu werten, vielmehr komme ihm Eigenkapitalcharakter zu. Offengelassen hat der Bundesgerichtshof, ob die Unanwendbarkeit des § 93 Abs. 5 AktG auch für andere Genussscheine (Fremdkapitalgenussscheine) gelten solle. *Karollus*[149] hält den § 93 Abs. 5 AktG wegen seiner Eigenart als Ausfallhaftungsnorm auch in diesem Fall für unanwendbar. Die Ausfallhaftung der Organmitglieder greife nur dann ein, wenn von der Aktiengesellschaft nichts mehr zu holen sei. Es erscheine wertungsmäßig angemessen, diesen Rettungsanker vorrangig den normalen Gläubigern zukommen zu lassen, nicht den Inhabern erfolgsorientierter Genussscheine, die insofern am Unternehmensrisiko teilhaben. Im Widerspruch dazu meint *Karollus*[150] bezogen auf Schadensersatzansprüche aus positiver Vertragsverletzung an anderer Stelle, in der Rechtsordnung finde sich kein allgemeingültiges Prinzip des Inhalts, dass Eigenkapitalgeber keine Schadensersatzansprüche stellen könnten. Das wirklich bestehende Prinzip, dass Aktionäre als interne (mitgliedschaftliche) Eigenkapitalgeber dies nicht können, lasse sich gerade nicht ohne weiteres auf externe Kapitalgeber ausdehnen. Der Aktionär sei als Mitglied Teil der Aktiengesellschaft. Eine Ersatzpflicht der Aktiengesellschaft ihm gegenüber würde letztlich die anderen Aktionäre treffen und damit eine völlig unzumutbar Lastenverteilung herbeiführen. Dies und nicht der Eigenkapitalcharakter der Aktionärseinlage sei der tragende Grund für die Versagung von Ersatzansprüchen der Aktionäre gegen die Aktiengesellschaft. Ganz anders sei hingegen die Lage beim Genussrechtsinhaber, der auch bei Gewährung von Eigenkapital der Aktiengesellschaft und deren Aktionären als Dritter gegenüberstehe. Der externe Kapitalgeber könne sehr wohl von der Aktiengesellschaft sorgfältige Interessenwahrung erwarten und bei krasser Enttäuschung dieser Erwartungen Ersatzansprüche stellen. Da der Genussrechtsinhaber nicht in den Verband der Aktionäre eingegliedert sei, sei auch die Überwälzung der wirtschaftlichen Lasten auf die Aktionäre akzeptabel. Sie stünden dem Fehlverhalten ihrer Aktiengesellschaft näher als der Genussscheininhaber. Die einzige Bedeutung des Eigenkapitalcharakters der Genussrechte liege im Verhältnis zu den Gläubigern der Aktiengesellschaft. Die Ersatzpflicht dürfe nicht dazu führen, dass den Gläubigern der Aktiengesellschaft die Haftungsgrundlage entzogen werde. Diesem Gedanken sei aber nicht mit einer generellen Versagung der Ersatzpflicht, sondern dadurch Rechnung zu tragen, dass die Ersatzansprüche ebenso wie die sonstigen Ansprüche aus dem Genussrechtsverhältnis in der Krise der Aktiengesellschaft zurücktreten müssten. *Haber-*

---

[149] *Karollus* in Geßler/Hefermehl, AktG, § 221 Rn 391.
[150] *Karollus* in Geßler/Hefermehl, AktG, § 221 Rn 385a.

*sack*[151] hält den § 93 Abs. 5 AktG zwar für anwendbar, will dem Eigenkapitalcharakter aber dadurch Rechnung tragen, dass der Genussrechtsinhaber nur auf Leistung an die Aktiengesellschaft klagen kann. Es ist also offen, ob Genussscheininhaber, deren Genussrechte als Eigenkapital bilanziert sind, Gläubigerrechte geltend machen können oder nicht.

b) Stellungnahme

Die Meinung des Bundesgerichtshofs, dass im „Eigenkapital" bilanzierte Genussrechte materiell nicht als Gläubigerrechte im Sinn des § 93 Abs. 5 AktG zu werten seien, ist rechtsdogmatisch nicht ganz stimmig. Wie bereits oben ausgeführt, sind Genussrechte ausschließlich Gläubigerrechte, nicht aber Gesellschafterrechte und auch kein Mittelding. Von dieser Prämisse geht der Bundesgerichtshof in der Klöcknerentscheidung selbst aus, indem er den schuldrechtlichen Charakter der Genussrechte betont. Das Genussrecht sei ein Recht, das sich in einem bestimmten geldwerten Anspruch erschöpfe und nicht mitgliedschaftsrechtlich geprägt sei. Wenn aber mangels mitgliedschaftsrechtlicher Prägung Gesellschafterrechte auch nicht analog auf Genussrechtsinhaber Anwendung finden, wäre es die logische Konsequenz, den Genussrechtsinhabern die Gläubigerrechte zuzugestehen. Dass der Bundesgerichtshof dies nicht tut, ist die erste Unstimmigkeit. Die zweite Unstimmigkeit liegt darin, dass der Bundesgerichtshof in einem zweiten Schritt nicht nur die Gesellschafterrechte, sondern auch die Gläubigerrechte - zumindest § 93 Abs. 5 AktG - für nicht anwendbar erklärt. Wenn aber das Genussrecht weder materielles Gläubigerrecht im Sinn des § 93 Abs. 5 AktG noch Gesellschafterrecht sei, ist fraglich welches Recht dann überhaupt Anwendung finden soll. Da es nur Gesellschafterrechte oder Gläubigerrechte gibt und beide nicht anwendbar seien, wären die Genussrechtsinhaber in letzter Konsequenz überhaupt nicht geschützt. Die dritte Unstimmigkeit liegt nun darin, dass der Bundesgerichtshof am Ende der Entscheidung den Genussrechtsinhaber dann doch den schuldrechtlichen Schadensersatzanspruch aus positiver Vertragsverletzung zugesteht. Wie sich dies mit der vorher vom Bundesgerichtshof aufgestellten Behauptung verträgt, Eigenkapitalgenussrechte seien materiell nicht als Gläubigerrechte zu werten, bleibt unklar. Wenn der Bundesgerichtshof den Genussrechtsinhabern Schadensersatzansprüche aus positiver Vertragsverletzung gegen die Aktiengesellschaft zugesteht, ist kein Grund ersichtlich, warum die Haftung der Vorstandsmitglieder nach § 93 Abs. 5 AktG nicht eingreifen solle.

Nicht konsequent zu Ende gedacht sind auch die Ausführungen zum Kapitalerhaltungsschutz. Der Bundesgerichtshof befürchtet, dass die Schadensersatz-

[151] *Habersack* ZHR 155 (1991), 400 f.

ansprüche der Genussrechtsinhaber im Ergebnis auf eine nicht zulässige Einlagenrückgewähr hinauslaufen könnten. Diese Sichtweise des Bundesgerichtshofs ist schon im Ansatz irreführend. Denn durch die Einstellung des Genusskapitals in einen Eigenkapitalsonderposten wird keine Einlage, sondern nur der Rückzahlungsanspruch der Anleger passiviert. Doch auch die Richtigkeit der Prämisse des Bundesgerichtshofs unterstellt, urteilt der Bundesgerichtshof widersprüchlich. Erstens gewährt § 93 Abs. 5 AktG Schadensersatzansprüche gegen Vorstandsmitglieder. Deren Privatvermögen unterliegt keinem Kapitalerhaltungsschutz. Zweitens wird der Vermögensabfluss gerade durch Schadensersatzansprüche aus positiver Vertragsverletzung gegen die Aktiengesellschaft bewirkt, gegen deren Zulässigkeit der Bundesgerichtshof nichts einzuwenden hat. Über die Anerkennung eines Schadensersatzanspruch aus positiver Vertragsverletzung gegen die Aktiengesellschaft erreicht der Bundesgerichtshof gerade das, was er durch die Ablehnung des Schadensersatzanspruchs aus § 93 Abs. 5 AktG verhindern will. Wäre dem Bundesgerichtshof an einem Kapitalerhaltungsschutz gelegen, hätte er besser daran getan, die Einziehung der Genussscheine für nichtig zu erklären[152]. Dann wäre die Auflösung der Rückstellungen wenigstens teilweise dem Genusskapital zugute gekommen und das Genusskapital hätte den Gläubigern wie haftendes Eigenkapital (wenigstens teilweise) wieder zur Verfügung gestanden. Wegen der vom Bundesgerichtshof für rechtmäßig erklärten Einziehung der Genussscheine kam es jedoch zu einem endgültigen Mittelabfluss bei der Aktiengesellschaft, der genau das Gegenteil der dem Bundesgerichtshof am Herzen liegenden Kapitalerhaltung bewirkte. Das Klöcknerurteil ist also auch in dem Punkt „Kapitalerhaltungsschutz“ widersprüchlich.

Schließlich ist zweifelhaft, ob die Haftungsqualität des Genusskapitals durch den Anspruch aus § 93 Abs. 5 AktG überhaupt umgangen wird. Vorstandsmitglieder haben bei ihrer Geschäftsführung die Sorgfalt eines ordentlichen und gewissenhaften Geschäftsleiters anzuwenden, § 93 Abs. 1 S. 1 AktG. Verletzen sie ihre Pflichten, sind sie der Gesellschaft zum Ersatz des daraus entstehenden Schadens als Gesamtschuldner verpflichtet, § 93 Abs. 2 S. 1 AktG. Setzt die Aktiengesellschaft den Schadensersatzanspruch gegen die Vorstandsmitglieder durch, werden die Gläubiger dadurch mittelbar geschützt. Wird der Schaden durch Zahlung an die Aktiengesellschaft vollständig ausgeglichen, fehlt es den Gläubigern an einem durch die sorgfaltswidrige Geschäftsführung entstandenem Schaden. Kann der Schaden nicht vollständig ausgeglichen werden, zum Beispiel weil die Vorstandsmitglieder wegen der Schadensersatzforderungen der Aktiengesellschaft in Insolvenz gefallen sind, müssen sich die Gläubiger an die Aktiengesellschaft halten. Ein eigener Anspruch gegen die in dieser Variante insolventen Vorstandsmitglieder würde den Gläubigern nichts einbringen. Anders könnte es sich verhalten, wenn die Aktiengesellschaft aus rechtlichen Gründen bei den

152 kritisch zur Einziehung auch *Luttermann*, Unternehmen (1998), S. 509.

Vorstandsmitgliedern nicht Rückgriff nehmen kann, zum Beispiel weil die schädigende Geschäftsführung auf einem Beschluss der Hauptversammlung beruhte. In diesem Fall muss sich der Gläubiger an die Aktiengesellschaft halten, solange diese solvent ist. Für Genussscheininhaber kommen Schadensersatzansprüche aus positiver Vertragsverletzung in Betracht. Kann die Aktiengesellschaft die Schadensersatzansprüche erfüllen, besteht für eine Haftung der Vorstandsmitglieder kein Bedürfnis. Anders verhält es sich, wenn die Gläubiger von der Aktiengesellschaft keine Befriedigung erlangen können. In diesem Fall soll § 93 Abs. 5 AktG mit der Ausfallhaftung gegen die Vorstandsmitglieder helfen. Nur in diesem Fall kann die Haftungsqualität des Genusskapitals umgangen werden. Bei Insolvenz der Aktiengesellschaft wären die Ansprüche der Genussscheininhaber auf Rückzahlung des Genusskapitals gegenüber den anderen Gläubigern nachrangig. Die Nachrangigkeit ist unabdingbare Voraussetzung, um das Genusskapital als Eigenkapital bilanzieren zu können. Die Genussscheininhaber müssen also die Befriedigung der anderen Gläubiger abwarten. Nur soweit nach Befriedigung der anderen Gläubiger Vermögen übrigbleibt, dürfen die Genussscheininhaber bedient werden. Beim Anspruch nach § 93 Abs. 5 AktG könnte die Reihenfolge des Vorrangs der anderen Gläubiger und des Nachrangs der Genussscheininhaber umgangen werden. Denkbar sind drei Lösungswege. Der erste Weg ist der des Bundesgerichtshofs, wonach Genussscheininhabern, deren Genussrechte als Eigenkapital bilanziert sind, der Anspruch aus § 93 Abs. 5 AktG versagt bleibt. Eine zweite Lösungsmöglichkeit könnte darin bestehen, dass die Genussscheininhaber nur Leistung an die Gesellschaft verlangen können. Ein dritte Lösung könnte darin bestehen, die Ansprüche der Genussscheininhaber auch bei § 93 Abs. 5 AktG nachrangig zu behandeln. Der schlechteste Weg ist der zweite Lösungsweg. Denn nach § 93 Abs. 5 AktG soll der umständliche Weg über die Aktiengesellschaft vermieden werden. Es würde den Gläubigerschutz nicht erhöhen, wenn die Vorstandsmitglieder auf Klage der Genussscheininhaber hin, an die insolvente Aktiengesellschaft zahlen würden. Wird das Insolvenzverfahren mangels Masse nicht eröffnet, wäre die Befriedigung der Gläubiger in höherem Maße gefährdet. Die anderen Gläubiger haben ein Interesse daran, die Vorstandsmitglieder als Haftungsobjekte zu behalten. Nach Zahlung an die Aktiengesellschaft könnten die Vorstandsmitglieder die anderen Gläubiger an die Aktiengesellschaft verweisen mit ungewissem Erfolg, wieder in das Vermögen der Aktiengesellschaft vollstrecken zu müssen. Dadurch würde der Gesetzeszweck, den Gläubigern einen effektiven Direktanspruch gegen die Vorstandsmitglieder einzuräumen, vereitelt. Auch die Lösung des Bundesgerichtshofs überzeugt nicht ganz. Angenommen die Vorstandsmitglieder der Aktiengesellschaft wären in der Lage, die Forderungen der Gläubiger aus ihrem Vermögen zu befriedigen, oder angenommen die Forderungen würden durch eine Haftpflichtversicherung der Vorstandsmitglieder erfüllt, bestünde kein Grund, den Genussscheininhabern den Anspruch aus § 93 Abs. 5

AktG zu versagen. Die Genussscheininhaber hätten nichts auf Kosten der anderen Gläubiger erlangt. Es ergebe sich kein Widerspruch zu der den als Eigenkapital bilanzierten Genussrechten eigenen Haftungsqualität. Deshalb ist der dritte Lösungsweg vorzugswürdig. Können die Vorstandsmitglieder sämtliche Gläubigerforderungen erfüllen, steht die Haftungsqualität und Gläubigerschutzfunktion des Genusskapitals dem Anspruch der Genussscheininhaber aus § 93 Abs. 5 AktG nicht entgegen. Anders ist es nur im Fall der Insolvenz der Vorstandsmitglieder. Die Insolvenz der Vorstandsmitglieder muss genauso behandelt werden wie die Insolvenz der Aktiengesellschaft. Bei Insolvenz der Aktiengesellschaft treten die Ansprüche der Genussscheininhaber auf Rückzahlung des Genusskapitals im Rang hinter die übrigen Gläubigerforderungen zurück. Die Ansprüche der Genussscheininhaber sind nachrangig. Dies ergibt sich aus dem Genussrechtsvertrag.

Die Formulierung des Bundesgerichtshof in der Klöckner-Entscheidung ist deshalb dahingehend zu verstehen, dass ein Anspruch der Genussscheininhaber aus § 93 Abs. 5 AktG nicht generell ausscheidet. Der Ersatzanspruch der Gesellschaft kann auch von den Gläubigern der Gesellschaft geltend gemacht werden, soweit sie von der Gesellschaft selbst keine Befriedigung erlangen können, § 93 Abs. 5 S. 1 AktG. Die Genussscheininhaber können aber aus § 93 Abs. 5 AktG nicht mehr Rechte geltend machen als ihnen aus dem Genussrechtsvertrag zustehen. Das bedeutet, dass die Ansprüche der Genussscheininhaber auf Rückzahlung des Genusskapitals im Fall der Insolvenz der Vorstandsmitglieder nachrangig hinter den anderen Gläubiger zu erfüllen sind. Ebenso können andere Schadensersatzansprüche wie zum Beispiel die §§ 303, 309 Abs. 4 S. 3, 317 Abs. 4, 322 AktG von den Inhabern von Genussscheinen oder Gewinnschuldverschreibungen geltend machen werden.

### 1.3. Kündigung aus wichtigem Grund

Genussscheine und Gewinnschuldverschreibungen sind zwar von den Wertpapierinhabern (ohne vertragliche Regelung) nicht ordentlich[153], aber nach ganz herrschender Meinung[154] außerordentlich aus wichtigem Grund kündbar.

---

[153] *Emde*, Der Genußschein (1987), S. 182 ff.; *Thielemann*, Das Genußrecht (1988), S. 191 ff.; *Frantzen*, Genußscheine (1993), S. 143; *Kallrath*, Die Inhaltskontrolle (1994), S. 132 ff.

[154] *Vollmer* GmbHR 1984, 329, 335; *Reuter* in FS Stimpel (1985), S. 656; *Reuter* AG 1985, 104, 106; *Emde*, Der Genußschein (1987), S. 186; *Schneider* in FS Goerdeler (1987), S. 520, 530; *Meilicke* BB 1987, 1609, 1612; *Thielemann*, Das Genußrecht (1988), S. 191 ff.; *Rid-Niebler*, Genußrechte (1989), S. 58; *Hammen* BB 1990, 1918; *Frantzen*, Genußscheine (1993), S. 145 ff.; *Kallrath*, Die Inhaltskontrolle (1994), S. 135; *Lutter* in KöKo, AktG, § 221 Rn 269; *Karollus* in Geßler/Hefermehl, AktG, § 221 Rn 282; a.A. noch *Flechtheim* in Düringer/Hachenburg, HGB, Anh. § 179 Anm. 13.

Zwischen dem Emittenten und dem Anleger besteht ein Dauerschuldverhältnis. Nach allgemeiner Meinung[155] ist jedes Dauerschuldverhältnis aus wichtigem Grund kündbar, wenn einer Partei die Fortsetzung des Schuldverhältnisses nicht mehr zugemutet werden kann. Die Möglichkeit einer Kündigung aus wichtigem Grund ist nach allgemeiner Überzeugung[156] nicht dadurch ausgeschlossen, dass das Wertpapier veräußert werden kann. Die Veräußerung sei keine der Kündigung gleichwertige Alternative, da die Veräußerung immer nur zu Verlusten möglich ist. Die Veräußerungsmöglichkeit sei jedoch bei der Frage zu berücksichtigen, ob ein wichtiger Grund vorliegt. Für eine Kündigung nicht ausreichend sei eine schlechte Ertragslage oder wirtschaftliche Schwächeperiode des Emittenten[157]. Denn der Zeichner eines erfolgsorientierten Wertpapiers übernehme typischerweise das Risiko der wirtschaftlichen Entwicklung des Emittenten. Auch Grundlagenänderungen beim Emittenten, die sich mittelbar auf die Genussrechte auswirken, wie zum Beispiel Kapitalmaßnahmen, Umwandlungen, Verschmelzungen, Eingliederungen, Abschluss von Unternehmensverträgen, Erweiterung des Unternehmensgegenstandes, berechtigen im Regelfall nicht zur Kündigung aus wichtigem Grund[158]. Ein wichtiger Grund seien dagegen Manipulationen des Emittenten[159], bestimmte Änderungen des Unternehmensgegenstandes oder ausnahmsweise Grundlagenänderungen[160]. Die Bilanzierung des Genusskapitals als Eigenkapital hindere die Kündigung nicht[161]. Für Gewinnschuldverschreibungen gelte dasselbe[162].

---

[155] RGZ 65, 37, 38; RGZ 78, 385, 389; RGZ 128, 1, 16; RGZ 150, 193, 199; BGHZ 9, 157, 161; BGHZ 29, 172; BGHZ 41, 108; BGHZ 50, 312, 314; BGHZ 95, 362, 372; BGH NJW 1989, 1483; *Larenz*, Schuldrecht I, S. 32; *Heinrichs* in Palandt, BGB, vor § 241 Rn 18 f.; *Wiedemann* in Soergel, BGB, vor § 323 Rn 62; *Schmidt* in Staudinger, BGB, § 242 Rn 1385 ff.; *Kramer* in MüKo, BGB, Einleitung vor § 241 Rn 88.

[156] *Vollmer* GmbHR 1984, 329, 335; *Rid-Niebler*, Genußrechte (1989), S. 59; *Kallrath*, Die Inhaltskontrolle (1994), S. 136.

[157] *Emde*, Der Genußschein (1987), S. 187; *Thielemann*, Das Genußrecht (1988), S. 195; *Lutter* in KöKo, AktG, § 221 Rn 271; *Kallrath*, Die Inhaltskontrolle (1994), S. 137.

[158] *Lutter* in KöKo, AktG, § 221 Rn 271.

[159] *Emde*, Der Genußschein (1987), S. 187; *Rid-Niebler*, Genußrechte (1989), S. 60; *Lutter* in KöKo, AktG, § 221 Rn 271.

[160] *Vollmer* GmbHR 1984, 329, 335; *Emde*, Der Genußschein (1987), S. 189; *Rid-Niebler*, Genußrechte (1989), S. 61; *Lutter* in KöKo, AktG, § 221 Rn 271.

[161] *Emde*, Der Genußschein (1987), S. 25; *Capelle*, Der Genußschein (1989), S. 51, 66; *Rid-Niebler*, Genußrechte (1989), S. 20; *Frantzen* Genußscheine (1993), S. 148; *Lorch*, Der börsenfähige aktienähnliche Genußschein (1993), S. 44; *Kallrath*, Die Inhaltskontrolle (1994), S. 137.

[162] *Kallrath*, Die Inhaltskontrolle (1994), S. 137.

### 1.4. Schutz vor beeinträchtigender Gewinn- und Verlustfeststellung

Da der Ausschüttungsanspruch von Genussscheinen oder Gewinnschuldverschreibungen an den Jahresüberschuss, Bilanzgewinn oder an den Dividendensatz anknüpft, können Genussscheine oder Gewinnschuldverschreibungen im Gegensatz zu fest verzinslichen Anleihen durch die Gewinnfeststellungs- und Gewinnverwendungsbeschlüsse beeinträchtigt werden. Grundlage für die Ausschüttung sind Umstände, welche die Anleger nicht beeinflussen können. Unterläuft dem Emittenten ein Fehler in der rechnerischen Feststellung des Ausschüttungsanspruchs für ein bestimmtes Geschäftsjahr, kann dieser Rechenfehler von den Anlegern unmittelbar geltend gemacht werden. Die Anleger können direkt auf Auszahlung des richtig berechneten, vertragsgemäßen Auszahlungsbetrages klagen[163]. Anders verhält es sich, wenn nicht nur ein Rechenfehler vorliegt, sondern die Beeinträchtigung darin liegt, dass der Jahresabschluss zum Beispiel wegen Verstoßes gegen das Handelsbilanzrecht falsch oder der Gewinnfeststellungs- oder Gewinnverwendungsbeschluss zum Beispiel wegen Verstoßes gegen die Vorschriften über die Rücklagenbildung fehlerhaft ist. Da die Inhaber von Genussscheinen oder Gewinnschuldverschreibungen nur in einer schuldrechtlichen Vertragsbeziehung zum Emittenten stehen, scheidet die ausschließlich den Aktionären mögliche Anfechtungsklage nach §§ 243, 254 AktG aus. Möglich ist nur die allgemeine Feststellungsklage (§ 256 Abs. 1 ZPO) auf Feststellung der Nichtigkeit des Jahresabschlusses und - soweit die Rechte der Anleger auch davon abhängen - des Gewinnverwendungsbeschlusses[164]. Dies setzt jedoch das Vorliegen eines Nichtigkeitsgrundes nach § 256 AktG voraus, da nur die Nichtigkeit Außenwirkung entfaltet[165]. Die Nichtigkeitsklage der Anleger ist aber analog § 256 Abs. 5 S. 1 Nr. 2 AktG erst begründet, wenn die Vermögens- und Ertragslage der Gesellschaft vorsätzlich unrichtig wiedergegeben oder verschleiert worden ist[166]. Rechtswidrige, aber gleichwohl wirksame Beschlüsse, muss der Anleger, sofern nicht ein Aktionär den rechtswidrigen Beschluss mittels Anfechtungsklage zu Fall bringt, gegen sich gelten lassen. Dem Anleger bleiben dann nur noch Schadensersatzansprüche.

---

[163] *Karollus* in Geßler/Hefermehl, AktG, § 221 Rn 396; *Lutter* in KöKo, AktG, § 221 Rn 360.
[164] *Lutter* in KöKo, AktG, § 221 Rn 359; *Karollus* in Geßler/Hefermehl, AktG, § 221 Rn 397 f.
[165] *Karollus* in Geßler/Hefermehl, AktG, § 221 Rn 397 f.
[166] *Lutter* in KöKo, AktG, § 221 Rn 359.

### 1.5. Bildung stiller Reserven

a) Meinungsstand

Nach ganz herrschender Meinung[167] müssen Genussscheininhaber die Bildung stiller Reserven oder eine für sie ungünstige Bewertung einzelner Bilanzposten in aller Regel hinnehmen. Dies ergebe sich aus der unmittelbaren Anwendung zwingender gesetzlicher Vorschriften des Handelsbilanzrechts. Der Emittent sei auch nicht verpflichtet, stille Reserven aufzulösen, um eine Ausschüttung realisieren zu können. Als wichtigstes Argument[168] wird angeführt, dass sich aus der Vertragsauslegung des Genussscheinvertrages nicht ergebe, dass sich der Emittent durch die Begebung von Genussrechten seiner Bilanzierungs- und Bewertungswahlrechte begeben wolle. Zweitens sei zu bedenken, dass es durch Wertveränderungen, Veräußerungen oder einfachen Zeitablauf zur Auflösung der stillen Reserven komme. Drittens könnten die Kosten einer zweiter Bilanz speziell für die Genussscheininhaber ohne Bildung der stillen Reserven dem Emittenten nicht zugemutet werden.

b) Stellungnahme

Richtig ist, dass Anleger die Bildung stiller Reserven nicht verhindern können. Das liegt bereits daran, dass stille Reserven schlicht entstehen und nicht durch Willensbildung des Emittenten gebildet werden. Bei abnutzbaren Wirtschaftsgütern des Anlagevermögens bemisst sich der handelsbilanzielle Buchwert nach den Anschaffungs- oder Herstellungskosten abzüglich der Absetzungen für Abnutzung. Der Buchwert ist ein rein theoretischer Wert, der sich aus der Verteilung der Anschaffungs- oder Herstellungskosten auf die betriebsgewöhnliche Nutzungsdauer ergibt. Dabei ist der Buchwert zumeist niedriger als der Veräußerungswert. Dies ist aufgrund Handelsrechts zwingend und könnte auch durch einen anderen Willen des Emittenten nicht verhindert werden. Auch beim Umlaufvermögen können stille Reserven entstehen, zum Beispiel bei preisgünstigen Anschaffungen oder beim Ansatz der Herstellungskosten, bei denen der Unternehmergewinn noch nicht berücksichtigt ist. Derartige stillen Reserven aufzudecken, wäre jedoch zwingend verboten. Wegen des Realisationsprinzips dürfen derartige stille Reserven nur bei Verwirklichung des Gewinns durch Umsatzgeschäfte mit Dritten aufgedeckt werden. Im übrigen ist wegen des Vorsichtsprinzips bei Wertminderungen zwingend der niedrigere Teilwert anzusetzen. Aus alledem ergibt sich, dass das Entstehen stiller Reserven von den

---

[167] *Schneider* in FS Goerdeler (1987), S. 517 f., 520; *Frantzen*, Genußscheine (1993), S. 208 ff.; *Lutter* in KöKo, AktG, § 221 Rn 364.
[168] *Frantzen*, Genußscheine (1993), S. 210; *Schneider* in FS Goerdeler (1987), S. 517 f., 520.

Anlegern hinzunehmen ist. Erwägenswert ist allenfalls, ob eine Pflicht des Emittenten besteht, im Interesse der Anleger die Buchwerte aufzustocken. Aus dem Realisationsprinzip ergibt sich ein Verbot des Wertansatzes über die Anschaffungs- oder Herstellungskosten hinauf. Stille Reserven abgeschriebener Wirtschaftsgüter können wegen des Realisationsprinzips erst bei Veräußerung als Erlöse aus Anlagenverkäufen erfolgswirksam aufgelöst werden. Auch zwingenden Teilwertabschreibungen wegen Wertminderungen folgt nach Handelsbilanzrecht nicht automatisch ein Wertaufholungsgebot. Vielmehr besteht in diesen Fällen ein Zuschreibungs- oder Beibehaltungswahlrecht. Folgt man der Klöcknerformel, kann der Anleger nur erwarten, dass sich der Emittent wie ein ordentlicher Kaufmann verhält. Macht der Kaufmann von seinem Beibehaltungswahlrecht Gebrauch, bewegt er sich im Rahmen dessen, was von einem Kaufmann erwartet werden kann. Von den Anlegern kann dies nicht als unseriös angesehen werden. Vielmehr entspricht das Beibehalten des niedrigeren Teilwerts sogar dem Vorsichtsprinzip, dem jeder ordentliche Kaufmann verpflichtet ist. Von einem ordentlichen Kaufmann kann also nicht erwartet werden, dass er im Interesse der Anleger auf den höheren Teilwert aufstockt. Der Anleger kann vom Emittenten nicht mehr erwarten, als dass er sich wie ein ordentlicher Kaufmann verhält.

In der Literatur nur angedeutet werden Kriterien, wann Anleger stille Reserven oder Bewertungswahlrecht nicht mehr hinnehmen müssten. Zum Teil[169] wird auf § 256 Abs. 5 AktG verwiesen. Nach § 256 Abs. 5 AktG analog sei die Überbewertung oder Unterbewertung von Posten unzulässig, wenn dadurch die Vermögens- und Ertragslage der Gesellschaft vorsätzlich unrichtig wiedergegeben oder verschleiert werde. Eine weitere Grenze sei ein bewusstes Handeln zum Nachteil der Genussrechtsinhaber[170].

Klar sind die Fälle eines Verstoßes gegen Handelsbilanzrecht. Der Anleger kann von einem ordentlichen Kaufmann erwarten, dass er seinen Gewinn nach Handelsbilanzrecht ermittelt und eine den gesetzlichen Vorschriften des Handelsbilanzrechts entsprechende Handelsbilanz aufstellt. Verstößt der Emittent gegen Handelsbilanzrecht, liegt darin eine Pflichtverletzung gegenüber den Anlegern. Der Emittent ist den Anlegern zu Schadensersatz aus positiver Vertragsverletzung verpflichtet, soweit der Verstoß Auswirkungen auf den Ausschüttungsanspruch des Anlegers hat. Damit sind nicht nur die Fälle einer vorsätzlichen Falschbewertung erfasst, die den Jahresabschluss nach § 256 Abs. 5 AktG nichtig machen. Darüber hinaus begründet auch schon die bloß fahrlässige Falschbewertung einen Schadensersatzanspruch der Anleger. Dies ist nur konsequent, da die Handelsbilanz unter anderem Gläubigerschutz bezweckt. Der

---

[169] *Frantzen*, Genußscheine (1993), S. 212.
[170] *Schneider* in FS Goerdeler (1987), S. 518; *Lutter* in KöKo, AktG, § 221 Rn 364.

Inhaber eines Genussscheins oder einer Gewinnschuldverschreibung ist Gläubiger.

Schwieriger zu beantworten ist die Frage, ob auch die handelsrechtlich zulässige Bildung stiller Reserven oder die richtige Bewertung Schadensersatzansprüche auslösen können. Der Emittent hat in gewissem Umfang die Pflicht, die Interessen der Anleger zu wahren. Ein Verstoß gegen diese Pflicht liegt jedoch erst vor, wenn der Emittent unseriös handelt. Unseriös sind erst solche Handlungen, die gemessen am Maßstab eines gedachten ordentlichen Kaufmanns nicht gerechtfertigt werden können. Deshalb lösen die Bildung stiller Reserven oder eine handelsrechtlich zulässige Bewertung in der Regel keine Schadensersatzansprüche der Anleger aus. Die Grenze zu unseriösem Handeln ist nur in Extremfällen überschritten. Ein Missbrauchsfall könnte zum Beispiel dann vorliegen, wenn der Emittent im letzten Jahr der Laufzeit eines Genussscheins von Sonderabschreibungsmöglichkeiten dergestalt Gebrauch macht, dass der Aktiengesellschaft dadurch trotz eines positiven Geschäftsjahres ein Jahresfehlbetrag entsteht, der den Rückzahlungsanspruch der Genussscheininhaber mindert. Der Anleger, der einen Schadensersatzanspruch aus positiver Vertragsverletzung geltend macht, muss also eine Schädigung seiner Anlegerinteressen durch unseriösen Verhalten darlegen. Der Emittent kann dagegen einwenden, dass sein Verhalten durch sachliche Gründe gerechtfertigt war. Bloße Nachteile für die Anleger genügen noch nicht, um die Haftung des Emittenten zu begründen. Das Verhalten des Emittenten muss unseriös, also nach ordentlichen kaufmännischen Maßstäben nicht zu rechtfertigen sein. Auf der anderen Seite ist keine Schädigungsabsicht des Emittenten erforderlich. Es genügt, dass der Emittent die Wahrung der Interessen der Anleger fahrlässig unterlassen hat. Die Haftung wegen positiver Vertragsverletzung geht weiter als die des § 826 BGB. Insoweit ist die Literaturmeinung[171], die auf ein bewusstes Handeln zum Nachteil der Genussrechtsinhaber abstellt, nach der Klöcknerentscheidung des Bundesgerichtshofs zu eng und veraltet.

### 1.6. Rücklagenbildung

a) Meinungsstand

Allgemeine Meinung[172] und völlig unbestritten ist, dass die Inhaber von Genussscheinen oder Gewinnschuldverschreibungen Einstellungen in die gesetzlichen Rücklagen hinzunehmen haben. Sie gehen jeder anderen Ergebnisverwendung vor. Fraglich ist die Behandlung von anderen Gewinnrücklagen und die Bildung

---

[171] *Schneider* in FS Goerdeler (1987), S. 518; *Lutter* in KöKo, AktG, § 221 Rn 364.
[172] *Frantzen*, Genußscheine (1993), S. 212 ff.; *Lutter* in KöKo, AktG, § 221 Rn 361.

des Gewinnvortrags. Auch hier geht die allgemeine Meinung[173] von dem Grundsatz aus, dass Genussscheininhaber Einstellungen in andere Gewinnrücklagen sowie den Gewinnvortrag in der Regel hinnehmen müssen. Außerdem sei der Emittent nicht verpflichtet, (offene) Rücklagen aufzulösen, um überhaupt eine Ausschüttung an die Genussscheininhaber realisieren zu können. Das Standardargument[174] lautet, dass die Anleger dieses Risiko mit der Zeichnung gewinnorientierter Wertpapiere übernommen hätten. Die Auslegung des Genussrechtsvertrages ergebe, dass sich der Emittent durch die Ausgabe von Genussscheinen seiner Wahlmöglichkeiten bei der Verwendung des Jahresüberschusses nicht begeben wolle.

Die Möglichkeit zu Gewinnthesaurierungen bestehe aber nicht grenzenlos. Nach allgemeiner Meinung[175] ergeben sich Grenzen der Rücklagenbildung jedenfalls aus den §§ 138, 226, 242, 315, 826 BGB. Ein Teil der Literatur[176] will unangemessen hohe Rücklagenbildungen einer sachlichen Rechtfertigungsprüfung zu unterwerfen. Zum Teil[177] wird dem Anleger in Anlehnung an die Formulierung des Reichsgerichts ein Schadensersatzanspruch zugestanden, wenn die Aktiengesellschaft absichtlich zum Nachteil der Genussrechtsinhaber oder rechtsmissbräuchlich handle. Eine weitere Grenze sieht die herrschende Meinung[178] in § 254 Abs. 1 AktG. Entsprechend § 254 Abs. 1 AktG gelten Einstellungen in andere

---

[173] RGZ 83, 295, 297 f.; RGZ 105, 236, 240; *Flechtheim* in Düringer/Hachenburg, HGB, Anh. § 179 Anm. 9; *Frantzen*, Genußscheine (1993), S. 212 ff.; *Sethe* AG 1993, 359 ff.; *Karollus* in Geßler/Hefermehl, AktG, § 221 Rn 399; *Lutter* in KöKo, AktG, § 221 Rn 361, 364; *Kallrath*, Die Inhaltskontrolle (1994), S. 107.

[174] *Schneider* in FS Goerdeler (1987), S. 517 f.; *Frantzen*, Genußscheine (1993), S. 212 ff.; *Karollus* in Geßler/Hefermehl, AktG, § 221 Rn 399.

[175] *Wünsch* in FS Strasser (1983), S. 871, 881; *Vollmer* ZGR 1983, 468; *van Look* in Bundschuh/Hadding/Schneider, Recht und Praxis der Genußscheine, S. 43; *Schneider* in FS Goerdeler (1987), S. 518; *Frantzen*, Genußscheine (1993), S. 214; *Lutter* in KöKo, AktG, § 221 Rn 361.

[176] *Silberberger*, Der Partizipationsschein (1983), S. 107 f.; *Schwark* in FS Stimpel (1985), S. 1085, 1107; *Emde*, Der Genußschein (1987), S. 96 ff.; *Sethe* AG 1993, 351, 359 f. der auf § 315 BGB zurückgreift; *Kallrath*, Die Inhaltskontrolle (1994), S. 108 ff.; *Lutter* in KöKo, AktG, § 221 Rn 361.

[177] RGZ 105, 236, 240 f.; *Wünsch* in FS Strasser (1983), S. 871, 881; *van Look* in Bundschuh/Hadding/Schneider, Recht und Praxis der Genußscheine, S. 43; *Schneider* in FS Goerdeler (1987), S. 517; *Rid-Niebler*, Genußrechte (1989), S. 116; *Hammen* BB 1990, 1919; *Frantzen*, Genußscheine (1993), S. 214; *Winter* in Scholz, GmbHG, § 14 Rn 75; *Lutter* in KöKo, AktG, § 221 Rn 361; *Karollus* in Geßler/Hefermehl, AktG, § 221 Rn 399; *Rowedder* in Rowedder, GmbHG, § 29 Rn 98; *Hüffer*, AktG, § 221 Rn 65; *Krieger* in MüHandb., Band 4, § 63 Rn 56 mit Fn 185.

[178] *Vollmer* ZGR 1983, 468; *Reuter* NJW 1984, 1853; *Hirte* ZIP 1988, 487; *Frantzen*, Genußscheine (1993), S. 215 ff.; *Sethe* AG 1993, 360; *Lutter* in KöKo, AktG, § 221 Rn 361; *Karollus* in Geßler/Hefermehl, AktG, § 221 Rn 399; *Kallrath*, Die Inhaltskontrolle (1994), S. 107 f.; *Hüffer* § 221 Rn 65.

Gewinnrücklagen und die Bildung von Gewinnvorträgen den Genussrechtsinhabern gegenüber als unwirksam, wenn sie vorgenommen werden, obwohl sie bei vernünftiger kaufmännischer Beurteilung nicht notwendig sind, um die Lebens- und Widerstandsfähigkeit des emittierenden Unternehmens für einen hinsichtlich der wirtschaftlichen und finanziellen Notwendigkeiten übersehbaren Zeitraum zu sichern und dadurch unter die Genussberechtigten keinen Gewinn in Höhe von mindestens 4 % des Nennbetrags der Genussscheine verteilt werden kann. Absicht oder treuwidrige Schädigung sei nicht notwendig. Die Lösung über § 254 Abs. 1 AktG sei praktikabel, da die Aktiengesellschaft ohnehin die durch § 254 Abs. 1 AktG gezogene Grenze beachten müsse. Die Anfechtungsklage solle dem Genussscheininhaber aber nicht zustehen.

Umstritten ist die rechtliche Durchsetzung der Ansprüche der Anleger, wenn überhöhte Rücklagen gebildet oder erhöhte Gewinne vortragen wurden. Wie bereits oben ausgeführt, steht den Anlegern entgegen *Vollmer* und *Lorch*[179] auch bei aktienähnlichen Genussscheinen kein Anfechtungsrecht zu. Sonst würde mit diesem Ansatz ohne Not die dogmatisch sinnvolle Scheidung von bloßem Gläubigerrecht und Mitgliedschaft übergangen. *Karollus*[180] befürwortet eine direkte Klage auf Auszahlung des zutreffend ermittelten Betrages. Bei einem Verstoß gegen § 254 Abs. 1 AktG könne der Genussscheininhaber nach einem Teil der Literatur[181] seinen Ausschüttungsanspruch direkt auf der Basis einer hypothetischen 4 % - igen Aktionärsdividende berechnen. Dasselbe gelte bei einem durch Rücklagenbildung vereitelten gewinnabhängigen Festzinsanspruch[182]. Ein anderer Teil der Literatur[183] hält die Rücklagenbildung und den Gewinnvortrag gem. § 315 Abs. 3 BGB durch den Richter für überprüfbar. Es liege ein Fall des § 315 BGB vor, da die Bestimmung der Gegenleistung aufgrund ihrer Abhängigkeit von der Willensbildung der Gesellschaft faktisch einem der Vertragspartner ganz überlassen würde. Die Gesellschaft schulde eine der Billigkeit entsprechende Vergütung. Bei der Bestimmung dessen, was als billig anzusehen ist, komme es in erster Linie entsprechend dem Willen der Parteien auf den Gewinnverwendungsbeschluss an. Die Parteien gestehen damit der Gesellschaft einen weiten Ermessensspielraum zu. In entsprechender Anwendung des § 315 Abs. 3 BGB solle der Richter über den Umfang und Angemessenheit der Rücklagenbildung, sowie den Ausschüttungsanspruch des Anlegers

---

[179] *Vollmer* ZGR 1983, 445, 460, 469; *Vollmer* GmbHR 1984, 329, 333; *Vollmer/Lorch* ZBB 1992, 44, 46 ff.

[180] *Karollus* in Geßler/Hefermehl, AktG, § 221 Rn 401.

[181] *Frantzen*, Genußscheine (1993), S. 216, 221; *Sethe* AG 1993, 360; *Karollus* in Geßler/Hefermehl, AktG, § 221 Rn 401; *Lutter* in KöKo, AktG, § 221 Rn 363.

[182] *Kallrath*, Die Inhaltskontrolle (1994), S. 110.

[183] *Sethe* AG 1993, 359 ff.; ähnlich wohl *Schneider* in FS Goerdeler (1987), S. 517; *Luttermann*, Unternehmen (1998), S. 524; *Hüffer*, AktG, § 221 Rn 65; *Krieger* in MüHandb., Band 4, § 63 Rn 56 mit Fn 185.

entscheiden. Nach einem anderen Teil der Literatur[184] stehe den Anlegern ein Schadensersatzspruch aus positiver Vertragsverletzung zu, wenn die Gesellschaft in stärkerem Maße Rücklagen bildet, als dies bei Berücksichtigung der Interessen der Genussscheininhaber zulässig sei. Die Inhaber der Wertpapiere seien so zu stellen, wie sie bei einer noch zulässigen Rücklagenbildung stünden. Die Ausschüttung an die Genussscheininhaber sei entsprechend zu erhöhen.

b) Stellungnahme

Richtig ist, dass die Anleger Einstellung in Rücklagen oder einen Gewinnvortrag in der Regel hinnehmen müssen. Dies gilt nicht deshalb, weil auch Aktionäre keinen Anspruch auf eine bestimmte Dividende haben. Wie die Klöckner-entscheidung des Bundesgerichtshofs gezeigt hat, besteht keine Parallelität zwischen der Rechtsstellung der Aktionäre und der Genussscheininhaber. Vielmehr haben die Anleger das Risiko der Rücklagenbildung und eines Gewinnvortrags mit der Zeichnung gewinnorientierter Wertpapiere übernommen. Diese Sichtweise ergibt sich aus der Auslegung des Genussscheinvertrages. Ist in einem Genussscheinvertrag zum Beispiel geregelt, dass den Anlegern eine Ausschüttung von 6 % des Nennbetrages des Genussscheins zustehen, soweit der Bilanzgewinn ausreicht, hat der Anleger vertragsgemäß Rücklagenbildungen hinzunehmen. Denn Bilanzgewinn ist der zur Ausschüttung anstehende Gewinn. Dieser ergibt sich aus dem Jahresüberschuss nach Berücksichtigung von Gewinnvortrag bzw. Verlustvortrag aus den Vorjahren, Entnahmen aus offenen Rücklagen und insbesondere Einstellung aus dem Jahresüberschuss in offene Rücklagen. Dass sich der Bilanzgewinn nach den Einstellungen aus dem Jahresüberschuss in offene Rücklagen ergibt, ist insoweit zwingend und kann von den Inhabern erfolgsorientierter Wertpapiere nicht übergangen werden. Dasselbe gilt, wenn der Ausschüttungsanspruch eines Genussscheins oder einer Gewinnschuldverschreibung aus der Dividende berechnet wird. Dividende ist der dem Aktionär zustehende Gewinnanteil einer Aktie. In der Dividende ist die Rücklagenbildung ebenfalls mitberücksichtigt. Wenn sich die Ausschüttung nach der Dividende berechnet, muss sie die Einstellungen in Rücklagen ausschüttungsmindernd hinnehmen. Etwas anderes gilt, wenn den Anlegern eine Ausschüttung von 6 % des Nennbetrages des Genussscheins zustehen, soweit der Jahresüberschuss zur Bedienung ausreicht. Jahresüberschuss ist der Überschuss der Erträge über die Aufwendungen laut Gewinn- und Verlustrechnung, § 275 HGB. Beim Jahresüberschuss ist die Dotierung der Rücklagen noch nicht berücksichtigt. Vielmehr ist der Jahresüberschuss erst der Betrag aus dem Einstellungen in die Rücklagen zu erfolgen haben. In diesem Fall stellen sich Anlegerschutzprobleme wegen übermäßiger Rücklagenbildung des Emittenten nicht.

---

[184] *Hirte* ZIP 1988, 487; *Kallrath*, Die Inhaltskontrolle (1994), S. 111.

Nach den Grundsätzen der Klöcknerentscheidung des Bundesgerichtshofs muss der Anleger Rücklagenbildungen, die aus Sicht eines ordentlich denkenden und handelnden Kaufmanns gerechtfertigt sind, hinnehmen. Der Anleger kann nur erwarten, dass sich der Anleger bezüglich der Rücklagenbildung wie ein ordentlicher Kaufmann verhält. Rücklagenbildungen, die sich im Rahmen des Handelns eines ordentlich denkenden und handelnden Kaufmanns bewegen, können deshalb im Grunde keine Schadensersatzhaftung des Emittenten begründen. Die Rücklagenbildung kann also auch unter Anwendung der Rechtsprechung des Bundesgerichtshofs in der Regel nicht zu einer Pflichtwidrigkeit des Emittenten führen. Die Grenze eines ordentlichen kaufmännischen Handelns ist jedoch überschritten, wenn in der Rücklagenbildung ein Gesetzesverstoß liegt. Eine Grenze der Rücklagenbildung und des Gewinnvortrags ergibt sich aus dem zwingenden Handelsbilanzrecht. Der Anleger kann von einem ordentlichen Kaufmann erwarten, dass er die gesetzlichen und satzungsmäßigen Grenzen der Rücklagenbildung einhält. Deshalb stellt die Rücklagenbildung unter Verstoß gegen § 254 Abs. 1 AktG richtigerweise auch eine Pflichtverletzung gegenüber den Anlegern dar. Nach § 254 Abs. 1 AktG kann ein Beschluss über die Verwendung des Bilanzgewinns angefochten werden, wenn die Hauptversammlung aus dem Bilanzgewinn Beträge in Gewinnrücklagen einstellt oder als Gewinn vorträgt, die nicht nach Gesetz oder Satzung von der Verteilung unter die Aktionäre ausgeschlossen sind, obwohl die Einstellung oder der Gewinnvortrag bei vernünftiger kaufmännischer Beurteilung nicht notwendig ist, um die Lebens- und Widerstandsfähigkeit der Gesellschaft für einen hinsichtlich der wirtschaftlichen und finanziellen Notwendigkeiten übersehbaren Zeitraum zu sichern und dadurch unter die Aktionäre kein Gewinn in Höhe von mindestens 4 % des Grundkapitals abzüglich von noch nicht eingeforderten Einlagen verteilt werden kann. § 254 Abs. 1 AktG trägt dem Ausschüttungsinteresse der Aktionäre Rechnung, die nicht durch eine vollständige Thesaurierungspolitik des Vorstandes ausgehungert werden sollen. Die Interessen der Inhaber von Genussscheinen oder Gewinnschuldverschreibungen ähneln denen der Aktionäre in dieser Hinsicht. Beide sind an einer Mindestausschüttung interessiert. Von einem als ordentlicher Kaufmann handelnden Emittenten kann verlangt werden, dass er sich an die gesetzlichen Grenzen des § 254 Abs. 1 AktG hält. Als ordentlicher Kaufmann hat diese Pflicht auch gegenüber den Anlegern zu erfüllen. Der Emittent wird nicht unangemessen belastet, da er die Grenze des § 254 Abs. 1 AktG ohnehin gegenüber den Aktionären einhalten muss.

Muss sich der Emittent am Handeln eines ordentlich denkenden und handelnden Kaufmanns messen lassen, dann muss er auch eventuelle sich aus den §§ 138, 226, 242, 826 BGB ergebende Grenzen der Rücklagenbildung halten. Das Problem besteht jedoch darin, dass konkrete Kriterien für die Sittenwidrigkeit,

Unbilligkeit oder Treuwidrigkeit von Rücklagenbildungen fehlen. Da nützt es auch wenig, unangemessen hohe Rücklagenbildungen einer sachlichen Rechtfertigungsprüfung zu unterwerfen[185]. Denn es fehlen Maßstäbe, wann Rücklagenbildungen unangemessen hoch sind. Wegen der generalklauselhaften Formulierung können diese Vorschriften deshalb nur die gröbsten Missbräuche erfassen, so dass der Hinweis auf die §§ 138, 226, 242 BGB wenig ergiebig ist. Den §§ 138, 226, 242, 826 BGB kommt in der Praxis keine Bedeutung zu. Dies schon deshalb, weil es sich bei den §§ 138, 226, 242 BGB um keine Anspruchsgrundlagen handelt. Wegen ihres generalklauselhaften Inhalt sind sie auch nicht geeignet, aus ihnen irgend einen Maßstab für angemessen hohe Rücklagen herzuleiten. Vielmehr verhält es sich so, dass es keine Maßstäbe für angemessen hohe Rücklagen gibt. Der Hinweis auf die §§ 138, 226, 242 BGB ist deshalb weitgehend unbrauchbar.

Interessant ist dagegen die Frage, ob Rücklagenbildungen anhand von § 315 BGB nachprüfbar sind. Der Vorteil des § 315 BGB läge darin, erstens dem Anleger einen direkten Anspruch auf eine „gerecht" ermittelte Ausschüttung zu verschaffen. Zweitens enthält § 315 BGB einen Beurteilungsmaßstab für zulässige Rücklagenbildungen, auch wenn Schwierigkeiten bestehen, eine nach billigem Ermessen festzusetzende Leistung zu konkretisieren. Drittens wäre die Höhe der Ausschüttung gerichtlich überprüfbar. Gegen die Anwendbarkeit des § 315 BGB sprechen jedoch zwei triftige Gründe. Erstens setzt § 315 BGB voraus, dass die Leistung durch einen der Vertragspartner bestimmt werden soll. Der Ausschüttungsanspruch der Anleger soll jedoch nicht (frei) vom Emittenten bestimmt werden. Vielmehr ist die Ausschüttung von vornherein durch eine mathematische Formel festgelegt (zum Beispiel ein bestimmter Prozentsatz der Dividende). § 315 BGB ist jedoch unanwendbar, wenn der Umfang der Leistung durch objektive Beurteilungsmaßstäbe festgelegt ist[186]. Dass der Emittent mittelbar eine Bezugsgröße der Berechnungsformel für die Ausschüttung beeinflussen kann (zum Beispiel Bilanzgewinn durch Rücklagenbildung), reicht zur Anwendung des § 315 BGB nicht aus, da die Bezugsgrößen Jahresüberschuss, Bilanzgewinn oder Dividende angesichts zwingender Regelungen in Satzung oder Handelsbilanzrecht oder des Erfordernisses eines Hauptversammlungsbeschlusses etwa über die Gewinnverwendung nicht beliebig manipulierbar sind. Die Bestimmung der Ausschüttungshöhe fällt nicht in das frei Belieben und die Willkür des Emittenten. Der Wertpapiervertrag stellt durch die Vereinbarung einer Ausschüt-

---

[185] *Silberberger*, Der Partizipationsschein (1983), S. 107 f.; *Schwark* in FS Stimpel (1985), S. 1085, 1107; *Emde*, Der Genußschein (1987), S. 96 ff.; *Sethe* AG 1993, 351, 359 f. der auf § 315 BGB zurückgreift; *Lutter* in KöKo, AktG, § 221 Rn 361; *Kallrath*, Die Inhaltskontrolle (1994), S. 108 ff.

[186] *Heinrichs* in Palandt, BGB, § 315 Rn 6; *Mader* in Staudinger, BGB, § 315 Rn 11 ff., 18 ff.; *Gottwald* in MüKo, BGB, § 315 Rn 1; *Wolf* in Soergel, BGB, Rn 1, 8, 10.

tung in Höhe eines bestimmten Prozentsatzes des Nennbetrags, soweit der Jahresüberschuss des Emittenten zur Bedienung ausreicht oder bestimmter Prozentsatz der Dividende objektive Berechnungsmaßstäbe auf, die für die Anwendung des § 315 BGB keinen Raum mehr lassen. Zweitens handelt es sich bei § 315 BGB um einen Primäranspruch. Es kann also über § 315 BGB Vertragserfüllung geltend gemacht werden. Steht den Genussscheins- oder Gewinnschuldverschreibungsinhabern eine Ausschüttung in Höhe eines bestimmten Prozentsatzes der Dividende des Emittenten zu, steht die Ausschüttung mit Feststellung des Jahresabschlusses oder der Gewinnverwendung durch die Hauptversammlung fest. Dass die Feststellung des Jahresabschlusses oder der Gewinnverwendung möglicherweise auf Rechtsfehlern beruht (zum Beispiel unzulässige Rücklagenbildung) und damit den Anlegern gegenüber möglicherweise eine Pflichtverletzung darstellt, ist irrelevant. Denn nach heute ganz herrschender Genussrechts- und Gewinnschuldverschreibungsdogmatik steht den Anlegern weder ein Stimmrecht bei der Beschlussfassung über den Jahresabschluss oder die Gewinnverwendung noch ein Anfechtungsrecht eines möglicherweise rechtswidrigen Beschlusses zu. Denn der Genussscheininhaber ist ausschließlich schuldrechtlicher Gläubiger, niemals Gesellschafter. Verstößt der Beschluss über die Feststellung des Jahresabschlusses oder der Gewinnverwendung zum Beispiel gegen § 254 Abs. 1 AktG, ist der Beschluss zunächst rechtswidrig und anfechtbar. Wird der Beschluss von keinem Aktionär angefochten, tritt nach Ablauf der Anfechtungsfrist Unanfechtbarkeit ein. Der Beschluss ist dann rechtswidrig, jedoch gleichwohl wirksam. Die Anleger müssen sich nun an einen zwar rechtswidrigen, aber wirksamen Beschluss festhalten lassen. Denn die Möglichkeit einer Beschlussanfechtung besteht nur für die Aktionäre, nicht für Genussscheininhaber als bloß schuldrechtliche Gläubiger. Deshalb kann zum Beispiel Sethe die Feststellung der Gewinnverwendung durch die Hauptversammlung des Emittenten, sowie die darauf bezogenen Ausschüttungsberechnungsformeln in den Genussscheinverträgen nicht übergehen und für die Ausschüttung einfach das Verhältnis des Genusskapitals zum Grundkapital ansetzen. Hierfür fehlt es an einer rechtlichen Grundlage, da der Genussrechts- bzw. Gewinnschuldverschreibungsvertrag detailliert regelt, wie sich die Ausschüttung berechnet. Berechnet sich die Ausschüttung vertragsgemäß nach dem Dividendensatz des Emittenten, bleibt für eine Aufteilung des Gewinns im Verhältnis des Genusskapitals zum Grundkapital kein Raum. Eine von der Feststellung des Jahresabschlusses oder der Gewinnverwendung abweichende Leistungsbestimmung würde in unzulässiger Weise in die Beschlussautonomie der Gesellschaft eingreifen und ist mit den §§ 241 ff. AktG (Anfechtungsrecht) nicht vereinbar und stellt darüber hinaus einen Verstoß gegen den Genussscheinvertrag dar. Die Anleger haben keine Möglichkeit, einen rechtswidrigen Beschluss aus der Welt zu schaffen oder sich darüber hinwegzusetzen, soweit kein Nichtigkeitsgrund gegeben ist. Der Primäranspruch des § 315 BGB ist also für den

Anlegerschutz nicht geeignet, da einer Leistungsbestimmung durch das Gericht, der zwar rechtswidrige, aber gleichwohl wirksame und existente Hauptversammlungsbeschluss entgegenstünde.

Nach allgemeiner Meinung hat ein Wertpapieremittent das allgemeine deliktische Schädigungsverbot des § 826 BGB zu beachten. Dies sah bereits das Reichsgericht im Falle von Genussscheinen so. Deshalb ist es richtig, in § 826 BGB eine Grenze der Rücklagenbildung zu sehen. Da jedoch die rechtlichen Hürden des Anspruchs wegen vorsätzlicher sittenwidriger Schädigung so hoch sind, lief der auf § 826 BGB gestützte Anlegerschutz in der Praxis ins Leere. Seit der Klöcknerentscheidung des Bundesgerichtshofs ist die Beschränkung der anlegerschützenden Ansprüche auf deliktische Ansprüche überholt. Nunmehr ist den Anlegern nach allgemeiner Meinung auch der Bereich der vertraglichen Leistungsstörungsansprüche eröffnet. Insbesondere kann den Anlegern ein Schadensersatzanspruch aus positiver Vertragsverletzung zustehen. Der Anspruch aus positiver Vertragsverletzung hat gegenüber dem deliktischen Anspruch aus § 826 BGB für die Anleger zwei Vorteile. Erstens genügt für den Anspruch aus positiver Vertragsverletzung jede schädigende Pflichtverletzung. Eine sittenwidrige Schädigung ist nicht erforderlich. Zweitens genügt auch eine bloß fahrlässige Schädigung der Anleger, während § 826 BGB Vorsatz verlangt. Der Anspruch aus positiver Vertragsverletzung ist also für die Anleger in zweierlei Hinsicht weiter.

Ausgehend von der Klöcknerentscheidung des Bundesgerichtshofs kann der Anleger vom Emittenten nur verlangen, dass sich dieser wie ein ordentlich denkender und handelnder Kaufmann verhält. Für den Emittenten besteht die Nebenpflicht gem. § 242 BGB in gewisser Weise die Rechte der Genussrechtsinhaber zu wahren und auf deren Interessen Rücksicht zu nehmen. Deshalb stellt ein Verstoß gegen das minimale Ausschüttungsgebot des § 254 Abs. 1 AktG in jedem Fall eine Pflichtverletzung gegenüber den Anlegern dar. Denn der ordentlich denkende und handelnde Kaufmann hat die gesetzliche Vorschrift des § 254 Abs. 1 AktG bei Rücklagenbildungen und Ausschüttungen zu beachten. Ebenso hat der ordentlich denkende und handelnde Kaufmann satzungsmäßige Vorgaben einzuhalten. Schwieriger ist die Frage zu beantworten, ob auch Fälle eines unseriösen kaufmännischen Handelns denkbar sind, obwohl die gesetzlichen und satzungsmäßigen Grenzen der Rücklagenbildung eingehalten wurde. Dagegen könnte sprechen, dass die Aktiengesellschaft bezüglich Rücklagenbildung und Ausschüttung nicht zu mehr verpflichtet, als Handelsgesetz und Satzung zu beachten. Der Emittent nur verpflichtet, sich gegenüber den Anlegern wie ordentlicher Kaufmann zu verhalten. Es gibt jedoch keine Pflicht eines ordentlichen Kaufmanns, über § 254 Abs. 1 AktG und über die Satzung hinausgehende Ausschüttungen zu beschließen. Auch ein ordentlicher Kaufmann ist nicht verpflichtet, den Anlegern Mindestzinsen zu garantieren. Dafür spricht, dass sich die Pflichten eines ordentlichen Kaufmanns nicht auf die Beachtung der 4 % - Grenze und der Satzung reduzieren lassen, so dass auch oberhalb der 4 % - Grenze des § 254 Abs. 1 AktG ist eine Pflichtverletzung möglich ist. Bereits *Sethe*[187] hat darauf hingewiesen, dass der 4 % - Grenze des § 254 Abs. 1 AktG die Vorstellung zugrunde liegt, dass die thesaurierten Gewinne dem Aktionär mittelbar durch seine Beteiligung an der Unternehmenssubstanz erhalten bleiben. Auf die Inhaber von Genussscheinen oder Gewinnschuldverschreibungen trifft dies dagegen nur in eingeschränktem Umfang zu, wenn die Genussscheine oder Gewinnschuldverschreibungen noch eine längere Laufzeit haben. Inhaber von Genussscheinen oder Gewinnschuldverschreibungen partizipieren dann über ihren Ausschüttungsanspruch weiterhin an den Unternehmensgewinnen, wie die Aktionäre. Deshalb liegt grundsätzlich keine Pflichtverletzung gegenüber den Anlegern vor, wenn der Emittent die 4 % - Grenze einhält. Etwas anderes kann sich jedoch ergeben, wenn die Laufzeit des Genussscheins oder der Gewinnschuldverschreibung ausläuft. Denn dann partizipiert der Anleger nicht mehr an den thesaurierten Gewinnen. Und die der 4 % - Grenze des § 254 Abs. 1 AktG zugrunde liegende Vorstellung, dass die thesaurierten Gewinne dem Aktionär mittelbar durch seine Beteiligung an der Unternehmenssubstanz erhalten bleiben, trifft für Inhaber von Genussscheinen oder Gewinnschuldverschreibungen nicht zu. In dem Fall des Auslaufens des Genussscheins oder der Gewinnschuldverschreibung kann deshalb auch bei Einhaltung der 4 % - Grenze eine Pflichtverletzung vorliegen. Da jedoch kein Anspruch auf eine bestimmte Gewinnausschüttung besteht und auch Maßstäbe für die Angemessenheit von Rücklagen fehlen, kann die Pflichtverletzung des Emittenten nur in einem zusätzlichen unseriösen Verhalten liegen. Ein unseriöses Verhalten läge zum Beispiel vor, wenn der Emittent kurz vor Ende der Laufzeit die Ausschüttung auf das Minimum der 4 % - Grenze reduziert, um dann nach Ende der Genussscheine oder Gewinnschuldverschreibungen eine um so höhere an die Aktionäre ausschütten zu können.

Beispiel: Eine Aktiengesellschaft, die Genussscheinen emittiert hat, stellte in den vergangenen Jahren durchschnittlich 20 % des Jahresüberschusses in die anderen Gewinnrücklagen (freiwillig) ein. Im letzten Jahr der Laufzeit der Genussscheine wurde der gesamte Jahresüberschuss bis zur Grenze des § 254 Abs. 1 AktG thesauriert. Im ersten Jahr nach Beendigung der Genussscheinemission, schüttete die Aktiengesellschaft den gesamten Gewinn, unter Dotierung nur der gesetzlichen Rücklage, an die Aktionäre aus. In einem solchen Fall liegt der Verdacht eines unseriösen Verhaltens des Emittenten nahe. Für die Schadensersatzhaftung aus positiver Vertragsverletzung wegen pflichtwidriger Schädigung der Anleger reicht es aus, dass der Emittent die Interessen der Anleger zumindest fahrlässig

[187] *Sethe* AG 1993, 360.

missachtet hat. Der Emittent kann die Pflichtwidrigkeit seines Verhalten widerlegen, indem er dartut, dass die Rücklagenbildung aus Sicht eines ordentlich denkenden und handelnden Kaufmanns gerechtfertigt war.

### 1.7. Kapitalerhöhung

a) Meinungsstand

Auch Kapitalerhöhungen kann der Genussscheininhaber nicht verhindern[188]. Bei einer Kapitalerhöhung aus Gesellschaftsmitteln schützt das Gesetz den Genussscheininhaber nach § 216 Abs. 3 S. 1 AktG. Nach § 216 Abs. 3 AktG wird der wirtschaftliche Inhalt der Genussrechte durch eine Kapitalerhöhung aus Gesellschaftsmitteln nicht berührt. Die Genussscheine sind den veränderten Umständen anzupassen.

Für die Kapitalerhöhung gegen Einlagen fehlt es an einer gesetzlichen Regelung. Nach einem obiter dictum des Bundesgerichtshofs[189] und der dieser Entscheidung folgenden (älteren) Literatur[190] seien Inhaber eines Genussscheins mit dividendenabhängiger Verzinsung im Regelfalle nicht vor einer Verwässerung durch eine Kapitalerhöhung geschützt. Demgegenüber bejaht die heute ganz herrschende Meinung einen Verwässerungsschutz der Anleger. Streitig ist lediglich die rechtsdogmatische Begründung. Nach überwiegender Meinung[191] sei der Ver-

---

[188] RGZ 83, 295, 298 f.; BGHZ 28, 259, 277; *Flechtheim* in Düringer/Hachenburg, HGB, Anh. § 179 Anm. 19; *Schlegelberger/Quassowski* § 174 Anm. 19; *Ernst*, Der Genußschein (1963), S. 188 f.; *Ernst* AG 1967, 80; *Baumbach/Hueck*, AktG, Vor § 221 Rn 10; *Wünsch* in FS Strasser (1983), S. 880; *Emde*, Der Genußschein (1987), S. 143 f.; *Schneider* in FS Goerdeler (1987), S. 516; *Rid-Niebler*, Genußrechte (1989), S. 102 f.; *Goerdeler/Müller* in Hachenburg, GmbHG, Anh. § 29 Rn 14; *Frantzen*, Genußscheine (1993), S. 248, 252; *Lutter* in KöKo, AktG, § 221 Rn 354.

[189] BGHZ 28, 259, 277 (Harpen-Bond).

[190] *Flechtheim* in Düringer/Hachenburg, HGB, Anh. § 179 Anm. 10; *Ernst*, Der Genußschein (1963), S. 188 ff., 193; *Ernst* AG 1967, 75, 80; *Schilling* in GroßKo, AktG, § 221 Anm. 6 und 12; *Würdinger*, Aktienrecht und das Recht der verbundenen Unternehmen, § 19 II 4 b; *Lutter* in KöKo, AktG, 1. Aufl., § 221 Rn 70.

[191] *Koppensteiner* ZHR 139 (1975), 191, 197 ff.; *Vollmer* ZGR 1983, 445, 465; *Köhler* AG 1984, 199; *van Look* in Bundschuh/Hadding/Schneider, Recht und Praxis der Genußscheine, S. 45 f.; *Emde*, Der Genußschein (1987); S. 154 ff. (nach § 242 BGB); *Hirte* ZIP 1988, 487; *Feddersen/Knauth*, Eigenkapitalbildung, S. 77; *Thielemann*, Das Genußrecht (1988), S. 143, 148 ff.; *Emde* DB 1989, 209 ff., 211 (nach § 242 BGB); *Habersack* ZHR 155 (1991), 378, 388 f.; *Goerdeler/Müller* in Hachenburg, GmbH, Anh. § 29 Rn 14; *Frantzen*, Genußscheine (1993), S. 259, 261; *Sethe* AG 1993, 351, 363; *Winter* in Scholz, GmbHG, § 14 Rn 77; *Kallrath*, Die Inhaltskontrolle (1994), S. 164 ff., 169 f.; *Karollus* in Geßler/Hefermehl, AktG,

wässerungsschutz aus § 216 Abs. 3 AktG analog oder zumindest aus einem Rechtsgedanken, der dem § 216 Abs. 3 AktG zugrunde liege, herzuleiten. Nach einer Mindermeinung in der Literatur[192] ergebe sich ein Anspruch der Anleger auf Vertragsanpassung aus ergänzender Vertragsauslegung des Wertpapiervertrages. Anders als bei der Kapitalerhöhung aus Gesellschaftsmitteln könne bei der Kapitalerhöhung gegen Einlagen nicht schematisch an die Veränderung des Grundkapitals angeknüpft werden. Denn während bei der Kapitalerhöhung aus Gesellschaftsmitteln bei gleichbleibendem Bilanzgewinn der Dividendensatz zwangsläufig im Verhältnis des neuen zum bisherigen Grundkapital sinke, trete bei der Kapitalerhöhung gegen Einlagen ein zusätzlicher Verwässerungseffekt ein. Die Verwässerung entstehe dadurch, dass bei der Kapitalerhöhung gegen Einlagen in der Regel neue Aktien entstehen, auf die geringere Einlagen zu leisten sind, als es dem auf jede alte Aktie entfallenden Anteil am Gesellschaftsvermögen entspräche. Diese Entwertung könne in ihrem Ausmaß der Verwässerungswirkung einer Kapitalerhöhung aus Gesellschaftsmitteln nahe kommen, wenn bei einer Aktiengesellschaft mit hohen Reserven die neuen Aktien zum Nennwert oder zu einem nur wenig darüber liegenden Betrag ausgegeben werde. Dafür spreche auch der Umstand, dass eine Kapitalerhöhung gegen Einlagen mit niedrigem Ausgabekurs gedanklich in eine Kapitalerhöhung mit vollwertigem Ausgabekurs und eine Kapitalerhöhung aus Gesellschaftsmittel zerlegt werden könne. Eine Kapitalerhöhung gegen Einlagen unter Wert habe typischerweise die Folge, dass die Aktiengesellschaft auf Dauer nicht eine gleich hohe Dividende zahlen könne wie ohne die Kapitalerhöhung. Dividendensatzabhängige Ansprüche würden daher durch eine solche Kapitalerhöhung in aller Regel entwertet. Die ganz herrschende Meinung[193] stellt darauf ab, inwieweit die neuen Aktionäre ihre Aktien ohne eigene Einlageleistung erhalten, weil insoweit eine unmittelbare Parallele zu der Kapitalerhöhung aus Gesellschaftsmitteln vorliege. Dazu sei auf den Aktienbezugsrechtswert abzustellen. Leistungspflichten der Aktiengesellschaft erhöhten sich im Fall einer Kapitalerhöhung gegen Einlagen mit Verwässerungswirkung mangels anderweitiger vertraglicher Regelungen um den aus Börsenkurs und Bezugsrechtswert gewonnenen Anpassungsfaktor[194]. Auf

---

§ 221 Rn 407 ff.; *Hefermehl/Bungeroth* in Geßler/Hefermehl, AktG, § 189 Rn 18 ff.; *Lutter* in KöKo, AktG, § 221 Rn 390 und § 189 Rn 25; *Rowedder* in Rowedder, GmbH, § 29 Rn 85; *Luttermann*, Unternehmen (1998), S. 502 Fn 63; *Krieger* in MüHandb., Band 4, § 63 Rn 56 und § 56 Rn 116 ff.

192 *Zöllner* ZGR 1986, 288, 296 ff., 305; *Schneider* in FS Goerdeler (1987), S. 516; *Rid-Niebler*, Genußrechte (1989), S. 107 ff., 111; *Hüffer*, AktG, § 221 Rn 67.

193 *Koppensteiner* ZHR 139 (1975), 191, 197 ff.; *Köhler* AG 1984, 200 ff.; *Zöllner* ZGR 1986, 305 ff.; *Hirte* ZIP 1988, 487; *Lutter* in KöKo, AktG, § 221 Rn 386 und § 189 Rn 25 und § 216 Rn 29; *Karollus* in Geßler/Hefermehl, AktG, § 221 Rn 407 ff.; *Hefermehl/Bungeroth* in Geßler/Hefermehl, AktG, § 189 Rn 20; *Kallrath*, Die Inhaltskontrolle (1994), S. 167 f.

194 *Hefermehl/Bungeroth* in Geßler Hefermehl, AktG, § 189 Rn 23; *Kallrath*, Die Inhaltskontrolle (1994), S. 167 f.

vertraglicher Grundlage könnten auch Ausgleichszahlungen an die Genussscheininhaber, Gratis-Genussscheine oder Gratis-Aktien vereinbart werden.

b) Stellungnahme

Bei der Kapitalerhöhung aus Gesellschaftsmitteln ist bei der Frage nach dem Wie der Anpassung nach den konkreten Genussscheinbedingungen zu differenzieren. Es kommt auf die Bezugsgröße des Ausschüttungsanspruchs an. Knüpfen die Genussscheine an den Jahresüberschuss des Emittenten an, erfolgt bei Kapitalerhöhung aus Gesellschaftsmitteln kein Ausgleich, da der Ausschüttungsanspruch durch eine Kapitalerhöhung nicht berührt wird. Denn die Einstellung aus den Gewinnrücklagen in das Eigenkapital zum Zweck der Kapitalerhöhung vermindert den Jahresüberschuss nicht. Eine andere Situation liegt bei Anknüpfung der Genussscheine an den Bilanzgewinn vor. Hier geht die Einstellung des Jahresüberschusses in andere Gewinnrücklagen, sowie die Einstellung aus den anderen Gewinnrücklagen in das Eigenkapital zum Zweck der Kapitalerhöhung, zu Lasten der Anleger. Die Bezugsgröße des Ausschüttungsanspruchs der Genussscheine vermindert sich durch die zur Kapitalerhöhung verwendeten Gewinne. Mit der Einstellung in das Eigenkapital bleiben die in der Gewinnrücklage thesaurierten Gewinne endgültig dem Zugriff der Anleger entzogen, da es nicht mehr zu einer Ausschüttung der für die Kapitalerhöhung verwendeten Gewinne kommt. Jedoch ergibt sich aus den Wertpapierbedingungen, dass die vom Bilanzgewinn abhängigen Anleger die Rücklagenbildung hinzunehmen haben. Dies wurde oben ausführlich erörtert. Die Anleger tragen das Risiko der Thesaurierungspolitik, auch wenn die thesaurierten Gewinne für eine Kapitalerhöhung verwendet werden. Etwas anderes gilt bei dividendenabhängigen Genussscheinen. Bei diesen führt die Kapitalerhöhung auch zu einer Veränderung des Dividendensatzes. Eine Kapitalerhöhung aus Gesellschaftsmitteln führt also nur bei dividendenabhängigen Genussscheinen zu Verwässerungsproblemen.

Beispiel: Die X-Aktiengesellschaft emittierte Genussscheine mit einer Ausschüttung von 6 % des Nennkapitals des Genussscheins. Die Ausschüttung erfolgt solange, wie der Jahresüberschuss der X-Aktiengesellschaft ausreicht. Die X-Aktiengesellschaft führt eine Kapitalerhöhung aus Gesellschaftsmitteln durch. Folge? Ein Anpassungsanspruch der Genussscheininhaber aus § 216 Abs. 3 AktG besteht nicht. Die Umwandlung der Gewinnrücklage in Eigenkapital berührt den Ausschüttungsanspruch der Genussscheininhaber nicht. Über die Anknüpfung der Ausschüttung an den Jahresüberschuss wird die volle Teilhabe der Anleger an den Unternehmensgewinnen erreicht, ohne dass sie von Rücklagenbildung oder Kapitalerhöhung betroffen wären.

Variante: Die X-Aktiengesellschaft emittierte Genussscheine mit einer Ausschüttung in Höhe des 1,4 fachen der Dividende. Die X-Aktiengesellschaft erhöhte das Grundkapital aus Gesellschaftsmitteln von 100 Mio. auf 200 Mio. Folge? Würde der Ausschüttungsberechnungsschlüssel unverändert gelassen, sänke die Ausschüttung bei gleichbleibender Ertragslage der X-Aktiengesellschaft um die Hälfte. Den Genussscheininhabern steht deshalb ein Anpassungsanspruch aus § 216 Abs. 3 AktG zu. Um dem Anleger einen gleich großen Anspruch zu erhalten, erhöht sich der Ausschüttungsfaktor 1,4 im selben Verhältnis wie die Erhöhung des Grundkapital, nämlich von 1,4 auf 2,8 der Dividende.

Von den Fällen der Kapitalerhöhung aus Gesellschaftsmitteln sind die Fälle der Kapitalerhöhung gegen Einlagen zu unterscheiden. Auch bei der Kapitalerhöhung gegen Einlagen erfolgt eine Vertragsanpassung, die auf eine Analogie zu § 216 Abs. 3 AktG gestützt werden kann. Für eine analoge Anwendung des § 216 Abs. 3 AktG auf Kapitalerhöhungen gegen Einlage spricht erstens, dass der Anleger bei einer Kapitalerhöhung gegen Einlagen genauso schutzwürdig ist wie bei der Kapitalerhöhung aus Gesellschaftsmitteln. Bei Kapitalerhöhungen gegen Einlagen (unter Wert) kommt es zu Verwässerungen wie bei Kapitalerhöhungen aus Gesellschaftsmitteln, so dass die Dividende nach Kapitalerhöhung in der Regel unter der Dividende vor der Kapitalerhöhung liegt. Für eine analoge Anwendung des § 216 Abs. 3 AktG spricht zweitens, dass die Kapitalerhöhung gegen Einlagen unter Wert insoweit der Kapitalerhöhung aus Gesellschaftsmitteln ähnelt als sie sich gedanklich zerlegen lässt in eine Kapitalerhöhung gegen Einlagen zum vollen Wert und eine Kapitalerhöhung aus Gesellschaftsmitteln verbunden mit der Ausgabe von Gratiskapitalanteilen. Drittens ist der Regelungsgedanke des § 216 Abs. 3 eine besondere Ausprägung der Geschäftsgrundlagenlehre. § 216 Abs. 3 AktG enthält den allgemeinen Grundsatz, dass Kapitalmaßnahmen nicht zu einer mittelbaren Beeinträchtigung gewinnabhängiger Rechte führen dürfen. Würde man eine Analogie zu § 216 Abs. 3 AktG ablehnen, würde sich ein inhaltsgleicher Anspruch auf Vertragsanpassung aus den Grundsätzen über den Wegfall der Geschäftsgrundlage ergeben. Der Anpassungsfaktor kann aus dem Wert des Aktienbezugsrechts gewonnen werden.

Eine einmalige Entschädigung wäre dagegen wegen des weitergehenden Anpassungsanspruchs aus § 216 Abs. 3 AktG nicht ausreichend. Die vertragliche Verpflichtung zur Ausgabe weiterer Gratis-Genussscheine ist zwar rechtlich möglich, jedoch unzweckmäßig. Sie ist mit unverhältnismäßig hohem Aufwand verbunden und unterliegt darüber hinaus noch dem Bezugsrecht der Aktionäre nach § 221 Abs. 4 AktG. Ein Anspruch auf Ausgabe von weiteren Gratis-Genussscheinen an die bisherigen Genussscheininhaber zum Zwecke des Verwässerungsschutzes besteht jedoch nur auf vertraglicher Grundlage, weil sonst unzulässigerweise in die Autonomie der Gesellschaft eingegriffen würde. Die Anpassung des Berechnungsschlüssels für die Ausschüttung ist der einfachere Weg und für die Anleger gleich wirkungsvoll. Genauso aufwendig ist die Ausgabe von Gratis-Aktien zum Verwässerungsschutz. Dieser Weg ist ohnehin nur gangbar, wenn die Genussscheine aktienähnlich ausgestaltet sind, also zum Beispiel an die Dividende des Emittenten anknüpfen. Ein gesetzlicher Anspruch auf Gratis-Aktien ist jedoch aus § 216 Abs. 3 AktG nicht abzuleiten. Es bleibt der Gesellschaft überlassen, ob sie die Vertragsanpassung über Gratis-Aktien oder einen veränderten Berechnungsmodus vollzieht, da den Genussrechtsinhabern grundsätzlich kein Anspruch auf Einräumung einer Aktionärsposition zusteht. Eine Anpassung des Ausschüttungsberechnungsschlüssels ist allemal einfacher.

Die Harpen-Bond-Entscheidung des Bundesgerichtshofs[195], wonach nach einem obiter dictum des Bundesgerichtshofs der Gläubiger eines Genussrechts, dem eine dividendenabhängige Ausschüttung seines Genussrechts zugesagt ist, im Regelfalle nicht vor einer Verwässerung seines Rechts durch eine Kapitalerhöhung geschützt sei, ist insoweit überholt. Zum Zeitpunkt der Entscheidung existierten weder § 216 Abs. 3 AktG noch § 13 Abs. 3 S. 1 KapErhG bzw. § 57 m Abs. 3 S. 1 GmbHG. Somit ist die gegen einen Verwässerungsschutz eingestellte Rechtsprechung und alte Literatur[196] in den Bereich der Rechtsgeschichte zu verweisen.

### 1.8. Kapitalherabsetzung

a) Meinungsstand

Ebenso wie bei der Kapitalerhöhung solle auch bei der Kapitalherabsetzung nach der älteren Literatur[197] kein Verwässerungsschutz stattfinden. Inhaber von Genussscheinen mit dividendenabhängiger Verzinsung seien vor einer Verwässerung durch Grundlagenentscheidungen nicht geschützt. Diese Sichtweise ist durch die Einführung des § 216 Abs. 3 AktG überholt. Nach heute herrschender Meinung[198] erfolge eine Anpassung durch entsprechende Anwendung des § 216

---

[195] BGHZ 28, 259, 277 (Harpen Bonds).

[196] RGZ 83, 295, 298; BGHZ 28, 255, 277 (Harpen Bonds); *Flechtheim* in Düringer/Hachenburg, HGB, Anh. § 179 Anm. 10; *Ernst*, Der Genußschein (1963), S. 188 ff., 193; *Ernst* AG 1967, 75, 80; *Schilling* in GroßKo, AktG, § 221 Anm. 6 und 12; *Lutter* in KöKo, AktG, 1. Aufl., § 221 Rn 70.

[197] *Flechtheim* in Düringer/Hachenburg, HGB, Anh. § 179 Anm. 10; *Schilling* in GroßKo, AktG, § 221 Anm. 6 und 12.

[198] BGH WM 1959, 434, 436 f.; *Ernst*, Der Genußschein (1963), S. 194; *Vollmer* ZGR 1983, 465 f.; *Emde*, Der Genußschein (1987), S. 178 ff.; *Thielemann*, Das Genußrecht (1988), S.

Abs. 3 AktG oder zumindest aufgrund eines Rechtsgedankens, der dem § 216 Abs. 3 AktG zugrunde liege. Andere[199] gewinnen dasselbe Ergebnis aus ergänzender Vertragsauslegung. Es hat sich die Auffassung durchgesetzt, dass die Genussrechte und Gewinnschuldverschreibungen über den von § 216 Abs. 3 AktG unmittelbar erfassten Bereich der Kapitalerhöhung aus Gesellschaftsmitteln hinaus vor Verwässerungen infolge Grundlagenentscheidungen zu schützen seien. Der Verwässerungsschutz erfolge durch Anpassung des Berechnungsschlüssel für die Ausschüttung, des Rückzahlungs- oder Ablösungsbetrags, soweit dieser an den Wert oder Börsenkurs der Kapitalanteile gekoppelt sei[200].

b) Stellungnahme

Ebenso wie bei der Kapitalerhöhung sollte auch bei der Kapitalherabsetzung § 216 Abs. 3 AktG analog angewandt werden. Kapitalherabsetzung und Kapitalerhöhung sind vergleichbare Vorgänge, nur in die jeweils umgekehrte Richtung. Der Berechnungsschlüssel für die Ausschüttung wird bei der Kapitalherabsetzung ebenso grundlegend gestört wie bei der Kapitalerhöhung. Ein Festhalten an den unveränderten Vertragsbedingungen ist den Parteien bei Kapitalerhöhung ebenso wie bei Kapitalherabsetzung nicht zumutbar. Würde eine Analogie zu § 216 Abs. 3 AktG verneint, würde sich eine Anpassung aus einer Rechtsanalogie zu §§ 216 Abs. 3 AktG, 23 UmwG oder aus ergänzender Vertragsauslegung oder Wegfalls der Geschäftsgrundlage ergeben. Denn der Regelungsgedanke des § 216 Abs. 3 ist eine besondere Ausprägung der Geschäftsgrundlagenlehre. § 216 Abs. 3 AktG ist der allgemeine Grundsatz zu entnehmen, dass Grundlagenentscheidungen nicht zu einer mittelbaren Beeinträchtigung gewinnabhängiger Rechte führen dürfen.

Bei der Kapitalherabsetzung handelt es sich in der Regel um eine nominelle Kapitalherabsetzung zum Zwecke der Sanierung. Ein Anspruch auf Vertragsanpassung ergibt sich aus § 216 Abs. 3 AktG analog. Ein Anpassungsbedarf besteht jedoch nur, wenn der Ausschüttungsanspruch der Genussscheine oder Gewinnschuldverschreibungen vom Dividendensatz des Emittenten abhängt. Nur

---

143 ff., 165, 215 f.; *Hirte* ZIP 1991, 1461, 1465; einschränkend *Goerdeler/Müller* in Hachenburg, GmbH, Anh. § 29 Rn 15; *Frantzen*, Genußscheine (1993), S. 269; *Sethe* AG 1993, 365, 367; *Lutter* in KöKo, AktG, § 221 Rn 371, 399; *Karollus* in Geßler/Hefermehl, AktG, § 221 Rn 422; *Kallrath*, Die Inhaltskontrolle (1994), S. 153 f.; *Krieger* in MüHandb., Band 4, § 63 Rn 56.

199 *Koppensteiner* ZHR 139 (1975), 204 ff.; *Rid-Niebler*, Genußrechte (1989), S. 111 ff., 113; *Lutter* in KöKo, AktG, § 216 Rn 29 und § 221 Rn 371.

200 *Emde*, Der Genußschein (1987), S. 179; *Rid-Niebler*, Genußrechte (1989), S. 111; *Frantzen*, Genußscheine (1993), S. 267; *Sethe* AG 1993, 365; zur Ausgabe von Genussrechten an Aktionäre bei vereinfachten Kapitalherabsetzungen *Hirte* in FS Claussen (1997), S. 115 ff.

insoweit kommt es zu einer Äquivalenzstörung des Ausschüttungsanspruchs. Knüpfen die Genussscheine dagegen an den Jahresüberschuss des Emittenten an, erfolgt kein Ausgleich, da die Ausschüttung durch die Kapitalherabsetzung nicht berührt wird. Die Veränderung des Grundkapitals wirkt sich auf den Jahresüberschuss nicht aus. Berechnet sich die Ausschüttung der Inhaber von Genussscheinen oder Gewinnschuldverschreibungen nach dem Bilanzgewinn kann die Kapitalherabsetzung zum Vorteil der Anleger wirken. Denn nach Kapitalherabsetzung etwa zur Beseitigung der Überschuldung, kann zur Wiederaufnahme der Gewinnausschüttung führen. Ein nach Kapitalherabsetzung entstehender Bilanzgewinn kommt den Anlegern zugute. Denn wenn einerseits im Fall der Kapitalerhöhung aus Gesellschaftsmitteln die verwässernde Einstellung aus den anderen Gewinnrücklagen in das Eigenkapital zum Zweck der Kapitalerhöhung zu Lasten der Anleger geht, muss andererseits die Entstehung eines Bilanzgewinns nach nomineller Kapitalherabsetzung ihnen zugute kommen. Dies gebietet der Grundsatz der Chancengleichheit. Bei dividendenabhängigen Genussscheinen führt die Kapitalherabsetzung zu einer Veränderung des Dividendensatzes und damit zu Äquivalenzproblemen. Der dividendenabhängige Ausschüttungsberechnungsschlüssel ist dann den veränderten Kapitalverhältnissen anzupassen.

Kapitalherabsetzungen geschehen in der Regel zur Sanierung der Aktiengesellschaft und sind mit einer Kapitalerhöhung gegen Einlagen verbunden, um der sanierungsbedürftigen Aktiengesellschaft neue Mittel zur Verfügung zu stellen. Es erfolgt in diesem Fall eine weitere Anpassung analog § 216 Abs. 3 AktG. Die Anpassung im Fall der Kapitalerhöhung gegen Einlagen wurde bereits oben beschrieben.

## 1.9. Ausgabe weiterer Wertpapiere

a) Meinungsstand

Inhaber von Genussscheinen oder Gewinnschuldverschreibungen können auch die Ausgabe weiterer Genussscheine oder Gewinnschuldverschreibungen nicht verhindern[201]. Zwar kann sich die Aktiengesellschaft im Wertpapiervertrag dazu verpflichten, keine weiteren Genussscheine oder Gewinnschuldverschreibungen auszugeben. Dies ist jedoch weder empfehlenswert noch üblich. Durch eine zweite Emission entstehen zusätzliche Anlegerschutzprobleme. Denn die beiden Wertpapieremissionen konkurrieren miteinander und kürzen sich gegenseitig die

---

[201] *Ernst*, Der Genußschein (1963), S. 196 f.; *Wünsch* in FS Strasser (1983), S. 880; *Emde*, Der Genußschein (1987), S. 175; *Schneider* in FS Goerdeler (1987), S. 518 f.; *Frantzen*, Genußscheine (1993), S. 270 ff.; *Lutter* in KöKo, AktG, § 221 Rn 395, 126.

Ausschüttung. Eine gesetzliche Regelung dieses Problems existiert nicht. Die herrschende Meinung[202] schließt die Gesetzeslücke durch die entsprechende Anwendung des § 216 Abs. 3 AktG. § 216 Abs. 3 AktG verkörpere das Prinzip, dass der wirtschaftliche Inhalt vertraglicher Beziehungen zu Dritten gegen die Gesellschaft, die von den Kapital- und Gewinnverhältnissen der Gesellschaft abhängen, durch Veränderungen der Kapitalverhältnisse dieser Gesellschaft unberührt bleibe. Dies gelte nicht nur im Falle der Erhöhung (oder Herabsetzung) des Grund- und Stammkapitals, sondern gleichermaßen auch im Fall der Erhöhung des Genussrechtskapitals.

Die Folgen eines wirtschaftlichen Wertschutzes für Genussscheine oder Gewinnschuldverschreibungen sind weithin anerkannt. Den Anlegern der Erstemission gebühre der Vorrang. Einschränkungen des Ausschüttungsanspruchs durch die Zweitemission müssten die Anleger der Erstemission nur hinnehmen, soweit die Wertpapierbedingungen einen entsprechenden Vorbehalt enthalten[203]. Die Anleger der Erstemission seien so zu stellen als gäbe es die Zweitemission nicht. Die neuen Genussrechtsinhaber könnten den ihnen zugesicherten Vorrang geltend machen, so dass die Aktiengesellschaft den vorhandenen Gewinn unter Umständen doppelt auszahlen müsse[204]. Soweit notwendig, sei die Ausschüttungsberechnung anzupassen. Als Gegenargument lasse sich nicht anführen, das mit der Ausgabe neuer Genussrechte gewonnene zusätzliche Eigenkapital schlüge sich in einem vergrößerten Gewinn nieder und die Altinhaber erlitten faktisch keine Einbuße[205]. Denn die durch die Zweitemission bewirkte Kapitalzufuhr müsse sich nicht in einem entsprechenden Gewinnerhöhung niederschlagen[206]. Nicht jede Investition wirke sich unmittelbar ertragssteigernd aus. Als vertraglicher Verwässerungsschutz seien eine Ausgleichszahlung oder ein Bezugsrecht auf die neuen Genussscheine möglich.

---

[202] *Emde*, Der Genußschein (1987), S. 174 ff.; *Schneider* in FS Goerdeler (1987), S. 518 f.; *Hirte* ZIP 1988, 487; *Frantzen*, Genußscheine (1993), S. 270 ff.; *Karollus* in Geßler/Hefermehl, AktG, § 221 Rn 412; *Sethe* AG 1993, 351, 363 f.; *Lutter* in KöKo, AktG, § 221 Rn 397; kritisch *Kallrath*, Die Inhaltskontrolle (1994), S. 171 f.

[203] *Flechtheim* in Düringer /Hachenburg, HGB, Anh. § 179 Anm. 10; *Ernst*, Der Genußschein (1963), S. 196 f.; *Emde*, Der Genußschein (1987), S. 174 f.; *Thielemann*, Das Genußrecht (1988), S. 196; *Frantzen*, Genußscheine (1993), S. 270 ff.; *Sethe* AG 1993, 363 f.; *Lutter* in KöKo, AktG, § 221 Rn 279, 397 f.; *Karollus* in Geßler/Hefermehl, AktG, § 221 Rn 411.

[204] *Thielemann*, Das Genußrecht (1988), S. 196; *Karollus* in Geßler/Hefermehl, AktG, § 221 Rn 412.

[205] so *Würdinger*, Aktienrecht und das Recht der verbundenen Unternehmen, 4. Aufl., S. 87 für Kapitalerhöhung gegen Einlagen.

[206] *Sethe* AG 1993, 363.

b) Stellungnahme

Die Anwendbarkeit des § 216 Abs. 3 AktG für den Fall der Ausgabe weiterer Genussscheine oder Gewinnschuldverschreibungen ist zweifelhaft. Die Vorstellung der herrschenden Meinung, dass der Verwässerungsschutz nach § 216 Abs. 3 AktG infolge der Erhöhung oder Herabsetzung des Grundkapitals gleichermaßen auch für den Fall der Erhöhung des Genussrechtskapitals gelten müsse, ist irrig. Die Vorstellung, dass der Jahresüberschuss im Verhältnis des Grundkapitals zum Genusskapital aufzuteilen sei, ist ebenso falsch wie die Vorstellung, die Ausschüttung an die Genussscheininhaber „aus dem Bilanzgewinn" sei Gewinnverwendung. Genussscheine und Gewinnschuldverschreibungen sind Wertpapiere, die ausschließlich schuldrechtliche Gläubigerrechte verbriefen. Die laufenden Zahlungen an die Inhaber solcher Wertpapiere sind Zins. Aus Sicht der Aktiengesellschaft stellen sie Aufwand dar. Es liegt auch dann keine Gewinnverwendung vor, wenn die Ausschüttung „aus dem Bilanzgewinn" erfolgt. Der Bilanzgewinn ist nur Berechnungsgröße für die Ausschüttung. Eine Berechnungsformel, wonach der Jahresüberschuss im Verhältnis des Genusskapital zum Grundkapital an die Anleger auszuschütten wäre, existiert nicht. Vielmehr sind Jahresüberschuss, Bilanzgewinn oder Dividende nur Bezugsgrößen des Berechnungsschlüssels für die Ausschüttung. Die Höhe des als Eigenkapitalsonderposten bilanzierten Genusskapitals ist für die Berechnung irrelevant. Denn das Genusskapital ist kein Grundkapital. Das Genusskapital verkörpert nur den Rückzahlungsanspruch der Anleger. Deshalb tritt allein durch die „Erhöhung des Genusskapitals" keine Verwässerung ein. Der gesetzliche Verwässerungsschutz entsprechend § 216 Abs. 3 AktG ist nicht einschlägig.

Ein Anlegerschutzproblem stellt sich lediglich dann, wenn der Ausschüttungsanspruch der Anleger nur zu bedienen ist, solange der Jahresüberschuss oder Bilanzgewinn ausreicht. Denn in diesen Fällen ist problematisch, wie das Risiko eines nicht ausreichenden Bilanzgewinns auf die beiden Wertpapieremissionen zu verteilen ist. Zur Lösung bedarf es nicht der analogen Anwendung des § 216 Abs. 3 AktG. Die Lösung ergibt sich vielmehr aus der Auslegung der Wertpapierbedingungen. Die am Jahresüberschuss oder Bilanzgewinn orientierte Ausschüttung der ersten Emission ist grundsätzlich unveränderlich. Einschränkungen der Ausschüttung durch die Zweitemission müssen die Anleger der Erstemission nur hinnehmen, soweit die Wertpapierbedingungen einen entsprechenden Vorbehalt enthalten[207]. Existiert in der Wertpapierbedingungen der Erstemission kein entsprechender Vorbehalt, ist die Erstemission voll zu bedienen als gäbe es die

---

[207] *Ernst*, Der Genußschein (1963), S. 196 f.; *Emde*, Der Genußschein (1987), S. 174 f.; *Thielemann*, Das Genußrecht (1988), S. 196; *Frantzen*, Genußscheine (1993), S. 270 ff.; *Sethe* AG 1993, 363 f.; *Lutter* in KöKo, AktG, § 221 Rn 279, 397 f.; *Karollus* in Geßler/Hefermehl, AktG, § 221 Rn 411.

Zweitemission nicht. Der Erstemission gebührt der Vorrang. Das Schicksal der Ausschüttung der Zweitemission hängt ebenfalls von den Wertpapierbedingungen ab. Ist die Ausschüttung der Zweitemission nach den Wertpapierbedingungen nachrangig, kann sie unter Umständen ausfallen, wenn der Anspruch auf die Höhe des Jahresüberschusses oder Bilanzgewinns beschränkt war und der volle Betrag in Höhe des Jahresüberschusses oder Bilanzgewinns an die Anleger der Erstemission ausgezahlt wurde.

Regeln die Wertpapierbedingungen der Zweitemission das Konkurrenzproblem zwischen Erst- und Zweitemission nicht, so ist von einer Gleichrangigkeit auszugehen. Gleichrangigkeit bedeutet aber nicht, dass das Risiko eines nicht ausreichenden Jahresüberschusses oder Bilanzgewinns zwischen den beiden Emissionen gleichmäßig aufzuteilen, also die zur Verfügung stehende Ausschüttungsmasse zwischen den Emissionen im Verhältnis Eins zu Eins zu verteilen ist. Wie bereits oben ausgeführt, müssen die Anleger der Erstemission Einschränkungen der Ausschüttung durch die Zweitemission nur hinnehmen, soweit die Wertpapierbedingungen einen entsprechenden Vorbehalt enthalten. Die Ausschüttungsmasse gebührt also unentziehbar den Anlegern der Erstemission. Gleichrangigkeit kann deshalb nur bedeuten, dass den Anlegern der Zweitemission ebenfalls eine entsprechende Ausschüttung zusteht, auch wenn dadurch im Ergebnis eine Unterbilanz entsteht[208]. Ein Ausfall bei der Zweitemission kann mangels Vereinbarung einer Nachrangigkeit der Zweitemission nicht angenommen werden. Der Emittent hätte eine Nachrangigkeit unmissverständlich vereinbaren müssen. Diesbezügliche Unklarheiten gehen zu Lasten des Emittenten, § 5 AGBG.

Beispiel: Die X-Aktiengesellschaft emittierte Genussscheine mit einer Ausschüttung von 6 % des Nennkapitals des Genussscheins. Die Ausschüttung erfolgt, solange der Bilanzgewinn der X-Aktiengesellschaft zur Bedienung ausreicht. Die X-Aktiengesellschaft legte einige Jahre später weitere Genussscheine auf, zu den selben Bedingungen. Folge, wenn in einem Geschäftsjahr der Bilanzgewinn der X-Aktiengesellschaft zur Bedienung nur einer Emission ausreicht? Die erste Emission hat den Vorrang. Die volle Ausschüttung ist vorzunehmen, weil der Bilanzgewinn zur Bedienung der ersten Emission ausreicht. Der Anspruch der zweiten Emission ist der Höhe nach von den Genussscheinbedingungen abhängig. Ist der Anspruch der zweiten Emission im Verhältnis zur ersten Emission nachrangig, fällt die zweite Emission mit ihrer Ausschüttung aus, weil der Bilanzgewinn zur Bedienung der zweiten Emission nicht mehr ausreicht. Schweigen die Genussscheinbedingungen, ist von einer Gleichrangigkeit auszugehen mit der Folge, dass die X-Aktiengesellschaft auch die zweite Emission zu bedienen hat.

---

[208] so auch *Thielemann*, Das Genußrecht (1988), S. 196; *Karollus* in Geßler/Hefermehl, AktG, § 221 Rn 412.

Dies ist das Ergebnis der Vertragsauslegung. Mit einer analogen Anwendung des § 216 Abs. 3 AktG hat dies nichts zu tun.

## 2. Optionsanleihen, Wandelanleihen

### 2.1. Anwendung der Aktionärsrechte

a) Meinungsstand

Bei den Options- und Wandelanleihen erhält der Inhaber des Wertpapiers zusätzlich zu einer Schuldverschreibung ein Bezugs- oder Umtauschrecht auf Aktien. Nach allgemeiner Meinung sind sowohl Optionsanleihen[209] als auch Wandelanleihen[210] echte Schuldverschreibungen und gewähren als solche ausschließlich Gläubigerrechte. Auch das Bezugs- oder Umtauschrecht auf den Aktien ist nach allgemeiner Ansicht rein schuldrechtlicher Natur[211]. Rechtlich gesehen liegt daher keine Mischform zwischen Anleihe und Aktie vor. Die Mitgliedschaft entsteht bei Options- und Wandelanleihen erst nach Ausübung des Bezugs- oder Umtauschrechts, und zwar mit Wirkung nur für die Zukunft. Es geht um das Recht auf Erwerb einer bis dahin nicht bestehenden Mitgliedschaft. Vor der Ausübung des Bezugs- oder Umtauschrechts hat der Options- oder Wandelanleiheinhaber keine Gesellschafterrechte in der Aktiengesellschaft. Bis zum Aktienbezug oder -umtausch ist der Options- oder Wandelanleiheinhaber Gläubiger und ausschließlich Gläubiger, wie jeder sonstige Inhaber einer Schuldverschreibung[212]. Erst mit Zustandekommen des Zeichnungsvertrages erhält der Inhaber des Bezugs- oder Umtauschrechts das Recht auf Aushändigung der

---

[209] *Flechtheim* in Düringer/Hachenburg, HGB, Anh. § 179 Anm. 20; *Schlegelberger/Quassowski* § 174 Anm. 1; *v. Caemmerer* JZ 1951, 418; *Meyer* BB 1955, 549; *Georgakopoulos* ZHR 120 (1957), 87; *A. Hueck* DB 1963, 1347; *Schilling* in GroßKo, AktG, § 221 Anm. 4; *Schumann*, Optionsanleihen (1990), S. 27; *Karollus* in Geßler/Hefermehl, AktG, § 221 Rn 11; *Lutter* in KöKo, AktG, § 221 Rn 3, 92, 148; *Hüffer*, AktG, § 221 Rn 6.

[210] *Flechtheim* in Düringer/Hachenburg, HGB, Anh. § 179 Anm. 20; *Schlegelberger/Quassowski* § 174 Anm. 1; *v. Caemmerer* JZ 1951, 418; *Meyer* BB 1955, 549; *Georgakopoulos* ZHR 120 (1957), 87; *A. Hueck* DB 1963, 1347; *Schilling* in GroßKo, AktG, § 221 Anm. 4; *Baumbauch/Hueck*, AktG, Vorbem. § 221 Rn 3; *Karollus* in Geßler/Hefermehl, AktG, § 221 Rn 11; *Lutter* in KöKo, AktG, § 221 Rn 3, 92; *Hüffer*, AktG, § 221 Rn 4, 5.

[211] *Flechtheim* in Düringer/Hachenburg, HGB, Anh. § 179 Anm. 20; *Schlegelberger/Quassowski* § 174 Anm. 1; *v. Caemmerer* JZ 1951, 418; *Georgakopoulos*, ZHR 120 (1957), 87; *A. Hueck* DB 1963, 1347; *Schilling* in GroßKo, AktG, § 221 Anm. 1; *Baumbach/Hueck*, AktG, Vorbem. § 221 Rn 3; *Schumann*, Optionsanleihen (1990), S. 27; *Karollus* in Geßler/Hefermehl, AktG, § 221 Rn 11; *Lutter* in KöKo, AktG, § 221 Rn 137, 151, 157; *Hüffer*, AktG, § 221 Rn 5, 7, 56.

[212] *Flechtheim* in Düringer/Hachenburg, HGB, Anh. § 179 Anm. 20; *A. Hueck* DB 1963, 1347; *Karollus* in Geßler/Hefermehl, AktG, § 221 Rn 12; *Lutter* in KöKo, AktG, § 221 Rn 3, 92; *Hüffer*, AktG, § 221 Rn 5; teilweise Teilnahme- und Rederecht in der Hauptversammlung sowie Gesellschafterinformationsrechte im europäischen Ausland siehe *Hirte* in Lutter/Hirte, ZGR Sonderheft 16, 22.

Aktien. Für den Regelfall der bedingten Kapitalerhöhung entsteht die Mitgliedschaft nach § 200 AktG mit Ausgabe der Aktien[213], für den Fall der genehmigten Kapitalerhöhung mit Registereintragung, § 189 AktG[214]. Nach *Hirte*[215] sei das Gesetz betreffend die gemeinsamen Rechte der Besitzer von Schuldverschreibungen vom 4. Dezember 1899 auf die Schuldverschreibung einer Options- oder Wandelanleihe anwendbar, nicht aber auf das damit verbundene Aktienbezugs- oder Umtauschrecht.

Ein Teil der Literatur charakterisiert Optionsanleiheinhaber als aufschiebend bedingte Aktionäre[216] oder als Anwartschaftsberechtigte auf Aktien[217]. So solle neben dem Schuldverhältnis eine Anwartschaft auf eine Gesellschafterstellung bestehen, welche erlösche, wenn das Optionsrecht nicht ausgeübt werde. Konkrete Folgerungen im Sinne einer Anwendung der Gesellschafterrechte vor Ausübung der Bezugs- oder Umtauschrechte ziehen diese Autoren jedoch nicht.

Bei Wandelanleihen ist umstritten, ob sich der Umtausch mit Wirkung für die Vergangenheit (ex tunc) oder mit Wirkung nur für die Zukunft (ex nunc) vollzieht. Die Rückwirkungstheorie[218] will die Wirkung des Umtausches auf die Vergangenheit erstrecken. Die frühere Leistung auf die Obligation sei ebenso wie eine jetzt fällige Zuzahlung Bareinlage auf die endgültig begehrte Aktie. Die Einreichung der Obligation aber sei Rückgabe des inhaltsleeren, weil vom Schuldner (Aktiengesellschaft) jetzt nicht mehr (seit Ausübung des Wandlungsrechts) geschuldeten Leistungsversprechens. Dadurch könne das auf die Anleihe eingezahlte Kapital von Anfang an als Einlage angesehen werden. Durch die Verbindung zwischen dem auf die Anleihe geleisteten Betrag und der Einlage werde das Problem gelöst, dass bereits früher geleistet wurde und das Geld unter Umständen bereits verbraucht sei. Dagegen argumentiert *Karollus*[219], dass nach der Rückwirkungstheorie die bisherige Behandlung als Anleihe rückgängig

---

213 *Hefermehl/Bungeroth* in Geßler/Hefermehl, AktG, § 200 Rn 12; *Karollus* in Geßler/Hefermehl, AktG, § 221 Rn 141 ff., 143, 147; *Lutter* in KöKo, AktG, § 189 Rn 2 und § 200 Rn 2 und § 221 Rn 137; *Hüffer*, AktG, § 221 Rn 5, 57.

214 *Hefermehl/Bungeroth* in Geßler/Hefermehl, AktG, § 189 Rn 9 und § 186 Rn 47; *Hefermehl* in Geßler/Hefermehl, AktG, § 203 Rn 8; *Karollus* in Geßler/Hefermehl, AktG, § 221 Rn 141 ff., 143, 147; *Lutter* in KöKo, AktG, § 189 Rn 2 und § 198 Rn 2.

215 *Hirte* mit Darstellung der Rechtslage im europäischen Ausland in Lutter/Hirte, ZGR Sonderheft 16, 19 ff.

216 *Meilicke* BB 1963, 501.

217 *Baumbach/Hueck*, AktG, Vorbem. § 221 Rn 4; *Meyer* BB 1955, 549; *Holzheimer* WM 1986, 1169; *Koch/Vogel* BB 1986, Beilage 10, S. 3 f.; *Busse von Colbe* in Busse von Colbe, Bilanzierung, S. 50, 52, 81; *Martens* in Busse von Colbe, Bilanzierung, S. 124.

218 *Hefermehl/Bungeroth* in Geßler/Hefermehl, AktG, § 194 Rn 7; *Lutter* in KöKo, AktG, § 221 Rn 94, 138 und § 194 Rn 3.

219 *Karollus* in Geßler/Hefermehl, AktG, § 221 Rn 146.

gemacht werden müsste. Der Berechtigte müsste insbesondere die aus dem Titel der Anleihe erhaltenen Zinsen zurückzahlen, was nur mühsam durch ergänzende Vertragsauslegung des Inhalts, dass der Gläubiger trotz Wegfalls des Rechtsgrundes (Anleihe) die Zinsen behalten dürfe, wie aus der Anleihe geschuldet, korrigierbar wäre. Die Rückwirkung würde dadurch ad absurdum geführt. Auch § 263 Abs. 2 BGB (Rückwirkung der Wahlerklärung bei der Wahlschuld) spreche nicht für die Rückwirkungstheorie, weil diese Bestimmung auf die Ersetzungsbefugnis des Gläubigers nicht anwendbar sei. Vielmehr werde bei der Ersetzungsbefugnis des Gläubigers eine bloße ex-nunc-Wirkung angenommen[220].

b) Stellungnahme

Bei den Options- und Wandelanleihen ist zu unterscheiden zwischen der Anleihe und dem Aktienbezugs- und Umtauschrecht. Die Anleihe ist in der Regel fest verzinslich. Sie enthält keine Gewinnbeteiligung. Sie ist deshalb ausschließlich Obligation und vermittelt den Inhabern ausschließlich Gläubigerrechte. Mangels Gewinnabhängigkeit fehlt es an der Vergleichbarkeit der Anleihe mit Gesellschafterrechten. Auf den Anleiheteil der Options- oder Wandelanleihe sind Gesellschafterrechte deshalb nicht analog anwendbar.

Eine analoge Anwendung von Gesellschafterrechten könnte jedoch bei den Bezugs- und Umtauschrechten auf Aktien in Betracht kommen. Sowohl das Optionsrecht als auch das Umtauschrecht ist ein Aktienbezugsrecht und als solches ausschließlich Gläubigerrecht. Es richtet sich auf den Erwerb einer bis dahin nicht bestehenden Mitgliedschaft. Die Mitgliedschaft entsteht erst nach Ausübung des Options- oder Umtauschrechts. Dem Options- oder Wandelanleiheinhaber könnten die Gesellschafterrechte aber schon vor Ausübung des Options- oder Umtauschrechts analog zustehen. Dagegen spricht, dass der Aktionärsstatus nur zukünftig ist. Der Bezugs- oder Umtauschberechtigte erhält lediglich die Möglichkeit eines günstigen Aktienerwerbs. Die rechtlich abgesicherte Möglichkeit eines günstigen Aktienerwerbs ist jedoch keine Rechtsstellung, die der Rechtsstellung eines Aktionärs vergleichbar ist. Der Bezugs- oder Umtauschberechtigte bedarf zwar des Schutzes vor Verwässerung des wirtschaftlichen Wertes der Option. Dazu bedarf es aber keines Vorziehens der Gesellschafterrechte. Ein zweites Argument ist, dass das Bezugs- oder Umtauschrecht nur eine zukünftige Gesellschafterstellung vermittelt. Der Bezugs- oder Umtauschberechtigte ist potentieller Gesellschafter. Wenn der Berechtigte das Bezugs- oder Umtauschrecht nicht ausübt, verfällt das Bezugs- oder Umtauschrecht. Es wäre verfehlt, auf den Bezugs- oder Umtauschberechtigten Gesellschafterrechte anzuwenden, obwohl nicht feststeht, ob der Berechtigte den

[220] *Wolf* in Soergel, BGB, § 262 Rn 20.

Gesellschafterstatus überhaupt erlangen wird. Der Bezugs- oder Umtauschberechtigte könnte sonst weitgehende Rechte beanspruchen, ohne jemals Gesellschafter geworden zu sein oder eine vergleichbar Rechtsstellung erlangt zu haben. Würde dem Bezugs- oder Umtauschberechtigten das Recht zugestanden, die Aktionärsklage zu erheben, könnte er die Aufhebung eines Hauptversammlungsbeschlusses bewirken, auch wenn er das Bezugs- oder Umtauschrecht nicht ausübt und kein Aktionär wird. Dies wäre nicht sachgerecht. Drittens ist die analoge Anwendung der §§ 304, 305 AktG nicht erforderlich. Die Rechtsfolgen Garantiedividenden oder Abfindung nützen dem Bezugs- oder Umtauschberechtigten nichts. Mit Garantiedividenden oder Abfindungsansprüchen sicherbare Rechte stehen dem Bezugs- oder Umtauschberechtigten vor Ausübung des Bezugs- oder Umtauschrechts nicht zu. Anders als bei Genussscheinen hat der Bezugs- oder Umtauschberechtigte keine gegenwärtigen gewinnorientierten Ansprüche. Nach Ausübung des Bezugs- oder Umtauschrechts wird der Bezugs- oder Umtauschberechtigte Aktionär und die §§ 304, 305 AktG greifen direkt ein. Eine analoge Anwendung der §§ 304, 305 AktG ist nicht erforderlich. Dagegen spricht auch nicht, dass auf Genussscheine die Anwendung der §§ 304, 305 AktG diskutiert wird. Genussscheine gewähren aktuelle gewinnorientierte Vermögensrechte. Deshalb sind sie in gewisser Weise mit den Vermögensrechte der Gesellschafter vergleichbar, die ebenfalls aktuell und gewinnorientiert sind. Aktienbezugs- oder Umtauschrechte gewähren anders als Genussscheine keine aktuellen gewinnorientierten Vermögensrechte.

Die Autoren, die Optionsanleiheinhaber als aufschiebend bedingte Aktionäre oder als Anwartschaftsberechtigte auf Aktien bezeichnen, äußern sich nicht dahingehend, dass auf Optionsanleihen Gesellschafterrechte anzuwenden wären. Aus der Formulierung von *Koch/Vogel*[221], wonach durch die Optionsausübung aus der bis dahin bestehenden schuldrechtlichen Anwartschaft ein Gesellschaftsverhältnis werde, legt die Vermutung nahe, dass diese Autoren die Optionsanleihe nicht als Mittelding zwischen Aktie und Anleihe einordnen, sondern nur die Rechtsstellung der Anleiheinhabers genauer beschreiben wollen. Diese Autoren wollen nicht zum Ausdruck bringen, dass bis zur Ausübung des Optionsrechts irgendwelche Vorwirkungen mitgliedschaftlicher Natur bestehen. Die Bezeichnung der Optionsanleiheinhaber als bedingte Aktionäre oder als Anwartschaftsberechtigte auf Aktien ist also irreführend. Zum anderen ist die Bezeichnung „bedingter Aktionär" oder „Anwartschaftsberechtigter auf Aktien" rechtlich falsch, weil der Erwerb der Gesellschafterstellung nicht allein vom Willen des Optionsanleiheinhabers abhängt. Die Aktiengesellschaft muss durch Schaffung bedingten Kapitals und Ausgabe der Aktien gem. § 200 AktG an dem Erwerb der Gesellschafterstellung mitwirken. Sie kann den Erwerb vereiteln (z.B. durch Unterlassen der Kapitalerhöhung oder durch vorherigen zweckwidrigen Gebrauch des

---

[221] *Koch/Vogel* BB 1986, Beilage 10, S. 3 f. für Wandelanleihen.

bedingten Kapitals) und den Optionsanleiheinhaber auf Ansprüche auf Schadensersatz wegen Nichterfüllung beschränken, ohne dass der Anleiheinhaber den Mitgliedschaftserwerb kraft eigener Rechtsmacht herbeiführen könnte[222]. Es bleibt deshalb dabei, dass der Optionsanleiheinhaber bis zum Umtausch Gläubiger und ausschließlich Gläubiger ist, wie jeder sonstige Inhaber einer Schuldverschreibung. Bis zur Ausübung des Optionsrechts bestehen keinerlei Vorwirkungen mitgliedschaftlicher Natur[223]. Es liegt rechtlich keine Mischform zwischen Anleihe und Aktie vor.

Für die Wandelanleihe könnte sich eine analoge Anwendung der Gesellschafterrechte aus der Rückwirkungstheorie ergeben. Dagegen spricht, dass es den Vertretern der Rückwirkungstheorie nicht um Anlegerschutz geht, sondern um das Problem Bareinlage - Sacheinlage. Die Rückwirkungstheorie ist bemüht, über die Rückwirkung zu einer Bareinlage zu gelangen. Anscheinend sieht diese Theorie eine Gefahr darin, dass die Hingabe der Anleihe zur Erlangung der Gesellschafterstellung als Sacheinlage angesehen werden könnte. Zu der unerwünschten Sacheinlage gelangt man aber auch mit der Ex nunc - Theorie nicht. Denn nach der Ex nunc - Theorie wird das auf die Wandelanleihe gezahlte Kapital als auf die Einlage geleistet angesehen (Causaänderung kraft Gestaltungsrecht). In jedem Fall liegt also eine Bareinlage vor. Das Einlageproblem hat also mit dem Anlegerschutz nichts zu tun. Die Vertreter der Rückwirkungstheorie vertreten auch keine analoge Anwendung der Gesellschafterrechte zum Zwecke des Anlegerschutzes. Trotz Rückwirkung soll die Mitgliedschaft erst mit Aushändigung der Aktie bzw. mit Registereintragung entstehen. Der Umtauschberechtigte soll nicht etwa rückwirkend Mitgliedschaftsrechte erwerben. Eine Anfechtung vor Umtausch gefasster Hauptversammlungsbeschlüsse scheidet aus, weil der Umtauschberechtigte zum Beschlusszeitpunkt kein Aktionär war[224]. Unstreitig[225] wandelt sich das Anleiheverhältnis nicht rückwirkend in ein Verhältnis um, das Rechte und Pflichten zum Abschluss eines Barzeichnungsvertrages enthält. Es ist inkonsequent, die Rückwirkung nur auf die Anleihe zu beziehen. Konsequenter erscheint es deshalb, jede Vorwirkung mitgliedschaftlicher Natur abzulehnen und eine Wirkung des Umtausches nur für die Zukunft anzunehmen. Im Unterschied zur Ex nunc - Theorie setzt sich die Rück-

---

[222] *Schilling* in GroßKo, AktG, § 221 Anm. 1; *Schumann*, Optionsanleihen (1990), S. 27 f.; *Lutter* in KöKo, AktG, § 221 Rn 148 und § 189 Rn 5; *Karollus* in Geßler/Hefermehl, AktG, § 221 Rn 12.

[223] *Flechtheim* in Düringer/Hachenburg, HGB, Anh. § 179 Anm. 20; *Georgakopoulos* ZHR 120 (1957), 118; *A. Hueck* DB 1963, 1347; *Schumann*, Optionsanleihen (1990), S. 27; *Karollus* in Geßler/Hefermehl, AktG, § 221 Rn 12; *Lutter* in KöKo, AktG, § 221 Rn 3, 92, 148; *Hüffer*, AktG, § 221 Rn 5.

[224] *Hüffer*, AktG, § 245 Rn 7.

[225] *Hefermehl/Bungeroth* in Geßler/Hefermehl, AktG, § 194 Rn 7; *Lutter* in KöKo, AktG, § 221 Rn 94, 138 und § 194 Rn 3.

wirkungstheorie dem Widerspruch aus, das geleistete Kapital wegen der Rückwirkung von Anfang an als Aktionärseinlage anzusehen, aber den Wandelanleiheinhaber bis zum Umtausch als schuldrechtlichen Gläubiger zu behandeln. Eine Vorwirkung der Gesellschafterrechte wird zu Recht nicht in Erwägung gezogen.

Zusammenfassend kann gesagt werden, dass bei Options- oder Wandelanleihen Gesellschafterrechte (Aktionärsklagen, Gesellschafterinformationsrechte, Sonderprüfung) erst dann Anwendung finden, wenn der Anleiheinhaber nach Ausübung des Bezugs- oder Umtauschrechts Aktionär geworden ist. Dies ist erst mit Aushändigung der Aktien der Fall. Vorher sind Gesellschafterrechte auch nicht analog anwendbar. Die Anleger finden Schutz ausschließlich über die allgemeinen schuldrechtlichen Institute der positiven Vertragsverletzung, des Wegfalls der Geschäftsgrundlage, des Deliktsrechts (§ 826 BGB), bestimmte gläubigerrechtliche Ansprüche (zum Beispiel § 93 Abs. 5 AktG) und spezialgesetzliche Vorschriften (zum Beispiel § 216 Abs. 3 AktG oder § 23 UmwG).

## 2.2. Schadensersatzansprüche

Zu der Frage, ob schädigende Maßnahmen des Emittenten Schadensersatzansprüche der Inhaber von Options- oder Wandelanleihen auslösen können, gibt es bisher keine Rechtsprechung. Nach einer älteren Meinung in der Literatur[226] solle es bei Options- und Wandelanleihen keine Haftung wegen schädigender Geschäftsführung geben, soweit die schädigende Geschäftsführung nicht gerade dazu bestimmt war, die Rechtsstellung der Anleger zu beeinträchtigen, weil die Verluste der schädigenden Geschäftsführung die Inhaber der Options- oder Wandelanleihen genauso getroffen hätten, wenn sie sogleich Aktionäre geworden wären. Diesem Argument hält *Karollus*[227] zu Recht entgegen, dass die Aktiengesellschaft dem Wertpapierinhaber gerade nicht die sofortige Aktionärsstellung, sondern nur ein Recht auf deren künftigen Erwerb eingeräumt habe. Die Aktiengesellschaft müsse sich an dieser Gestaltung festhalten lassen, die dazu führe, dass ihr ein Drittgläubiger gegenüberstehe, dem gegenüber sie zur Interessenwahrung verpflichtet sei.

Nach der Klöckner-Entscheidung des Bundesgerichtshofs[228] und dem völligen rechtsdogmatischen Wandel des Anlegerschutzes bei den Genussscheinen und Gewinnschuldverschreibungen ist fraglich, ob die von der Rechtsprechung und Literatur für Genussscheine entwickelte Anlegerschutzdogmatik auch auf

---

[226] *Loos* DB 1960, 515; *A. Hueck* DB 1963, 1347.
[227] *Karollus* in Geßler/Hefermehl, AktG, § 221 Rn 171.
[228] BGHZ 119, 305, 329 ff. (Klöckner).

Options- oder Wandelanleihen übertragen werden kann. Von den wenigen Stimmen in der Literatur[229] wird dies bejaht. Ebenso wie die Inhaber von Genussscheinen und Gewinnschuldverschreibungen seien die Inhaber von Aktienbezugs- und Umtauschrechten ausschließlich Gläubiger. Die Mitgliedschaft entstehe erst nach Ausübung des Aktienbezugs- und Umtauschrechts mit Wirkung für die Zukunft. Vor der Ausübung des Bezugs- und Umtauschrechts hätten die Inhaber keine Gesellschafterrechte. Das Bezugs- und Umtauschrecht auf Erwerb der künftigen Mitgliedschaft sei rein schuldrechtlicher Natur. Wegen der rein schuldrechtlichen Beziehung der Options- und Wandelanleiheinhaber zum Emittenten vor Ausübung des Bezugs- und Umtauschrechts passe der allgemeine schuldrechtliche Schadensersatzanspruch aus positiver Vertragsverletzung auf Options- und Wandelanleihen genauso wie auf Genussscheine und Gewinnschuldverschreibungen. Der Wert der Options- und Wandelanleihen hänge auch gleichermaßen von der wirtschaftlichen Entwicklung der Aktiengesellschaft ab wie der Wert der Genussscheine und Gewinnschuldverschreibungen. Verlieren die Aktien des Emittenten wegen sorgfaltswidriger Geschäftsführung an Wert, werde in gleichem Maße das Aktienbezugs- oder Umtauschrecht wertlos. Der Options- oder Wandelanleiheinhaber werde sein Bezugs- oder Umtauschrecht unter Umständen nicht oder nur unter Verlust ausüben. Auch der Options- oder Wandelanleiheinhaber könne, obwohl er das Risiko der wirtschaftlichen Entwicklung des Emittenten bewusst in Kauf nehme, erwarten, dass der Emittent wie ein ordentlich denkender und handelnder Kaufmann handle. Diese Erwartung der Anleger und die Verhaltenspflicht des Emittenten treffe auf Genussscheine ebenso zu wie auf Options- und Wandelanleihen. Die Anleger müssten nicht hinnehmen, dass ihr Aktienbezugs- oder Umtauschrecht wegen unseriöser Geschäfte des Emittenten seinen Wert verliere.

Demnach haftet die Aktiengesellschaft auch den Inhabern von Options- oder Wandelanleihen entsprechend der Klöcknerrechtsprechung aus positiver Vertragsverletzung wegen pflichtwidriger Geschäftsführung, wenn die Geschäftsführungsmaßnahme schlechterdings kein seriöser Kaufmann vorgenommen hätte. Unseriöse Geschäftsführungsmaßnahmen sind solche, die schlechthin nicht gerechtfertigt werden können und zu deren Durchführung ein verantwortungsbewusst denkender und handelnder Kaufmann zu keiner Zeit bereit wäre.

Der Schadensersatzanspruch aus positiver Vertragsverletzung wegen pflichtwidriger Geschäftsführung des Emittenten sei stets nur auf Geld gerichtet, nicht etwa auf Vertragsanpassung. Übe der Options- oder Wandelanleiheinhaber sein Aktienbezugs- oder Umtauschrecht aus, bestehe der Schaden in dem durch die pflichtwidrige Geschäftsführungsmaßnahme verursachten Minderwert der er-

[229] *Karollus* in Geßler/Hefermehl, AktG, § 221 Rn 171; *Kallrath*, Die Inhaltskontrolle (1994), S. 119 f.

worbenen Aktien. Übe er es nicht aus, besteht der Schaden nach der Differenzhypothese in dem Unterschied zwischen der realen Vermögenslage und dem hypothetischen Vermögenslage ohne Schädigung. Um seiner Schadensminderungsobliegenheit nachzukommen, könne der Options- oder Wandelanleiheinhaber verpflichtet sein, das entwertete Aktienbezugs- oder Umtauschrecht auszuüben, um den Schaden möglichst gering zu halten.

## 2.3. Kündigung aus wichtigem Grund

Für die Frage nach der Kündbarkeit von Options- oder Wandelanleihen aus wichtigem Grund ist zwischen der festverzinslichen Anleihe und dem Aktienbezugs- oder Umtauschrecht zu unterscheiden. Die festverzinsliche Anleihe ist aus wichtigem Grund kündbar, nicht jedoch das Aktienbezugs- oder Umtauschrecht[230]. Das Aktienbezugs- oder Umtauschrecht wird entweder ausgeübt oder nicht ausgeübt. Macht der Anleger von seinem Aktienbezugs- oder Umtauschrecht keinen Gebrauch, weil es durch Aktienkursverluste infolge schädigender Geschäftsführungsmaßnahmen entwertet wurde, steht dem Anleger unter den oben genannten Voraussetzungen ein Schadensersatzanspruch aus positiver Vertragsverletzung gegen den Emittenten zu. Eines Kündigungsrechts aus wichtigem Grund bedarf es diesbezüglich nicht.

Die Kündigung der Anleihe kann jedoch Auswirkungen auf das Aktienbezugs- und Umtauschrecht haben[231]. Dabei besteht ein Unterschied zwischen der Optionsanleihe und der Wandelanleihe. Bei der Optionsanleihe stehen die Anleihe und das Aktienbezugsrecht unabhängig voneinander. Die Anleihe bleibt bestehen, unabhängig davon, ob das Bezugsrecht ausgeübt wird oder nicht. Folglich besteht das Bezugsrecht fort, auch wenn die Anleihe gekündigt wird. Im Gegensatz dazu stehen bei der Wandelanleihe die Anleihe und das Umtauschrecht in einem gegenseitigen Abhängigkeitsverhältnis. Die Anleihe geht unter, wenn das Umtauschrecht ausgeübt wird. Umgekehrt erlischt das Umtauschrecht, wenn die Anleihe gekündigt wird, weil die Ersetzungsbefugnis, unter Aufgabe der Anleihe Aktionär werden zu können, ins Leere geht.

---

230 *Kallrath*, Die Inhaltskontrolle (1994), S. 132.
231 *Kallrath*, Die Inhaltskontrolle (1994), S. 132.

## 2.4. Bildung stiller Reserven und Rücklagenbildung

a) Meinungsstand

Die Interessen der Inhaber von Options- und Wandelanleihen verhalten sich umgekehrt zu denen der Inhaber von Genussscheinen und Gewinnschuldverschreibungen. Inhaber von Genussscheinen und Gewinnschuldverschreibungen profitieren von Gewinnrealisierungen und Ausschüttungen und werden dementsprechend durch Thesaurierungen beeinträchtigt. Inhaber von Options- und Wandelanleihen profitieren zumindest bis zur Ausübung des Aktienbezugs- oder Umtauschrechts von Thesaurierungen und Rücklagenbildungen und werden durch Ausschüttungen beeinträchtigt. Denn Thesaurierung und Rücklagenbildung vermehren das Gesellschaftsvermögen. Die Options- und Wandelanleiheinhaber sind an der Vermehrung der durch das Aktienbezugs- oder Umtauschrecht erwerbbaren Vermögenssubstanz der Aktiengesellschaft interessiert. Vor Rücklagenbildungen sind sie nicht schutzbedürftig. Dagegen werden Inhaber von Options- oder Wandelanleihen von Gewinnausschüttungen und der Auflösung von Rücklagen und stillen Reserven beeinträchtigt. Denn solche Maßnahmen vermindern die durch die Bezugs- oder Umtauschrechte erwerbbare Vermögenssubstanz. Eine völlig konträre Situation ergibt sich für Aktiengesellschaften, die sowohl Genussscheine als auch Optionsanleihen emittiert haben. Die Aktiengesellschaft befindet sich im Fadenkreuz entgegengesetzter Anlegerinteressen. Die Genussscheininhaber verlangen eine ausschüttungsfreudliche, die Optionsanleiheinhaber zumindest bis zur Ausübung des Aktienbezugsrechts eine thesaurierungsfreundliche Geschäftspolitik. Daraus lässt sich ablesen, dass die bereits oben für die Genussscheine und Gewinnschuldverschreibungen dargestellte allgemeine Auffassung, wonach die Ausschüttungspolitik des Emittenten zu dem vom Anlegern nicht beeinflussbaren Kern unternehmerischer Entscheidungsfreiheit gehört, richtig ist. Dementsprechend können die Inhaber von Options- und Wandelanleihen Gewinnausschüttungen oder die Auflösung von Rücklagen und stillen Reserven nach allgemeiner Meinung[232] nicht verhindern. Es bestehe kein Recht auf Gewinnthesaurierung. Die Anleiheinhaber könnten keine ausschüttungsfeindliche Geschäftspolitik verlangen. Die Gewinnausschüttung sei schließlich der Normalfall, kein unseriöses, einem ordentlich denkenden und handelnden Kaufmann widersprechendes Verhalten. Außerdem könne eine ausschüttungsfreundliche Geschäftspolitik für die Inhaber von Options- oder Wandelanleihen auch vorteilhaft sein. Da eine ausschüttungsfreundliche Unternehmenspolitik für die Beurteilung des Emittenten durch die Marktteilnehmer von Bedeutung sei (shareholder value), könne der Aktienkurs trotz der ausschüttungs-

---

232 *Loos* DB 1960, 516; *Kallrath*, Die Inhaltskontrolle (1994), S. 102; *Karollus* in Geßler/Hefermehl, AktG, § 221 Rn 193; teilweise vorzeitiges Bezugs- oder Umtauschrecht kraft Gesetzes im europäischen Ausland siehe *Hirte* in Lutter/Hirte, ZGR Sonderheft 16, 22 ff.

bedingten Minderung des Substanzwertes des Unternehmens steigen. Von steigenden Aktienkursen profitierten wiederum die Inhaber von Options- und Wandelanleihen. Die Auswirkungen der Ausschüttungspolitik des Emittenten auf den Wert der Aktienbezugs- oder Umtauschrechte lassen sich nicht eindeutig bestimmen.

Die Grenze sei nach herrschender Meinung[233] jedenfalls dann erreicht, wenn die Gewinnausschüttungen oder die Auflösung von Rücklagen oder stillen Reserven dazu bestimmt seien, die Rechtsstellung der Gläubiger zu beeinträchtigen. Diese Formulierung lehnt sich an das bereits oben zitierte Urteil des Reichsgerichts zum Anlegerschutz bei Genussscheinen an. Diese Rechtsprechung gelte ebenso für Options- und Wandelanleihen. Auch der Emittent von Options- oder Wandelanleihen sei zu Schadensersatz verpflichtet, wenn er die Anleger absichtlich schädige, § 826 BGB. Da die Rechtsprechung des Reichsgerichts durch die Klöckner-Entscheidung des Bundesgerichtshofs mittlerweile überholt sei, hält *Karollus*[234] in Übereinstimmung mit der Klöcknerrechtsprechung Schadensersatzansprüche aus positiver Vertragsverletzung für möglich, jedoch beschränkt auf offensichtliche Missbrauchsfälle. *Kallrath*[235] will die Grenze schon früher ziehen und verlangt eine sachliche Rechtfertigung für die Auflösung von Rücklagen oder stillen Reserven.

b) Stellungnahme

Seit dem Klöcknerurteil des Bundesgerichtshofs ist allgemein anerkannt, dass zwischen den Anlegern und dem Emittenten ein Schuldverhältnis besteht, aufgrund dessen der Emittent den Anlegern gemäß § 242 BGB zur Interessenwahrung verpflichtet ist. Diese für Genussscheine mittlerweile allgemeine Meinung gilt auch für Options- und Wandelanleihen. Somit ist auch der Emittent von Options- und Wandelanleihen den Anlegern zur Interessenwahrung verpflichtet. Im Falle einer Pflichtverletzung haftet der Emittent den Anlegern wegen positiver Vertragsverletzung. Für die Frage der Pflichtverletzung ist auf den ordentlich denkenden und handelnden Kaufmann abzustellen. Danach sind die Voraussetzungen der Haftung aus positiver Vertragsverletzung erfüllt, wenn ein ordentlicher Kaufmann die Gewinnausschüttung, Auflösung von Rücklagen oder stillen Reserven nicht oder nicht in dieser Höhe vorgenommen hätte. Ein einziger plausibler Grund für die Gewinnausschüttung, Auflösung von Rücklagen oder stillen Reserven genügt, um den Anspruch aus positiver Vertragsverletzung zu

[233] *Georgakopoulos* ZHR 120 (1957), 84, 172 f.; *Hueck* DB 1963, 1347; *Karollus* in Geßler/Hefermehl, AktG, § 221 Rn 193.
[234] *Karollus* in Geßler/Hefermehl, AktG, § 221 Rn 193.
[235] *Kallrath*, Die Inhaltskontrolle (1994), S. 104.

Fall zu bringen. Da sich in den meisten Fällen zumindest die Kurspflege als Argument anführen lassen wird, kann der Anspruch aus positiver Vertragsverletzung nur Extremfälle erfassen. Im Gegensatz zum Anspruch aus § 826 BGB ist jedoch kein absichtliches Handeln zum Nachteil der Anleger notwendig. Es genügt, wenn der Emittent die Interessen der Anleger fahrlässig nicht berücksichtigt hat. Auch ist es entgegen *Kallrath* nicht Aufgabe des Emittenten, die Gewinnausschüttung oder Auflösung der Rücklagen zu rechtfertigen. Die Beweislast liegt vielmehr umgekehrt. Der Anleger muss als Kläger ein an sich unseriöses Handeln des Emittenten darlegen. Erst wenn ein an sich unseriöses Handeln des Emittenten dargelegt ist, ist es die Sache des Emittenten, sein Handeln zu rechtfertigen. Ein gegenüber den Anlegern unseriöses Handeln des Emittenten liegt vor, wenn gesetzlich oder satzungsmäßig nicht zulässige Ausschüttungen vorgenommen werden. Denn der ordentliche Kaufmann ist verpflichtet, die gesetzlichen und satzungsmäßigen Ausschüttungsgrenzen zu beachten. Gewinnausschüttungen, Auflösungen von Rücklagen oder Auflösungen stiller Reserven innerhalb des gesetzlich oder satzungsmäßig Zulässigen können die Schadensersatzhaftung wegen unseriöser Geschäftsführung nur in Extremfällen auslösen. Ein solcher Extremfall läge zum Beispiel vor, wenn der Emittent vor dem Bezugs- oder Umtauschtermin entgegen der bisherigen Praxis bis zur vollen zulässigen Höhe ausschüttet, um dann nach dem Bezugs- oder Umtauschtermin wieder eine der bisherigen Praxis entsprechende Thesaurierungspolitik zu betreiben[236]. Den Anlegern steht in diesem Fall ein Schadensersatzanspruch aus positiver Vertragsverletzung wegen pflichtwidriger Schädigung der Anleger zu, für den es ausreicht, dass der Emittent die Interessen der Anleger zumindest fahrlässig missachtet hat. Der Emittent kann die Pflichtwidrigkeit seines Verhalten widerlegen, indem er dartut, dass die Ausschüttungen aus Sicht eines ordentlich denkenden und handelnden Kaufmanns gerechtfertigt waren.

### 2.5. Kapitalerhöhung

Nach allgemeiner Meinung[237] können auch Inhaber von Options- oder Wandelanleihen eine Kapitalerhöhung nicht verhindern. Daran zeigt sich deutlich, dass die Aktienbezugs- und Umtauschrechte den Anlegern nur schuldrechtliche Ansprüche vermitteln, keine aktuellen Gesellschafterrechte. Für die Frage des Anlegerschutzes ist bei Options- und Wandelanleihen zu unterscheiden zwischen der Anleihe und dem Aktienbezugs- und Umtauschrecht. Bezüglich der Anleihe tritt keine Verwässerung ein. Sie ist festverzinsliches Wertpapier. Der Zins-

---

[236] ähnlich *Karollus* in Geßler/Hefermehl; AktG, § 221 Rn 193.

[237] *A. Hueck* DB 1963, 1347; *Schumann*, Optionsanleihen (1990), S. 177; *Lutter* in KöKo, AktG, § 221 Rn 121 ff.; *Karollus* in Geßler/Hefermehl, AktG, § 221 Rn 172 f., 174; *Hefermehl/Bungeroth* in Geßler/Hefermehl, AktG, § 192 Rn 62.

anspruch wird unverändert bedient. Die Kapitalerhöhung verwässert jedoch das Aktienbezugs- oder Umtauschrecht. Im Gegensatz zu Genussscheinen und Gewinnschuldverschreibungen, die lediglich wirtschaftlich verwässert werden, ist die Verwässerung bei den Bezugs- und Umtauschrechten auf Aktien sowohl eine wirtschaftliche als auch eine gesellschaftsrechtliche. Mit der Kapitalerhöhung sinkt nämlich die durch das Bezugs- oder Umtauschrecht erwerbbare Beteiligungsquote. Zum einen folgt daraus eine gesellschaftsrechtliche Verwässerung. Sie liegt vor allem in der Verwässerung der Stimmrechtsmacht. Zum anderen folgt daraus eine wirtschaftliche Verwässerung. Mit der Kapitalerhöhung verringert sich die quotale Teilhabe am Gesellschaftsvermögen und die Quote am Gewinn der Aktiengesellschaft. Infolgedessen sinkt der wirtschaftliche Wert der durch das Bezugs- oder Umtauschrecht erwerbbaren Aktie. Da nachträgliche Kapitalerhöhungen nicht generell verboten sind, könnten die Aktionäre ohne Verwässerungsschutz auf diesem Weg ihre Position zu Lasten der Options- oder Wandelanleiheinhaber verbessern.

Die Wertpapierbedingungen enthalten üblicherweise Regelungen, die die Inhabern von Options- oder Wandelanleihen vor der Verwässerung ihrer Anspruch durch Kapitalerhöhung schützen. Anleihen ohne Verwässerungsschutz gelten heute als nicht mehr plazierbar[238]. In der Regel sehen die Anleihebedingungen bei einer Beeinträchtigung vor, dass der Optionspreis ermäßigt wird bzw. Zuzahlungen oder Ausgleichszahlungen erfolgen[239]. Findet ein Ausgleich durch Einräumung entsprechender (neuer) Aktienbezugsrechte statt, muss dies unter Ausschluss des Bezugsrechts der Aktionäre geschehen, da das gesetzliche Bezugsrecht der Aktionäre gemäß § 186 AktG vorgeht[240]. Zusätzlich muss bedingtes Kapital bestellt werden, was den Weg über die Einräumung von Bezugsrechten praktisch umständlich und schwierig macht. Die Verpflichtung der Aktiengesellschaft, zum Schutz der Anleihegläubiger keine Kapitalerhöhung durchzuführen, ist wegen Verstoßes gegen die in § 187 Abs. 2 AktG enthaltene Wertung unzulässig[241]. Möglich ist dagegen ein schuldrechtlicher Verzicht auf die Ausgabe weiterer Optionsanleihen[242].

Das Gesetz sieht einen Verwässerungsschutz nur bei Kapitalerhöhung aus Gesellschaftsmitteln vor. Nach § 216 Abs. 3 AktG werden die Bezugsbedingungen den

---

[238] *Karollus* in Geßler/Hefermehl, AktG, § 221 Rn 182.
[239] *Schumann*, Optionsanleihen (1990), S. 178; *Lutter* in KöKo, AktG, § 221 Rn 125 ff.
[240] *Georgakopoulos* ZHR 120 (1957), 173; *Meyer* BB 1955, 551; *Loos* DB 1960, 517; *A. Hueck* DB 1963, 1349; *Lutter* in KöKo, AktG, § 221 Rn 127.
[241] *Lutter* in KöKo, AktG, § 221 Rn 126; *Karollus* in Geßler/Hefermehl, AktG, § 221 Rn 183; *Hüffer*, AktG, § 221 Rn 62.
[242] *Lutter* in KöKo, AktG, § 221 Rn 126; *Karollus* in Geßler/Hefermehl, AktG, § 221 Rn 184; *Hüffer*, AktG, § 221 Rn 62.

durch die Kapitalerhöhung eingetretenen Veränderungen angepasst. Entsprechend dem Grundkapital erhöht sich die Zahl der durch das Bezugs- oder Umtauschrecht erwerbbaren Aktien[243]. Das dafür vorgesehene bedingte Kapital erhöht sich gemäß § 218 S. 1 AktG entsprechend. Etwaige Konflikte mit dem Unterpariverbot (§ 9 Abs. 1 AktG) sind, soweit nicht Ausgleichszahlungen vereinbart sind, durch Bildung einer Sonderrücklage nach § 218 S. 2 AktG zu lösen.

Bei der Kapitalerhöhung gegen Einlagen besteht eine Regelungslücke. Es ist strittig, ob und wie ein Anlegerschutz zu erfolgen hat. Früher wurde überwiegend[244] vertreten, dass es bei dieser Lücke verbleibe und keine Anpassung erfolge. Mittlerweile befürwortet die ganz herrschende Meinung[245] eine Anpassung der Bezugs- und Umtauschrechte an die veränderten Umstände. Überwiegend wird eine Vertragsanpassung auf gesetzlicher Grundlage durch analoge Anwendung des § 216 Abs. 3 AktG vorgeschlagen oder Anpassung aufgrund eines Rechtsgedankens, der dem § 216 Abs. 3 AktG zugrunde liege[246]. § 216 Abs. 3 AktG enthalte einen allgemeinen analogiefähigen Grundgedanken des Gläubigerschutzes. Teilweise[247] wird ein Verwässerungsschutz durch ergänzende Vertragsauslegung vorgeschlagen.

Bei der Anpassung der Wandel- und Optionsanleihen ist zu berücksichtigen, dass bei der ordentlichen Kapitalerhöhung anders als bei der Kapitalerhöhung aus Gesellschaftsmitteln eine gleichzeitige Erhöhung des bedingten Kapitals, welches der Sicherung der Ansprüche aus den Wandel- und Optionsanleihen dient, nicht vorgesehen ist. Es fehlt eine dem § 218 AktG entsprechende Vorschrift. Zur Anpassung der Rechte aus den Wandel- und Optionsanleihen kann daher die Zahl der Aktien, die bei Ausübung des Wandel- oder Optionsrechts gewährt werden,

---

[243] *Meilicke* BB 1963, 500; *A. Hueck* DB 1963, 1348; *Bungeroth* in Geßler/Hefermehl, AktG, § 216 Rn 63; *Lutter* in KöKo, AktG, § 216 Rn 25; *Hüffer*, AktG, § 216 Rn 14; teilweise vorzeitiges Bezugs- und Umtauschrecht kraft Gesetzes im europäischen Ausland siehe *Hirte* in Lutter/Hirte, ZGR Sonderheft 16, 22 ff.

[244] *Meyer* BB 1955, 551; *Georgakopoulos* ZHR 120 (1957), 84, 172; *Loos* DB 1960, 515, 516 f.; *A. Hueck* DB 1963, 1347; *Schilling* in GroßKo, AktG, § 221 Anm. 6; *Lutter* in KöKo, AktG, 1. Aufl., § 221 Rn 39 ff.; *Schumann*, Optionsanleihen (1990), S. 177 f.

[245] *Meilicke* BB 1963, 500; *Raiser*, Recht der Kapitalgesellschaften, § 17 Rn 17; *Hefermehl/Bungeroth* in Geßler/Hefermehl, AktG, § 189 Rn 18 f.; *Kallrath*, Die Inhaltskontrolle (1994), S. 164 ff.; *Karollus* in Geßler/Hefermehl, AktG, § 221 Rn 172 ff., 175 f.; *Lutter* in KöKo, AktG, § 221 Rn 124 und § 216 Rn 29; *Hüffer*, AktG, § 221 Rn 63; *Krieger* in MüHandb., Band 4, § 56 Rn 116 ff. und § 63 Rn 19.

[246] *Raiser*, Recht der Kapitalgesellschaften, § 17 Rn 17; *Kallrath*, Die Inhaltskontrolle (1994), S. 164 ff.; *Hefermehl/Bungeroth* in Geßler/Hefermehl, AktG, § 189 Rn 18 f.; *Karollus* in Geßler/Hefermehl, AktG, § 221 Rn 176; *Lutter* in KöKo, AktG, § 221 Rn 124 und § 216 Rn 29; *Krieger* in MüHandb., Band 4, § 63 Rn 19.

[247] *Hüffer*, AktG, § 221 Rn 63.

nicht erhöht werden, es sei denn die Aktionäre beschließen gleichzeitig mit der Erhöhung des Grundkapitals auch eine Erhöhung des bedingten Kapitals. Die Anpassung des Vertrages erfolge durch Veränderung des Rückzahlungs- bzw. Ablösungsbetrags, des Umtauschkurses und des Bezugsverhältnisses[248]. Wie bei Genussscheinen oder Gewinnschuldverschreibungen ist zur Berechnung der Verwässerung an den Wert des Bezugsrechts der Aktionäre auf die neuen Aktien anzuknüpfen. Der Wert des Bezugsrechts entspricht dem Wert, der dem Aktionär beim Bezugs einer neuen Aktie ohne Gegenleistung zugewandt wird.

## 2.6. Kapitalherabsetzung

Kapitalherabsetzungen sind für Inhaber von Options- oder Wandelschuldverschreibungen theoretisch günstig. Denn im Verhältnis des herabgesetzten Kapitals steigt für sie die mit dem Aktienbezugs- oder Umtauschrecht erwerbbare Beteiligungsquote. Wie bereits bei den Genussscheinen und Gewinnschuldverschreibungen ausgeführt, solle entgegen einer älteren Meinung[249] nach heute herrschender Auffassung[250] eine Anpassung analog § 216 Abs. 3 AktG oder nach einem den §§ 216 Abs. 3, 23 UmwG zugrundeliegenden Rechtsgedanken erfolgen. Andere[251] gewinnen dasselbe Ergebnis aus ergänzender Vertragsauslegung. Es ist jedenfalls heute ganz herrschende Meinung, dass Options- oder Wandelanleihen auch bei Kapitalherabsetzungen (zugunsten des Emittenten bzw. der Aktionäre) anzupassen sind.

## 2.7. Ausgabe weiterer Wertpapiere

Der Wert einer Options- oder Wandelanleihe wird auch durch die Ausgabe weiterer Options- oder Wandelanleihen verwässert. Die Verwässerung kann darin bestehen, dass die Gegenleistung, die die Options- oder Wandelanleiheinhaber zum Erwerb der Aktie erbringen müssen, unter dem Wert der Aktie liegt. Außerdem senkt die erste Emission nach Ausübung der Aktienbezugs- oder Umtauschrechte die durch die andere Emission erwerbbare Beteiligungsquote. Für die Anleger ähnelt die Lage der bei einer Kapitalerhöhung gegen Einlagen.

---

[248] *Hefermehl/Bungeroth* in Geßler/Hefermehl, AktG, § 189 Rn 20 ff.; *Karollus* in Geßler/Hefermehl, AktG, § 221 Rn 177 f.; *Kallrath*, Die Inhaltskontrolle (1994), S. 168; *Krieger* in MüHandb., Band 4, § 63 Rn 19.

[249] *Georgakopoulos* ZHR 120 (1957), 84, 172; *A. Hueck* DB 1963, 1347, 1350; *Schilling* in GroßKo, AktG, § 221 Anm. 6; *Lutter* in KöKo, AktG, 1. Aufl., § 221 Rn 50.

[250] *Meilicke* BB 1963, 500; *Lutter* in KöKo, AktG, § 221 Rn 136; *Karollus* in Geßler/Hefermehl, AktG, § 221 Rn 199; *Krieger* in MüHandb., Band 4, § 63 Rn 20.

[251] *Hüffer*, AktG, § 221 Rn 63.

Die Literatur[252] wendet deshalb § 216 Abs. 3 AktG analog an. Da bei Emission noch ungewiss ist, in welchem Umfang die Aktienbezugs- oder Umtauschrechte ausgeübt werden, bietet es sich an, die Anpassung nach Ausübung der Bezugs- oder Umtauschrechte der ersten Emission oder einmal jährlich zum Bilanzstichtag vorzunehmen[253]. Die Wertverwässerung ist durch eine entsprechende Ausgleichszahlung auszugleichen. Ein vertraglicher Anpassungsschutz kann neben Ausgleichszahlungen die Einräumung von Bezugsrechten auf neue Aktien oder ein Verbot der Ausgabe weiterer Options- oder Wandelanleihen vorsehen[254].

---

[252] *Karollus* in Geßler/Hefermehl, AktG, § 221 Rn 180; *Kallrath*, Die Inhaltskontrolle (1994), S. 169.

[253] *Kallrath*, Die Inhaltskontrolle (1994), S. 169 f.

[254] *Lutter* in KöKo, AktG, § 221 Rn 126; *Karollus* in Geßler/Hefermehl, AktG, § 221 Rn 182 ff.; teilweise vorzeitiges Bezugs- oder Umtauschrecht kraft Gesetzes im europäischen Ausland siehe *Hirte* in Lutter/Hirte, ZGR Sonderheft 16, 22 ff.

# III. Kapitel: Anlegerschutz im Konzern

## 1. Der Emittent ist herrschendes Unternehmen im Konzern

### 1.1. Genussscheine, Gewinnschuldverschreibungen

#### 1.1.1. Schadensersatzansprüche

a) Meinungsstand

Die Literatur äußert sich nur zu der Frage, ob die Konzernierung zum Schadensersatz verpflichtet, wenn der Emittent dadurch zum *abhängigen* Konzernunternehmen wird. Offen ist, inwieweit die Konzernierung selbst oder das Veranlassen oder Erteilen von Weisungen im Konzern die Voraussetzungen eines Schadensersatzanspruchs gegen das herrschende Unternehmen erfüllt, wenn das herrschende Unternehmen der Emittent ist.

b) Stellungnahme

Eine negative wirtschaftliche Entwicklung der Aktiengesellschaft schädigt die Inhaber von Genussscheinen und Gewinnschuldverschreibungen. Stagnierende Gewinne führen zu einer geringeren Ausschüttung. Verluste können zu einer Verringerung oder zu einem völligen Ausfall der Ausschüttung, bei verlustbeteiligten Genussscheinen sogar zu einem (teilweisen) Verlust des eingesetzten Kapitals führen. Darüber hinaus sinken die Kurse der Wertpapiere. Trotz der Abhängigkeit der Anleger gewinnorientierter Wertpapiere vom Unternehmensergebnis, haben diese kein Recht, sich in die Geschäftsführung des emittierenden Unternehmens einzumischen. Geschäftsführungsmaßnahmen und geschäftspolitische Entscheidungen trifft der Emittent, ohne dass die Anleger Einfluss nehmen könnten. Das folgt aus der Gläubigerstellung der Inhaber von Genussscheinen oder Gewinnschuldverschreibungen, die sich insoweit von einer mitgliedschaftlichen Beteiligung mit den damit verbundenen Eigentümer- und Verwaltungsrechten deutlich unterscheidet. Der sachliche Grund liegt darin, dass jedwede Geschäftsführung zum Kernbereich unternehmerischer Tätigkeit zählt. Hier genießt der Emittent einen unternehmerischen Freiraum, dessen er sich - anders als bei der Einräumung einer mitgliedschaftlichen Beteiligung - auch durch die Emission von Genussscheinen oder Gewinnschuldverschreibungen als nur schuldrechtliche Beteiligungsformen - nicht begibt. Die Genussschein- oder

Gewinnschuldverschreibungsinhaber haben kein Recht auf Gewinnerzielung oder auf Ausschüttung von Gewinnen, die hätten erzielt werden können. Demzufolge kommt eine Haftung der Aktiengesellschaft für allgemeine wirtschaftliche Verluste nach allgemeiner Ansicht[255] nicht in Betracht. Die künftige wirtschaftliche Entwicklung ist vielmehr das Risiko, das der Inhaber eines gewinnorientierten Wertpapiers übernommen hat. Dieses Risiko kann er nicht auf die Aktiengesellschaft abwälzen. Im Gegensatz dazu gehören zum allgemeinen wirtschaftlichen Risiko nicht mehr ohne weiteres schädigende Geschäftsführungsmaßnahmen. Denn schädigende Geschäftsführungsmaßnahmen der Organe sind nicht nur im Verhältnis zu den Gesellschaftern, sondern auch im Verhältnis zu den Anlegern zu unterlassen. Im Bereich der schädigenden Geschäftsführungsmaßnahmen prallen Anlegerinteressen und unternehmerische Entscheidungsfreiheit zu (auch) riskanten Geschäften unmittelbar zusammen. Im Konzern verschärfen sich die Anlegerschutzprobleme. Denn im Konzern tragen die Anleger nicht nur das Risiko schädigender Handlungen des Emittenten selbst, sondern auch noch das Risiko, dass innerhalb des Konzerns schädigende Maßnahmen ausgeführt werden, die zu Nachteilen beim abhängigen und damit auch mittelbar beim herrschenden Unternehmen führen können. Erwirtschaftet die abhängige Aktiengesellschaft Verluste, schädigt sie indirekt auch die Genussscheininhaber der herrschenden Unternehmens,. obwohl die Genussscheininhaber nur mit dem herrschenden Unternehmen verbunden sind. Denn die Verluste der abhängigen Gesellschaft führen zu einer Minderung oder sogar zum vollständigen Ausfall der Dividende bzw. des abzuführenden Ergebnisses des abhängigen Unternehmens. Dadurch verschlechtert sich das Unternehmensergebnis des herrschenden Unternehmens. Desweiteren kann das herrschende Unternehmen der abhängigen Gesellschaft zum Beispiel nach § 311 AktG oder § 302 AktG zum Verlustausgleich bzw. Verlustübernahme verpflichtet sein. Außerdem können Schadensersatzpflichten des herrschenden Unternehmens nach § 317 Abs. 1 AktG oder § 309 Abs. 2 S. 1 AktG bestehen, wenn Veranlassungen oder Weisungen für das abhängige Unternehmen nachteilig waren. Da keine Vertragsbeziehungen der Inhaber von Genussscheinen oder Gewinnschuldverschreibungen zum abhängigen Unternehmen bestehen, kommt ein Schadensersatzanspruch der Anleger aus positiver Vertragsverletzung gegen das abhängige Unternehmen nicht in Betracht. Die Anleger müssen sich an den (herrschenden) Emittenten halten. Es stellt sich also die Frage, unter welchen Voraussetzungen Inhaber von Genussscheinen oder Gewinnschuldverschreibungen den (herrschenden) Emittenten wegen konzernbedingter Schäden haftbar machen können.

---

[255] *Karollus* in Geßler/Hefermehl, AktG, § 221 Rn 382.

Im Bereich der einfach faktischen Konzernierung könnte allein schon die bloße einfach faktische Konzernierung selbst oder die bloße Veranlassung von Geschäftsführungsmaßnahmen der abhängigen Gesellschaft durch den herrschenden Emittenten eine rechtswidrige Pflichtverletzung gegenüber den Anlegern darstellen. Diese These berührt die grundsätzliche Streitfrage in der Konzernrechtsliteratur, ob die faktische Einflussmöglichkeit im einfach faktischen Konzern legitime Herrschaftsmacht darstellt oder ob legale Beherrschung einen Unternehmensvertrag voraussetzt. Dieser Streit wird auch unter dem Titel geführt, ob der einfache faktische Konzern verboten ist. Nach einer Mindermeinung[256] sei einfach faktische Konzernierung und faktische Herrschaftsmacht generell ein Unrechtstatbestand. Dies könnte zu der Konsequenz führen, dass die einfach faktische Konzernierung selbst oder konzernbedingte Einflussnahmen schon für sich allein zu einer Haftung des Emittenten wegen sorgfaltswidriger Geschäftsführung führen. Dagegen betrachtet die herrschende Meinung, insbesondere der neueren Literatur[257], den faktischen Konzern als Instrument legaler Unternehmensbeherrschung. Der Zustand einfach faktischer Konzernierung und die Einflussnahme auf ein anderes Unternehmen ohne Beherrschungsvertrag sei nicht schon an sich rechtswidrig. Folgt man der herrschenden Meinung in der Konzernrechtsliteratur, kann allein die bloße Tatsache der einfachen faktischen Konzernierung die Schadensersatzhaftung aus positiver Vertragsverletzung gegenüber den Anlegern nicht begründen, da der Zustand faktischer Konzernierung eine legale Konzernstruktur darstellt. Da auch die bloße Einflussmöglichkeit im faktischen Konzern legitime Herrschaftsmacht ist, liegt allein in der bloßen Veranlassung eines abhängigen Unternehmens zu Geschäftsführungsmaßnahmen keine rechtswidrige Pflichtverletzung gegenüber den Anlegern.

Den Anlegern könnte jedoch ein Schadensersatzanspruch aus positiver Vertragsverletzung gegen den herrschenden Emittenten zustehen, wenn der Emittent das abhängige Unternehmen zu nachteiligen Geschäftsführungsmaßnahmen veranlasst hat. Seit der Klöckner-Entscheidung des Bundesgerichtshofs ist anerkannt[258],

---

[256] *Würdinger* in GroßKo, AktG, § 311 Rn 5; *Würdinger* DB 1973, 47 f.; *Bälz* in FS Raiser (1974), S. 287, 312; *Bälz* AG 1992, 277, 303 f.; *Emmerich/Sonnenschein*, Konzernrecht, § 19 IV.

[257] *Geßler* in FS Westermann (1974), S. 145, 150 ff., 155; *Geßler* in Geßler/Hefermehl, AktG, § 18 Rn 44 f.; *Kropff* in Geßler/Hefermehl § 311 Rn 27 f.; *Hommelhoff*, Die Konzernleitungspflicht (1982), S. 110 ff.; *Koppensteiner* in KöKo, AktG, Vor § 311 Rn 6 ff.; *Henze* BB 1996, 489, 498; *K. Schmidt*, Gesellschaftsrecht, § 31 IV 2; *Emmerich/Habersack*, Aktienkonzernrecht, Vor § 311 Rn 6; *Hüffer*, AktG, § 311 Rn 6; *Krieger* in MüHandb., Band 4, § 69 Rn 19.

[258] *Ernst*, Der Genußschein (1963), S. 169; *van Look* in Bundschuh/Hadding/Schneider, Recht und Praxis der Genußscheine, S. 35, 42; *Thielemann*, Das Genußrecht (1988), S. 129; *Hirte* ZIP 1991, 1467; *Capelle*, Der Genußschein (1989), S. 127; *Rid-Niebler*, Genußrechte (1989), S. 116; *Habersack* ZHR 155 (1991), 391 ff.; *Lorch*, Der börsenfähige aktienähnliche

dass zwischen dem Anleger und dem Emittenten ein Schuldverhältnis besteht, aufgrund dessen die Aktiengesellschaft zu sorgfältiger Geschäftsführung verpflichtet ist. An einer sorgfältigen Geschäftsführung könnte es fehlen, wenn die Veranlassung einer nachteiligen Maßnahme den Emittenten nach § 311 AktG oder § 317 Abs. 1 AktG ausgleichs- oder schadenersatzpflichtig macht. Aber nach überwiegender Meinung[259] übt die herrschende Gesellschaft im einfach faktischen Konzern rechtmäßige Leitungsmacht gegenüber der Untergesellschaft aus, ohne dass es zur Legalisierung dieser Leitungsmacht eines Unternehmensvertrags bedürfe. Der Nachteilsausgleich nach § 311 AktG rechtfertigt nachteilige Maßnahmen, wenn die herrschende Gesellschaft die Nachteile ausgleicht. Der Nachteilsausgleich ist der Preis, mit dem sich die herrschende Gesellschaft die Zulässigkeit ihrer Weisungen erkaufen muss. Nachteilige Einflussnahmen der herrschenden Gesellschaft, die nach allgemeinen Grundsätzen unzulässig wären, sind unter den Voraussetzungen des § 311 AktG gestattet. Auch die Schadensersatzpflicht nach § 317 Abs. 1 AktG kann nicht schon an sich die Haftung gegenüber den Anlegern begründen. Denn eine für die abhängige Gesellschaft nachteilige Einflussnahme kann trotz Nachteilsausgleichs oder Schadensersatzes für das herrschende Unternehmen vorteilhaft sein. Es fehlt an einer Pflichtverletzung gegenüber den Anlegern, wenn der Nachteilsausgleich nach § 311 AktG oder der Schadensersatz nach § 317 Abs. 1 AktG durch anderweitige Vorteile ausgeglichen wird. Denn Maßstab der Pflichtverletzung gegenüber den Anlegern ist nach der Klöckner-Entscheidung des Bundesgerichtshofs das Verhalten eines ordentlichen Kaufmanns. Es widerspricht aber nicht schlechthin dem Verhalten eines ordentlichen Kaufmanns, ein abhängiges Unternehmen zu einer Maßnahme zu veranlassen, wenn der nach § 311 AktG auszugleichende Nachteil oder der nach § 317 Abs. 1 AktG zu ersetzende Schaden durch überwiegende Vorteile des Emittenten kompensiert wird. Auch ein ordentlicher Kaufmann hätte ein abhängiges Unternehmen zu einer für ihn vorteilhaften Maßnahme veranlasst, wenn die Vorteile den Nachteilsausgleich nach § 311 AktG oder Schadensersatz nach § 317 Abs. 1 AktG überwiegen.

Beispiel: Eine herrschende Aktiengesellschaft (= Emittent) veranlasst eine einfach abhängige Aktiengesellschaft, Material nicht mehr vom X-Unternehmen, sondern

---

Genußschein (1993), S. 305 ff.; *Frantzen*, Genußscheine (1993), S. 289; sodann BGHZ 119, 305, 326 ff.; *Lutter* ZGR 1993, 300 ff.; *Sethe* AG 1993, 360 ff.; z.T. ablehnend *Busch* AG 1993, 164; *Luttermann* DB 1993, 1812; *Lutter* in KöKo, AktG, § 221 Rn 355; *Karollus* in Geßler/Hefermehl, AktG, § 221 Rn 382 ff.; *Luttermann*, Unternehmen (1998), S. 518 ff.; *Hüffer*, AktG, § 221 Rn 65; *Winter* in Scholz, GmbHG, § 14 Rn 78; *Krieger* in MüHandb., Band 4, § 63 Rn 56.

[259] *Luchterhand* ZHR 133 (1970), 11 ff.; *Kropff* in Geßler/Hefermehl, AktG, § 311 Rn 4 ff oder 27; *Strohn*, Die Verfassung (1977), S. 9 ff., 12; *Hommelhoff*, Die Konzernleitungspflicht (1982), S. 109 ff.; *Flume*, Allgemeiner Teil des Bürgerlichen Rechts, Band I/2, § 4 IV; *K. Schmidt*, Gesellschaftsrecht, § 31 IV 2 und 3; *Hüffer*, AktG, § 311 Rn 1 und 4 ff.

vom Emittenten zu beziehen, obwohl das Material des Emittenten teurer ist. Der Emittent gleicht die Nachteile nach § 311 AktG aus. Trotz des Nachteilsausgleichs kann die Veranlassung zum Beispiel wegen höherer Kapazitätsauslastung des Emittenten, Umsatzsteigerung, langfristiger Geschäftsverbindung im Ergebnis vorteilhaft sein. Die bloße Einflussnahme des Emittenten auf die Geschäfte der abhängigen Gesellschaft begründet deshalb für sich alleine trotz Ausgleichs nach § 311 AktG nicht die Haftung wegen pflichtwidriger Geschäftsführung gegenüber den Anlegern. Auch ein ordentlicher Kaufmann hätte eine für den Emittenten vorteilhafte Maßnahme veranlasst.

Daraus ergibt sich, dass es für die Pflichtverletzung gegenüber den Inhabern von Genussscheinen oder Gewinnschuldverschreibungen nicht schon darauf ankommt, ob eine vom Emittenten veranlasste Maßnahme zum Ausgleich oder Schadensersatz nach §§ 311, 317 Abs. 1 AktG verpflichtet. Die Übertragung der Wertungen des Innenausgleichs zwischen herrschenden und abhängigen Unternehmen auf das Verhältnis des Emittenten zum Anleger ist nicht gerechtfertigt. Dies ergibt sich aus dem unterschiedlichen Schutzzweck des Konzernrechts und des Anlegerschutzes. Die §§ 311 ff. AktG bezwecken, der Autonomie der abhängigen Gesellschaft Geltung zu verschaffen. Beim einfachen faktischen Konzern geht das Gesetz vom Typ der autonomen Gesellschaft aus. Die abhängige Gesellschaft soll nicht zu ihrem Schaden und zum Schaden der Aktionäre für fremde Zwecke benutzt werden. Die abhängige Gesellschaft soll wirtschaftlich im Ergebnis so gestellt werden, als ob sie ihr Unternehmen weiterhin unabhängig im Eigeninteresse und nicht im Interesse des herrschenden Unternehmens betriebe[260]. Alle nachteiligen Folgen der vom herrschenden Unternehmen veranlassten Maßnahmen müssen ausgeglichen werden, § 311 AktG. Ob ein Nachteil vorliegt, ist am (hypothetischen) Verhalten einer autonomen Gesellschaft in der konkreten wirtschaftlichen Situation dieser Gesellschaft zu bestimmen. Es ist entsprechend den §§ 93 und 317 Abs. 2 AktG darauf abzustellen, wie ein ordentlicher und gewissenhafter Geschäftsleiter einer unabhängigen Gesellschaft in der fraglichen Situation gehandelt hätte[261]. Demgegenüber bezweckt die Haftung des Emittenten gegenüber den Anlegern, den Emittenten zu einer sorgfältigen Geschäftsführung zu verpflichten. Der Emittent soll die Rechte der Anleger in gewissem Umfang wahren und auf ihre Interessen Rücksicht nehmen. Der Emittent soll angehalten werden, seine Geschäfte nach den Regeln kaufmännischer Sorgfalt zu betreiben. Anlegerschutz bedeutet Schutz durch Durchsetzung einer sorgfältigen Geschäftsführung beim Emittenten. Der Emittent soll die Interessen der Anleger wahren, indem er seine Geschäftsführung auf das Ideal des ordentlichen Kaufmanns ausrichtet. Schutz des abhängigen Unternehmens im einfachen faktischen Konzern bedeutet Wahrung der Autonomie der abhängigen

---

[260] *Emmerich/Sonnenschein*, Konzernrecht, § 19 IV 2.
[261] *Emmerich/Sonnenschein*, Konzernrecht, § 20 II 1.

Gesellschaft. Anlegerschutz und Schutz der abhängigen Aktiengesellschaft im Konzern verfolgen also unterschiedliche Ziele. Aufgrund der unterschiedlichen Zielsetzung ist es nicht gerechtfertigt, die Wertungen des konzernrechtlichen Innenausgleichs auf den Anlegerschutz zu übertragen.

Es kann also festgehalten werden, dass für die Missmanagementhaftung nach der Klöckner-Rechtsprechung die bloße Einflussnahme auf das abhängige Unternehmen als unseriöse Geschäftsführung nicht genügt. Es kann nicht generell gesagt werden, dass ein ordentlicher Kaufmann einer abhängigen Aktiengesellschaft eine Weisung, die den veranlassenden Emittenten ausgleichs- oder schadenersatzpflichtig macht, schlechthin nicht erteilen würde. Die Veranlassung einer für die abhängige Aktiengesellschaft nachteiligen Maßnahme kann für den Emittenten gleichwohl vorteilhaft sein. Die Vorteile können überwiegen, obwohl der Emittent die Nachteile nach § 311 AktG ausgleichen oder nach § 317 Abs. 1 AktG ersetzen muss. Die Vorteilhaftigkeit lässt die Pflichtverletzung des Emittenten gegenüber den Anlegern entfallen.

Fraglich ist, ob für die Sorgfaltswidrigkeit der Geschäftsführung auf die Weisung oder das angewiesene Verhalten abzustellen ist. Denkbar wäre, dass das angewiesene Verhalten die Haftung für sorgfaltswidrige Geschäftsführung begründet. Dafür könnte sprechen, dass die Veranlassung eines Verhaltens im einfachen faktischen Konzern grundsätzlich rechtmäßig ist. Ist die Einflussnahme im faktischen Konzern grundsätzlich legitim, könne es für das ordnungsmäßige kaufmännische Handeln nur auf die Ordnungsmäßigkeit der angewiesenen Handlung ankommen. Richtig ist es jedoch, auf die Veranlassung selbst abzustellen. Denn für die Haftung gegenüber den Anlegern wegen sorgfaltswidriger Geschäftsführung kommt es nur auf die Rechtsbeziehung des Emittenten zu den Anlegern an, nicht auf das Verhältnis der herrschenden Gesellschaft zum abhängigen Unternehmen. Der Emittent ist den Genussscheininhabern zu sorgfältiger Geschäftsführung verpflichtet, nicht dem abhängigen Unternehmen. Aus dem Genussrechtsvertrag ergeben sich Schutz- und Sorgfaltspflichten des Emittenten gegenüber den Genussscheininhabern, deren Inhalt in der Wahrung der Rechte des anderen Vertragsteils und der Rücksichtnahme auf seine wohlverstandenen Interessen besteht. Schädigt der Emittent ein anderes Unternehmen, kann dies sehr wohl zum Vorteil der Anleger des Emittenten geschehen. Die unverantwortliche Geschäftsführung des abhängigen Unternehmens schädigt die Anleger nicht in jedem Fall. Deshalb kommt der Frage, ob das abhängige Unternehmen unverantwortliche Geschäftsführung betrieben hat, für das Verhältnis des Emittenten zu den Anlegern keine grundlegende Bedeutung zu. Entscheidend ist die unverantwortliche Geschäftsführung des Emittenten. Diese kann nur in der Veranlassung des abhängigen Unternehmens zu einem bestimmten Verhalten liegen. Dabei kann die Veranlassung aus der Sicht der Anleger nur sorgfaltswidrig sein, wenn der Emittent nach den §§ 311, 317 Abs. 1 AktG zum Ersatz von Nachteilen verpflichtet ist. Eine für das herrschende und das abhängige Unternehmen ausschließlich günstige Veranlassung ist den Anlegern gegenüber niemals sorgfaltswidrig. Dass für die Sorgfaltswidrigkeit der Geschäftsführung auf die Weisung und nicht das angewiesene Verhalten abzustellen ist, zeigt folgendes Beispiel.

Beispiel: Eine herrschende Aktiengesellschaft (= Emittent) veranlasst eine einfach abhängige Aktiengesellschaft, einer Tochtergesellschaft des Emittenten ein Darlehen zu gewähren. Ein Dritter hätte der Tochtergesellschaft keinen Kredit gegeben, weil sich die Tochtergesellschaft in einer schweren wirtschaftlichen Krise befand. Die Tochtergesellschaft wird insolvent. Das Darlehen ist verloren. Der Emittent leistet der abhängigen Aktiengesellschaft wegen des Darlehensausfalls Schadensersatz, § 317 Abs. 1 AktG. Trotzdem ist der Emittent seinen Anlegern nicht zum Schadensersatz aus positiver Vertragsverletzung verpflichtet, weil auch ein ordentlicher Kaufmann die Rettung der Tochtergesellschaft versucht hätte. Die Voraussetzungen der Haftung gegenüber den Anlegern wären erst erfüllt, wenn die Tochtergesellschaft bereits sanierungsunfähig gewesen wäre, weil auch ein ordentlicher Kaufmann die rettungslos verlorene Tochtergesellschaft nicht mehr mit Darlehen versorgt hätte. Keine Rolle kann es spielen, dass die abhängige Aktiengesellschaft, indem sie der Einflussnahme des herrschenden Unternehmens nachgegeben hat, ihren Aktionären gegenüber (möglicherweise) unverantwortlich gehandelt hat. Denn ein und dieselbe Maßnahme kann im Hinblick auf ordentliches kaufmännisches Handeln aus Sicht des Anlegers und aus Sicht der abhängigen Gesellschaft unterschiedlich zu beurteilen sein.

Zwischenergebnis: Im einfach faktischen Konzern begründet die bloße Einflussnahme des Emittenten auf die einfach abhängige Aktiengesellschaft für sich alleine noch nicht die Haftung für sorgfaltswidrige Geschäftsführung gegenüber den Anlegern. Das gilt auch für den Fall, dass die herrschende Gesellschaft nach § 311 AktG Nachteile ausgleichen oder nach § 317 Abs. 1 AktG Schäden ersetzen muss. Die Voraussetzungen der Haftung für sorgfaltswidrige Geschäftsführung sind erst erfüllt, wenn ein ordentlicher Kaufmann die konkrete Maßnahme des abhängigen Unternehmens keinesfalls veranlasst hätte und der Emittent die Nachteile seiner Einflussnahme bei der abhängigen Aktiengesellschaft nach §§ 311, 317 AktG ausgleichen bzw. ersetzen muss. Ob die veranlasste Maßnahme von einem ordentlichen Kaufmann befolgt worden wäre, spielt keine Rolle. Eine sorgfaltswidrige Geschäftsführung des abhängigen Unternehmens kann niemals die Haftung des Emittenten aus positiver Vertragsverletzung gegenüber den Anlegern begründen, wenn der Emittent das Verhalten des abhängigen Unternehmens nicht veranlasst hat. Es fehlt in diesem Fall an einem pflichtwidrigen Verhalten des Emittenten.

Auch der Abschluss eines Beherrschungs- und Gewinnabführungsvertrages oder die Eingliederung an sich begründen keine Schadensersatzhaftung des Emittenten. Die §§ 291 bis 310 AktG bzw. §§ 319 bis 327 AktG enthalten die Wertung, dass der Beherrschungsvertrag bzw. die Eingliederung dem herrschenden Unternehmen das Recht verleihen, die Leitung der abhängigen bzw. eingegliederten Gesellschaft legal in vollem Umfang an sich zu ziehen. Beherrschungsvertrag und Eingliederung unterstellen die Leitung des abhängigen Unternehmens in legaler Weise dem herrschenden Unternehmen bzw. der Hauptgesellschaft. Durch den Beherrschungsvertrag bzw. die Eingliederung wird eine qualifizierte Abhängigkeit hergestellt und gleichzeitig legitimiert. Der Abschluss eines Beherrschungs- und Gewinnabführungsvertrages und die Eingliederung entsprechen somit dem Handeln eines ordentlich denkenden und handelnden Kaufmanns.

Unabhängig davon können im Gefolge der vertraglichen Konzernierung und Eingliederung schadenersatzpflichtige Handlungen vorgenommen werden. Das herrschende Unternehmen bzw. Hauptgesellschaft ist berechtigt, dem Vorstand der abhängigen Gesellschaft hinsichtlich der Leitung der Gesellschaft Weisungen zu erteilen, §§ 308 Abs. 1 S. 1, 323 Abs. 1 AktG. Die Leitungsmacht des herrschenden Unternehmens schränkt die Eigenverantwortlichkeit und den Kompetenzbereich des Vorstands (§ 76 AktG) der abhängigen Gesellschaft ein. Beherrschungsvertrag und Eingliederung legitimieren die Herrschaft des herrschenden Unternehmens und verlagert die Leitungsmacht des Vorstands (§ 76 AktG) teilweise auf das herrschende Unternehmen. Sie unterstellen die Leitung der abhängigen oder eingegliederten Gesellschaft unter das herrschende Unternehmen. Das herrschende Unternehmen kann auch nachteilige Weisungen erteilen, wenn sie dem Konzerninteresse dienen, § 308 Abs. 1 S. 2 AktG. Bei der Eingliederung bestehen nach dem Wortlaut des § 323 AktG noch nicht einmal Schranken aufgrund des Konzerninteresses. Trotzdem ist eindeutig, dass allein die bloße Anweisung einer Geschäftsführungsmaßnahme der abhängigen oder eingegliederten Gesellschaft durch den herrschenden Emittenten keine rechtswidrige Pflichtverletzung gegenüber den Anlegern darstellt. Denn das herrschenden Unternehmen bzw. die Hauptgesellschaft hat das Recht, dem Vorstand der abhängigen Gesellschaft Weisungen zu erteilen, §§ 308, 323 Abs. 1 AktG. Die durch den Beherrschungsvertrag bzw. die Eingliederung begründete Leitungsmacht ist legale Leitungsmacht und die Außerkraftsetzung der eigenverantwortlichen Leitung der Gesellschaft durch ihren Vorstand (§ 76 AktG) zugunsten des herrschenden Unternehmens ist legitim. Die durch den Beherrschungsvertrag bzw. die Eingliederung hergestellte qualifizierte Abhängigkeit ist ein rechtmäßiger Konzernierungszustand.

Fraglich ist, ob auch dann keine rechtswidrige Pflichtverletzung gegenüber den Anlegern vorliegt, wenn die Weisung den Emittenten nach §§ 302, 324 Abs. 3 AktG oder §§ 308 Abs. 1, 323 Abs. 1 AktG ausgleichs- oder schadenersatzpflichtig macht. Die Weisung könnte Ansprüche der Anleger aus positiver Vertragsverletzung gegen den Emittenten auslösen, wenn durch sie Schäden beim abhängigen Unternehmen entstehen, die vom Emittenten ausgeglichen bzw. ersetzt werden müssen. Denn es liegt die Überlegung nahe, dass ein ordentlicher Kaufmann keine Weisungen erteilt, die ihn ausgleichs- oder schadenersatzpflichtig machen. Dagegen spricht jedoch erstens, dass die Weisung des herrschenden Unternehmens trotz Schadensersatz- (§ 309 Abs. 2 S. 1, 323 Abs. 1 AktG) oder Verlustausgleichspflicht (§§ 302, 324 Abs. 3 AktG) gleichwohl vorteilhaft sein kann. Die Vorteilhaftigkeit der Weisung, lässt aber die Pflichtverletzung gegenüber dem Anleger entfallen. Denn Maßstab der Pflichtverletzung gegenüber den Anlegern ist nach der Klöckner-Entscheidung des Bundesgerichtshofs das Verhalten eines ordentlichen Kaufmanns. Es widerspricht aber nicht schlechthin dem Verhalten eines ordentlichen Kaufmanns, einem abhängigen Unternehmen Weisungen zu erteilen, wenn der auszugleichende oder zu ersetzende Nachteil durch überwiegende Vorteile des Emittenten kompensiert wird. Auch ein ordentlicher Kaufmann hätte ein abhängiges Unternehmen zu einer für ihn vorteilhaften Maßnahme angewiesen, wenn die konzernweiten Vorteile die Nachteile durch die Schadensersatz- und Ausgleichspflicht überwiegen. Zweitens ist zu unterscheiden zwischen Innenverhältnis und Außenverhältnis. Die Konzernverantwortlichkeit nach §§ 302, 324 Abs. 3, 309, 323 Abs. 1 AktG hat ihren Platz ausschließlich im Innenverhältnis[262]. Dagegen ist der Anlegerschutz bei Genussscheinen und Gewinnschuldverschreibungen im Außenverhältnis angesiedelt, weil Genussscheine und Gewinnschuldverschreibungen ausschließlich schuldrechtliche Gläubigerrechte sind. Drittens passt die Interessenlage der Inhaber von Genussscheinen und Gewinnschuldverschreibungen nicht ohne weiteres zu den Regeln des Konzerninnenausgleichs. Die Haftung des Emittenten gegenüber den Anlegern bezweckt, den Emittenten zu einer sorgfältigen Geschäftsführung zu verpflichten. Der Emittent soll die Rechte der Inhaber von Genussscheinen und Gewinnschuldverschreibungen in gewissem Umfang wahren und auf ihre Interessen Rücksicht nehmen. Der Emittent soll angehalten werden, seine Geschäfte nach den Regeln kaufmännischer Sorgfalt zu betreiben. Anlegerschutz bedeutet Schutz durch Durchsetzung einer sorgfältigen Geschäftsführung beim Emittenten. Im Gegensatz dazu bedeutet Schutz des abhängigen Unternehmens besonders im Vertragskonzern nicht nur Durchsetzung einer ordentlichen und gewissenhaften Geschäftsleitung (§ 309 AktG). Die Verlustübernahme nach § 302 AktG bezweckt auch den Kapitalerhaltungsschutz. Dem Verlustübernahmeanspruch nach § 302 AktG liegt nämlich ein mehrfacher Gedanke zugrunde. Erstens ist die Verlustübernahme der Ausgleich für die

[262] *K. Schmidt*, Gesellschaftsrecht, § 9 IV 3b.

weitgehenden Eingriffsrechte, die der Gewinnabführungs- und Beherrschungsvertrag dem herrschenden Unternehmen eröffnet[263]. Wer die Geschicke der Gesellschaft bestimmen kann oder ihren ganzen Gewinn erhält, muss auch für Verluste einstehen. Dieser Gedanke entspricht der Idee der Einheit von Herrschaft und Haftung. § 302 AktG bürdet dem herrschenden Unternehmen das volle Unternehmerrisiko des abhängigen Unternehmens auf. Zweitens dient die Verlustübernahme dem Kapitalerhaltungsschutz. Die Verlustübernahmepflicht soll die durch § 291 Abs. 3 AktG angeordnete weitgehende Lockerung der Vermögensbindung im Interesse der Gesellschaft und ihrer Gläubiger kompensieren[264]. Anlegerschutz und Schutz der abhängigen Aktiengesellschaft im Vertragskonzern verfolgen also unterschiedliche Ziele. Aufgrund der unterschiedlichen Zielsetzung ist es nicht gerechtfertigt, die Wertungen des konzernrechtlichen Innenausgleichs auf den Anlegerschutz zu übertragen. Es kann also festgehalten werden, dass für die Missmanagementhaftung nach der Klöckner-Rechtsprechung die bloße Erteilung einer Weisung an das abhängige Unternehmen als unseriöse Geschäftsführung nicht genügt, unabhängig davon ob ein Verlustausgleich oder Schadensersatz stattfindet. Es kann nicht generell gesagt werden, dass ein ordentlicher Kaufmann einer abhängigen Aktiengesellschaft eine Weisung schlechthin nicht erteilen würde, auch wenn sie den anweisenden Emittenten ausgleichs- oder schadenersatzpflichtig macht.

Für die Sorgfaltswidrigkeit der Geschäftsführung ist auf die Weisung selbst abzustellen. Denn für die Haftung gegenüber den Anlegern wegen sorgfaltswidriger Geschäftsführung kommt es nur auf die Rechtsbeziehung des Emittenten zu den Anlegern an, nicht auf das Verhältnis der herrschenden Gesellschaft zum abhängigen Unternehmen. Der Emittent ist den Genussscheininhabern aus dem Genussrechtsvertrag zu sorgfältiger Geschäftsführung verpflichtet. Schädigt der Emittent ein anderes Unternehmen, kann dies sehr wohl zum Vorteil der Anleger des Emittenten geschehen. Die unverantwortliche Geschäftsführung des abhängigen Unternehmens schädigt die Anleger nicht in jedem Fall. Der Frage, ob das abhängige Unternehmen unverantwortliche Geschäftsführung betrieben hat, kommt für das Verhältnis des Emittenten zu den Anlegern keine Bedeutung zu.

---

[263] Begründung RegE zu § 302, bei Kropff, AktG, S. 391; BGHZ 116, 37, 41 f. (Stromlieferung); *Koppensteiner* in KöKo, AktG, § 302 Rn 4; *Hommelhoff* in FS Goerdeler (1987), S. 221, 226 ff.; *Drüke*, Die Haftung der Muttergesellschaft (1990), S. 175 ff.; *Zöllner*, 59. DJT (1992), S. R 35, 42 ff.; *W. Müller* in FS Rowedder (1994), S. 277, 279 ff.; *Emmerich/Habersack*, Aktienkonzernrecht, § 302 Rn 17.

[264] BGHZ 103, 1, 10 (Familienheim); BGHZ 107, 7, 18 (Tiefbau); BGHZ 115, 187, 197 (Video); *Ulmer* AG 1986, 123, 126; *Ulmer* NJW 1986, 1579, 1584; *Stimpel* in FS Goerdeler (1987), S. 601, 614 ff.; *Koppensteiner* in KöKo, AktG, § 302 Rn 4; *Stimpel* ZGR 1991, 144, 151 ff.; *Sonnenschein/Holdorf* JZ 1992, 715, 718 ff.; *Raiser*, Recht der Kapitalgesellschaften, § 54 Rn 39; *Emmerich/Sonnenschein*, Konzernrecht, § 16 VI 1; *Emmerich/Habersack*, Aktienkonzernrecht, § 302 Rn 17; *Hüffer*, AktG, § 302 Rn 3.

Entscheidend ist die unverantwortliche Geschäftsführung des Emittenten. Diese kann nur in der Weisung an ein abhängiges Unternehmen zu einem bestimmten Verhalten liegen. Dabei kann die Weisung aus der Sicht der Anleger nur sorgfaltswidrig sein, wenn der Emittent zum Ersatz von Nachteilen verpflichtet ist. Eine für das herrschende und das abhängige Unternehmen ausschließlich günstige Weisung ist den Anlegern gegenüber niemals sorgfaltswidrig.

Eine sorgfaltswidrige Geschäftsführung des abhängigen oder eingegliederten Unternehmens kann die Haftung des Emittenten aus positiver Vertragsverletzung gegenüber den Anlegern begründen, wenn der Emittent das Verhalten des abhängigen Unternehmens zwar nicht angewiesen hat, aber das unseriöse Handeln des abhängigen Unternehmens duldet. Der herrschende Emittent ist verpflichtet, zur Wahrung der Interessen der Anleger auf eine seriöse Geschäftsführung des abhängigen Unternehmens hinzuwirken und seine Weisungsmacht entsprechend im Interesse der Anleger auszuüben. Unterlässt es der herrschende Emittent, durch Weisungen auf eine seriöse Geschäftsführung des abhängigen oder eingegliederten Unternehmens hinzuwirken, haftet er den Anlegern aus positiver Vertragsverletzung auf Schadensersatz. Schuldner der Haftung aus positiver Vertragsverletzung ist das herrschende Unternehmen bzw. die Hauptgesellschaft. In der Rechtsfolge ist der Schadensersatzanspruch stets nur auf Geld gerichtet, nicht etwa auf Naturalherstellung in Form eines Anspruchs auf Beendigung der Konzernierung.

Zwischenergebnis: Im Vertragskonzern und bei Eingliederung begründet die bloße Weisung des Emittenten an die abhängige oder eingegliederte Aktiengesellschaft für sich alleine noch nicht die Haftung wegen sorgfaltswidriger Geschäftsführung gegenüber den Anlegern. Das gilt auch für den Fall, dass die herrschende Gesellschaft Verluste ausgleichen oder Schäden ersetzen muss. Die Voraussetzungen der Haftung für sorgfaltswidrige Geschäftsführung sind erst erfüllt, wenn ein ordentlicher Kaufmann die konkrete Maßnahme des abhängigen Unternehmens keinesfalls angewiesen oder geduldet hätte und der Emittent die Nachteile seiner Weisung oder Duldung der abhängigen Aktiengesellschaft ausgleichen bzw. ersetzen muss. Ob die angewiesene Maßnahme von einem ordentlichen Kaufmann befolgt worden wäre, spielt keine Rolle. Mangels Schuldverhältnisses zum abhängigen oder eingegliederten Unternehmen kommt ein Schadensersatzanspruch des Anlegers aus positiver Vertragsverletzung gegen das abhängige oder eingegliederte Unternehmen nicht in Betracht. Die vertragliche Konzernierung oder Eingliederung begründet auch kein Schuldverhältnis mit Schutzwirkung zugunsten Dritter.

Im Gegensatz zur Entstehung eines einfach faktischen Konzerns oder eines Vertragskonzerns oder der Eingliederung kann die qualifiziert faktische Konzernierung an sich Schadensersatzansprüche der Anleger auslösen. Denn die qualifiziert faktische Konzernierung im Aktienrecht ist nach herrschender Meinung[265] mit § 76 Abs. 1 AktG unvereinbar und deshalb rechtswidrig (anders im GmbH-Konzernrecht). Im Recht der Aktiengesellschaften seien die vertragliche Konzernierung und die Eingliederung die einzig zulässigen Formen der Herstellung qualifizierter Abhängigkeit. Folgt man der herrschenden Konzernrechtsliteratur, stellt die Schaffung eines qualifiziert faktischen Konzerns eine Pflichtwidrigkeit gegenüber den Anlegern dar. Der Emittent überschreitet die Grenze eines am Maßstab des ordentlich denkenden und handelnden Kaufmanns orientierten Handelns, wenn der Vorstand eine ohne Hauptversammlungsbeschluss und Unternehmensvertrag nicht legitimierbare Konzernstruktur geschaffen hat. Allerdings wird es an einer durch die qualifiziert faktische Konzernierung bedingten Schädigung in der Regel fehlen, da der Emittent als herrschendes Unternehmen in der Lage ist, den qualifiziert faktischen Konzern zu seinem Nutzen zu beherrschen. Sollten die Anleger ausnahmsweise dennoch geschädigt werden, können sie den Schadensersatzanspruch aus positiver Vertragsverletzung wegen pflichtwidriger Schädigung der Anleger geltend machen. Ob sich im Innenverhältnis die Aktionäre des herrschenden Unternehmens bei den Leitungsorganen wegen eigenmächtiger Herbeiführung der qualifiziert faktischen Beherrschung schadlos halten können oder wollen, spielt keine Rolle.

Neben Schadensersatzansprüchen aus positiver Vertragsverletzung besteht der Ersatzanspruch aus § 93 Abs. 5 AktG. Die Vorstandsmitglieder haben bei ihrer Geschäftsführung die Sorgfalt eines ordentlichen und gewissenhaften Geschäftsleiters anzuwenden, § 93 Abs. 1 S. 1 AktG. Vorstandsmitglieder, die ihre Pflichten verletzen, sind der Gesellschaft zum Ersatz des daraus entstehenden Schadens als Gesamtschuldner verpflichtet, § 93 Abs. 2 S. 1 AktG. Der Ersatzanspruch der Gesellschaft kann auch von den Gläubigern der Gesellschaft geltend gemacht werden, soweit sie von dieser keine Befriedigung erlangen können, § 93 Abs. 5 S. 1 AktG. Entgegen eines obiter dictums des Bundesgerichtshofs[266] kann dieser Ersatzanspruch auch von Inhabern von Genussscheinen oder Gewinnschuldverschreibungen geltend gemacht werden. Dass Genussscheine unter Umständen als Eigenkapital bilanziert werden können, spielt dabei keine Rolle.

---

[265] OLG Hamm NJW 1987, 1030 = AG 1987, 38; *Hommelhoff*, Die Konzernleitungspflicht (1982), S. 138 ff.; *Flume*, Allgemeiner Teil des Bürgerlichen Rechts, Band I/2, § 4 IV; *Deilmann*, Die Entstehung (1990), S. 82; *Raiser*, Recht der Kapitalgesellschaften, § 53 Rn 38; *K. Schmidt*, Gesellschaftsrecht, § 31 IV 4; *Emmerich/Sonnenschein*, Konzernrecht, § 20a IV; *Emmerich/Habersack*, Aktienkonzernrecht, Vor § 311 Rn 43; *Krieger* in MüHandb., Band 4, § 69 Rn 113, 128; a.A. *Decher* DB 1990, 2006 f.

[266] BGHZ 119, 305, 329 (Klöckner).

Die Ausfallhaftung der Vorstandsmitglieder greift nur dann ein, wenn von der Aktiengesellschaft nichts mehr zu holen ist. Die Anleger können auf Leistung an sich klagen. Außerdem können im Einzelfall Ansprüche aus §§ 823 ff. BGB, 117 Abs. 5 AktG bestehen.

### 1.1.2. Kündigung aus wichtigem Grund

a) Meinungsstand

Wie bereits ausgeführt, sind Genussscheins- und Gewinnschuldverschreibungsverträge - wie jedes andere Dauerschuldverhältnis auch - aus wichtigem Grund kündbar, wenn dem Anleger die Fortsetzung des Vertrages nicht mehr zugemutet werden kann[267]. Die herrschende Meinung[268] lehnt ein Kündigungsrecht aus wichtigem Grund wegen Grundlagenänderungen wie zum Beispiel der Konzernierung im Allgemeinen ab.

b) Stellungnahme

Wird der Emittent herrschendes Unternehmen im Konzern, besteht für die Anleger allein wegen der Konzernierung kein wichtiger Grund zur Kündigung. Ein Festhalten am Vertrag ist den Inhabern von Genussscheinen oder Gewinnschuldverschreibungen zumutbar. Denn die Einflussnahme im Konzern ist in der Regel für das herrschende Unternehmen von Vorteil. Die Interessenparallelität zwischen dem Unternehmensinteresse und dem Anlegerinteresse ist nicht gestört. Gefährdet ist die Autonomie des abhängigen Unternehmens, nicht aber des herrschenden Unternehmens. Da die Autonomie des herrschenden Unternehmens erhalten bleibt, besteht keine Gefahr, dass der Emittent zum Schaden der Anleger nicht mehr in seinem Eigeninteresse betrieben wird. Es entsteht also trotz Konzernierung für den (herrschenden) Emittenten keine konzernspezifische Gefährdungslage. Ist der Emittent herrschendes Unternehmen im Konzern, steht der Anleger nicht schlechter als im konzernlosen Zweierverhältnis. Auch die Gefahr von anlegerschädigenden Weisungen an das abhängige Unternehmen,

---

[267] *Vollmer* GmbHR 1984, 329, 335; *Reuter* AG 1985, 104, 106; *Reuter* in FS Stimpel (1985), S. 656; *Emde*, Der Genußschein (1987), S. 186; *Schneider* in FS Goerdeler (1987), S. 520, 530; *Meilicke* BB 1987, 1609, 1612; *Thielemann*, Das Genußrecht (1988), S. 191 ff.; *Rid-Niebler*, Genußrechte (1989), S. 58; *Hammen* BB 1990, 1918; *Frantzen*, Genußscheine (1993), S. 145 ff.; *Lutter* in KöKo, AktG, § 221 Rn 269; *Karollus* in Geßler/Hefermehl, AktG, § 221 Rn 282; *Kallrath*, Die Inhaltskontrolle (1994), S. 135; a.A. noch *Flechtheim* in Düringer/Hachenburg Anh. § 179 Anm. 13.

[268] *Frantzen*, Genußscheine (1993), S. 153 f.; *Lutter* in KöKo, AktG, § 269 ff.; *Karollus* in Geßler/Hefermehl, AktG, § 221 Rn 383.

genügt nicht zur Kündigung aus wichtigem Grund. Denn das Risiko eines unseriösen Verhaltens des (herrschenden) Emittenten, das eine Schadensersatzhaftung des Emittenten auslöst, trägt der Inhaber von Genussscheinen oder Gewinnschuldverschreibungen außerhalb von Konzernbeziehungen ebenfalls. Für solche Fälle stehen dem Anleger Schadensersatzansprüche aus positiver Vertragsverletzung zu. Einer Kündigungsmöglichkeit bedarf es nicht. Allein die bloße Tatsache der Konzernierung bildet also keinen wichtigen Grund für eine Kündigung. Dagegen ist es sehr wohl möglich, dass während der Konzernierung Maßnahmen getroffen werden, die einen wichtigen Grund für eine Kündigung darstellen. Ein Kündigungsrecht besteht jedoch erst in Extremfällen, wenn dem Anleger auch im Hinblick auf Schadensersatzansprüche ein Festhalten am Vertrag nicht mehr zumutbar ist. Eine Kündigung aus wichtigem Grund kommt in Betracht, wenn der Emittent den Genussschein- oder Gewinnschuldverschreibungsvertrag nachhaltig verletzt und dadurch das Vertrauensverhältnis zwischen den Parteien langfristig oder endgültig zerstört (zum Beispiel laufende Schädigungen durch immer dieselben Geschäftsführungsmaßnahmen oder Gewinnmanipulationen)[269]. Insoweit bestehen keine konzernspezifischen Besonderheiten. Die Bilanzierung des Genusskapital als Eigenkapital hindert die Kündigung nicht[270]. Für Gewinnschuldverschreibungen gilt dasselbe[271].

Im qualifiziert faktischen Aktienkonzern besteht die Besonderheit, dass es sich bei der qualifiziert faktischen Konzernierung um eine aktienrechtlich nicht zulässige Konzernstruktur[272] handelt. Ein ordentlich denkender und handelnder Kaufmann würde es nicht zu einer ohne Hauptversammlungsbeschluss und Unternehmensvertrag nicht legitimierbaren Konzernstruktur kommen lassen. Infolgedessen muss der Anleger die qualifiziert faktischen Konzernierung nicht dulden. Erst recht muss der Anleger keine schädigenden Konzerngeschäftsführungsmaßnahmen des Emittenten im qualifiziert faktischen Konzern hinnehmen. Fraglich ist nur, inwieweit dem Anleger im Hinblick auf mögliche Schadensersatzansprüche ein Festhalten am Vertrag zuzumuten ist. Da die qualifiziert faktische Konzernierung für den herrschenden Emittenten in der Regel

---

[269] *Lutter* in KöKo, AktG, § 269 ff.

[270] *Emde*, Der Genußschein (1987), S. 25; *Capelle*, Der Genußschein (1989), S. 51, 66; *Rid-Niebler*, Genußrechte (1989), S. 20; *Lorch*, Der börsenfähige aktienähnliche Genußschein (1993), S. 44; *Frantzen*, Genußscheine (1993), S. 148; *Kallrath*, Die Inhaltskontrolle (1994), S. 137.

[271] *Kallrath*, Die Inhaltskontrolle (1994), S. 137.

[272] OLG Hamm NJW 1987, 1030 = AG 1987, 38; *Hommelhoff*, Die Konzernleitungspflicht (1982), S. 138 ff.; *Flume*, Allgemeiner Teil des Bürgerlichen Rechts, Band I/2, § 4 IV; *Deilmann*, Die Entstehung (1990), S. 82; *Raiser*, Recht der Kapitalgesellschaften, § 53 Rn 38; *K. Schmidt*, Gesellschaftsrecht, § 31 IV 4; *Emmerich/Sonnenschein*, Konzernrecht, § 20a IV; *Emmerich/Habersack*, Aktienkonzernrecht, Vor § 311 Rn 43; *Krieger* in MüHandb., Band 4, § 69 Rn 113, 128; a.A. *Decher* DB 1990, S. 2006 f.

günstig sein wird, genügt allein die bloße Tatsache der qualifiziert faktischen Konzernierung nicht zur Kündigung. Dem Emittenten muss auch Gelegenheit gegeben werden, den rechtswidrigen Zustand durch Unternehmensvertrag oder Eingliederung zu legitimieren oder den qualifizierten Einfluss auf ein zulässiges Maß zu reduzieren. Eine Kündigung aus wichtigem Grund kommt deshalb erst in Betracht, wenn auch im Hinblick auf Schadensersatzansprüche ein Festhalten am Vertrag nicht mehr zumutbar ist, zum Beispiel bei laufenden schädigenden Geschäftsführungsmaßnahmen im qualifiziert faktischen Konzern. Deshalb liegen die Voraussetzungen einer Kündigung aus wichtigem Grund erst vor, wenn die qualifiziert faktische Konzernierung ausnahmsweise beim herrschenden Emittenten zu Schäden führt und die jährliche Geltendmachung von Schadensersatzansprüchen nicht zumutbar ist, zum Beispiel wenn die unzulässige qualifiziert faktische Konzernierung das zweite Geschäftsjahr hintereinander aufrecht erhalten worden ist. Schäden der Anleger von herrschenden Unternehmen im qualifiziert faktischen Aktienkonzern, dürften jedoch eher selten vorkommen, da der herrschende Emittent in der Regel seine Herrschaftsmacht zu seinem und der Anleger Vorteil einsetzen wird.

### 1.1.3. Wegfall der Geschäftsgrundlage

Mit der Konzernierung entfällt auch nicht die Geschäftsgrundlage des Genussrechtsvertrages. Erstens ist die Entstehung eines Konzerns für das herrschende Unternehmen in der Regel von Vorteil. Die Autonomie des herrschenden Unternehmens ist durch die Konzernierung nicht eingeschränkt. Deshalb droht den Anlegern nicht die Gefahr, dass dem Emittent zum Schaden der Anleger ein fremdes Unternehmensinteresse durchgesetzt wird. Durch die Konzernierung entsteht bei den Anlegern des herrschenden Emittenten keine konzernspezifische Gefährdungslage. Dies gilt auch für den qualifiziert faktischen Konzern. Obwohl der qualifiziert faktische Konzern im Aktienrecht - anders als im GmbH-Konzernrecht - rechtswidrig ist, ist den Anleger ein Festhalten am Vertrag ohne Anpassung zumutbar. Zweitens steht den Anlegern ein Schadensersatzanspruch aus positiver Vertragsverletzung zu, wenn sie durch einzelne (auch konzernbedingte) Geschäftsführungsmaßnahmen des herrschenden Emittenten geschädigt werden. Insoweit verändert sich die Lage für die Anleger nicht wesentlich. Den Anlegern ist ein Festhalten am unveränderten Vertrag zumutbar.

### 1.1.4. Rücklagenbildung in Tochtergesellschaften

a) Meinungsstand

Die Literatur behandelt das Problem der Rücklagenbildung im Konzern nur sehr knapp. Zumeist wird auf die Ausführungen zu Rücklagenbildung außerhalb von Konzernbeziehungen verwiesen[273]. Die Lösungen beziehungsweise die Nichtlösbarkeit der Probleme seien die gleichen. Auch im Konzern müssten nach allgemeiner Literaturmeinung[274] die Anleger die Bildung von Rücklagen grundsätzlich hinnehmen. Ein wirksamer Anlegerschutz sei nur auf vertraglicher Grundlage zu erreichen[275]. Konzernspezifische gesetzliche Regelungen zum Anlegerschutz gebe es nicht. Die Anleger könnten jedoch selbstverständlich ebenso wie außerhalb von Konzernbeziehungen vom Emittenten die Einhaltung der 4 % - igen Thesaurierungsgrenze des § 254 Abs. 1 AktG verlangen[276]. Vorsichtig fragt *Schneider*[277] nach einer konzernweiten Anknüpfung der Genussrechte. Etwas deutlicher fordert *Lutter*[278], die 4 % - Grenze des § 254 Abs. 1 AktG auf den gesamten Konzerngewinn zu beziehen. Teilweise wird in der Literatur[279] auch auf die die Aktionäre betreffende ähnliche Problematik des § 58 Abs. 2 AktG verwiesen. Danach seien nach einer Mindermeinung in der Literatur die in beherrschten Unternehmen gebildeten Rücklagen dem herrschenden Unternehmen zuzurechnen. *Schneider*[280] will eine solche Zurechnung analog § 58 Abs. 2 AktG jedoch nur vornehmen, wenn dem Anleger zum Zeitpunkt des Erwerbs des Wertpapiers nicht bekannt war, dass das gewährende Unternehmen herrschendes Unternehmen im Konzern oder eine Zwischenholding im mehrstufigen Konzern sei. Nach *Hirte*[281] seien die Fälle der Rücklagenbildung in Tochtergesellschaften mit den Fällen der Kapitalerhöhung zu vergleichen, so dass ein

---

[273] *Schneider* in FS Goerdeler (1987), S. 523 f.; *Lutter* in KöKo, AktG, § 221 Rn 362; *Karollus* in Geßler/Hefermehl, AktG, § 221 Rn 400; *Kallrath*, Die Inhaltskontrolle (1994), S. 111.

[274] *Schneider* in FS Goerdeler (1987), S. 523 f.; *Frantzen*, Genußscheine (1993), S. 217 ff.; *Sethe* AG 1993, 367; *Kallrath*, Die Inhaltskontrolle (1994), S. 111; *Lutter* in KöKo, AktG, § 221 Rn 362; *Karollus* in Geßler/Hefermehl, AktG, § 221 Rn 400; *Hüffer*, AktG, § 221 Rn 68.

[275] *Sethe* AG 1993, 367 = Ausschüttungen am Konzernergebnis orientieren, da so eine Verwässerung durch Ergebnisverlagerungen ausgeschlossen werde; *Hüffer*, AktG, § 221 Rn 68.

[276] *Frantzen*, Genußscheine (1993), S. 219.

[277] *Schneider* in FS Goerdeler (1987), S. 524.

[278] *Lutter* in KöKo, AktG, § 221 Rn 362; in ähnliche Richtung *Karollus* in Geßler/Hefermehl, AktG, § 221 Rn 400.

[279] *Schneider* in FS Goerdeler (1987), S. 523; *Kallrath*, Die Inhaltskontrolle (1994), S. 111; *Hüffer*, AktG, § 221 Rn 68.

[280] *Schneider* in FS Goerdeler (1987), S. 524.

[281] *Hirte* ZIP 1988, 487.

Ausgleich analog § 216 Abs. 3 AktG zu erfolgen habe. Vielfach[282] wird auch die Thesaurierungsgrenze der §§ 138, 226, 242 BGB erwähnt, ohne jedoch greifbare Folgerungen für den Anlegerschutz zu ziehen. *Sethe*[283] wiederholt sein für den Anlegerschutz gegen Rücklagenbildungen außerhalb von Konzernbeziehungen entwickeltes Lösungskonzept über eine gerichtlich nachprüfbare Billigkeitsprüfung nach § 315 BGB. Im Einzelfall sollten den Anlegern auch im Konzern Schadensersatzansprüche wegen vorsätzlicher sittenwidriger Schädigung zustehen können, § 826 BGB[284]. Auch seien Schadensersatzanspruch aus positiver Vertragsverletzung möglich[285]. Nach *Kallrath*[286] sei die Muttergesellschaft verpflichtet, ihren Einfluss auf die Tochter im Interesse einer angemessenen Gewinnausschüttung auszuüben. Nach *Frantzen*[287] sei der (herrschende) Emittent nur dann verpflichtet, die Interessen der Anleger zu beachten, wenn die Genussscheinbedingungen sogenannte Wohlverhaltensklauseln enthielten.

b) Stellungnahme

Richtig ist, dass der Genussschein- und Gewinnschuldverschreibungsinhaber auch im Konzern eine Rücklagenbildung oder einen Gewinnvortrag grundsätzlich hinzunehmen haben. Denn für die Ausschüttung des Wertpapiers ist der Wertpapiervertrag maßgebend. Die Auslegung des Wertpapiervertrages ergibt, dass die Anleger das Risiko der Rücklagenbildung zu tragen haben. Der Spielraum des Emittenten bei der Rücklagenbildung kann auch nicht beanstandet werden, da der Emittent den Anlegern gegenüber nur verpflichtet ist, wie ein ordentlich denkender und handelnder Kaufmann zu handeln. Die Entscheidung über die Rücklagenbildung ist dem ordentlich denkenden und handelnden Kaufmann typischerweise zugewiesen.

Die Inhaber von Genussscheinen und Gewinnschuldverschreibungen können jedoch verlangen, dass der Emittent bei der Ermittlung der Bezugsgröße des Ausschüttungsanspruchs die handelsbilanziellen Vorschriften beachtet und einen dem Handelsrecht entsprechenden Jahresabschluss anfertigt. Zum Bild des ordentlichen Kaufmanns gehört die Befolgung zwingenden Handelsbilanzrechts und die Einhaltung der handelsbilanzrechtlichen Grenzen der Rücklagenbildung.

---

282 *Schneider* in FS Goerdeler (1987), S. 524; *Frantzen*, Genußscheine (1993), S. 219.

283 *Sethe* AG 1993, 367; ebenso *Luttermann*, Unternehmen (1998), S. 524; *Hüffer*, AktG, § 221 Rn 65.

284 *Schneider* in FS Goerdeler (1987), S. 524; *Frantzen*, Genußscheine (1993), S. 219; *Hüffer*, AktG, § 221 Rn 68.

285 *Hüffer*, AktG, § 221 Rn 68.

286 *Kallrath*, Die Inhaltskontrolle (1994), S. 112 f.

287 *Frantzen*, Genußscheine (1993), S. 218.

Folglich kann der Anleger auch im Konzern verlangen, dass die 4 % - Grenze des § 254 Abs. 1 AktG ihm gegenüber eingehalten wird. § 254 Abs. 1 AktG verbietet, dass die Aktiengesellschaft aus dem Bilanzgewinn Beträge in Gewinnrücklagen einstellt oder als Gewinn vorträgt, die nicht nach Gesetz oder Satzung von der Verteilung unter die Aktionäre ausgeschlossen sind, obwohl die Einstellung oder der Gewinnvortrag bei vernünftiger kaufmännischer Beurteilung nicht notwendig ist, um die Lebens- und Widerstandsfähigkeit der Gesellschaft für einen hinsichtlich der wirtschaftlichen und finanziellen Notwendigkeiten übersehbaren Zeitraum zu sichern und dadurch unter die Aktionäre kein Gewinn in Höhe von mindestens 4 % des Grundkapitals abzüglich von noch nicht eingeforderten Einlagen verteilt werden kann. Im Falle eines Verstoßes kann der Anleger Schadensersatz wegen positiver Vertragsverletzung verlangen. Entgegen *Lutter*[288] und *Karollus*[289] kann § 254 Abs. 1 AktG nicht konzernweit ausgedehnt werden. Dem steht der Wertpapiervertrag entgegen. Ist nach dem Wertpapiervertrag für den Ausschüttungsanspruch das Ergebnis allein des Emittenten maßgeblich, so ist auch nur auf ihn abzustellen. Auf das Konzernergebnis kann nur abgestellt werden, wenn der Wertpapiervertrag dies vorsieht, wie zum Beispiel die Bertelsmann-Genussscheine[290].

Ebenso ist bei der Rücklagenbildung im Konzern der § 58 Abs. 2 AktG zu beachten. Danach kann höchstens die Hälfte des Jahresüberschusses in andere Gewinnrücklagen eingestellt werden. Ein Verstoß dagegen stellt eine Pflichtverletzung gegenüber den Anlegern dar, der den Emittenten zum Schadensersatz verpflichtet. Schließt man sich der Mindermeinung in der Literatur[291] an, so sind in Fortentwicklung des § 58 Abs. 2 AktG auch die im beherrschten Unternehmen gebildeten Rücklagen dem herrschenden Unternehmen zuzurechnen. Ein Verstoß könnte den Emittenten - sofern man dieser Mindermeinung folgt - ebenso zum Schadensersatz verpflichten. *Schneider*[292] will eine solche Zurechnung analog § 58 Abs. 2 AktG nur vornehmen, wenn dem Anleger zum Zeitpunkt des Erwerbs des Wertpapiers nicht bekannt war, dass das gewährende Unternehmen herrschendes Unternehmen im Konzern ist. Er argumentiert, dass es das Ziel des § 58 Abs. 2 AktG sei, den gesellschaftlichen Mindestausschüttungsanspruch auch bei der Konzerngesellschaft zu sichern. Demgegenüber sei beim Genussrecht gerade Vertragsinhalt, dass das gewährende Unternehmen einen weiten

---

[288] *Lutter* in KöKo, AktG, § 221 Rn 362.
[289] *Karollus* in Geßler/Hefermehl, AktG, § 221 Rn 400.
[290] so auch *Luttermann*, Unternehmen (1998), S. 537 f.
[291] *Lutter* in FS Westermann (1974), S. 347, 361 ff.; *Hefermehl/Bungeroth* in Geßler/Hefermehl, AktG, § 58 Rn 8; *Götz* AG 1984, 85, 93 f.; *Geßler* AG 1985, 257, 261; *Geßler* in FS Meilicke (1985), S. 18, 26; *Lutter* in FS Goerdeler (1987), S. 327, 338; *Lutter* in KöKo, AktG, § 58 Rn 38 ff., 41.
[292] *Schneider* in FS Goerdeler (1987), S. 523 f.

Ermessensspielraum bei der Gestaltung der Berechnungsgrundlage habe und diesen auch voll ausschöpfen dürfe. Wenn daher dem Genussrechtsinhaber bei Begründung des Genussrechtsverhältnisses bekannt war, dass das gewährende Unternehmen herrschendes Unternehmen im Konzern oder eine Zwischenholding im mehrstufigen Konzern sei, so werde er sich damit abfinden müssen, dass für die Bilanzierung und die Gewinnverwendung der gesamte den zuständigen Organen gesetzlich belassene breite Gestaltungsspielraum genutzt werde. Gehe man aber davon aus, dass der Genussrechtsinhaber bis zu den Grenzen der Grundlagenänderung die unternehmerischen Entscheidungen des gewährenden Unternehmens hinzunehmen habe, so bestehe ein breiter Gestaltungsspielraum auch für die Rücklagenbildung bei Tochtergesellschaften. *Schneider* ist im Ausgangspunkt beizupflichten, dass die Anleger in Auslegung des Wertpapiervertrages die Bildung von Rücklagen grundsätzlich hinzunehmen haben. Die Rücklagenbildung ist das geschäftstypische Risiko eines erfolgsorientierten Anlegers. Dies gilt für Rücklagenbildungen im allgemeinen und für Rücklagenbildungen in Tochtergesellschaften, im besonderen. Nicht überzeugend ist jedoch *Schneiders* Schlussfolgerung, dass die Anleger auch Rücklagenbildungen hinzunehmen haben, die gesetzlich nicht zulässig sind. Der Emittent hat bei der Feststellung des Jahresabschlusses § 58 AktG zu beachten. Können in Fortentwicklung des § 58 Abs. 2 AktG Rücklagen nicht oder nicht in dieser Höhe gebildet werden, weil eine Rücklagenbildung bereits in der Tochtergesellschaft erfolgte, so hat eine Rücklagenbildung eben ganz oder in dieser Höhe zu unterbleiben. Alles andere wäre gesetzeswidrig. Auf eine Kenntnis vom Konzernsachverhalt kann es folglich entgegen *Schneider* nicht ankommen. Mit der herrschenden Meinung[293] und Praxis wird man aber die oben beschriebene Fortentwicklung des § 58 Abs. 2 AktG ablehnen müssen. Argument gegen die analoge Anwendung des § 58 Abs. AktG ist, dass die Konzernunternehmen rechtlich jeweils eigene Rechtssubjekte bleiben. Es gibt für den Bereich der Unternehmensfinanzierung keine allgemeine Zurechnung an „den Konzern“. Es gibt rechtlich auch nicht „das Konzernergebnis“. Eine Zurechnung der Rücklagenbildung an die Konzernobergesellschaft würde den Boden des geltenden Rechts verlassen. Folglich kann der Anleger vom Emittenten als ordentlich denkenden und handelnden Kaufmann verlangen, dass dieser für die Rücklagenbildung seine satzungsmäßigen Vorgaben und die gesetzliche Vorschrift des § 58 Abs. 2 AktG einhält. Ein Verstoß begründet die Schadensersatzpflicht des Emittenten aus positiver Vertragsverletzung. Die Rücklagenbildung ist aber nur in Bezug auf den Emittenten zu prüfen. Eine Zurechnung der Rücklagen von anderen Konzernunternehmen findet nicht statt.

---

[293] *Thomas* ZGR 1985, 365, 378 ff.; *Werner* in FS Stimpel (1985), S. 935, 940 ff., 952; *Goerdeler* WPg 1986, 229, 235 f.; *Westermann* in FS Pleyer (1986), S. 421, 437; *Beusch* in FS Goerdeler (1987), S. 25, 40 ff.; *W. Müller*, WP-Handbuch (1996), Band I, Abschnitt R Rn 230; *Hüffer* § 58 Rn 17; *Krieger* in MüHandb., Band 4, § 69 Rn 50.

Gegen *Hirtes*[294] Lösung über eine analoge Anwendung des § 216 Abs. 3 AktG spricht erstens, dass die Anleger nicht durch eine Kapitalerhöhung, sondern durch die Rücklagenbildung in der Tochtergesellschaft beeinträchtigt werden. Zwar können Kapitalerhöhungen auch Thesaurierungseffekte auslösen, daraus kann aber nicht der Umkehrschluss gezogen werden, dass jede Rücklagenbildung zu einer Anpassung wie bei einer Kapitalerhöhung führen muss. Zweitens enthält § 216 Abs. 3 AktG die Wertung, dass Grundkapitaländerungen wesentliche Grundlagenänderungen darstellen, die zu einer Anpassung zugunsten der Anleger führen müssen. Demgegenüber zählt die Rücklagenbildung - im Gegensatz zu Veränderungen des Grundkapitals - zum normalen wertpapiertypischen Risiko des Anlegers. Die Auslegung des Wertpapiervertrages, wonach die Ausschüttung etwa an Bilanzgewinn oder Dividende anknüpft, ergibt, dass die Anleger Rücklagenbildungen im Grundsatz hinzunehmen haben. Drittens ist § 216 Abs. 3 AktG kein Maßstab zu entnehmen, wann das geschäftstypische Risiko der Rücklagenbildung überschritten ist, so dass ein Anlegerschutz eingreifen sollte. Viertens passt die Rechtsfolge Vertragsanpassung zwar auf Grundkapitalveränderungen, nicht auf Rücklagenbildungen. Auf Kapitalerhöhungen kann mit einer starren längerfristigen Anpassung reagiert werden. Dagegen handelt es sich bei Rücklagenbildungen um punktuelle Maßnahmen innerhalb eines Geschäftsjahrs, die völlig flexibel jährlich in unterschiedlicher Höhe vorgenommen werden. Darauf passt die starre Vertragsanpassung nicht.

Abzulehnen ist die Ansicht *Frantzens*, dass es auf die Existenz von Wohlverhaltensklauseln im Wertpapiervertrag ankomme. Denn seit der Klöckner-entscheidung ist anerkannt, dass der Emittent in gewissem Umfang die Interessen der Anleger wahrzunehmen hat. *Frantzen* widerspricht sich in diesem Punkt sogar selbst, da er an anderer Stelle Interessenwahrungspflichten des Emittenten gegenüber den Anlegern aus § 242 BGB als Nebenpflicht des Genussscheinvertrages herleitet. Wohlverhaltenspflichten sind dem Wertpapiervertrag vertragsimmanent und brauchen nicht ausdrücklich im Vertrag festgeschrieben werden.

Für die Frage der Rücklagenbildung im Konzern ist es auch unnütz, auf die §§ 138, 226, 242 BGB zu verweisen. Diese Rechtsnormen gewähren den Anlegern weder Ansprüche, da sie keine Anspruchsgrundlagen beinhalten, noch ist ihnen wegen ihrer generalklauselhaften Formulierung (Sittenwidrigkeit, Schikane, Treu und Glauben) ein Maßstab für die Grenze zulässiger Rücklagen zu entnehmen. Vielmehr gilt hier das schon oben Gesagte, dass es einen Maßstab für angemessene Rücklagen nicht gibt. Abzulehnen ist auch die Lösung über § 315 BGB. Erstens ist der Ausschüttungsanspruch des Anlegers auf der Grundlage der Ausschüttungsabrede im Wertpapiervertrag objektiv bestimmbar.

[294] *Hirte* ZIP 1988, 487.

Ist der Umfang der Leistung durch objektive Beurteilungsmaßstäbe festgelegt, ist § 315 BGB unanwendbar[295]. Es fehlt also daran, dass die Leistung durch einen der Vertragspartner frei bestimmt werden soll. Zweitens stehen einer nach billigem Ermessen zu treffenden Leistungsbestimmung die Ausschüttungsabrede im Wertpapiervertrag sowie die Gewinnfeststellungs- und Gewinnverwendungsbeschlüsse entgegen. Genussscheininhaber haben als bloß schuldrechtliche Gläubiger weder die Rechtsmacht, möglicherweise rechtswidrige Beschlüsse der Hauptversammlung (zum Beispiel durch Anfechtung) zu beseitigen, noch das Recht, über wirksame Beschlüsse hinwegzugehen, es sei denn es läge gleichzeitig ein Nichtigkeitsgrund vor, da nur die Nichtigkeit Außenwirkung entfaltet. Für eine Leistungsbestimmung nach billigem Ermessen bleibt angesichts der Gewinnfeststellungs- und Gewinnverwendungsbeschlüsse und des Genussscheinvertrages kein Raum.

Richtig ist es dagegen auch im Konzern, dass der Wertpapieremittent das allgemeine deliktische Schädigungsverbot des § 826 BGB zu beachten hat. Der Emittent haftet den Anlegern also auch im Konzern auf Schadensersatz, wenn durch die Rücklagenbildung die Anleger vorsätzlich geschädigt wurden. Dies dürfte in der Praxis kaum der Fall und wenn doch, noch seltener zu beweisen sein. Erfolgversprechender könnte ein Schadensersatzanspruch aus positiver Vertragsverletzung wegen pflichtwidriger Schädigung der Anleger durch die Rücklagenbildung sein. Der Anspruch aus positiver Vertragsverletzung hat den Vorteil, dass statt einer sittenwidrigen Schädigung jede rechtswidrige Pflichtverletzung gegenüber den Anlegern ausreicht und außerdem statt Vorsatz auch schon Fahrlässigkeit genügt. Fraglich ist jedoch, wann die Rücklagenbildung eine Pflichtverletzung gegenüber den Anlegern darstellt. Nach den Klöcknergrundsätzen kann der Anleger vom Emittenten nur verlangen, dass sich dieser wie ein ordentlich denkender und handelnder Kaufmann verhält. Da der ordentlich denkender und handelnder Kaufmann das Handelsbilanzrecht befolgt, stellt ein Verstoß gegen das minimale Ausschüttungsgebot des § 254 Abs. 1 AktG in jedem Fall eine Pflichtverletzung gegenüber den Anlegern dar. Deshalb liegt wie bereits oben erwähnt grundsätzlich keine Pflichtverletzung gegenüber den Anlegern vor, wenn der Emittent die 4 % - Grenze einhält.

Zwar stellt die 4 % - Grenze keine absolute Grenze dar, oberhalb derer keine Pflichtverletzung gegenüber den Anlegern möglich wäre. Die Pflichten eines ordentlichen denkenden und handelnden Kaufmanns lassen sich nicht auf die Beachtung der 4 % - Grenze reduzieren. Jedoch besteht für einen ordentlich denkenden und handelnden Kaufmann keine Pflicht, über die Grenze des § 254 Abs. 1 AktG hinausgehende Ausschüttungen zu beschließen oder gar den

---

[295] *Heinrichs* in Palandt, BGB, § 315 Rn 6; *Mader* in Staudinger, BGB, § 315 Rn 11 ff., 18 ff.; *Gottwald* in MüKo, BGB, § 315 Rn 1; *Wolf* in Soergel, BGB, § 315 Rn 1, 8, 10.

Anlegern Mindestzinsen zu garantieren. Da objektive Maßstäbe für die Angemessenheit von Rücklagen fehlen und überhaupt ein Anspruch auf Gewinnausschüttung nicht besteht, kann die Pflichtverletzung des Emittenten nur in einem zusätzlichen unseriösen Verhalten liegen. Da dem § 254 Abs. 1 AktG die Vorstellung zugrunde liegt, die Aktionäre seien gleichwohl an den thesaurierten Gewinnen mittelbar über ihre mitgliedschaftliche Vermögensteilhabe beteiligt, kann sich für Anleger - anders als bei den Aktionären - ein Schutzbedürfnis ergeben, wenn die Anleger nicht mehr an den thesaurierten Gewinnen teilhaben können. Dies ist am Ende der Laufzeit eines Genussscheins oder einer Gewinnschuldverschreibung der Fall. Wie bereits oben ausgeführt, läge ein unseriöses Verhalten zum Beispiel vor, wenn der Emittent kurz vor Ende der Laufzeit die Ausschüttung auf das Minimum der 4 % - Grenze reduziert, um dann eine um so höhere Ausschüttung an die Aktionäre nach Ende der Genussscheine oder Gewinnschuldverschreibungen ohne Beteiligung der Anleger vornehmen zu können. Den Anlegern steht in diesem Fall ein Schadensersatzanspruch aus positiver Vertragsverletzung wegen pflichtwidriger Schädigung der Anleger zu, für den es ausreicht, dass der Emittent die Interessen der Anleger zumindest fahrlässig missachtet hat. Der Emittent kann die Pflichtwidrigkeit seines Verhalten widerlegen, indem er dartut, dass die Rücklagenbildung aus Sicht eines ordentlich denkenden und handelnden Kaufmanns gerechtfertigt war.

Zusammenfassend lässt sich also sagen, dass der Schutz der Anleger vor Rücklagenbildungen im Konzern ebenso wie außerhalb des Konzerns schwach ausgeprägt ist. Der Anleger kann nur die Einhaltung der gesetzlichen Thesaurierungsgrenzen des § 254 Abs. 1 AktG und - soweit man auch in § 58 Abs. 2 AktG eine Thesaurierungsschranke anerkennt - auch des § 58 Abs. 2 AktG verlangen. Darüber hinaus kann mangels objektiver Maßstäbe für die Angemessenheit von Rücklagenbildungen nur ein weiteres über die bloße Rücklagenbildung hinausgehendes Verhalten, wie zum Beispiel das Aushungern der Anleger zum Ende der Laufzeit des Wertpapiers und anschließender Mehrausschüttung ohne Teilhabe der Anleger, einen rechtlich greifbaren Anlegerschutz auslösen. Den Anlegern steht dann ein Schadensersatzanspruch aus positiver Vertragsverletzung zu.

### 1.1.5. Kapitalerhöhung in Tochtergesellschaften

a) Meinungsstand

Inhaber von Genussscheinen und Gewinnschuldverschreibungen können Kapitalerhöhungen in Tochtergesellschaften ebensowenig verhindern wie Kapitalerhöhungen in der emittierenden Muttergesellschaft selbst[296]. Bei einer Kapital-

---

[296] *Schneider* in FS Goerdeler (1987), S. 524.

erhöhung in Tochtergesellschaften steht den Anlegern nach herrschender Meinung[297] ein Anspruch auf Vertragsanpassung analog § 216 Abs. 3 AktG zu. Der wirtschaftliche Wert der Genussscheine werde durch Kapitalerhöhungen in Tochtergesellschaften in gleicher Weise verwässert wie durch Kapitalerhöhungen in der emittierenden Muttergesellschaft selbst. Die Verwässerungsproblematik ähnle der bei Rücklagenbildung im Konzern.

b) Stellungnahme

Wenn die herrschende Aktiengesellschaft zum Beispiel Genussscheine mit einem Ausschüttung in Höhe eines bestimmten Prozentsatzes des Nennkapitals emittiert und die Ausschüttung erfolgt, solange der Jahresüberschuss oder Bilanzgewinn des Emittenten ausreicht, dann bedarf es entgegen der herrschenden Meinung keines Verwässerungsschutzes analog § 216 Abs. 3 AktG bei Kapitalerhöhung aus Gesellschaftsmitteln in der Tochtergesellschaft. Denn die Kapitalerhöhung in der abhängigen Gesellschaft verändert die durch den Ausschüttungsberechnungsschlüssel gesicherte Teilhabe der Anleger an den Unternehmensergebnissen nicht. Statt eines Gewinns entsteht bei der abhängigen Gesellschaft eine Ergebnisabführungsverpflichtung an das herrschende Unternehmen. Die Ergebnisübernahme ist beim herrschenden Unternehmen erfolgswirksam und kommt den Genussscheininhabern oder Inhabern von Gewinnschuldverschreibungen zugute. Dabei ist es egal, ob die Genussscheine oder Gewinnschuldverschreibungen an den Jahresüberschuss oder den Bilanzgewinn anknüpfen. Die Höhe der Ergebnisübernahme ist völlig unabhängig von der Höhe des Grundkapitals der abhängigen Tochtergesellschaft. Auch bei einer Verdopplung des Grundkapitals bleibt die Ergebnisabführung an das herrschende Unternehmen dieselbe. Die Genussscheininhaber werden bei der Kapitalerhöhung aus Gesellschaftsmitteln lediglich insoweit beeinträchtigt, als zur Kapitalerhöhung die in die Gewinnrücklagen eingestellten Gewinne abgeräumt und dauerhaft im Grundkapital gebunden werden. Die Kapitalerhöhung aus Gesellschaftsmitteln wirkt auf die Anleger der herrschenden Aktiengesellschaft wie eine Gewinnthesaurierung im abhängigen Unternehmen. Gegen Gewinnthesaurierung im abhängigen Unternehmen können Anleger wie bereits oben dargestellt in der Regel ebenfalls nichts unternehmen. Dasselbe gilt für Genussscheine oder Gewinnschuldverschreibungen, deren Ausschüttung sich nach einem bestimmten Faktor des Dividendensatzes der herrschenden Aktiengesellschaft berechnet. Auch in diesem Fall spielt die Kapitalerhöhung in der abhängigen Aktiengesellschaft keine Rolle. Bei der Kapitalerhöhung beim Emittenten hätte der Anleger einen Anpassungsanspruch analog § 216 Abs. 3 AktG. Denn die Kapitalerhöhung führt zu einer Veränderung

---

[297] *Schneider* in FS Goerdeler (1987), S. 524; *Hirte* ZIP 1988, 487; *Sethe* AG 1993, 367; *Karollus* in Geßler/Hefermehl, AktG, § 221 Rn 400.

des Dividendensatzes. Bei der abhängigen Aktiengesellschaft gibt es jedoch keine Dividende. Das Unternehmensergebnis bei der abhängigen Aktiengesellschaft beträgt stets Null. Der abhängigen Aktiengesellschaft obliegt eine Ergebnisabführungsverpflichtung an das herrschende Unternehmen. Die herrschende Aktiengesellschaft vereinnahmt das abgeführte Ergebnis erfolgswirksam. Der Anleger profitiert über seinen dividendenabhängigen Ausschüttungsanspruch daran. Die Grundkapitalveränderung in der abhängigen Gesellschaft ist aus Sicht der Genussscheins- oder Gewinnschuldverschreibungsinhaber irrelevant. Daraus ergibt sich, dass bei Kapitalerhöhungen in Tochtergesellschaften in keinem Fall eine Beeinträchtigung der Ausschüttung bei Genussscheinen oder Gewinnschuldverschreibungen eintritt. § 216 Abs. 3 AktG ist also entgegen der Literaturmeinung auf Kapitalerhöhungen in abhängigen Aktiengesellschaften niemals anwendbar. Die Änderung der Grundkapitalziffer beim abhängigen Unternehmen wirkt sich auf die Höhe des an das herrschende Unternehmen abzuführenden Betrages nicht aus. Durch die Kapitalerhöhung in der abhängigen Aktiengesellschaft entsteht den Anlegern eine Verwässerung lediglich insoweit, als die Kapitalerhöhung in der abhängigen Gesellschaft wie eine Gewinnthesaurierung im Tochterunternehmen wirkt. Wegen dieses Verwässerungsproblems wird auf die Ausführungen zur Rücklagenbildung in Tochtergesellschaften verwiesen. Danach muss der Anleger Rücklagenbildungen sowohl beim Emittenten als auch beim abhängigen Unternehmen im Grundsatz hinnehmen, da er mit der Zeichnung erfolgsabhängiger Wertpapiere das Risiko der Rücklagenbildung übernommen hat. Der Anleger kann nur die Einhaltung der gesetzlichen und satzungsmäßigen Grenzen verlangen. Im Fall der Kapitalerhöhung scheidet deshalb ein Verwässerungsschutz der Anleger aus, soweit die gesetzlichen Vorschriften der Kapitalerhöhung eingehalten wurden. Darüber hinaus kann mangels objektiver Maßstäbe für die Angemessenheit von wie Gewinnthesaurierungen wirkenden Kapitalerhöhungen in der Tochtergesellschaft nur ein über die bloße Kapitalerhöhung hinausgehendes Verhalten, wie eine Kapitalerhöhung in der Tochtergesellschaft zur Unzeit am Ende der Laufzeit des Wertpapiers Schadensersatzansprüche aus positiver Vertragsverletzung auslösen, wenn dadurch die Interessen der Anleger wenigstens fahrlässig missachtet wurden. Bei vorsätzlicher sittenwidriger Schädigung steht den Anlegern auch ein Schadensersatzanspruch aus § 826 BGB zu.

Beispiel: Die (herrschende) X-Aktiengesellschaft emittierte Genussscheine mit einer Verzinsung in Höhe des 1,4 fachen der Dividende der X-Aktiengesellschaft. Die abhängige A-Aktiengesellschaft, die mit der X-Aktiengesellschaft einen Beherrschungs- und Ergebnisabführungsvertrag abgeschlossen hatte, erhöhte das Grundkapital aus Gesellschaftsmitteln von 100 Mio. auf 200 Mio. Folge? Ein Anpassungsanspruch der Genussscheininhaber entsprechend § 216 Abs. 3 AktG besteht nicht. Der Ausschüttungsanspruch in Höhe des 1,4 fachen der Dividende der X-Aktiengesellschaft wird durch die Kapitalerhöhung in der A-Aktiengesellschaft nicht berührt. Das Unternehmensergebnis der A-Aktiengesellschaft wird an die X-Aktiengesellschaft abgeführt, unabhängig von der Höhe des Grundkapitals der A-Aktiengesellschaft. Den Anlegern entsteht zwar ein Nachteil dadurch, dass durch die Kapitalerhöhung Gewinne in der A-Aktiengesellschaft zurückgehalten und nicht an die X-Aktiengesellschaft abgeführt werden. Das Risiko der Rücklagenbildung haben die Anleger aber mit der Zeichnung dividendenabhängiger Wertpapiere übernommen. Den Aktionären der X-Aktiengesellschaft stehen auch keine weitergehenderen Rechte zu. Für einen Schadensersatzanspruch aus positiver Vertragsverletzung wegen Verstoßes gegen Gesetz oder Satzung oder unseriöser Benachteiligung der Anleger fehlen Anhaltspunkte.

Fraglich ist, wie sich die Kapitalerhöhung gegen Einlagen in abhängigen Gesellschaften auf die Genussscheine oder Gewinnschuldverschreibungen der herrschenden Gesellschaft im Vertragskonzern auswirkt. Auch in diesem Fall hat allein die Erhöhung des Grundkapitals des abhängigen Unternehmens für die Anleger des herrschenden Unternehmens keine Auswirkung. Denn das Ergebnis des abhängigen Unternehmens ist kraft Gewinnabführungsvertrags an das herrschende Unternehmens abzuführen, ohne dass es auf die Höhe der Grundkapitalziffer des abhängigen Unternehmens ankommen würde. Die Zerlegung des Grundkapitals des abhängigen Unternehmens in Aktien und mit der Kapitalerhöhung verbundene Änderungen des Dividendensatzes wirken sich nicht aus, weil im Vertragskonzern keine Dividende des abhängigen Unternehmens ermittelt wird. Das abzuführende Ergebnis ist nicht von der Höhe des Grundkapitals der abhängigen Gesellschaft abhängig. Die Kapitalerhöhung alleine führt deshalb bei den Inhabern von Genussscheinen oder Gewinnschuldverschreibungen nicht zu einer Verwässerung. Eine Anpassung des Berechnungsschlüssels für die Ausschüttung der Genussscheine oder Gewinnschuldverschreibungen beim herrschenden Unternehmen analog § 216 Abs. 3 AktG ist deshalb nicht geboten. Eine Verwässerung kann sich jedoch ergeben, wenn die jungen Aktien zu einem unter dem tatsächlichen Wert liegenden Ausgabekurs ausgegeben werden. Denn die Erhöhung des Grundkapitals gegen Einlagen unter Wert bewirkt eine bilanzielle Ausschüttungssperre. Diese kann in ihrer Wirkung einer Verwässerung durch Kapitalerhöhung aus Gesellschaftsmitteln nahe kommen. Typischerweise kann auf Dauer nicht das gleich hohe Ergebnis abgeführt werden wie vor der Kapitalerhöhung gegen Einlagen. Die Ausschüttungsansprüche der Genussschein- oder Gewinnschuldverschreibungsinhaber werden daher durch eine Kapitalerhöhung gegen Einlagen in aller Regel entwertet. Die Kapitalerhöhung gegen Einlagen wirkt auf die Anleger des herrschenden Unternehmens wie eine Gewinnthesaurierung im abhängigen Unternehmen. Wegen des Anlegerschutzes wird auf die Ausführungen zur Verwässerung bei der Kapitalerhöhung aus

Gesellschaftsmitteln und auf die Ausführungen zu Rücklagenbildungen in Tochtergesellschaften verwiesen. Beides muss der Anlager grundsätzlich hinnehmen. Ein Schadensersatzanspruch aus positiver Vertragsverletzung kommt nur in Extremfällen in Betracht, zum Beispiel, wenn der Emittent zum Ende der Laufzeit des Wertpapiers eine Kapitalerhöhung zu pari in dem abhängigen Unternehmen duldete. Die bloß fahrlässige Nichtberücksichtigung der Anlegerinteressen durch die Kapitalerhöhung zur Unzeit reicht aus. Bei vorsätzlicher sittenwidriger Schädigung steht den Anlegern auch ein Schadensersatzanspruch aus § 826 BGB zu. Abgesehen von Extremfällen muss der Inhaber von Genussscheinen oder Gewinnschuldverschreibungen Kapitalerhöhungen in Tochtergesellschaften hinnehmen.

### 1.1.6. Kapitalherabsetzung in Tochtergesellschaften

Die Ausschüttungsansprüche der Inhaber von Genussscheinen oder Gewinnschuldverschreibungen werden durch Kapitalherabsetzungen in einem abhängigen Unternehmen nicht verwässert. Im Gegenteil sind die Anleger dadurch begünstigt, weil nach der Kapitalherabsetzung die Möglichkeit besteht, dass mehr Gewinn an den herrschenden Emittenten abgeführt werden kann. Die Ergebnisübernahme ist beim herrschenden Unternehmen erfolgswirksam und kommt sowohl den Genussscheininhabern oder Inhabern von Gewinnschuldverschreibungen zugute, deren Ausschüttung vom Jahresüberschuss abhängt, als auch denen, deren Ausschüttung an den Bilanzgewinn anknüpft. Dasselbe gilt für Genussscheine oder Gewinnschuldverschreibungen, deren Ausschüttung sich nach einem bestimmten Faktor des Dividendensatzes der herrschenden Aktiengesellschaft berechnet. Auch in diesem Fall spielt die Kapitalherabsetzung in der abhängigen Aktiengesellschaft keine Rolle. Denn die Höhe der Ergebnisübernahme ist unabhängig von der Höhe des Grundkapitals des abhängigen Unternehmens. Die Kapitalherabsetzung wirkt auf die Anleger der herrschenden Aktiengesellschaft wie eine Rücklagenauflösung im abhängigen Unternehmen. Daraus ergibt sich, dass bei Kapitalherabsetzungen in Tochtergesellschaften in keinem Fall eine Beeinträchtigung des Ausschüttungsanspruchs bei Genussscheinen oder Gewinnschuldverschreibungen eintritt.

Da in der Regel eine nominelle Kapitalherabsetzung zur Sanierung mit einer Kapitalerhöhung gegen Einlagen verbunden wird, kann die Ausschüttung der Anleger des herrschenden Unternehmens jedoch durch die Kapitalerhöhung gegen Einlagen verwässert werden. Denn die Kapitalerhöhung gegen Einlagen beim abhängigen Unternehmen wirkt auf die Genussscheine oder Gewinnschuldverschreibungen wie eine Rücklagenbildung. Wegen des Anlegerschutzes wird auf die Ausführungen zur Verwässerung bei der Kapitalerhöhung gegen Einlagen und auf die Ausführungen zu Rücklagenbildungen in Tochtergesellschaften verwiesen. Beides muss der Anleger grundsätzlich hinnehmen. Ein Schadensersatzanspruch aus positiver Vertragsverletzung wegen der Kapitalerhöhung in dem abhängigen Unternehmen kommt nur in Extremfällen in Betracht.

Beispiel: Die (herrschende) X-Aktiengesellschaft emittierte Genussscheine mit einer Ausschüttung in Höhe des 1,4 fachen der Dividende der X-Aktiengesellschaft. Die marode abhängige A-Aktiengesellschaft, die mit der X-Aktiengesellschaft einen Beherrschungs- und Ergebnisabführungsvertrag abgeschlossen hatte, setzte auf Druck der X-Aktiengesellschaft das Grundkapital nominell auf 100.000,00 DM herab und erhöhte das Grundkapital wieder auf 100 Mio. gegen Einlagen. Folge? Ein Anpassungsanspruch der Genussscheininhaber entsprechend § 216 Abs. 3 AktG wegen der Kapitalherabsetzung besteht nicht. Die Ausschüttung in Höhe des 1,4 fachen der Dividende der X-Aktiengesellschaft bleibt durch die Kapitalmaßnahmen in der A-Aktiengesellschaft unverändert. Durch die nominelle Kapitalherabsetzung wird der Anleger zwar begünstigt. Die Begünstigung kommt ihm aber voll zugute, da er im umgekehrten Fall der Kapitalerhöhung grundsätzlich auch nicht geschützt ist. Die nachfolgende Kapitalerhöhung enthält zwar für den Anleger insoweit potentielle Verwässerungsgefahren, als sie wie eine Rücklagenbildung wirkt. Das Risiko der Rücklagenbildung haben die Anleger aber mit der Zeichnung dividendenabhängiger Wertpapiere übernommen. Einen Schadensersatzanspruch aus positiver Vertragsverletzung wegen unseriöser Geschäftsführung kommt nicht in Betracht. Vielmehr ist die beabsichtigte Sanierung der A-Aktiengesellschaft aus kaufmännischen Gründen gerechtfertigt.

### 1.1.7. Ausgabe weiterer Wertpapiere in Tochtergesellschaften

a) Meinungsstand

Zu den Folgen der Ausgabe von Genussscheinen in Tochtergesellschaften äußerte sich bisher nur *Schneider*[298]. Nach *Schneider* hindere die Ausgabe von Genussrechten bei der Muttergesellschaft die Ausgabe von Genussrechten bei Tochtergesellschaften ebensowenig wie die Ausgabe weiterer Genussrechte beim gewährenden Unternehmen selbst. Die Ausgabe weiterer Genussrechte in Tochtergesellschaften verwässere das bereits bestehende Genussrecht in gleicher Weise wie die Ausgabe weiterer Genussrechte beim Emittenten. Dies spreche für einen Anpassungsanspruch entsprechend § 216 Abs. 3 AktG.

---

[298] *Schneider* in FS Goerdeler (1987), S. 524.

b) Stellungnahme

*Schneider* ist entgegenzuhalten, dass schon im Fall der Ausgabe von weiteren Genussscheinen beim Emittenten selbst nach der oben entwickelten Ansicht kein Verwässerungsschutz entsprechend § 216 Abs. 3 AktG eingreift. Greift § 216 Abs. 3 AktG schon bei der Ausgabe weiterer Genussscheine beim Emittenten nicht ein, so muss dies ebenfalls bei der Ausgabe von weiteren Genussscheinen bei abhängigen Aktiengesellschaften gelten. Der Anlegerschutz wird durch Auslegung der Wertpapierbedingungen bewirkt.

Aber unabhängig von der rechtsdogmatischen Methode entsteht bei der Ausgabe von weiteren Genussscheinen in abhängigen Aktiengesellschaften entgegen *Schneider* schon gar keine Verwässerung. Denn die Bedienung der Anleger ist für die abhängige Aktiengesellschaft Aufwand. Die Ausschüttung mindert zwar den Jahresüberschuss. Auf die Abführungsverpflichtung der abhängigen Aktiengesellschaft hat die Ausschüttung jedoch keine unmittelbaren Auswirkungen. Dies gilt auch für Genusskapital, das in der Bilanz des Emittenten in einem Eigenkapitalsonderposten ausgewiesen wird. Auch Zahlungen an Inhaber von Genussscheinen, die als Eigenkapital bilanziert werden, sind für den Emittenten lediglich Betriebsausgaben. Die hinter der Formulierung „Zahlung aus dem Bilanzgewinn" stehende Vorstellung, dass das Unternehmensergebnis selbst an die Genussscheininhaber verteilt würde, ist irrig. Es wird nicht das an das herrschende Unternehmen abzuführende Ergebnis an die Genussscheininhaber ausgeschüttet. Der Ausschüttungsanspruch der Anleger ist auch bei Eigenkapitalgenussscheinen niemals Gewinnverwendung. Die Ergebnisabführungsverpflichtung an die herrschende Aktiengesellschaft wird nur gemindert. Die Minderung erfolgt insoweit, als die Ausschüttung beim abhängigen Emittenten Betriebsausgabe darstellt. Diese Minderung müssen die Inhaber von Genussscheinen oder Gewinnschuldverschreibungen beim herrschenden Unternehmen jedoch hinnehmen. Denn dieselbe Minderung würde eintreten, wenn sich die abhängige Aktiengesellschaft nicht über Genussscheine oder Gewinnschuldverschreibungen finanzieren würde, sondern zum Beispiel über Industrieobligationen oder Bankdarlehen. Inhaber von Genussscheinen oder Gewinnschuldverschreibungen bei der herrschenden Aktiengesellschaft genießen auch keinen Verwässerungsschutz, wenn die abhängige Aktiengesellschaft zur Fremdfinanzierung Bankdarlehen aufnimmt, deren Zinsbelastungen als Betriebsausgabe den Gewinn der abhängigen Aktiengesellschaft ebenso mindern würde wie die Zahlungen an die Inhaber von Genussscheinen oder Gewinnschuldverschreibungen.

## 1.2. Optionsanleihen, Wandelanleihen

### 1.2.1. Schadensersatzansprüche

Eine ungünstige wirtschaftliche Entwicklung der Aktiengesellschaft schädigt die Inhaber von Options- und Wandelanleihen ebenso wie die Inhaber von Genussscheinen und Gewinnschuldverschreibungen. Bei Options- oder Wandelanleihen kann durch eine sorgfaltswidrige Geschäftsführung der Kurs der Aktien des Emittenten sinken. Dies führt zu einem Wertverlust der Aktienbezugs- oder Umtauschrechte. Die Bezugs- oder Umtauschrechte können unter Umständen wegen der ungünstigen Entwicklung des Aktienkurses nicht oder nur unter Verlusten ausgeübt werden. Ebenso wie die Inhaber von Genussscheinen oder Gewinnschuldverschreibungen haben die Inhaber von Options- oder Wandelanleihen keine Möglichkeit, auf die Geschäftsführung des Emittenten Einfluss zu nehmen. Denn die Mitgliedschaft entsteht erst nach Ausübung des Bezugs- oder Umtauschrechts, und zwar mit Wirkung nur für die Zukunft. Vor der Ausübung des Bezugs- oder Umtauschrechts hat der Options- oder Wandelanleiheinhaber keine Gesellschafterrechte in der Aktiengesellschaft. Das Bezugs- oder Umtauschrecht ist rein schuldrechtlicher Natur. Die wirtschaftliche Entwicklung des Emittenten ist im allgemeinen das Risiko, das die Inhaber von Options- oder Wandelanleihen übernommen haben. Das Risiko für allgemeine wirtschaftliche Verluste können sie nicht auf die Aktiengesellschaft abwälzen. Auch das Entstehen eines Konzerns können die Inhaber von Options- oder Wandelanleihen nicht verhindern. Gesellschafterrechte, insbesondere Stimmrechte oder Anfechtungsrechte, stehen den Inhabern vor Ausübung der Aktienbezugs- oder Umtauschrechte nicht zu. Dies gilt, obwohl die Bezugs- oder Umtauschrechte nicht nur vom Wert der Aktien des (herrschenden Emittenten) abhängen, sondern auch durch Schädigungen in abhängigen Tochtergesellschaften beeinflusst werden können. Eine verlustbringende Geschäftsführung der abhängigen Gesellschaft schädigt indirekt die Inhaber von Options- oder Wandelanleihen ebenso wie die Inhaber von Genussscheinen oder Gewinnschuldverschreibungen. Denn verlustbringende Geschäfte der abhängigen Aktiengesellschaft führen zu einer Minderung oder zu einem vollständigen Ausfall der Gewinne aus der Beteiligung bei der herrschenden Aktiengesellschaft. Die ausgebliebenen Beteiligungsgewinne oder sogar Verlustausgleichs- und Schadensersatzansprüche der abhängigen Aktiengesellschaft gegen die herrschende Aktiengesellschaft belasten das Ergebnis der herrschenden Aktiengesellschaft. Dies kann zu einem Kursverlust der Aktien des (herrschenden) Emittenten führen. Mit dem Kursverlust der Aktien sinkt auch der Wert der Aktienbezugs- oder Umtauschrechte.

Da die einfachen faktische Konzernierung[299], die vertragliche Konzernierung oder die Eingliederung keinen Unrechtstatbestand darstellen, macht allein die bloße Tatsache der Konzernierung den Emittenten gegenüber den Anlegern noch nicht schadenersatzpflichtig. Aus der grundsätzlichen Legitimität der Konzernierung folgt auch, dass allein die bloße Veranlassung eines abhängigen Unternehmens zu Maßnahmen oder die Weisung an ein abhängiges Unternehmen grundsätzlich keine rechtswidrige Pflichtverletzung gegenüber den Anlegern darstellt. Veranlassungen oder Weisungen sind nicht schon an sich unseriös. Die Konzernbildung selbst und das Ausnützen von Abhängigkeiten im Konzern bewegt sich im Rahmen des Handelns eines ordentlich denkenden und handelnden Kaufmanns. Damit verbundene Beeinflussungen muss der Inhaber von Options- und Wandelanleihen im Grundsatz hinnehmen. In der Regel wird die Konzernierung für die herrschende Aktiengesellschaft vorteilhaft sein, da die herrschende Gesellschaft in der Regel imstande ist, den Konzern zu ihrem Vorteil zu lenken. Eine Pflichtwidrigkeit gegenüber den Anlegern liegt nicht schon dann vor, wenn die herrschende Aktiengesellschaft das abhängige Unternehmen zu nachteiligem Handeln veranlasst und die herrschende Aktiengesellschaft dem abhängigen Unternehmen dessen Nachteile ausgleichen oder ersetzen muss. Es kann nicht gesagt werden, dass ausgleichs- oder schadenersatzpflichtige Einflussnahmen im Konzern aus der Sicht eines verantwortungsbewusst denkenden und handelnden Kaufmanns schlechthin nicht gerechtfertigt werden können. Denn die Vornahme der veranlassten Maßnahme kann für das herrschende Unternehmen gleichwohl vorteilhaft sein.

Die Voraussetzungen der Haftung für sorgfaltswidrige Geschäftsführung sind erst erfüllt, wenn der Emittent selbst eine schädigende Maßnahme vorgenommen hat, die schlechterdings kein seriöser Kaufmann vorgenommen hätte oder wenn der Emittent einem abhängigen Unternehmen schädigende Geschäftsführungsmaßnahmen angewiesen bzw. diese veranlasst hat, die ein ordentlicher Kaufmann schlechthin nicht angewiesen oder veranlasst hätte und der Emittent die Nachteile seiner Einflussnahme bei der abhängigen Aktiengesellschaft ausgleichen bzw. ersetzen muss. Da es auf den Konzerninnenausgleich nicht ankommt, spielt es keine Rolle, ob die veranlasste Maßnahme von einem ordentlichen Kaufmann befolgt worden wäre. Zum anderen haftet der Emittent den Anlegern, wenn er das Verhalten des abhängigen Unternehmens zwar nicht angewiesen hat, aber das Handeln des abhängigen Unternehmens duldet, obwohl ein ordentlich denkender

---

[299] *Geßler* in Geßler/Hefermehl, AktG, § 18 Rn 44 f.; *Kropff* in Geßler/Hefermehl, AktG, § 311 Rn 27 f.; *Koppensteiner* in KöKo, AktG, Vor § 311 Rn 6 ff.; *Geßler* in FS Westermann (1974), S. 145, 150 ff., 155; *Hommelhoff*, Die Konzernleitungspflicht (1982), S. 110 ff.; *Henze* BB 1996, 489, 498; *K. Schmidt*, Gesellschaftsrecht, § 31 IV 2; *Emmerich/Habersack*, Aktienkonzernrecht, Vor § 311 Rn 6; *Hüffer*, AktG, § 311 Rn 6; *Krieger* in MüHandb., Band 4, § 69 Rn 19.

und handelnder Kaufmann sie schlechthin nicht geduldet hätte und der Emittent die Schäden beim abhängigen Unternehmen ausgleichen muss. Der herrschende Emittent ist verpflichtet, zur Wahrung der Interessen der Anleger auf die Geschäftsführung des abhängigen Unternehmens einzuwirken und seine Leitungsmacht entsprechend im Interesse der Anleger auszuüben. Der Schadensersatzanspruch aus positiver Vertragsverletzung wegen pflichtwidriger Geschäftsführung des Emittenten ist stets nur auf Geld gerichtet, nicht etwa auf Vertragsanpassung oder gar auf Rückgängigmachung der Konzernierung. Um seiner Schadensminderungsobliegenheit nachzukommen, kann der Options- oder Wandelanleiheinhaber verpflichtet sein, das entwertete Aktienbezugs- oder Umtauschrecht auszuüben, um den Schaden möglichst gering zu halten. Schädigendes Handeln des abhängigen Unternehmens, das vom (herrschenden) Emittenten nicht veranlasst wurde, führt jedoch mangels zurechenbaren Verhaltens zu keiner Haftung des Emittenten aus positiver Vertragsverletzung gegenüber den Options- oder Wandelanleiheinhabern.

Im qualifiziert faktischen Konzern löst allein schon die bloße qualifiziert faktische Konzernierung an sich Schadensersatzansprüche der Anleger aus, da sie wegen des Verstoßes gegen § 76 Abs. 1 AktG nach herrschender Meinung[300] eine rechtswidrige Konzernstruktur darstellt. Da ein ordentlich denkender und handelnder Kaufmann eine rechtswidrige Konzernstruktur schlechthin nicht geschaffen hätte, stellt die Schaffung eines qualifiziert faktischen Konzerns eine Pflichtwidrigkeit gegenüber den Anlegern dar. Denn im Recht der Aktiengesellschaften sind der Vertragskonzern und die Eingliederung die einzig zulässigen Formen qualifizierter Konzernierung. In der Regel wird es jedoch an einer Schädigung der Anleger durch die qualifiziert faktische Konzernierung fehlen, da der Emittent als herrschendes Unternehmen in der Lage ist, den qualifiziert faktischen Konzern zu seinem Nutzen zu beherrschen. Sollten die Anleger ausnahmsweise dennoch geschädigt werden, können sie den Schadensersatzanspruch aus positiver Vertragsverletzung geltend machen.

### 1.2.2. Kündigung aus wichtigem Grund

Für die Frage nach der Kündbarkeit von Options- oder Wandelanleihen aus wichtigem Grund ist zwischen der festverzinslichen Anleihe und dem Aktien-

---

300 OLG Hamm NJW 1987, 1030 = AG 1987, 38; *Hommelhoff*, Die Konzernleitungspflicht (1982), S. 138 ff.; *Flume*, Allgemeiner Teil des Bürgerlichen Rechts, Band I/2, § 4 IV; *Deilmann*, Die Entstehung (1990), S. 82; *Raiser*, Recht der Kapitalgesellschaften, § 53 Rn 38; *K. Schmidt*, Gesellschaftsrecht, § 31 IV 4; *Emmerich/Sonnenschein*, Konzernrecht, § 20a IV; *Emmerich/Habersack*, Aktienkonzernrecht, Vor § 311 Rn 43; *Krieger* in MüHandb., Band 4, § 69 Rn 113, 128; a.A. *Decher* DB 1990, S. 2006 f.

bezugs- oder Umtauschrecht zu unterscheiden. Die festverzinsliche Anleihe ist aus wichtigem Grund kündbar. Allein in der Tatsache der bloßen Konzernierung liegt jedoch ebensowenig ein wichtiger Grund wie in nachteiligen Einflussnahmen auf die abhängige Gesellschaft. Erstens ist die Einflussnahme im Konzern in der Regel für das herrschende Unternehmen von Vorteil. Zweitens wird die Anleihe, da sie festverzinslich ist, durch schädliche Maßnahmen des Emittenten nicht berührt. Die Anleihe ist unverändert zu bedienen. Den Anlegern entsteht insoweit kein Schaden.

Das Aktienbezugs- oder Umtauschrecht ist nicht kündbar[301]. Es wird entweder ausgeübt oder nicht ausgeübt. Macht der Anleger von seinem Aktienbezugs- oder Umtauschrecht keinen Gebrauch, weil es durch Aktienkursverluste infolge schädigender Geschäftsführungsmaßnahmen entwertet wurde, steht dem Anleger unter den oben genannten Voraussetzungen ein Schadensersatzanspruch aus positiver Vertragsverletzung gegen den Emittenten zu. Eines Kündigungsrechts aus wichtigem Grund bedarf es nicht.

### 1.2.3. Vertragsanpassung wegen Wegfalls der Geschäftsgrundlage

Die Ausführungen der Kündigung aus wichtigem Grund gelten auch für die Frage nach einer Anpassung wegen Wegfalls der Geschäftsgrundlage. Die Options- oder Wandelanleiheinhaber können nicht Vertragsanpassung wegen Wegfalls der Geschäftsgrundlage verlangen. Anders als bei den gewinnabhängigen Genussscheinen oder Gewinnschuldverschreibungen fehlt es für die festverzinsliche Anleihe an einem Bedürfnis für die Vertragsanpassung. Denn die festverzinsliche Anleihe ist vom Emittenten unverändert zu bedienen. Die festverzinsliche Anleihe wird durch schädliche Maßnahmen des Emittenten nicht berührt. Den Anlegern entsteht kein Schaden.

Denkbar wäre jedoch eine Anpassung des Aktienbezugs- oder Umtauschrechts. Gegen eine Anpassung spricht jedoch erstens, dass die Konzernierung die Autonomie der herrschenden Gesellschaft nicht bedroht, so dass keine über das normale Risiko hinausgehende Gefahr von schädigenden Geschäftsführungsmaßnahmen besteht. Es besteht keine Gefahr, dass der (herrschende) Emittent wegen der Konzernierung nicht mehr in seinem Eigeninteressen betrieben wird. Die grundsätzliche Interessenparallelität zwischen Gesellschaft, Aktionären und Anlegern ist gewahrt. Der Anleger steht nicht schlechter als im normalen Zweierverhältnis. Die Konzernleitungsmaßnahmen des herrschenden Emittenten im qualifiziert faktischen Konzern sind vielmehr in der Regel für das herrschende

---

[301] *Kallrath*, Die Inhaltskontrolle (1994), S. 132.

Unternehmen von Vorteil. Zweitens stehen den Anlegern Schadensersatzansprüche aus positiver Vertragsverletzung zu, wenn sie durch einzelne Geschäftsführungsmaßnahmen des herrschenden Emittenten geschädigt. Den Anlegern ist ein Festhalten am Vertrag deshalb auch zumutbar.

### 1.2.4. Stille Reserven und Rücklagenbildung in Tochtergesellschaften

a) Meinungsstand

Nach *Kallrath*[302] unterliege das herrschende Unternehmen bei der Auflösung von Rücklagen in der Tochtergesellschaft keinerlei Bindungen gegenüber den Wandel- und Optionsberechtigten. Das Tochterunternehmen, dessen Rücklagen aufgelöst und als Gewinn an das herrschende Unternehmen ausgeschüttet werden, sei den Inhabern der Wandel- und Optionsanleihen gegenüber nicht verpflichtet. Möglich wäre aber eine Verpflichtung der Mutter gegenüber den Wandel- und Optionsberechtigten, keinen dahingehenden Einfluss auf die Tochter auszuüben. Gegen die Annahme einer solchen Pflicht, auch ohne eine ausdrückliche Vereinbarung in den Wertpapierbedingungen, spreche aber, dass das herrschende Unternehmen die Anteile an der Tochter auch verkaufen und so die in den Rücklagen der Tochter gebundenen Mittel freisetzen könne.

b) Stellungnahme

Löst das abhängige Unternehmen im Konzern Rücklagen oder stille Reserven auf, besteht kein Schutzbedarf für die Inhaber von Options- oder Wandelanleihen des herrschenden Unternehmens. Denn die dadurch frei werdenden Mittel sind im Rahmen des Beherrschungs- und Gewinnabführungsvertrages an den herrschenden Emittenten abzuführen und bleiben „im Konzern". Der Mittelabfluss findet erst statt, wenn der herrschende Emittent die Ausschüttung beschließt. Ob die Verwendung des abgeführten Gewinns den Anlegern gegenüber pflichtwidrig ist, kann nach den oben entwickelten Kriterien auf der Ebene des herrschenden Unternehmens geprüft werden. Die Auflösung der Rücklagen oder stille Reserven in der Tochtergesellschaft beeinträchtigt die Inhaber der Optionsanleihen oder Wandelanleihen des herrschenden Unternehmens nicht. Insoweit weist auch *Kallrath*[303] zutreffend darauf hin, dass das herrschende Unternehmen die Anteile am abhängigen Unternehmen auch verkaufen und so die in den Rücklagen der Tochter gebundenen Mittel freisetzen könnte. Gegen die Ausschüttung der durch

---

[302] *Kallrath*, Die Inhaltskontrolle (1994), S. 105 f.

[303] *Kallrath*, Die Inhaltskontrolle (1994), S. 105 f.

die Veräußerung der Aktien erwirtschafteten Erträge wären die Inhaber von Wandel- und Optionsanleihen grundsätzlich ebenso wenig geschützt. Dann aber lässt es sich nicht begründen, warum eine weitergehende Bindung hinsichtlich der Rücklagen der Tochter bestehen soll. Das herrschende Unternehmen unterliegt also bei der Auflösung von Rücklagen in der Tochtergesellschaft keinerlei Bindungen gegenüber den Wandel- und Optionsberechtigten.

### 1.2.5. Kapitalerhöhung in Tochtergesellschaften

a) Meinungsstand

Die Auswirkungen der Kapitalerhöhung in einem abhängigen Unternehmen auf die Inhaber von Options- oder Wandelanleihen des herrschenden Unternehmens wurden bislang nicht diskutiert.

b) Stellungnahme

Der Anlegerschutz erfolgt bei Kapitalerhöhungen aus Gesellschaftsmitteln aus § 216 Abs. 3 AktG, bei Kapitalerhöhungen gegen Einlagen analog § 216 Abs. 3 AktG. Die Aktienbezugs- oder Umtauschrechte werden in beiden Fällen der Kapitalerhöhung gleichermaßen verwässert. Die Auswirkungen der Kapitalerhöhung in einem abhängigen Unternehmen auf die Inhaber von Options- oder Wandelanleihen werden in der Literatur nicht erörtert. Aber ebenso wie bei Genussscheinen oder Gewinnschuldverschreibungen wirken Kapitalerhöhungen in abhängigen Unternehmen auf die Inhaber von Options- oder Wandelanleihen des herrschenden Unternehmens wie Rücklagenbildungen (siehe oben). Options- oder Wandelanleiheinhaber werden durch Rücklagen jedoch nicht beeinträchtigt. Vielmehr haben Options- oder Wandelanleiheinhaber in gewisser Weise sogar ein Interesse an Rücklagenbildungen, weil sich dadurch die durch das Aktienbezugs- oder Umtauschrecht erwerbbare Vermögenssubstanz des Emittenten erhöht. Die Höhe des Grundkapitals des abhängigen Unternehmens hat keinen Einfluss auf die Höhe des an das herrschende Unternehmen abzuführenden Ergebnisses. Bei Kapitalerhöhungen in abhängigen Unternehmen bedarf es also keines Schutzes der Inhaber von Options- oder Wandelanleihen des herrschenden Unternehmens.

### 1.2.6. Kapitalherabsetzung in Tochtergesellschaften

a) Meinungsstand

In der Literatur noch nicht erörtert sind die Folgen einer Kapitalherabsetzung in einem abhängigen Unternehmen auf die Inhaber von Options- oder Wandelanleihen des herrschenden Unternehmens.

b) Stellungnahme

So wie Kapitalerhöhungen im abhängigen Unternehmen wie Rücklagenbildungen wirken, wirken Kapitalherabsetzungen im abhängigen Unternehmen wie die Auflösung von Rücklagen. Die dadurch frei gewordenen Beträge sind an das herrschenden Unternehmen abzuführen. Die Interessen der Options- oder Wandelanleiheinhaber sind insoweit beeinträchtigt als die abgeführten Beträge beim herrschenden Emittenten zu überhöhten Gewinnausschüttungen führen können (dazu siehe Kapitel II 2.4.). Diese Ausführungen sind jedoch insoweit theoretisch, als Kapitalherabsetzungen in der Regel zu Sanierung der Aktiengesellschaft erfolgen. Die Sanierung einer Konzerngesellschaft kann aber den Anlegern gegenüber keine Pflichtwidrigkeit darstellen. Sie bewegt sich im Rahmen ordentlichen kaufmännischen Wirtschaftens und gehört zum Kern unternehmerischer Handlungsfreiheit. Es verwirklicht sich das typische Anlegerrisiko. Erfolgt die Kapitalherabsetzung zusammen mit einer Kapitalerhöhung gegen Einlagen, kann die Kapitalerhöhung gegen Einlagen gegenüber den Anlegern Thesaurierungswirkung entfalten. Thesaurierungen widersprechen jedoch nicht den Interessen der Options- oder Wandelanleiheinhaber. Außerdem handelt es sich bei Kapitalerhöhungen gegen Einlagen zur Sanierung nicht um eine Pflichtwidrigkeit gegenüber den Anlegern.

Beispiel: Die (herrschende) X-Aktiengesellschaft, die mit der (abhängigen) A-Aktiengesellschaft einen Beherrschungs- und Ergebnisabführungsvertrag abgeschlossen hatte, emittierte Optionsanleihen. Die marode (abhängige) A-Aktiengesellschaft setzte auf Druck der X-Aktiengesellschaft das Grundkapital nominell auf 100.000,00 DM herab und erhöhte das Grundkapital wieder auf 100 Mio. gegen Einlagen. Folge? Ein Anpassungsanspruch der Optionsanleiheinhaber entsprechend § 216 Abs. 3 AktG besteht nicht. Die Kapitalherabsetzung setzte keine Mittel frei, sondern passte das Grundkapital nur den realen Verhältnissen des herabgewirtschafteten Aktivvermögens an. Durch den potentiellen Thesaurierungseffekt der Kapitalerhöhung gegen Einlagen werden die Anleger nicht beeinträchtigt, da sie an der Vermögenssubstanz nach Ausübung des Aktienbezugsrechts teilhaben. Ein Schadensersatzanspruch aus positiver Vertragsverletzung wegen unseriöser Geschäftsführung kommt nicht in Betracht. Die beabsichtigte

Sanierung der A-Aktiengesellschaft durch die X-Aktiengesellschaft entspricht dem Bild eines ordentlich denkenden und handelnden Kaufmanns.

### 1.2.7. Ausgabe weiterer Wertpapiere in Tochtergesellschaften

Die Ausgabe weiterer Options- oder Wandelanleihen in einem abhängigen Unternehmen wird in der Literatur nicht erörtert. Da die Ausgabe weiterer Options- oder Wandelanleihen wie eine Kapitalerhöhung und die Kapitalerhöhung in einem abhängigen Unternehmen ihrerseits auf die Inhaber von Options- oder Wandelanleihen des herrschenden Unternehmens wie eine Rücklagenbildung im abhängigen Unternehmen wirkt, gelten die obigen Ausführungen. Die Anleger bedürfen bei der Ausgabe weiterer Options- oder Wandelanleihen in Tochtergesellschaften keines Schutzes.

## 2. Der Emittent ist abhängiges Unternehmen im einfachen faktischen Konzern

### 2.1. Genussscheine, Gewinnschuldverschreibungen

#### 2.1.1. Schadensersatzansprüche

a) Meinungsstand

Die Literatur stellt überwiegend fest, dass es keinen konzernspezifischen Anlegerschutz im einfach faktischen Konzern gebe[304]. Die Anleger könnten die einfach faktische Konzernierung nicht verhindern[305]. Den Inhabern von Genussscheinen oder Gewinnschuldverschreibungen stünden nach herrschender Meinung[306] weder Anpassungsansprüche noch Kündigungsrechte zu. Zur Begründung führt die herrschende Meinung[307] an, dass im einfach faktischen Konzern ein gesetzlich geregelter direkter Ausgleichsanspruch anders als etwa bei einer vertraglichen Konzernierung fehle. Die §§ 311 ff. AktG gingen von punktuellen Veranlassungen und Schädigungen aus, welche durch das Ausgleichs- und Schadensersatzsystem der §§ 311, 317 AktG neutralisiert würden. Die §§ 311, 317 AktG stellen den abhängigen Emittenten so, wie wenn er unabhängig geblieben wäre. Die Interessen der Anleger würden dadurch mittelbar mitgeschützt. Außerdem verweist die herrschende Meinung auf die Aktionäre, denen ebenfalls keine Rechte auf Ausgleichszahlung oder Mindestdividende zustünden[308]. Die Wertpapierinhaber seien auf Schadensersatzansprüche aus positiver Forderungsverletzung gegen den Emittenten beschränkt, wenn dieser eine nachteilige Einflussnahme ohne Ausgleich hinnehme[309]. Nach

---

[304] *Konzen* RdA 1984, 80; *Schneider* in FS Goerdeler (1987), S. 511, 527, 529; *Frantzen*, Genußscheine (1993), S. 279 ff.; *Lutter* in KöKo, AktG, § 211 Rn 403; *Hüffer*, AktG, § 221 Rn 68a.

[305] *Schneider* in FS Goerdeler (1987), S. 511, 529; *Frantzen*, Genußscheine (1993), S. 273.

[306] *Konzen* RdA 1984, 80; *Frantzen*, Genußscheine (1993), S. 279 ff.; *Sethe* AG 1993, 351, 366 f.; *Kallrath*, Die Inhaltskontrolle (1994), S. 181 f.; *Karollus* in Geßler/Hefermehl, AktG, § 221 Rn 420; *Lutter* in KöKo, AktG, § 211 Rn 403.

[307] *Konzen* RdA 1984, 80; *Schneider* in FS Goerdeler (1987), S. 511, 527, 529; *Frantzen*, Genußscheine (1993), S. 279 ff.; *Sethe* AG 1993, 351, 366 f.; *Kallrath*, Die Inhaltskontrolle (1994), S. 181 f.; *Karollus* in Geßler/Hefermehl, AktG, § 221 Rn 420; *Lutter* in KöKo, AktG, § 211 Rn 403; *Hüffer*, AktG, § 221 Rn 68a.

[308] *Kallrath*, Die Inhaltskontrolle (1994), S. 181 f.; *Karollus* in Geßler/Hefermehl, AktG, § 221 Rn 420; *Lutter* in KöKo, AktG, § 211 Rn 403.

[309] *Kallrath*, Die Inhaltskontrolle (1994), S. 182.

*Frantzen*[310] kämen für den Fall, dass die Anleger durch Veranlassungen einen Schaden erleiden, der über den Schaden hinaus geht, der ihnen durch eine Schädigung des Emittenten zugefügt worden ist, Schadensersatzansprüche gem. §§ 826 BGB, 317 Abs. 1 S. 2 AktG analog in Betracht. Ein weiterer Anlegerschutz sei nur auf vertraglicher Grundlage möglich[311]. Im Verkaufsprospekt sei auf konzernrechtliche Tatbestände hinzuweisen[312].

b) Stellungnahme

Nach der herrschenden Meinung[313] in der Konzernrechtsliteratur ist die faktische Einflussmöglichkeit im faktischen Konzern legitime Herrschaftsmacht. Dem entspricht auf Seiten der abhängigen Gesellschaft, dass das Nachgeben einer Einflussnahme grundsätzlich legitim ist. Daraus folgt, dass allein das bloße Nachgeben einer Einflussnahme durch das abhängige Unternehmen noch keine rechtswidrige Pflichtverletzung gegenüber den Anlegern bedeutet.

Das bloße Nachgeben einer Einflussnahme begründet auch dann keine Schadensersatzpflicht gegenüber den Anlegern, wenn die Einflussnahme für das abhängige Unternehmen von Nachteil ist. Maßstab der Pflichtverletzung gegenüber den Anlegern ist nach der Klöckner-Entscheidung des Bundesgerichtshofs das Verhalten eines ordentlichen Kaufmanns. Es widerspricht nicht schlechthin dem Verhalten eines ordentlichen Kaufmanns, einer nachteiligen Einflussnahme nachzugeben, wenn diese Nachteile vom herrschenden Unternehmen auszugleichen bzw. zu ersetzen sind. Allein das bloße Nachgeben einer nachteiligen Einflussnahme führt also noch nicht zur Haftung des abhängigen Unternehmens gegenüber den Anlegern. Denn nachteilige Maßnahmen muss das herrschende Unternehmen nach § 311 AktG ausgleichen oder nach § 317 Abs. 1 AktG ersetzen. Die §§ 311 ff. AktG verfolgen das Ziel, das abhängige Unternehmen durch Nachteilsausgleich und Schadensersatz so zu stellen, wie wenn es unabhängig wäre. Die Herstellung der (fiktiven) Unabhängigkeit des abhängigen Unternehmens wird durch den Konzerninnenausgleich erreicht. Solange ein Innenausgleich funktioniert und durchgeführt wird, steht das abhängige Unternehmen wie ein unabhängiges. Der Anleger wird über die Ausgleichs- und

---

[310] *Frantzen*, Genußscheine (1993), S. 282.

[311] *Schneider* in FS Goerdeler (1987), S. 511, 527 f.; *Sethe* AG 1993, 351, 367.

[312] *Sethe* AG 1993, 351, 366 f.; *Luttermann*, Unternehmen (1998), S. 536 f.

[313] *Geßler* in Geßler/Hefermehl, AktG, § 18 Rn 44 f.; *Geßler* in FS Westermann (1974), S. 145, 150 ff.; 155; *Kropff* in Geßler/Hefermehl, AktG, § 311 Rn 27 f.; *Hommelhoff*, Die Konzernleitungspflicht (1982), S. 110 ff.; *Koppensteiner* in KöKo, AktG, Vor § 311 Rn 6 ff.; *Henze* BB 1996, 489, 498; *K. Schmidt*, Gesellschaftsrecht, § 31 IV 2; *Emmerich/Habersack*, Aktienkonzernrecht, Vor § 311 Rn 6; *Hüffer*, AktG, § 311 Rn 6; *Krieger* in MüHandb., Band 4, § 69 Rn 19.

Schadensersatzansprüche des Emittenten mitgeschützt. Er kann aber nicht mehr erwarten, als dass sein Emittent wie ein unabhängiges Unternehmen gestellt wird.

Für die Frage nach der Sorgfaltswidrigkeit der Geschäftsführung ist auf das veranlasste Verhalten abzustellen. Denn für die Haftung gegenüber den Anlegern wegen sorgfaltswidriger Geschäftsführung kommt es auf die Rechtsbeziehung des Anlegers zum Emittenten an. Der Emittent ist dem Anleger zur sorgfältigen Geschäftsführung verpflichtet, nicht das veranlassende herrschende Unternehmen. Haftungsgrund ist die sorgfaltswidrige Geschäftsführung des Emittenten, nicht das Verhalten (= Weisung) des herrschenden Unternehmens.

Schadensersatzansprüche kommen in Betracht, wenn das abhängige Unternehmen den Konzerninnenausgleich nach §§ 311, 317 Abs. 1 AktG nicht durchsetzt. Denn nach § 311 Abs. 1 AktG darf ein herrschendes Unternehmen seinen Einfluss nicht dazu benutzen, eine abhängige Aktiengesellschaft zu veranlassen, ein für sie nachteiliges Rechtsgeschäft vorzunehmen oder Maßnahmen zu ihrem Nachteil zu treffen oder zu unterlassen, es sei denn, dass die Nachteile ausgeglichen werden. Anders als im Vertragskonzern gibt es im faktischen Konzern keine Folgepflicht nach § 308 Abs. 2 AktG. Der Vorstand der abhängigen Gesellschaft hat die Vorteilhaftigkeit einer angewiesenen Maßnahme stets zu prüfen. Er kann sich dem Willen des herrschenden Unternehmens unterwerfen, ist dazu aber nicht verpflichtet. Entscheidet sich der Vorstand, den Veranlassungen des herrschenden Unternehmens nachzukommen, muss er, sofern beim abhängigen Unternehmen Nachteile entstehen, bis zum Ende des Geschäftsjahres auf Ausgleich drängen. Aus § 311 AktG folgt kein Anspruch der abhängigen Gesellschaft auf Nachteilsausgleich[314]. Wenn das herrschende Unternehmen den Nachteilsausgleich von vornherein ablehnt, darf der Vorstand die nachteilige angewiesene Maßnahme nicht durchführen. Tut er es gleichwohl, so tritt an die Stelle des § 311 AktG die Schadensersatzpflicht der Beteiligten nach §§ 93, 117 und 317 AktG. Außerdem kommt hier von Fall zu Fall die Anwendung des § 823 Abs. 2 BGB in Verbindung mit § 266 StGB und die des § 826 BGB in Betracht. Den Inhabern von Genussscheinen oder Gewinnschuldverschreibungen gegenüber liegt eine Pflichtverletzung vor.

Gleicht das herrschende Unternehmen die Nachteile nicht aus, tritt an die Stelle der Ausgleichspflicht der Schadensersatzanspruch nach § 317 Abs. 1 AktG. Nach § 317 Abs. 1 S. 1 AktG ist das herrschende Unternehmen der abhängigen Gesellschaft schadenersatzpflichtig, wenn es die abhängige Gesellschaft zu einem nachteiligen Rechtsgeschäft oder zu einer nachteiligen Maßnahme veranlasst ohne den Nachteil bis zum Ende des Geschäftsjahres nach § 311 AktG auszugleichen. Nach § 249 S. 1 BGB kann die abhängige Gesellschaft von dem

---

[314] *Hüffer*, AktG, § 311 Rn 38.

herrschenden Unternehmen in erster Linie Naturalrestitution durch Wiederherstellung des früheren Zustandes verlangen. Es kommen Unterlassungs- und Beseitigungsansprüche der abhängigen Gesellschaft in Betracht. Der Vorstand der abhängigen Gesellschaft muss den Schadensersatzanspruch aus § 317 Abs. 1 AktG notfalls im Klagewege durchsetzen. Weiteren „Weisungen" des herrschenden Unternehmens zu nachteiligen Maßnahmen darf er nicht mehr nachgeben[315]. Der Schadensersatzanspruch der abhängigen Gesellschaft aus § 317 Abs. 1 AktG ist in der Handelsbilanz sofort zu aktivieren, § 256 Abs. 5 S. 1 Nr. 2 AktG[316]. Wird dies unterlassen, handelt der abhängige Emittent den Anlegern gegenüber pflichtwidrig.

Der Vorstand darf auch nachteilige „Weisungen" nicht befolgen, die nicht ausgeglichen werden können. In solchen Fällen ist die „Weisung" rechtswidrig und deren Befolgung muss unterbleiben[317]. Die Rechtsfolgen eines Übergriffs sind im Gesetz nicht geregelt, ergeben sich aber aus einer analogen Anwendung des § 317 AktG[318]. Maßnahmen, die nicht durch Nachteilsausgleich legalisiert werden können, müssen mindestens dieselben Sanktionen auslösen wie Maßnahmen, die nicht durch Nachteilsausgleich legalisiert worden sind. Soweit eine veranlasste Maßnahme nicht legalisiert oder nicht einmal legalisierbar ist, stellt deren Befolgung den Anlegern gegenüber eine Pflichtverletzung dar. Da § 311 AktG von der Ausgleichbarkeit der Nachteile ausgeht, müssen diese Nachteile irgendwie quantifizierbar sein. Deshalb sind nur solche Nachteile, die durch Zahlung innerhalb des Geschäftsjahres überhaupt kompensiert werden können, durch Nachteilsausgleich legalisierbar[319]. Die nachteilige Maßnahme muss nicht dem Interesse der abhängigen Gesellschaft, aber wenigstens dem Konzerninteresse dienen[320]. Existenzgefährdende Eingriffe in die abhängige Aktiengesellschaft sind absolut verboten, denn der Leitgedanke des § 311 AktG ist, dass das Autonomieinteresse der abhängigen Gesellschaft geschützt und weiterhin schützbar bleibt. Verstöße stellen den Anlegern gegenüber eine Pflichtverletzung dar, da solche Handlungen von ein ordentlich denkender und handelnder Kaufmann nicht ausgeführt worden wären. Der abhängige Emittent haftet den Inhabern

---

315 *Emmerich/Sonnenschein*, Konzernrecht, § 20 IV 1.

316 BGHZ 124, 111, 119; *Kropff* ZGR 1994, 628, 630, 635 ff.; *Emmerich/Sonnenschein*, Konzernrecht, § 20 IV 1.

317 *Strohn*, Die Verfassung (1977), S. 63 ff.; *K. Schmidt*, Gesellschaftsrecht, § 31 IV 2 b; *Emmerich/Sonnenschein*, Konzernrecht, § 20 III 2; *Krieger* in MüHandb., Band 4, § 69 Rn 20, 70, 76.

318 *Beuthien* DB 1969, 1784; *Möhring* in FS Schilling (1973), S. 266; *Strohn*, Die Verfassung (1977), S. 65 ff.; *Kropff* DB 1967, 21 52; für § 309 AktG dagegen *Kropff* in Geßler/Hefermehl § 317 Rn 44; *K. Schmidt*, Gesellschaftsrecht, § 31 IV 2.

319 *Strohn*, Die Verfassung (1977), S. 65 ff.

320 *Strohn*, Die Verfassung (1977), S. 65.

von Genussscheinen oder Gewinnschuldverschreibungen aus positiver Vertragsverletzung auf Schadensersatz.

Neben dem Schadensersatzanspruch aus positiver Vertragsverletzung steht den Inhabern von Genussscheinen oder Gewinnschuldverschreibungen der subsidiäre Gläubigeranspruch aus § 317 Abs. 4 AktG zu. Nach § 311 Abs. 1 AktG darf ein herrschendes Unternehmen seinen Einfluss nicht dazu benutzen, eine abhängige Aktiengesellschaft zu veranlassen, ein für sie nachteiliges Rechtsgeschäft vorzunehmen oder Maßnahmen zu ihrem Nachteil zu treffen oder zu unterlassen, es sei denn, dass die Nachteile ausgeglichen werden. Gleicht das herrschende Unternehmen die Nachteile nicht aus, tritt an die Stelle der Ausgleichspflicht der Schadensersatzanspruch der nach § 317 Abs. 1 AktG. Anspruchsberechtigter beim Schadensersatzanspruch nach § 317 Abs. 1 AktG ist nur das abhängige Unternehmen. Ausnahmsweise können auch die außenstehenden Aktionäre den Schadensersatzanspruch der abhängigen Gesellschaft im eigenen Namen geltend machen, §§ 317 Abs. 1 S. 1, Abs. 4, 309 Abs. 4 S. 1 AktG. Die Genussscheininhaber haben in diesem internen Ausgleichsverhältnis grundsätzlich nichts zu suchen. Sie sind weder abhängige Gesellschaft noch Aktionäre. Sie können die §§ 311, 317 Abs. 1 AktG weder direkt noch analog geltend machen. Eine analoge Anwendung der Aktionärsvorschriften würde einen Systembruch in den §§ 311 ff. AktG bedeuten. Das Innenverhältnis und das Außenverhältnis würden sonst vertauscht werden. Die Anleger sind jedoch Gläubiger im Sinn des § 309 Abs. 4 S. 3 AktG. Der Ersatzanspruch der abhängigen Gesellschaft aus § 317 Abs. 1 S. 1 AktG kann auch hilfsweise von den Gläubigern geltend gemacht werden, soweit sie von dieser keine Befriedigung erlangen können, § 317 Abs. 1 S. 1, Abs. 4, 309 Abs. 4 S. 3 AktG. Es haften das herrschende Unternehmen und dessen gesetzliche Vertreter, sowie die Mitglieder des Vorstands und des Aufsichtsrats der abhängigen Gesellschaft, wenn sie ihrer Berichts- und Prüfungspflicht nach §§ 312, 314 AktG nicht nachgekommen sind, § 318 AktG. Die Gläubiger können Leistung an sich selbst verlangen. Es liegt kein Fall der gesetzlichen Prozessstandschaft vor. Da die §§ 317, 318 AktG nur die Sicherstellung des gesetzlichen Haftungssystems im Konzern bezwecken, verdrängen die §§ 317, 318 AktG nicht eine etwaige Haftung aus anderen Rechtsgründen.

Neben Ansprüchen aus positiver Vertragsverletzung und § 317 Abs. 4 AktG können sich weitere Ansprüche aus den §§ 93, 116, 117 AktG oder aus den §§ 823, 826 BGB ergeben[321].

---

[321] *Emmerich/Sonnenschein*, Konzernrecht, § 22 I.

### 2.1.2. Vertragsanpassung wegen Wegfalls der Geschäftsgrundlage

a) Meinungsstand

*Hirte*[322] plädiert im Falle der einfach faktischen Konzernierung dafür, einen Anspruch auf eine Garantiedividende des Genussscheininhabers aus § 311 AktG herzuleiten. *Luttermann*[323] will im einfach faktischen Konzern § 304 AktG analog anwenden. Zur Begründung führt *Luttermann* an, dass das System der §§ 311 ff. AktG dem Genussrechtsverhältnis keinen hinreichenden Schutz biete. Die herrschende Meinung[324] lehnt Anpassungsansprüche mit der bereits oben (2.1.1.) dargestellten Begründung ausdrücklich ab.

b) Stellungnahme

Gegen *Luttermann* spricht, dass die von ihm behauptete Unzulänglichkeit der §§ 311 ff. AktG eine empirisch nicht gesicherte Behauptung darstellt. Zwar sieht sich die gesetzliche Regelung der §§ 311 ff. AktG zahlreicher rechtlicher Bedenken ausgesetzt. Vor allem in der älteren Literatur[325] überwiegt die Kritik an der Effektivität der §§ 311 ff. AktG. In jüngerer Zeit setzt sich zunehmend eine positivere Einstellung zu den §§ 311 ff. AktG durch[326]. Da keine negative Entwicklung im einfach faktischen Konzern festgestellt werden könne, habe sich die gesetzliche Regelung in der Praxis bewährt, was auf eine positive Präventivwirkung der §§ 311 ff. AktG zurückzuführen sei. *Luttermanns* Prämisse von der Unzulänglichkeit der §§ 311 ff. AktG lässt sich in der Praxis nicht eindeutig belegen. Außerdem stellt die analoge Anwendung des § 304 AktG im einfach faktischen Konzern eine Außenseitermeinung dar, die von der heute

---

[322] *Hirte* ZIP 1988, 477, 488.

[323] *Luttermann*, Unternehmen (1998), S. 539; unklar *Schneider* in FS Goerdeler (1987), S. 529 f.

[324] *Frantzen*, Genußscheine (1993), S. 281 f.; *Sethe* AG 1993, 351, 366 f.; *Kallrath*, Die Inhaltskontrolle (1994), S. 181 f.; *Karollus* in Geßler/Hefermehl, AktG, § 221 Rn 420; *Lutter* in KöKo, AktG, § 211 Rn 403.

[325] *Mestmäcker* in FS Kronstein (1967), S. 129; *Geßler* in FS Flume (1978), Band II, S. 55; *Emmerich* AG 1987, 1; *Geßler* ZHR 145 (1981), 457; *Schmidt* ZGR 1981, 455; *Sura* ZHR 145 (1981), 432; *Stimpel* AG 1986, 117; *Bälz* AG 1992, 277, 283 f., 291 f., 304 f.

[326] *Lutter* ZHR 151 (1987), 444, 460; *Rittner* ZGR 1990, 203, 211 ff.; *Kropff* in Lutter, 25 Jahre Aktiengesetz (1991), S. 19, 46 ff.; *Hommelhoff*, 59. DJT (1992), G S. 11 ff., 19 ff.; *Hommelhoff* ZHR 156 (1992), 295, 312 ff.; *Kropff* in FS Kastner (1992), S. 279, 283 ff., 286; *Lutter* DB 1992, 2429; *Schmidt* JZ 1992, 856, 858 f.; *Altmeppen* ZIP 1996, 593; *Emmerich/Sonnenschein*, Konzernrecht, § 19 II; *Emmerich/Habersack*, Aktienkonzernrecht, Vor § 311 Rn 8; *Hüffer*, AktG, § 311 Rn 9 ff.

modernen Konzernrechtsliteratur[327] nicht geteilt wird. Im einfach faktischen Konzern gibt es gerade keine allgemeinen Verlustübernahme- und Ausgleichsansprüche. Für die Durchsetzung des konzerninternen Ausgleichs ist grundsätzlich das abhängige Unternehmen zuständig. Denn die §§ 302 ff. AktG knüpfen an die qualifizierte Abhängigkeit durch vertragliche Unterwerfung an. Die einfache Abhängigkeit und die Ausübung von Konzernherrschaft bei einfacher faktischer Konzernierung genügen noch nicht, um die Verlustrisiken von der Tochtergesellschaft auf die Obergesellschaft zu verlagern[328]. Die §§ 311 ff. AktG gehen von der Zufügung einzelner quantifizierbarer Nachteile aus. Die analoge Anwendung des § 304 AktG stünde in einem eindeutigen Widerspruch zur derzeit geltenden Rechtslage. Dieselben Gründe sprechen auch gegen *Hirtes* These. Eine Garantiedividende steht im Widerspruch zu dem auf Einzelweisungen aufbauenden System der §§ 311 ff. AktG. Gegen die These, einen Anspruch auf Garantiedividende aus § 311 AktG herzuleiten, spricht auch der Einwand, dass dadurch Konzerninnenverhältnis und Konzernaußenverhältnis vertauscht würden. Ausgleichs- und Schadensersatzansprüche haben im System des einfach faktischen Konzerns ihren Platz im Innenverhältnis. Es ist Sache des abhängigen Unternehmens, für Ausgleich und Schadensersatz zu sorgen. Die Interessen der Aktionäre des abhängigen Unternehmens und der Gläubiger sollen nach der Idee des Gesetzes nur indirekt mitgeschützt werden. Im Außenverhältnis gibt es im einfach faktischen Konzern keinen einer Garantiedividende entsprechenden Ausgleich. Eine Anpassung wegen der einfach faktischen Konzernierung findet deshalb nicht statt. Das Gesetz geht beim einfach faktischen Konzern vom Typus der autonomen Gesellschaft aus. Die autonome Gesellschaft bildet ihren Willen selbst und der Vorstand der abhängigen Gesellschaft ist nicht verpflichtet, dem Willen des herrschenden Unternehmens zu folgen. Die §§ 311 ff. AktG wollen der Autonomie der Gesellschaft Geltung verschaffen. Die abhängige Gesellschaft soll nicht zu ihrem Schaden und dem Schaden der Aktionäre für fremde Zwecke benutzt werden. Die abhängige Gesellschaft soll wirtschaftlich im Ergebnis so gestellt werden, als ob sie ihr Unternehmen weiterhin unabhängig im Eigeninteresse und nicht im Interesse des herrschenden Unternehmens betriebe[329]. Alle nachteiligen Folgen der vom herrschenden Unternehmen veranlassten Maßnahmen müssen ausgeglichen werden. Der Anleger mag zwar bei Vertragsschluss unbewusst davon ausgegangen sein, dass der Emittent nicht durch ein anderes Unternehmen beeinflusst werde. Die §§ 311 ff. AktG stellen den Emittenten aber gerade so, wie wenn er unabhängig geblieben wäre. Mehr kann der Anleger nicht erwarten. Die Schutzvorschriften der §§ 311 ff. AktG bewirken, dass der Anleger am Risiko der einfach faktischen Konzernierung zu

---

[327] *Koppensteiner* in KöKo, AktG, Vorb. § 311 Rn 21 ff.; *K. Schmidt*, Gesellschaftsrecht, § 31 IV 3 c.

[328] *K. Schmidt*, Gesellschaftsrecht, § 31 IV 3 c.

[329] *Emmerich/Sonnenschein*, Konzernrecht, § 19 IV 2.

beteiligen ist. Eine Vertragsanpassung etwa in Form einer Garantiedividende wäre auch eine unpassende Rechtsfolge, um auf die Konzernierung zu reagieren. Die §§ 311 ff. AktG gehen beim einfach faktischen Konzern von punktuellen Einzeleingriffen in die Autonomie der abhängigen Gesellschaft aus. Diesen punktuellen Einzeleingriffen begegnet das Gesetz ebenfalls mit punktuellen Ausgleichs- und Schadensersatzpflichten. Die Einräumung einer Garantiedividende würde aber den Boden des Einzelausgleichs verlassen, hin zu einer Verlustpauschalierung. Eine Ausgleichspauschale würde aber dem System der §§ 311 ff. AktG, die auf auszugleichende Einzeleingriffe aufbauen, widersprechen. Mit der Entstehung eines einfach faktischen Konzern entfällt also nicht die Geschäftsgrundlage des Genussschein- oder Gewinnschuldverschreibungsvertrags.

### 2.1.3. Kündigung aus wichtigem Grund

a) Meinungsstand

Nach *Kallrath*[330] haben die Anleger ein Recht zur Kündigung aus wichtigem Grund, wenn sie die Veränderung ihrer Lage durch die Konzernierung nicht hinnehmen wollten. Die herrschende Meinung[331] lehnt ein Kündigungsrecht ab. Erstens stehe ein außerordentliches Kündigungsrecht im Falle einer faktischen Konzernierung in einem Wertungswiderspruch zu den §§ 216 Abs. 3 AktG, 23 UmwG. Der Gesetzgeber habe sich gegen eine Kündigung und für eine Anpassung entschieden. Zweitens widerspreche ein Kündigungsrecht der Systematik der §§ 311 ff. AktG, welche die Nachteile der Abhängigkeit durch Ausgleichs- und Schadensersatzansprüche der abhängigen Gesellschaft nach §§ 311, 317 AktG ausgleichen wolle.

b) Stellungnahme

Gegen die herrschende Meinung, wonach ein außerordentliches Kündigungsrecht im Falle einer faktischen Konzernierung in einem Wertungswiderspruch zu den §§ 216 Abs. 3 AktG, 23 UmwG stehe, spricht der Zweck des § 23 UmwG. Nach § 23 UmwG sind einem Sonderrechtsinhaber im Fall einer Verschmelzung gleichwertige Rechte zu gewähren. § 23 UmwG bezweckt in erster Linie, dem Sonderrechtsinhaber im übertragenden Rechtsträger einen Schuldner zu erhalten. Denn mit der Verschmelzung erlischt der übertragende Rechtsträger liquidationslos. Im Gegensatz zur Verschmelzung, bei der der Emittent erlischt, behält das

---

[330] *Kallrath*, Die Inhaltskontrolle (1994), S. 182.
[331] *Hirte* ZIP 1988, 477, 488; *Frantzen*, Genußscheine (1993), S. 279 ff.

abhängige Unternehmen im faktischen Konzern seine rechtliche Selbständigkeit. Außerdem besteht die Gefahr im einfach faktischen Konzern darin, dass im Abhängigkeitsverhältnis Einfluss ausgeübt wird, der für die Inhaber von Genussscheinen oder Gewinnschuldverschreibungen Nachteile bringen kann. Für die Berücksichtigung nachteiliger wirtschaftlicher Entwicklungen wegen des Entstehens des einfach faktischen Konzerns ist § 23 UmwG nicht zugeschnitten. § 23 UmwG will den Anleger vor den Nachteilen der Umwandlung selbst schützen. Einen konzernspezifischen Anlegerschutz bedarf es nach der Konzeption des § 23 UmwG nicht. Anders als im Fall der Konzernierung geht das Gesetz davon aus, dass zwei autonome Gesellschaften zu einer wiederum autonomen Gesellschaft verschmolzen werden. § 23 UmwG kann es deshalb bei einem punktuellen Schutz vor der Umwandlung selbst belassen. Im einfach faktischen Konzern droht den Anlegern die Gefahr durch Eingriffe in die Autonomie der Gesellschaft nach der Konzernierung. Anlegerschutz im einfach faktischen Konzern will Eingriffe in die Autonomie ausgleichen. Bei der Verschmelzung gibt es kein Autonomieproblem. Auch § 216 Abs. 3 AktG passt auf die einfach faktische Konzernierung nicht. Nach § 216 Abs. 3 AktG soll wegen der Änderung des Grundkapitals lediglich der Berechnungsschlüssel für die Ausschüttung angepasst werden. In § 216 Abs. 3 AktG geht es nicht um Autonomieprobleme. Die Analogie zu § 216 Abs. 3 AktG passt auf Anlegerschutzprobleme wegen konzernbedingter schädigender Geschäftsführung nicht. Autonomieprobleme und konzernbedingte schädigende Geschäftsführung sind vom Schutzbereich der §§ 216 Abs. 3 AktG, 23 UmwG nicht erfasst. Aus §§ 216 Abs. 3 AktG, 23 UmwG lässt sich nicht die Wertung ableiten, dass im einfach faktischen Konzern eine Kündigung der Inhaber von Genussscheinen oder Gewinnschuldverschreibungen ausscheidet.

Vielmehr ist anerkannt, dass jedes Dauerschuldverhältnis aus wichtigem Grund außerordentlich kündbar ist. Da es sich bei dem Genussschein- und Gewinnschuldverschreibungsvertrag um ein Dauerschuldverhältnis handelt, muss eine außerordentliche Kündigung grundsätzlich zulässig sein. Die Frage ist nur, wann ein wichtiger Grund für die Kündigung gegeben ist. Allein in der bloßen Entstehung eines einfach faktischen Konzerns liegt kein Kündigungsgrund. Dies ergibt sich allerdings nicht aus einer den §§ 216 Abs. 3 AktG, 23 UmwG zugrunde liegenden Wertung. Vielmehr gehen die §§ 311 ff. AktG von punktuell wirkenden Einflussnahmen und Schädigungen aus, die jedoch durch das Ausgleichs- und Schadensersatzsystem der §§ 311, 317 Abs. 1 AktG neutralisiert werden sollen. Die §§ 311 ff. AktG wollen das abhängige Unternehmen so stellen, wie wenn es unabhängig geblieben wäre. Mehr kann der Anleger vom Emittenten nicht verlangen.

Etwas anderes ist es, dass nicht die einfach faktische Konzernierung an sich, sondern bestimmte Maßnahmen im Gefolge der einfach faktischen Konzernierung zur Kündigung aus wichtigem Grund berechtigen. Demnach kann insbesondere in einer schädigenden Geschäftsführungsmaßnahme des abhängigen Unternehmens durch Nachgeben einer Einflussnahme ein wichtiger Grund für eine Kündigung liegen. Zum Beispiel ist das abhängige Unternehmen verpflichtet, bis zum Ende des Geschäftsjahres auf Ausgleich (§ 311 AktG) zu drängen. Findet ein Ausgleich nicht statt, tritt an die Stelle der Ausgleichspflicht der Schadensersatzanspruch nach § 317 Abs. 1 AktG. Der Vorstand der abhängigen Gesellschaft muss den Schadensersatzanspruch aus § 317 Abs. 1 AktG notfalls einklagen. Weiteren „Weisungen" des herrschenden Unternehmens zu nachteiligen Maßnahmen darf er nicht mehr nachgeben[332]. Der Schadensersatzanspruch der abhängigen Gesellschaft aus § 317 Abs. 1 AktG ist in der Handelsbilanz sofort zu aktivieren, § 256 Abs. 5 S. 1 Nr. 2 AktG[333]. Unterlässt es das abhängige Unternehmen, den Konzerninnenausgleich durchzusetzen, ist ein wichtiger Grund für eine Kündigung gegeben. Allerdings wird ein einmaliges Unterlassen hierfür nicht ausreichen. Denn dem Anleger stehen zur Durchsetzung seiner Interessen die Schadensersatzansprüche aus positiver Vertragsverletzung und aus § 317 Abs. 4 AktG zu. Erst bei einem weiteren Unterlassung liegen die Voraussetzungen zur Kündigung vor. Denn dem Anleger ist es nicht zuzumuten, jedes Jahr erneut zu klagen und dabei jeweils Kostenrisiken und Unannehmlichkeiten einzugehen.

Nach §§ 317 Abs. 1 AktG, 249 S. 1 BGB kann die abhängige Gesellschaft von dem herrschenden Unternehmen auch Naturalrestitution durch Wiederherstellung des früheren Zustandes verlangen. Es kommen Unterlassungs- und Beseitigungsansprüche der abhängigen Gesellschaft in Betracht. Ein wichtiger Grund zur Kündigung liegt deshalb auch dann vor, wenn das abhängige Unternehmen die Beseitigungs- und Unterlassungsansprüche nicht geltend macht und auch sonst nicht für Nachteilsausgleich sorgt. Ein zweimaliges Unterlassen wird für eine außerordentliche Kündigung ausreichen.

Da § 311 AktG von der Ausgleichbarkeit der Nachteile ausgeht, müssen die Nachteile irgendwie quantifizierbar sein. Ansonsten darf der Vorstand nachteilige „Weisungen", die nicht ausgeglichen werden können, nicht befolgen. Solche „Weisungen" sind rechtswidrig und müssen unterbleiben[334]. Soweit eine Maßnahme nicht legalisiert oder nicht einmal legalisierbar ist, können die

---

[332] *Emmerich/Sonnenschein*, Konzernrecht, § 20 IV 1.

[333] BGHZ 124, 111, 119; *Kropff* ZGR 1994, 628, 630, 635 ff.; *Emmerich/Sonnenschein*, Konzernrecht, § 20 IV 1.

[334] *Strohn*, Verfassung (1977), S. 63 ff.; *K. Schmidt*, Gesellschaftsrecht, § 31 IV 2 b; *Emmerich/Sonnenschein*, Konzernrecht, § 20 III 2; *Krieger* in MüHandb., Band 4, § 69 Rn 20, 70, 76.

Aktionäre Unterlassung der rechtswidrigen Maßnahme oder Beseitigung des hierdurch geschaffenen rechtswidrigen Zustands verlangen[335]. Kommt der Emittent nicht quantifizierbaren Veranlassungen mehrmals nach, rechtfertigt dies die Kündigung der Anleger aus wichtigem Grund.

Existenzgefährdende Eingriffe in die abhängige Aktiengesellschaft sind absolut verboten. Kommt der Emittent einer Einflussnahme nach, die die Existenz des Emittenten bedroht, ist sofort ein Kündigungsgrund gegeben.

---

[335] *K. Schmidt*, Gesellschaftsrecht, § 31 IV 2.

## 2.2. Optionsanleihen und Wandelanleihen

### 2.2.1. Schadensersatzansprüche

a) Meinungsstand

Speziell zu Schadensersatzansprüchen bei einfach faktischer Konzernierung gibt es keine Literatur. Entgegen der bereits älteren Auffassung von *Loos*[336] hält die jüngere Literatur[337] in Anschluss an die Klöckner-Entscheidung des Bundesgerichtshofs[338] Schadensersatzansprüche aus positiver Vertragsverletzung generell für möglich. Denn der Wert des Aktienbezugs- oder Umtauschrechts hängt vom jeweiligen Aktienkurs des Emittenten ab. Sinkt der Wert der Aktie infolge der Konzernierung oder infolge von schädigenden Geschäftsführungsmaßnahmen, sinkt auch der Wert des Aktienbezugs- oder Umtauschrechts. Die Aktienbezugs- oder Umtauschrechte können unter Umständen wegen der ungünstigen Entwicklung des Aktienkurses nicht oder nur unter Verlusten ausgeübt werden. Obwohl der Inhaber von Options- oder Wandelanleihen das Risiko für die allgemeine wirtschaftliche Entwicklung des Emittenten zu tragen hat, darf er dennoch erwarten, dass der Emittent wie ein ordentlich denkender und handelnder Kaufmann handelt. Demnach haftet die Aktiengesellschaft den Options- oder Wandelanleiheinhabern entsprechend der Klöcknerrechtsprechung aus positiver Vertragsverletzung, wenn die konkrete Maßnahme schlechterdings kein seriöser Kaufmann vorgenommen hätte. Unseriöse Maßnahmen sind solche, die schlechthin nicht gerechtfertigt werden können und zu deren Durchführung ein verantwortungsbewusst denkender und handelnder Kaufmann zu keiner Zeit bereit wäre.

b) Stellungnahme

Auch Inhaber von Options- oder Wandelanleihen können das Entstehen eines einfachen faktischen Konzerns nicht verhindern. Gesellschafterrechte, insbesondere Stimmrechte oder Anfechtungsrechte, stehen den Inhabern vor Ausübung der Aktienbezugs- oder Umtauschrechte nicht zu. Da der einfach faktische Konzern

---

[336] *Loos* DB 1960, 515; *A. Hueck* DB 1963, 1347.

[337] *Karollus* in Geßler/Hefermehl, AktG, § 221 Rn 171; *Kallrath*, Die Inhaltskontrolle (1994), S. 119 f.

[338] BGHZ 119, 305, 326 ff. (Klöckner).

nach herrschender Meinung[339] keinen Unrechtstatbestand darstellt, kann in der bloßen Tatsache des Entstehens eines einfach faktischen Konzerns keine Pflichtverletzung gegenüber den Anlegern liegen. Fraglich ist, unter welchen Voraussetzungen schädigende Geschäftsführungsmaßnahmen bei einfach faktischer Konzernierung die Schadensersatzansprüche aus positiver Vertragsverletzung auslösen. Schädigende Geschäftsführung allein beim herrschenden Unternehmen berührt die Stellung des abhängigen Unternehmens nicht. Resultieren aus der schädigenden Geschäftsführung Verluste, wirken sich diese auf das abhängige Unternehmen nicht aus. Bei schädigender Geschäftsführung allein des abhängigen Unternehmens bestehen keine konzernspezifischen Besonderheiten. Es gelten die Grundsätze der Klöcknerentscheidung wie im einfachen Zweierverhältnis. Noch ungelöst sind die Voraussetzungen des Schadensersatzanspruchs aus positiver Vertragsverletzung, wenn die schädigende Geschäftsführung des (abhängigen) Emittenten vom herrschenden Unternehmen veranlasst wurde. Nach der Klöckner-Entscheidung des Bundesgerichtshofs haftet eine Aktiengesellschaft aus positiver Vertragsverletzung bei einer völlig unverantwortlichen Geschäftsführung. Der Genussscheininhaber dürfe erwarten, dass sein Kapital nicht durch eine Geschäftstätigkeit gefährdet werde, die schlechterdings kein seriöser Kaufmann durchführen würde. Der Genussscheininhaber brauche nicht damit zu rechnen, dass sein Kapital durch Entscheidungen gefährdet werde, die schlechthin nicht gerechtfertigt werden können und zu deren Durchführung ein verantwortungsbewusst denkender und handelnder Kaufmann zu keiner Zeit bereit wäre. Da das Verhalten des Emittenten an einem fiktiven Verhalten eines ordentlichen Kaufmanns zu messen ist, kann ebenso wie das bloße Entstehen eines einfach faktischen Konzerns auch das bloße Nachgeben einer Veranlassung für sich allein keine Schadensersatzhaftung wegen positiver Vertragsverletzung begründen. Denn da nach herrschender Meinung[340] in der Konzernrechtsliteratur die faktische Einflussmöglichkeit im faktischen Konzern legitime Herrschaftsmacht darstellt, widerspricht das Nachgeben einer Veranlassung nicht dem Leitbild eines ordentlich handelnden Kaufmanns. Der Zustand einfach faktischer Konzernierung ist kein Unrechtstatbestand an sich. Das Nachgeben einer Einflussnahme durch das

---

[339] *Geßler* in Geßler/Hefermehl, AktG, § 18 Rn 44 f.; *Geßler* in FS Westermann (1974), S. 145, 150 ff., 155; *Kropff* in Geßler/Hefermehl, AktG, § 311 Rn 27 f.; *Hommelhoff*, Die Konzernleitungspflicht (1982), S. 110 ff.; *Koppensteiner* in KöKo, AktG, Vor § 311 Rn 6 ff.; *Henze* BB 1996, 489, 498; *K. Schmidt*, Gesellschaftsrecht, § 31 IV 2; *Emmerich/Habersack*, Aktienkonzernrecht, Vor § 311 Rn 6; *Hüffer*, AktG, § 311 Rn 6; *Krieger* in MüHandb., Band 4, § 69 Rn 19.

[340] *Geßler* in Geßler/Hefermehl, AktG, § 18 Rn 44 f.; *Geßler* in FS Westermann (1974), S. 145, 150 ff., 155; *Kropff* in Geßler/Hefermehl, AktG, § 311 Rn 27 f.; *Hommelhoff*, Die Konzernleitungspflicht (1982), S. 110 ff.; *Koppensteiner* in KöKo, AktG, Vor § 311 Rn 6 ff.; *Henze* BB 1996, 489, 498; *K. Schmidt*, Gesellschaftsrecht, § 31 IV 2; *Emmerich/Habersack*, Aktienkonzernrecht, Vor § 311 Rn 6; *Hüffer*, AktG, § 311 Rn 6; *Krieger* in MüHandb., Band 4, § 69 Rn 19.

abhängige Unternehmen bedeutet grundsätzlich keine rechtswidrige Pflichtverletzung gegenüber den Anlegern. Dabei kann auch keine Rolle spielen, ob nachteilige Maßnahmen vom herrschenden Unternehmen nach § 311 AktG ausgeglichen oder nach § 317 Abs. 1 AktG ersetzt werden müssen. Über den Ausgleich bzw. Schadensersatz nach den §§ 311, 317 AktG wird das abhängige Unternehmen so gestellt, als wäre es unabhängig. Da über die §§ 311, 317 AktG die Autonomie der abhängigen Gesellschaft durchgesetzt wird, kann das Handeln der abhängigen Gesellschaft nicht sorgfaltswidrig sein. Der Anleger kann nicht mehr erwarten, als dass sein Emittent wie ein unabhängiges Unternehmen gestellt wird. Es widerspricht nicht schlechthin dem Verhalten eines ordentlichen Kaufmanns, einer nachteiligen Einflussnahme nachzugeben, wenn diese Nachteile vom herrschenden Unternehmen auszugleichen bzw. zu ersetzen sind. Allein das bloße Nachgeben einer nachteiligen Einflussnahme führt also noch nicht zur Haftung des abhängigen Unternehmens gegenüber den Anlegern.

Da es im einfach faktischen Konzern anders als im Vertragskonzern keine Folgepflicht nach § 308 Abs. 2 AktG gibt, hat der Vorstand der abhängigen Gesellschaft die Vorteilhaftigkeit einer vom herrschenden Unternehmen ausgehenden Veranlassung stets zu prüfen. Er kann sich dem Willen des herrschenden Unternehmens unterwerfen, ist dazu aber nicht verpflichtet. Kommt der abhängige Emittent einer Veranlassung nach, macht er sich wegen positiver Vertragsverletzung gegenüber den Anlegern schadenersatzpflichtig, wenn ein ordentlicher Kaufmann die vom herrschenden Unternehmen veranlasste Maßnahme keinesfalls ausgeführt hätte. Der Emittent macht sich außerdem schadenersatzpflichtig, wenn er die Durchsetzung des Nachteilsausgleichs nach § 311 AktG oder des Schadensersatzanspruchs nach § 317 AktG unterlässt. Denn es ist die Pflicht des Vorstands, bis zum Ende des Geschäftsjahres auf Ausgleich drängen. Kommt es zu keinem Ausgleich muss der Vorstand der abhängigen Gesellschaft den Schadensersatzanspruch aus § 317 Abs. 1 AktG - notfalls im Klagewege - durchsetzen. Weiteren „Weisungen" des herrschenden Unternehmens zu nachteiligen Maßnahmen darf er nicht mehr nachgeben[341]. Der Schadensersatzanspruch der abhängigen Gesellschaft aus § 317 Abs. 1 AktG ist in der Handelsbilanz sofort zu aktivieren, § 256 Abs. 5 S. 1 Nr. 2 AktG[342]. Unterlässt es dies, führt dies zur Schadensersatzpflicht gegenüber den Anlegern. Da die §§ 311, 317 AktG von der Ausgleichbarkeit der Nachteile ausgeht, müssen diese Nachteile außerdem irgendwie quantifizierbar sein. Deshalb sind nur solche Nachteile, die durch Zahlung innerhalb des Geschäftsjahres überhaupt kompensiert werden können, durch Nachteilsausgleich legalisierbar[343]. Der Vorstand darf

---

[341] *Emmerich/Sonnenschein*, Konzernrecht, § 20 IV 1.

[342] BGHZ 124, 111, 119; *Kropff* ZGR 1994, 628, 630, 635 ff.; *Emmerich/Sonnenschein*, Konzernrecht, § 20 IV 1.

[343] *Strohn*, Die Verfassung (1977), S. 65 ff.

nachteilige Veranlassungen nicht befolgen, wenn sie mangels Quantifizierbarkeit nicht ausgeglichen werden können. In solchen Fällen ist die Veranlassung rechtswidrig und muss unterbleiben[344]. Existenzgefährdende Eingriffe in die abhängige Aktiengesellschaft sind absolut verboten, denn der Leitgedanke des § 311 AktG ist, dass das Autonomieinteresse der abhängigen Gesellschaft geschützt und weiterhin schützbar bleibt. Deshalb macht sich das abhängige Unternehmen gegenüber den Anlegern aus positiver Vertragsverletzung auch schadenersatzpflichtig, wenn es nicht quantifizierbaren oder existenzgefährdenden Veranlassungen nachkommt.

Soweit die Options- oder Wandelanleiheinhaber von dem abhängigen Emittenten keine Befriedigung erlangen können, kann der Ersatzanspruch der abhängigen Gesellschaft gegen das herrschende Unternehmen aus § 317 Abs. 1 S. 1 AktG auch von den Anlegern geltend gemacht werden, § 317 Abs. 1 S. 1, Abs. 4, 309 Abs. 4 S. 3 AktG. Denn wie bereits oben erörtert, sind die Inhaber von Options- oder Wandelanleihen Gläubiger im Sinn des § 309 Abs. 4 S. 3 AktG. Schuldner des Schadensersatzanspruchs nach § 317 Abs. 1 S. 1, Abs. 4, 309 Abs. 4 S. 3 AktG sind das herrschende Unternehmen selbst und zusätzlich als Gesamtschuldner die gesetzlichen Vertreter des herrschenden Unternehmens, die die nachteilige Maßnahme veranlasst haben, § 317 Abs. 3 AktG. Neben dem herrschenden Unternehmen und dessen gesetzlichen Vertretern haften schließlich noch die Mitglieder des Vorstands und des Aufsichtsrats der abhängigen Gesellschaft, wenn sie ihrer Berichts- und Prüfungspflicht nach §§ 312, 314 AktG nicht nachgekommen sind, § 318 AktG. Die Gläubiger können Leistung an sich selbst verlangen. Es liegt kein Fall der gesetzlichen Prozessstandschaft vor.

Desweiteren kann den Options- oder Wandelanleiheinhabern gegen das herrschende Unternehmen auch noch ein Schadensersatzanspruch aus § 117 Abs. 5 AktG vorliegen, sofern dessen enge Voraussetzungen vorliegen.

Außerdem haften den Options- und Wandelanleiheinhabern die Vorstandsmitglieder des abhängigen Emittenten, wenn sie die Sorgfaltspflichten eines ordentlichen und gewissenhaften Geschäftsleiters missachtet haben und die Anleger bei der Gesellschaft keine Befriedigung erlangen können, § 93 Abs. 5 AktG.

In Extremfällen kommt die Anwendung des § 823 Abs. 2 BGB mit § 266 StGB und die Anwendung des § 826 BGB in Betracht.

---

344 *Strohn*, Verfassung (1977), S. 63 ff.; *K. Schmidt*, Gesellschaftsrecht, § 31 IV 2 b; *Emmerich/Sonnenschein*, Konzernrecht, § 20 III 2; *Krieger* in MüHandb., Band 4, § 69 Rn 20, 70, 76.

Die Schadensersatzansprüche sind auf Geld gerichtet. Es besteht kein Anspruch darauf, dass der abhängige Emittent die einfach faktische Konzernierung zu beenden habe. Da die §§ 317, 318 AktG die Sicherstellung des gesetzlichen Haftungssystems in Abhängigkeitsverhältnissen bezwecken, verdrängen sie §§ 317, 318 AktG nicht die Haftung aus anderen Rechtsgründen. Zwischen den Ansprüchen aus positiver Vertragsverletzung, §§ 317 Abs. 4, 318, 117 Abs. 5, 93 Abs. 5 AktG, 823 Abs. 2, 826 BGB besteht Anspruchskonkurrenz[345].

Üben die Inhaber von Options- oder Wandelanleihen ihr Bezugs- oder Umtauschrecht auf Aktien aus, werden sie Aktionäre. Mit Erwerb der Aktionärsstellung stehen ihnen sämtliche Aktionärsrechte zu. Sie können den Schadensersatzanspruch der abhängigen Gesellschaft nach § 317 Abs. 1 S. 1 AktG geltend machen, § 317 Abs. 1 S. 1, Abs. 4, 309 Abs. 4 S. 1 AktG. Als Aktionäre können sie jedoch nur Leistung an die Gesellschaft fordern, §§ 317 Abs. 1 S. 1, Abs. 4, 309 Abs. 4 S. 2 AktG. Es handelt sich dabei um einen Fall der gesetzlichen Prozessstandschaft[346]. Der Schadensersatzanspruch der Aktionäre nach § 317 Abs. 1 S. 1, Abs. 4, 309 Abs. 4 S. 1 AktG trifft das herrschende Unternehmen und deren gesetzliche Vertreter, welche die nachteilige Maßnahme veranlasst haben, als Gesamtschuldner, § 317 Abs. 3 AktG. Ein eigener Ersatzanspruch der zu Aktionären gewordenen Bezugs- oder Umtauschberechtigten besteht neben dem der Gesellschaft nur in dem Sonderfall, dass die Aktionäre der abhängigen Gesellschaft einen eigenen, über den der Gesellschaft hinausgehenden Schaden erlitten haben, § 317 Abs. 1 S. 2 AktG[347]. Der eigene Schadensersatzanspruch richtet sich gegen das herrschende Unternehmen und gegebenenfalls gegen dessen gesetzliche Vertreter, § 317 Abs. 1 S. 2 AktG. Eigene Ersatzansprüche der Aktionäre wegen der Entwertung ihrer Aktien scheiden aus, sofern die Entwertung lediglich die Schädigung der abhängigen Gesellschaft durch das herrschende Unternehmen widerspiegelt[348]. Daneben haften die Mitglieder des Vorstands und des Aufsichtsrats der abhängigen Gesellschaft, wenn sie es unter Verletzung ihrer Pflichten unterlassen haben, das nachteilige Rechtsgeschäft oder die nachteilige Maßnahme in dem Bericht über die Beziehungen der Gesellschaft zu verbundenen Unternehmen aufzuführen oder anzugeben, dass die Gesellschaft durch das Rechtsgeschäft oder die Maßnahme benachteiligt wurde und der Nachteil nicht ausgeglichen worden war, § 318 AktG. Analog § 317 Abs. 1 S. 1, Abs. 4, 309 Abs. 4 S. 1 AktG können Aktionäre Schadensersatzansprüche wegen nicht quantifizierbarer Schädigungen oder wegen existenzgefährdender Eingriffe

---

[345] *Emmerich/Sonnenschein*, Konzernrecht, § 22 I.

[346] LG Köln AG 1977, 76; OLG Frankfurt a.M. AG 1977, 78; *Hüffer*, AktG, § 317 Rn 16.

[347] BGHZ 105, 121, 130 ff. (Kerkerbachbahn).

[348] BGHZ 105, 121, 130 ff. (Kerkerbachbahn); BGH NJW 1987, 1077; BGH WM 1987, 1193, 1195; *Kowalski*, Der Ersatz von Gesellschafts- und Gesellschafterschaden (1990), S. 107 ff.

geltend machen[349]. Soweit eine Maßnahme nicht legalisiert oder nicht einmal legalisierbar ist, können die Aktionäre Unterlassung der rechtswidrigen Maßnahme oder Beseitigung des hierdurch geschaffenen rechtswidrigen Zustands verlangen[350]. Als Aktionäre können die ehemaligen Bezugs- oder Umtauschrechtsinhaber Vorstandsmitglieder haftbar machen, wenn diese ihre Sorgfaltspflichten eines ordentlichen und gewissenhaften Geschäftsleiters missachtet haben, § 93 Abs. 2 AktG. Sorgfaltspflichtverstöße können zum Beispiel darin liegen, dass der Vorstand es unterlassen hat, bis zum Ende des Geschäftsjahres auf Ausgleich zu drängen bzw. den Schadensersatzanspruch aus § 317 Abs. 1 AktG durchzusetzen oder trotz abgelehnten Ausgleichs weiteren Veranlassungen des herrschenden Unternehmens zu nachteiligen Maßnahmen nachgeben hat. Der Vorstand darf auch nachteilige Veranlassungen nicht befolgen, die nicht ausgeglichen werden können. In solchen Fällen Befolgung rechtswidrig und muss unterbleiben[351]. In Betracht kommen auch Ansprüche aus §§ 117 Abs. 1 S. 2 AktG, 823 Abs. 2 BGB mit § 266 StGB und § 826 BGB. Zwischen den Ansprüchen besteht Anspruchskonkurrenz[352].

### 2.2.2. Kündigung aus wichtigem Grund

Für die Frage nach der Kündbarkeit von Options- oder Wandelanleihen aus wichtigem Grund ist zwischen der festverzinslichen Anleihe und dem Aktienbezugs- oder Umtauschrecht zu unterscheiden. Die festverzinsliche Anleihe ist aus wichtigem Grund kündbar. In der Tatsache der einfach faktischen Konzernierung liegt jedoch ebensowenig ein wichtiger Grund wie in nachteiligen Einflussnahmen auf die abhängige Gesellschaft. Die Anleihe wird, da sie festverzinslich ist, durch schädliche Maßnahmen des Emittenten nicht berührt. Die Anleihe ist unverändert zu bedienen. Den Anlegern entsteht insoweit kein Schaden.

Das Aktienbezugs- oder Umtauschrecht ist nicht kündbar[353]. Es wird entweder ausgeübt oder nicht ausgeübt. Macht der Anleger von seinem Aktienbezugs- oder Umtauschrecht keinen Gebrauch, weil es durch Aktienkursverluste infolge schädigender Geschäftsführungsmaßnahmen entwertet wurde, steht dem Anleger unter den oben genannten Voraussetzungen ein Schadensersatzanspruch aus

---

[349] *Kropff* DB 1967, 21, 52; *Beuthien* DB 1969, 1784; *Möhring* in FS Schilling (1973), S. 266; *Strohn*, Die Verfassung (1977), S. 65 ff.; *Kropff* in Geßler/Hefermehl § 317 Rn 44; *K. Schmidt*, Gesellschaftsrecht, § 31 IV 2.

[350] *K. Schmidt*, Gesellschaftsrecht, § 31 IV 2.

[351] *Strohn*, Die Verfassung (1977), S. 63 ff.; *K. Schmidt*, Gesellschaftsrecht, § 31 IV 2 b; *Emmerich/Sonnenschein*, Konzernrecht, § 20 III 2; *Krieger* in MüHandb., Band 4, § 69 Rn 20, 70, 76.

[352] *Emmerich/Sonnenschein*, Konzernrecht, § 22 I.

[353] *Kallrath*, Die Inhaltskontrolle (1994), S. 132.

positiver Vertragsverletzung gegen den Emittenten zu. Eines Kündigungsrechts aus wichtigem Grund bedarf es also gar nicht. Übt der Anleger das Bezugs- oder Umtauschrecht aus, stehen ihm die Aktionärsrechte zu. Eines weiteren Schutzes bedarf es dann ebenfalls nicht.

### 2.2.3. Vertragsanpassung wegen Wegfalls der Geschäftsgrundlage

a) Meinungsstand

*Kallrath*[354] hält eine Anpassung der Rechte aus den Wandel- und Optionsanleihen nicht für erforderlich, wenn die Aktiengesellschaft beherrschtes Unternehmen in einem einfach faktischen Konzern wird. Die Regeln der §§ 311 ff. AktG würden mittelbar auch dem Schutz der Wandel- und Optionsberechtigten dienen.

b) Stellungnahme

Die Ausführungen der Kündigung aus wichtigem Grund gelten auch für die Frage nach einer Anpassung wegen Wegfalls der Geschäftsgrundlage. Die Options- oder Wandelanleiheinhaber können nicht Vertragsanpassung wegen Wegfalls der Geschäftsgrundlage verlangen. Für die festverzinsliche Anleihe fehlt es an einem Bedürfnis für die Vertragsanpassung. Denn die festverzinsliche Anleihe ist vom Emittenten unverändert zu bedienen. Die festverzinsliche Anleihe wird durch schädliche Maßnahmen im einfach faktischen Konzern nicht berührt. Den Anlegern entsteht kein Schaden.

Denkbar wäre jedoch eine Anpassung des Aktienbezugs- oder Umtauschrechts, wenn die erwerbbare Aktie wegen schädigender Einflussnahmen des herrschenden Unternehmens auf den abhängigen Emittenten entwertet wurde. Gegen eine Anpassung wegen Wegfalls der Geschäftsgrundlage spricht jedoch erstens, dass sich aus den §§ 311 ff. AktG ergibt, dass die Anleger das Risiko der faktischen Konzernierung zu tragen haben. Das Gesetz geht in den §§ 311 ff. AktG von punktuellen Einflussnahmen und punktuellen Ausgleichs - und Schadensersatzpflichten aus. Durch die Ausgleichs- und Schadensersatzpflichten sollen die Unternehmen so gestellt werden, wie wenn sie weiterhin unabhängig wären. Mehr kann der Anleger nicht verlangen. Zweitens steht den Anlegern ein Schadensersatzanspruch aus positiver Vertragsverletzung zu, wenn sie durch einzelne Geschäftsführungsmaßnahmen des herrschenden Emittenten geschädigt wurden. Drittens passen die Regeln über den Wegfall der Geschäftsgrundlage wegen ihrer Rechtsfolgen nicht auf schädigende Geschäftsführungsmaßnahmen

---

[354] *Kallrath*, Die Inhaltskontrolle (1994), S. 178.

im einfach faktischen Konzern. Den §§ 311 f. AktG liegt der Gedanke von punktuellen Einflussnahmen, punktuellen Schädigungen und einem Einzelausgleich zugrunde, auf den eine pauschale Anpassung nicht passt. Den Anlegern ist ein Festhalten am Vertrag ohne Anpassung deshalb zumutbar.

## 3. Der Emittent ist abhängiges Unternehmen im Vertragskonzern

### 3.1. Genussscheine, Gewinnschuldverschreibungen

#### 3.1.1. Vertragsanpassung wegen Wegfalls der Geschäftsgrundlage

a) Meinungsstand

Die Auswirkungen des Abschlusses eines Unternehmensvertrags gehören zu den am meisten diskutierten konzernspezifischen Anlegerschutzfragen. Im Mittelpunkt der Diskussion stehen auch hier wieder die Genussscheine. Nach Ansicht des Reichsgerichts[355] sei der Abschluss eines Beherrschungs- und Gewinnabführungsvertrages für einen Genussscheininhaber ohne anlegerschutzrechtliche Folgen. Das Reichsgericht führte aus, dass die Frage, wie der Gewinn erzielt werde, eine innere Angelegenheit des Unternehmens sei. Die Gesellschaft habe gegenüber dem Genussscheininhaber freie Hand, wie sie ihre Geschäfte führe und eine Dividende erwirtschafte. Das Reichsgericht prüfte weder Ansprüche wegen Wegfalls der Geschäftsgrundlage noch irgendwelche aktienrechtlichen Ansprüche. Es reduzierte die Anlegerschutzproblematik auf den allgemeinen Grundsatz, dass niemand einen anderen absichtlich schädigen dürfe (§ 826 BGB), was in der konkreten Entscheidung des Reichsgerichts nicht der Fall war. Aus den Entscheidungsgründen ist jedoch ersichtlich, dass sich das Reichsgericht der Anlegerschutz- und Konzernproblematik nicht bewusst war. Ausdrückliche Argumente für die Ablehnung eines konzernspezifischen Anlegerschutzes nennt das Reichsgericht nicht. Für das Reichsgericht war wohl der ausschlaggebende Punkt, dass die Konzernbildung zum Kern unternehmerischer Handlungsfreiheit gehöre und der Anleger dieses Risiko mittragen müsse. Außerdem war die Rechtswissenschaft und Rechtspraxis im Jahr 1922 für Fragen des Anlegerschutzes noch nicht sensibilisiert.

Die überwiegende Meinung in der Literatur[356], die einen konzernspezifischen Anlegerschutz behandelt, spricht sich für einen Anlegerschutz aus. Begründet

---

[355] RGZ 105, 236, 240 f.

[356] *Würdinger* in GroßKo (1971), AktG, § 291 Anm. 48; *Geßler* in Geßler/Hefermehl (1975), AktG, § 304 Rn 28; *Martens*, 25 Jahre Bundesarbeitsgericht (1979), S. 367, 382 ff.; *Vollmer* ZGR 1983, 445, 467, 471; *Konzen* RdA 1984, 65, 80 ff.; *Schneider* in FS Goerdeler (1987), S. 511, 525 ff.; *van Look* in Bundschuh/Hadding/Schneider, Recht und Praxis der Genußscheine (1987), S. 35, 41; *Meilicke* BB 1987, 1610; *Koppensteiner* in KöKo, AktG, § 304 Rn 13; *Thielemann*, Das Genußrecht (1988), S. 175 ff. und 194 f.; *Hirte* ZIP 1988, 477, 487 f.; *Frantzen*, Genußscheine (1993), S. 282 ff.; *Sethe* AG 1993, 351, 366 f. mit Fn 359; *Kallrath*, Die Inhaltskontrolle (1994), S. 178 ff.; *Karollus* in Geßler/Hefermehl, AktG, § 221 Rn 419;

wird dies vor allem mit der Gefährdung des wirtschaftlichen Wertes der Genussrechte und einem vergleichbaren Schutz der Aktionäre[357]. Den Genussrechten drohe durch den Konzernsachverhalt in hohem Maße eine wirtschaftliche Verwässerung. Um dem Anleger seine Gewinnchance zu erhalten, müsste auf die Konzernierung rechtlich reagiert werden.

In der Literatur beschäftigte sich zuerst *Würdinger*[358] mit den Auswirkungen der Konzernbildung auf die Anleger. Nach *Würdinger* stelle der Abschluss eines Gewinnabführungsvertrages eine Verletzung der mit den Inhabern dieser Rechte geschlossenen Verträge durch die Gesellschaft dar, welche zu Schadensersatz (wegen positiver Vertragsverletzung) verpflichte. Durch die Ausgabe von Gewinnschuldverschreibungen oder Genussrechten habe die Gesellschaft den Inhabern dieser Rechte eine Gewinnchance zugesagt, welche den Berechtigten von der Gesellschaft nicht beliebig wieder entzogen werden könne. Den Inhabern dieser Rechte stehe kein Anspruch auf Ausgleich (§ 305 AktG) zu. Die Rechtsfolgen seien vielmehr aus den allgemeinen Grundsätzen des Vertragsrechts (positive Vertragsverletzung) abzuleiten.

Auf *Würdinger* verweisend gesteht *Geßler*[359] den Inhabern der Rechte auf Gewinnbeteiligung einen Schadensersatzanspruch zu. Im Abschluss eines Beherrschungs- oder Gewinnabführungsvertrags liege eine Verletzung ihrer Rechte. Über *Würdinger* hinausgehend befürwortet er noch einen Ausgleichsanspruch nach bürgerlichem Recht. Ein Anspruch auf Ausgleich oder Abfindung nach §§ 304, 305 AktG bestehe nur für Aktionäre, nicht für Inhaber von Gewinnschuldverschreibungen oder Genussscheinen.

Für die Anwendung der §§ 304, 305 AktG sprach sich als erster *Martens*[360] aus. Gläubiger gewinnabhängiger Ansprüche seien durch nachteilige Maßnahmen der beherrschenden Konzerngesellschaft ständig bedroht und könnten deshalb nicht nach der Ertragslage und den Ertragsaussichten der abhängigen Konzerngesellschaft bemessen werden, sondern müssten unter den Voraussetzungen eines

---

*Lutter* in KöKo, AktG, § 221 Rn 404; *Emmerich/Sonnenschein*, Konzernrecht, § 17 III 2; *Luttermann*, Unternehmen (1998), S. 536 ff.; *Emmerich/Habersack*, Aktienkonzernrecht, § 304 Rn 12; *Hüffer*, AktG, § 221 Rn 68a; *Krieger* in MüHandb., Band 4, § 63 Rn 57.

357 *Würdinger* in GroßKo (1971), AktG, § 291 Anm. 48; *Martens*, 25 Jahre Bundesarbeitsgericht (1979), S. 367, 382 ff.; *Konzen* RdA 1984, 65, 80 ff.; *Schneider* in FS Goerdeler (1987), S. 515, 525 f.; *van Look* in Bundschuh/Hadding/Schneider, Recht und Praxis der Genußscheine (1987), S. 35, 41; *Thielemann*, Das Genußrecht (1988), S. 175 ff. und 194 f.; *Frantzen*, Genußscheine (1993), S. 284; *Kallrath*, Die Inhaltskontrolle (1994), S. 179.

358 *Würdinger* in GroßKo (1971), AktG, § 291 Anm. 48.

359 *Geßler* in Geßler/Hefermehl (1975), AktG, § 304 Rn 28.

360 *Martens*, 25 Jahre Bundesarbeitsgericht (1979), S. 367, 382 ff.

engen, durch intensive Leitungsmacht geprägten Konzernverhältnisses auf die Ertragslage der Obergesellschaft abgestimmt werden. Da diese Ansprüche gleichsam von unternehmerischer Qualität seien, würden sie von den Konzerndirektiven in gleicher Weise betroffen wie das abhängige Konzernunternehmen. Der Gesetzgeber habe dieses Problem unter dem Gesichtspunkt des gesellschaftsrechtlichen Minderheitenschutzes in den §§ 304, 305 AktG in angemessener Weise gelöst.

Die Annahme eines Vertragsanpassungsanspruchs hat sich im folgenden durchgesetzt. Nach mittlerweile ganz herrschenden Meinung im Schrifttum[361] hat die Bildung eines Vertragskonzerns einen Vertragsanpassungsanspruch der Anleger zur Folge. Die Entstehung eines Vertragskonzerns habe nachhaltigen Einfluss auf die Stellung der Genussrechtsinhaber. Das herrschende Unternehmen sei zu nachteiligen Weisungen berechtigt, wodurch dauerhaft Verlust entstehen, zumindest aber die Gewinne gemindert werden könnten. Zwar verpflichte § 302 AktG den anderen Vertragsteil, Verluste der abhängigen Gesellschaft zu übernehmen. Damit werde aber nur mittelbar die Haftung des anderen Vertragsteils begründet. Dem beherrschten Unternehmen sei aber nicht zugleich auch ein bestimmtes Ergebnis gesichert. Den gewinnabhängigen Ansprüchen der Gläubiger werde dies nicht gerecht. Außerdem ähnle die Stellung der Genussscheininhaber derjenigen der außenstehenden Aktionäre, welche ebenfalls Ausgleich verlangen könnten. Ein Anspruch auf Anpassung des Genussrechtsvertrag scheitere jedoch nach *Frantzen*[362], wenn eine von vornherein abhängiges Konzernunternehmen (Vertragskonzern) Genussrechte ausgebe, falls dem Anleger die Konzernierung beim Erwerb bekannt sei.

Eine in Anlegerschutzproblemen zurückhaltende Haltung nimmt nur noch *Krieger*[363] ein. Im allgemeinen hätten die Genussrechtsinhaber Nachteile hinzunehmen, die sich im Rahmen von Konzerntatbeständen möglicherweise ergeben, sofern nicht die Genussrechtsbedingungen Vorsorge treffen. Im Einzelfall

---

[361] *Geßler* in Geßler/Hefermehl (1975), AktG, § 304 Rn 28; *Martens*, 25 Jahre Bundesarbeitsgericht (1979), S. 367, 382 ff.; *Vollmer* ZGR 1983, 445, 467, 471; *Konzen* RdA 1984, 65, 80 ff.; *Schneider* in FS Goerdeler (1987), S. 511, 525 ff.; *van Look* in Bundschuh/Hadding/Schneider, Recht und Praxis der Genußscheine (1987), S. 35, 41; *Meilicke* BB 1987, 1610; *Koppensteiner* in KöKo, AktG, § 304 Rn 13; *Thielemann*, Das Genußrecht (1988), S. 175 ff. und 194 f.; *Hirte* ZIP 1988, 477, 488; *Frantzen*, Genußscheine (1993), S. 282 ff.; *Sethe* AG 1993, 351, 366 f. mit Fn 359; *Kallrath*, Die Inhaltskontrolle (1994), S. 178 ff.; *Karollus* in Geßler/Hefermehl, AktG, § 221 Rn 419; *Lutter* in KöKo, AktG, § 221 Rn 404; *Emmerich/Sonnenschein*, Konzernrecht, § 17 III 2; *Luttermann*, Unternehmen (1998), S. 538; *Emmerich/Habersack*, Aktienkonzernrecht, § 304 Rn 12; *Hüffer*, AktG, § 221 Rn 68a; *Krieger* in MüHandb., Band 4, § 63 Rn 57.

[362] *Frantzen*, Genußscheine (1993), S. 286.

[363] *Krieger* in MüHandb., Band 4, § 63 Rn 57.

könnten bei besonders gravierenden Beeinträchtigungen eine gesetzliche Anpassung nach den Regeln des Wegfalls der Geschäftsgrundlage oder Schadensersatzansprüche wegen positiver Vertragsverletzung in Frage kommen. Solchen Überlegungen müsse man aber mit Zurückhaltung begegnen.

Umstritten ist die rechtsdogmatische Begründung des Vertragsanpassungsanspruchs. Die herrschende Meinung[364] will den Vertragsanpassungsanspruch auf § 304 AktG stützen. Sie begründet die Analogie mit der vergleichbaren Interessenlage von außenstehenden Aktionären und Genussscheininhabern. Durch den Rückgriff auf das allgemeine Vertragsrecht seien die Anlegerschutzprobleme infolge der vertraglichen Konzernierung nicht zu bewältigen. Eine starke Gegenmeinung befürwortet einen Anlegerschutz auf vertraglicher Grundlage, wobei der Abschluss eines Unternehmensvertrages teilweise zu Schadensersatzansprüchen wegen positiver Vertragsverletzung der Genussscheinvertrages[365] und teilweise zu Anpassungsansprüchen nach dem Rechtsgedanken der §§ 216 Abs. 3 AktG, § 23 UmwG[366] oder wegen Wegfalls der Geschäftsgrundlage[367] führen solle. Der Anspruch auf angemessenen Ausgleich nach § 304 AktG beschränke sich nach der Gegenmeinung auf außenstehende Aktionäre der Gesellschaft. Eine analoge Anwendung des § 304 AktG für die gewinnabhängigen Ansprüche von Gläubigern sei methodisch fragwürdig. Das Problem sei in vertragliche Kategorien umzusetzen. Insbesondere die Befürworter einer Lösung über den Wegfall der Geschäftsgrundlage argumentieren, dass es keiner Analogie bedürfe, da sich der Anpassungsanspruch bereits aus den Grundsätzen über den Wegfall der Geschäftsgrundlage ergebe.

Der Bundesgerichtshof hatte bisher noch keine Gelegenheit, sich zu Vertragsanpassungsansprüchen wegen des Abschlusses eines Beherrschungs- und Gewinnabführungsvertrages zu äußern. In der für den Anlegerschutz so bedeutsamen Klöcknerentscheidung[368] waren konzernspezifische Ausführungen nicht

---

[364] *Martens*, 25 Jahre Bundesarbeitsgericht (1979), S. 367, 382 ff.; *Vollmer* ZGR 1983, 445, 467, 471; *Konzen* RdA 1984, 65, 80 ff.; *van Look* in Bundschuh/Hadding/Schneider, Recht und Praxis der Genußscheine (1987), S. 35, 41; *Hirte* ZIP 1988, 477, 488; *Karollus* in Geßler/Hefermehl, AktG, § 221 Rn 419; *Lutter* in KöKo, AktG, § 221 Rn 404; *Emmerich/Sonnenschein*, Konzernrecht, § 17 III 2; *Luttermann*, Unternehmen (1998), S. 538; *Emmerich/Habersack*, Aktienkonzernrecht, § 304 Rn 12; *Hüffer*, AktG, § 221 Rn 68a.

[365] *Würdinger* in GroßKo (1971), AktG, § 291 Anm. 48.

[366] *Thielemann*, Das Genußrecht (1988), S. 175 ff und 194 f.; ebenso *Capelle*; Der Genußschein (1989), S. 123.

[367] *Geßler* in Geßler/Hefermehl (1975), AktG, § 304 Rn 28; *Schneider* in FS Goerdeler (1987), S. 511, 525 ff.; *Koppensteiner* in KöKo (1987), AktG, § 304 Rn 13; *Frantzen*, Genußscheine (1993), S. 282 ff.; *Sethe* AG 1993, 351, 366 f. mit Fn 359; *Kallrath*, Die Inhaltskontrolle (1994), S. 180; *Krieger* in MüHandb. (1988), Band 4, § 63 Rn 57 und § 70 Rn 63.

[368] BGHZ 119, 305 ff. (Klöckner).

veranlasst. Lediglich in einer älteren Entscheidung aus dem Jahre 1960 hatte sich der Bundesgerichtshof[369] mit den Auswirkungen eines Organschafts- und Gewinnabführungsvertrags auf eine dividendenabhängige Tantieme zu befassen. In dieser Entscheidung prüfte er einen gesetzlichen Anspruch auf Anpassung wegen Wegfalls der Geschäftsgrundlage. Auf aktienrechtliche Ansprüche, insbesondere Konzernrecht, ging er nicht ein.

b) Stellungnahme

Die Anleger sollten bei Abschluss eines Beherrschungs- und Gewinnabführungsvertrages nicht auf eine Schutzlücke verwiesen werden. Dabei ist die Entscheidung des Reichsgerichts im Ansatz durchaus richtig. Die Frage, wie der Gewinn erzielt werde, ist in der Tat grundsätzlich eine innere Angelegenheit des Unternehmens. Grundsätzlich hat die Gesellschaft in der Tat freie Hand, wie sie ihre Geschäfte führt und eine Dividende erwirtschaftet. Dem kann im Grundsatz durchaus beigepflichtet werden. Die Ausführungen des Reichsgericht sind insoweit richtig, als die Entscheidung über den Abschluss eines Unternehmensvertrages zur unternehmerischen Entscheidungsfreiheit des Emittenten gehört. Der Anleger kann die Konzernbildung nach allgemeiner Meinung nicht verhindern. Er hat keinen Anspruch auf Konzernfreiheit. Insoweit lehnte das Reichsgericht Schadensersatzansprüche allein wegen der Konzernbildung zu Recht ab. Vielleicht hätte sich das Reichsgericht mit vertraglichen Anpassungs- oder Schadensersatzansprüchen beschäftigt, wenn der Genussscheinemittent von einem blühenden Unternehmen zu einem abhängigen Verlustunternehmen herabgesunken wäre. In der Entscheidung des Reichsgerichts war es aber so, dass der Emittent von Anfang an nur Verluste erwirtschaftete. Möglicherweise kam das Reichsgericht deshalb nicht auf die Idee, sich mit Anpassungs- oder Schadensersatzansprüchen wegen der Konzernbildung zu beschäftigen. Es konnte sich in seinen Entscheidungsgründen auf den allgemeinen Grundsatz der grundsätzlichen Handlungsfreiheit des Unternehmens beschränken. Denn zu einer nachteiligen Veränderung der wirtschaftlichen Lage vom Gewinnunternehmen zum Verlustunternehmen, die zum Wegfall der Geschäftsgrundlage geführt hätte, oder zu nachteiligen Konzernweisungen konnte der Genussrechtsinhaber nichts vortragen. Somit war die Ablehnung eines Anlegerschutzes durch das Reichsgericht in gewisser Weise schon im Sachverhalt angelegt. Ausgehend von der Prämisse der unternehmerischen Handlungsfreiheit des Unternehmens und dem Grundsatz der Risikoteilnahme durch die Anleger ist auch *Kriegers* Zurückhaltung beim Anlegerschutz verständlich. Aber nach *Krieger* haben die Genussscheininhaber konzernbedingte Nachteile nur im allgemeinen hinzunehmen. Für *Krieger* lag der Grund für seine Zurückhaltung beim Anlegerschutz im Konzern wahrscheinlich in

[369] BGH NJW 1960, 721 ff.

der Erwägung, dass der Anleger das Risiko für die wirtschaftliche Entwicklung des Emittenten in Gestalt des Konzernbildungsrisikos tragen müsse. Zudem seien die potentiellen Nachteile nach Krieger zu vage, um daran konkrete rechtliche Folgen zu knüpfen. Im Einzelfall könnten aber auch nach *Krieger* Anpassungsansprüche oder Schadensersatzansprüche in Frage kommen. Auch *Krieger* lehnt einen Anlegerschutz bei Konzernbildung nicht generell ab. Die Frage ist nur, wann ein solcher Einzelfall vorliegt. *Kriegers* Auffassung passt also durchaus zu der herrschenden Meinung, die einen Anlegerschutz bei Konzernbildung befürwortet. Der Anleger sollte also nicht auf eine Gesetzeslücke verwiesen werden. Es ist mit der herrschenden Meinung von einem Anlegerschutz bei Konzernbildung auszugehen. Die Frage ist, welche Rechte dem Anleger im konkreten Einzelfall unter welchen Voraussetzungen zustehen.

Fraglich ist, ob der Abschluss eines Beherrschungs- und Gewinnabführungsvertrages ausreicht, um daran Anpassungsansprüche zu knüpfen. Dafür spricht erstens, dass die Konzernlage nachhaltigen Einfluss auf die Stellung des Anlegers hat. Das herrschende Unternehmen kann gem. § 308 Abs. 1 AktG auf das abhängige Unternehmen Einfluss nehmen. Es droht die Gefahr, dass das haftende Vermögen des Emittenten zugunsten des herrschenden Unternehmens geschmälert und damit die Substanz der abhängigen Gesellschaft ausgehöhlt wird. Das Ergebnis der beherrschten Gesellschaft kann geringer ausfallen als dies bei einer unabhängigen Gesellschaft der Fall wäre. Die Konzernlage gefährdet nicht nur den Ausschüttungsanspruch des Inhabers eines Genussscheins oder einer Gewinnschuldverschreibung, sondern auch den Anspruch auf Rückzahlung des eingesetzten Kapitals. Die Anlegerrechte können auch durch konzernpolitische Umstrukturierungsmaßnahmen, Rücklagenbildung in Tochtergesellschaften, Kapitalerhöhung oder die Ausgabe neuer Genussscheine verwässert werden. Die Konzernlage hat nicht nur Einfluss auf die Zahlungsfähigkeit, sondern auch auf die Ergebnislage insgesamt. Die Ansprüche der Anleger sind in ihrem Umfang durch nachteilige Maßnahmen der beherrschenden Konzerngesellschaft ständig bedroht und können deshalb nicht allein nach der aktuellen Ertragslage der abhängigen Konzerngesellschaft bemessen werden. Infolge des Konzernsachverhalts kann der Genussschein oder die Gewinnschuldverschreibung keine zureichende Teilhabe am Ertrag vermitteln. Den Besonderheiten, die sich bei gewinnabhängigen Ansprüchen für die Gläubiger ergeben, werden die §§ 291 ff. AktG nicht gerecht. § 302 AktG verpflichtet zwar bei bestimmten Unternehmensverträgen den anderen Vertragsteil, Verluste der Gesellschaft zu übernehmen. Damit wird aber nur mittelbar die Haftung des anderen Vertragsteils begründet. Dem beherrschten Unternehmen ist aber nicht zugleich auch ein bestimmtes Ergebnis gesichert. Das herrschende Unternehmen ist bei Abschluss eines Beherrschungsvertrages zu nachteiligen Weisungen berechtigt. Daher können dauerhaft Verluste entstehen, zumindest aber die Gewinne gemindert werden.

Für einen Anpassungsanspruch spricht zweitens, dass die Inhaber von Genussscheinen oder Gewinnschuldverschreibungen insoweit mit den außenstehenden Aktionären vergleichbar sind. Auch den Aktionären der abhängigen Gesellschaft droht die Gefahr, dass das haftende Vermögen der Gesellschaft zugunsten des herrschenden Unternehmens geschmälert und damit die Substanz der abhängigen Gesellschaft ausgehöhlt wird. Das Risiko des Gläubigers eines gewinnabhängigen Anspruchs wie zum Beispiel eines Genussscheins oder einer Gewinnschuldverschreibungsinhabers entspricht damit der Stellung eines Minderheitsgesellschafters. Den Aktionären gefährdet die Konzernherrschaft ohne den Schutz der §§ 304, 305 AktG ihre Vermögensansprüche aus der Mitgliedschaft, den Anlegern ihre vertraglichen Ausschüttungsansprüche. Der Gesetzgeber hat sich aber entschlossen, die Minderheitsaktionäre durch Ausgleichs- und Abfindungsansprüche (§§ 304, 305 AktG) zu schützen. Die Aktionäre werden also nicht auf eine Schutzlücke verwiesen oder sich selbst oder ihrem angeblichen Gesellschafterrisiko überlassen.

Für einen Anlegerschutz spricht drittens auch die Existenz eines gesetzlichen Anlegerschutzes bei bestimmten Grundlagenentscheidungen. So sind Verträge zwischen der Gesellschaft und den Anlegern, deren Inhalt von der Gewinnausschüttung der Gesellschaft, dem Nennbetrag oder dem Wert der Aktien oder des Grundkapitals oder sonst von den bisherigen Kapital- oder Gewinnverhältnissen abhängen, wirtschaftlich anzupassen, §§ 216 Abs. 3 AktG. Auch in den Umwandlungsfällen des § 1 Abs. 1 UmwG sind den Anlegern gleichwertige Rechte zu gewähren, §§ 23, 133 Abs. 2 UmwG. So sind Anleger insbesondere im Fall der Konzernbildung durch Verschmelzung oder Spaltung vor einer wirtschaftlichen Verwässerung ihrer Rechte geschützt. Die Anleger werden nicht auf eine Schutzlücke verwiesen.

Es erscheint deshalb richtig, mit der herrschenden Meinung den Anleger nicht auf sein Anlegerrisiko zu verweisen. Der Anleger muss durch Vertragsanpassung vor den Gefahren durch den Abschluss eines Beherrschungs- oder Gewinnabführungsvertrages geschützt werden. Es ist gerechtfertigt, mit der herrschenden Meinung den Anlegern im Fall der Bildung eines Vertragskonzerns einen Vertragsanpassungsanspruch zu gewähren.

Zweifelhaft ist jedoch, ob der Vertragsanpassungsanspruch aus § 304 AktG analog abgeleitet werden kann. Im Vertragskonzern besteht für den Anlegerschutz von Genussschein- und Gewinnschuldverschreibungsinhabern bezüglich des § 304 AktG eine Regelungslücke. § 304 AktG bezweckt, die außenstehenden Aktionäre dafür zu entschädigen, dass die abhängige Gesellschaft im Vertragskonzern nicht mehr in ihrem Eigeninteresse betrieben wird. Die Aktionäre sollen gegen die Aushöhlung der Vermögenssubstanz des abhängigen Unternehmens geschützt werden. Die gleiche Interessenlage trifft auch für die Genussschein- und Gewinnschuldverschreibungsinhaber zu. Der Abschluss eines Beherrschungsvertrags stellt einen schwerwiegenden Eingriff in die Autonomie des Emittenten dar. Den Anlegern droht die Gefahr, dass sich die Ertragslage des Emittenten nachhaltig zu ihren Ungunsten verändert. Die Genussschein- und Gewinnschuldverschreibungsinhaber müssen ebenso wie die außenstehenden Aktionäre vor Eingriffen in die Autonomie der Gesellschaft geschützt werden. Den Genussschein- und Gewinnschuldverschreibungsinhabern droht ebenso wie den Aktionären eine Minderung der Ertragskraft und der Vermögenssubstanz des abhängigen Unternehmens. Die größte Gemeinsamkeit von Gesellschaftern und Genussschein- oder Gewinnschuldverschreibungsinhabern und damit das stärkste Argument für eine Gleichbehandlung von Aktionären und Anlegern ist die gewinnorientierte Ausschüttung. Zwar ist die Beteiligung bei Gesellschaftern mitgliedschaftlicher und bei den Genussschein- und Gewinnschuldverschreibungsinhabern gläubigerrechtlicher Natur, die gewinnabhängige Ausschüttung ist jedoch eine charakteristische Gemeinsamkeit. Ebenso wie die Vermögensrechte der Gesellschafter sind auch Genussrechte und Gewinnschuldverschreibungen ähnlichen Gefahren ausgesetzt. Zu einer Gewinnminderung können Veränderungen der wirtschaftlichen Lage des Unternehmens, schädigende Geschäftsführung, Änderungen der Grundlagen der Aktiengesellschaft, wie zum Beispiel Kapitalerhöhungen, Umwandlungen oder Konzernierung führen. Im Gesellschaftsrecht sind diese Fälle teilweise gesetzlich geregelt und die Interessen abgewogen. Inwieweit auf allgemeine schuldrechtliche Rechtsinstitute zurückgegriffen werden kann, ist bislang weitgehend ungeklärt. Deshalb liegt es nahe, für den Anlegerschutz auf gesellschaftsrechtliche Regelungen zurückzugreifen. Die Gewinnabhängigkeit von Genussschein und Gewinnschuldverschreibung ist ein starkes Argument für die analoge Anwendung von Gesellschafterrechten auf Genussschein- und Gewinnschuldverschreibungsinhaber. Da die Rechte der Aktionäre auf die Dividende mit dem Ausschüttungsanspruch der Genussschein- und Gewinnschuldverschreibungsinhaber vergleichbar ist, stellt eine analoge Anwendung des § 304 AktG grundsätzlich eine passende Regelung dar.

Für eine analoge Anwendung des Rechts der außenstehenden Aktionäre, insbesondere des § 304 AktG könnte auch die Koppelung von Genusskapital und Grundkapital sprechen. Häufig ist in Genussscheinbedingungen die Klausel enthalten, dass bei Grundkapitalherabsetzungen auch das Genusskapital herabzusetzen ist. Das Grundkapital und das Genusskapital haben jedoch in der Bilanz des Emittenten verschiedene Funktionen. Das Grundkapital ist das Garantiekapital der Gesellschaft. Das Genusskapital verkörpert den Rückzahlungsanspruch der Anleger. Wenn im Fall einer Kapitalherabsetzung das Genusskapital herabzusetzen ist, bedeutet dies, dass der Rückzahlungsbetrag des Wertpapiers herabgesetzt wird, also eine Verlustzuweisung an die Genussscheininhaber vorgenommen wird. Dass Genussscheininhaber von Verlusten durch die Koppelung genauso betroffen sein können wie Aktionäre, bezeichnet nur das wirtschaftliche Risiko des Anlegers, der bei Verlusten nicht nur mit der Ausschüttung ausfällt, sondern auch mit dem Verlust des eingesetzten Kapitals rechnen muss. Aus der Koppelung des Genusskapitals an das Grundkapital der Aktiengesellschaft ergibt sich kein weitergehendes Bedürfnis für eine analoge Anwendung der Gesellschafterrechte auf Genussscheininhaber.

Für die Anwendung der aktionärsschützenden Vorschrift des § 304 AktG könnte sprechen, dass Genussrechte unter bestimmten Umständen als Eigenkapital bilanziert werden können. Je nach Sachverhalt ist das Genussrechtskapital beim Genussrechtsemittenten entweder in das Eigenkapital einzustellen oder als Fremdkapital zu passivieren oder erfolgswirksam zu vereinnahmen[370]. Kann das Genusskapital in das Eigenkapital eingestellt werden, erfolgt die Passivierung innerhalb des Postens „A. Eigenkapital" in einem Eigenkapitalsonderposten „Genusskapital"[371]. Genussrechtskapital ist also niemals Grundkapital. Eigenkapital ist nur ein Überbegriff. Das Eigenkapital umfasst das gezeichnete Kapital (Grundkapital), die Kapitalrücklage, die Gewinnrücklagen, den Gewinn- bzw. Verlustvortrag und den Jahresüberschuss bzw. Jahresfehlbetrag, § 266 Abs. 3 HGB. In das Eigenkapital ist das Genusskapital nur einzustellen, wenn vier Voraussetzungen kumulativ vorliegen[372]. Erstens muss das Genusskapital im Konkurs- oder Liquidationsfall im Rang hinter die Forderungen der übrigen Gläubiger zurücktreten. Zweitens muss die Vergütung erfolgsabhängig ausgestaltet sein. Drittens muss das Genusskapital in voller Höhe am Verlust teilnehmen. Viertens muss das Genusskapital längerfristig überlassen werden. Somit spricht als erstes Argument gegen eine Berücksichtigung der Eigenkapitalqualität beim Anlegerschutz, dass mit den Bilanzierungskriterien die Haftungsqualität des Genusskapitals zum Schutz der Gläubiger gesichert werden soll. Keine Voraussetzung ist die Einräumung von Gesellschafterrechten an die Genussscheininhaber. Ebensowenig verhindert die Nichteinräumung von Gesellschafterrechten die Einstellung des Genusskapitals in das Eigenkapital. Folglich kann aus der Tatsache, dass Genusskapital bei der Aktiengesellschaft als Eigenkapital bilanziert wurde, nur auf die Bilanzierungsvoraussetzungen der Nachrangigkeit,

---

[370] IDW Fachgutachten/Stellungnahmen HFA 1/1994.

[371] *Wiedemann* in GroßKo, AktG, 4. Aufl., Vor § 182 Rn 114; *Karollus* in Geßler/Hefermehl, AktG, § 221 Rn 431; *Lutter* in KöKo, AktG, § 221 Rn 416; *Baumbach/Hopt*, HGB, § 266 Rn 14; *Hüffer*, AktG, § 211 Rn 79; *Wiedmann*, Bilanzrecht, § 266 Rn 42; *Förschle/Kofahl*, Beck'scher Bilanz-Kommentar, § 272 Rn 3.

[372] IDW Fachgutachten/Stellungnahmen HFA 1/1994; *Förschle/Kofahl*, Beck'scher Bilanz-Kommentar, § 266 Rn 186; *Wiedmann*, Bilanzrecht, § 266 Rn 42; *Hüffer*, AktG, § 211 Rn 79.

Erfolgsabhängigkeit der Vergütung, Teilnahme am Verlust bis zur vollen Höhe und Längerfristigkeit der Kapitalüberlassung geschlossen werden. Der Rückschluss auf Einräumung von Gesellschafterrechten ist nicht möglich, da diese keine Bilanzierungsvoraussetzungen sind. Zweitens verfolgen Gläubigerschutz durch Bilanzierung und Anlegerschutz unterschiedliche Zielrichtungen. Die Bilanz drückt mit dem Eigenkapital nur die Haftungsqualität des Kapitals aus. Welche Rechte für den Eigenkapitalgeber gelten, lässt sich aus der Bilanz nicht ableiten. Dies ist bezogen auf Gesellschafter eine Frage des Gesellschaftsrechts bzw. bezogen auf Wertpapieranleger eine Frage des Schuldrechts. Da das Eigenkapital nur eine Haftungsfunktion erfüllt, kann daraus nicht abgeleitet werden, dass zum Schutz des Eigenkapitalgebers Gesellschafterklagen oder gesellschaftsrechtliche Auskunfts- und Informationsrechte anwendbar seien. Über das Verhältnis der Eigenkapitalgeber zueinander kann die Bilanz keinen Aufschluss geben. Denn die Gesellschafterrechte (wie zum Beispiel Anfechtungsrechte, Stimmrechte) haben mit der Haftungsfunktion des als Eigenkapital bilanzierten Genusskapitals nichts zu tun. Die Handelsbilanz bildet mit dem Posten Eigenkapital keine Gesellschafterrechte ab. Ob Genussscheininhaber als Eigenkapitalgeber dieselben Rechte haben wie Gesellschafter geht aus der Bilanz nicht hervor. Daraus folgt, dass aus der Bilanz keine Rechte abgeleitet werden können, die nach bürgerlichen Recht nicht bestehen. Aus der Handelsbilanz lassen sich keine rechtlichen Folgerungen ziehen, vielmehr die Bilanz Ergebnis des Rechts. Drittens ist die Bilanzierbarkeit des Genusskapitals als Eigenkapital keine Selbstverständlichkeit. Bei Bilanzierung nach IAS kommt es auf die Rückforderungsmöglichkeit des Genusskapitals an[373], so dass derselbe Genussschein nach HGB unter Eigenkapital nach IAS unter Fremdkapital bilanziert sein kann. Es wäre ein Wertungswiderspruch, wenn ein und derselbe Genussscheininhaber einmal Gläubigerrechte geltend machen könnte, ein andermal nicht, je nachdem, ob nach HGB oder IAS bilanziert wurde. Der Emittent hätte es in der Hand, durch Wahl der Bilanzierung entweder nach HGB oder nach IAS, dem Anleger seine Anlegerrechte aus der Hand zu schlagen. Aus der Tatsache, dass Genussrechte beim Emittenten als Eigenkapital bilanziert werden können, kann also kein Argument für eine analoge Anwendung der Gesellschafterrechte auf Genussscheininhaber gezogen werden. Die Bilanzierung hat für den Anlegerschutz, soweit er sich nicht aus den Genussscheinbedingungen ergibt, keine Auswirkungen. Vielmehr ergibt sich aus dem Genussrechtsvertrag wie zu bilanzieren ist. Es kann nicht der Schluss gezogen werden, dass mit dem bilanziellen Eigenkapital stets Gesellschafterrechte verbunden sein müssen.

Zusammenfassend bleibt das einzige gewichtige Argument für eine analoge Anwendung der Aktionärsschutzbestimmung des § 304 AktG die wirtschaftliche

---

[373] IDW Fachgutachten/Stellungnahmen HFA 5/1997.

Ähnlichkeit des Genussscheins und der Gewinnschuldverschreibung mit der Aktie, insbesondere der Vorzugsaktie ohne Stimmrecht.

Ein nicht unbeachtlicher Teil des Schrifttums[374] meldet rechtsdogmatische Bedenken gegen die analoge Anwendung von Aktionärsrechten, insbesondere des § 304 AktG, auf Gläubigerrechte an. Die Lösung müsse vielmehr aus dem Vertragsrecht kommen. Auch der Bundesgerichtshof[375] betonte in der Klöcknerentscheidung mehrfach, dass das Genussrecht kein gesellschaftsrechtlich geprägtes Mitgliedschaftsrecht sei, sondern ein Recht, das sich in einem bestimmten geldwerten Anspruch erschöpfe. Eine Gleichstellung der Genussrechtsinhaber mit den Aktionären sei nicht gerechtfertigt. Erstens ist mittlerweile allgemeine Überzeugung, dass der Genussschein- und Gewinnschuldverschreibungsinhaber schuldrechtlicher Gläubiger, also Dritter und niemals Gesellschafter des Emittenten ist. Dass die Ausschüttung an die Genussschein- oder Gewinnschuldverschreibungsinhaber von der Ertragslage des Emittenten abhängig ist, ändert nichts daran, dass es sich bei der Ausschüttung keinesfalls um Gewinnverwendung handelt. Die den Gesellschaftern eigenen Gesellschafterrechte folgen aus der mitgliedschaftlichen Beteiligung. Den Genussschein- und Gewinnschuldverschreibungsinhabern kommt eine solche mitgliedschaftliche Stellung nicht zu. Sie erschöpft sich formal in einer schuldrechtlichen Gläubigerstellung und materiell in einer teilweisen vermögensrechtlichen Haftungsbeteiligung in der Gesellschaft. Die analoge Anwendung gesellschaftsrechtlicher Regeln auf Genussschein- und Gewinnschuldverschreibungsinhaber würde die Grenzen zwischen Gesellschaftsrecht und Schuldrecht unzulässig vermischen. Es gibt nur Gesellschafterrechte und Drittrechte. Ein Mittelding gibt es nicht. Die analoge Anwendung der Gesellschafterrechte auf Genussscheininhaber ist rechtsdogmatisch bedenklich. Außerdem besteht in der Praxis ein schutzwürdiges Interesse, gewinnorientierte Drittrechte ohne Gesellschafterrechte zu schaffen.

Zweitens ist eine analoge Anwendung von Aktionärsschutzbestimmungen auf Anleger auch nicht notwendig, da die Anleger nicht völlig schutzlos gestellt sind. Der Anlegerschutz kann auch von den allgemeinen schuldrechtlichen Instituten wie der positiver Vertragsverletzung, Wegfall der Geschäftsgrundlage oder einem außerordentlichen Kündigungsrecht geleistet werden. Die Anleger sind nicht so schutzlos gestellt wie Befürworter der analogen Anwendung der Gesellschafterrechte immer betonen. Das Vertragsrecht kann genauso effektiven Anlegerschutz gewährleisten wie das Gesellschaftsrecht. Wie der Klöcknerfall zeigt, kann der vertragliche Schutz über den Gesellschafterschutz sogar hinausgehen. So konnte

---

[374] *Würdinger* in GroßKo (1971), AktG, § 291 Anm. 48; *Geßler* in Geßler/Hefermehl (1975), AktG, § 304 Rn 28; *Schneider* in FS Goerdeler (1987), S. 526; *Sethe* AG 1993, 366 Fn 359; *Kallrath*, Die Inhaltskontrolle (1994), S. 179; *Krieger* in MüHandb., Band 4, § 70 Rn 63.
[375] BGHZ 119, 305 ff., 309, 312 = NJW 1993, 58 (Klöckner).

im Klöcknerfall ein Anleger von dem Emittenten eines Genussscheins aus positiver Vertragsverletzung Schadensersatz wegen sorgfaltswidriger Geschäftsführung fordern, obwohl den Aktionären kein Schadensersatzanspruch gegen die Aktiengesellschaft zusteht. Die analoge Anwendung des Gesellschafterrechts kann für die Anleger gegenüber einem vertraglichen Anlegerschutz auch Nachteile bringen. Erstens besteht die Verantwortlichkeit des Vorstands für Missmanagement gegenüber der Gesellschaft, nicht den einzelnen Aktionären, § 93 Abs. 2 AktG. Ein zweiter Nachteil des Aktionärsschutzes besteht darin, dass die auf Schadensersatz dringenden Minderheitsaktionäre von der Aktionärsmehrheit, die das Missmanagement des Vorstands deckt, majorisiert werden können. Wegen des Unterschieds zwischen Aktionärsschutz und Anlegerschutz kam auch das Oberlandesgericht Düsseldorf[376] in der Klöcknerentscheidung (Vorinstanz) zu einem anderen Ergebnis als der Bundesgerichtshof. Das Oberlandesgericht Düsseldorf[377] hatte Schadensersatzansprüche des Anlegers gegen den Emittenten mit der Begründung abgelehnt, die Rechtsstellung des Genussscheininhabers komme haftungsmäßig derjenigen eines Aktionärs gleich und dem Aktionär stünden ebenfalls keine Schadensersatzansprüche zu. Die klageabweisende Entscheidung des Oberlandesgerichts Düsseldorf ist ein Beispiel dafür, dass der Gleichlauf von Anlegerschutz und Aktionärsschutz für den Anleger auch nachteilig sein kann. Die Klöcknerentscheidung des Bundesgerichtshofs ist deshalb nicht nur deswegen bedeutsam, weil den Anlegern der Bereich des vertraglichen Anlegerschutzes eröffnet wurde, sondern auch weil die Anleger- von der Aktionärsstellung entkoppelt wurde. Der Anleger kann also im Einzelfall besser stehen als der Aktionär. Eine rechtsdogmatisch bedenkliche Anwendung von Aktionärsschutzbestimmungen auf Anleger ist nicht notwendig, um einen effektiven Anlegerschutz zu gewährleisten.

Drittens spricht gegen eine analoge Anwendung des § 304 AktG auch die Praktikabilität einer einheitlichen Rechtsanwendung. Die von einer Analogie vorausgesetzte Vergleichbarkeit der Interessenlage verlangt eine am konkreten Einzelfall vorgenommene Überprüfung der jeweiligen Wertpapierbedingungen, ob der Anleger einem Aktionär vergleichbar ist. Dabei bedarf die Analogie zu § 304 AktG einer um so höheren Rechtfertigung je obligationenähnlicher das Wertpapier ausgestaltet ist. Bei einer obligationenähnlichen Genussschein könnten die Voraussetzungen der Analogie schließlich ganz entfallen, weil dann die Aktienähnlichkeit und damit die Vergleichbarkeit des Anlegers mit dem Aktionär nicht mehr gegeben sein könnte. Verweist man den Anlegerschutz allein ins Vertragsrecht (Wegfall der Geschäftsgrundlage), entfällt die Unterscheidung, ob das Wertpapier im konkreten Fall wirtschaftlich mit einer Aktie vergleichbar und damit die analoge Anwendung des § 304 AktG gerechtfertigt ist. Der schuld-

---

[376] OLG Düsseldorf ZIP 1991, 1070, 1077 f. (Klöckner).
[377] OLG Düsseldorf ZIP 1991, 1070, 1077 f. (Klöckner).

rechtliche Anlegerschutz kann auf aktienähnliche Genussscheine genauso angewendet werden wie auf obligationenähnliche Genussscheine oder Gewinnschuldverschreibungen. Eine einheitliche Anwendung der vertragsrechtlichen Regeln über den Wegfall der Geschäftsgrundlage auf alle gewinnorientierten Wertpapiere leistet folglich einen Beitrag zur Einheitlichkeit und Sicherheit der Rechtsanwendung.

Viertens spricht gegen eine analoge Anwendung des § 304 AktG, dass auch sonst keine Gesellschafterrechte auf Anleger analog angewendet werden. Die Anleger haben nach ganz herrschender Meinung weder das Recht Beschlüsse der Hauptversammlung über die Gewinnverwendung anzufechten (§ 254 AktG), Klage auf Nichtigkeit des Jahresabschlusses zu erheben (§ 256 Abs. 5 AktG) oder diesen anzufechten (§ 257 AktG), noch die Möglichkeit, die Anfechtungsklage nach § 243 Abs. 2 AktG zu erheben. Auch Auskunfts- und Einsichtsrechte aus §§ 131, 132, 175 Abs. 2 AktG, 51a, 51b GmbHG, 118, 166, 233 HGB, 713 mit §§ 666, 716 BGB bzw. ergänzender Vertragsauslegung sollen den Anlegern nach herrschender Meinung nicht zustehen. Sie haben kein Einsichtsrecht in Bücher und Papiere des Emittenten und auch kein Recht auf die Bestellung von Sonderprüfern analog §§ 142 ff., 258 ff. AktG. Die analoge Anwendung des § 304 AktG wäre ein Unikum.

Gegen die analoge Anwendung des § 304 AktG auf Genussscheininhaber spricht fünftens das von einem Teil der Literatur[378] gebrauchte Argument, dass wegen der Anwendbarkeit der Regeln über den Wegfall der Geschäftsgrundlage für eine Analogie keine Regelungslücke bestehe. Beide Anspruchsgrundlagen führen im Grunde zum selben Ergebnis. Ein Unterschied lediglich darin, dass sich der Anspruch nach § 304 AktG gegen das herrschende Unternehmen richtet, während Vertragsanpassung nur vom Emittenten verlangt werden kann. Der Anspruchsgegner ist jeweils verschieden. Im Ergebnis ergibt sich für den Schutz des Genussscheininhabers jedoch kein Unterschied. Garantiert der Emittent dem Genussscheininhaber eine Mindestverzinsung nach den Regeln über den Wegfall der Geschäftsgrundlage, bleibt für den Genussscheininhaber alles beim Gleichen, solange der Emittent solvent ist. Erwirtschaftet der Emittent Gewinne, sind die Interessen des Anlegers nicht gefährdet. Arbeitet der Emittent mit Verlust, ist der Ausschüttungsanspruch der Anleger durch den Verlustübernahmeanspruch aus § 302 AktG geschützt. Im Fall der Insolvenz des Emittenten endet der Vertragskonzern und damit auch die Verlustausgleichspflicht nach § 302 AktG. Statt dessen können die Anleger vom herrschenden Unternehmen Sicherheit nach § 303 AktG verlangen. Ihre Interessen sind während der Durchführung des Insolvenzverfahrens bis zur endgültigen Ermittlung der Höhe des Forderungsausfalls geschützt. Kommt es mangels Masse zu einer Ablehnung des Insolvenz-

[378] *Schneider* in FS Goerdeler (1987), S. 526; *Frantzen*, Genußscheine (1993), S. 285.

antrags, verwandelt sich nach herrschender Meinung der Anspruch auf Sicherheitsleistung nach § 303 AktG in einen unmittelbaren Zahlungsanspruch gegen das herrschende Unternehmen. Im Fall der masselosen Insolvenz richtet sich der Anspruch auf Zahlung der Garantieausschüttung nach den Regeln des Wegfalls der Geschäftsgrundlage ebenso wie der Anspruch auf Zahlung der Garantiedividende nach § 304 AktG gegen das herrschende Unternehmen. Es besteht also im Ergebnis kein struktureller Unterschied zwischen der Lösung nach den Regeln über den Wegfall der Geschäftsgrundlage und der Lösung über § 304 AktG. Die Lösung über den Wegfall der Geschäftsgrundlage würde im Vergleich zur Lösung über § 304 AktG keine Schutzlücke entstehen lassen. Die rechtsdogmatisch sauberere Lösung ist die über den Wegfall der Geschäftsgrundlage. Denn der Genussscheininhaber ist kein Gesellschafter. Er ist nach ganz herrschender Meinung schuldrechtlicher Gläubiger, im Verhältnis zur Gesellschaft also Dritter. Deshalb ist der Herleitung des Anlegerschutzes aus dem Schuldrecht der Vorrang einzuräumen vor einer analogen Anwendung von Gesellschafterrechten. Wegen des Vorrangs der schuldrechtlichen Regeln über den Wegfall der Geschäftsgrundlage fehlt es für die analoge Anwendung des gesellschaftsrechtlichen § 304 AktG an einer Regelungslücke.

Für eine Lösung über die Grundsätze des Wegfalls der Geschäftsgrundlage spricht sechstens auch eine Entscheidung der Bundesgerichtshofs zur Tantieme. Der Bundesgerichtshof[379] hatte in einer Entscheidung aus dem Jahre 1960 über den Einfluss eines Organschafts- und Gewinnabführungsvertrags auf eine dividendenabhängige Tantieme zu urteilen. In seiner Entscheidung verlangte der Bundesgerichtshof einen Anpassung nach den Regeln über den Wegfall der Geschäftsgrundlage. Aktienrecht, insbesondere Aktienkonzernrecht, hat der Bundesgerichtshof nicht angewendet. Dem ist die Literatur[380] gefolgt. Genussscheine sind mit Gewinntantiemen vergleichbar. Die Gewinntantieme ist eine gewinnabhängige Vergütung, die in einem Prozentsatz des Gewinns besteht und meist neben einer festen Vergütung an Vorstandsmitglieder einer Aktiengesellschaft oder Geschäftsführer einer GmbH gezahlt wird. Gemeinsam haben Gewinntantieme und Genussschein den Anspruch auf eine gewinnorientierte Ausschüttung. Tantiemen sind ebenso wie Genussrechte Gläubigerrechte, keine Gesellschafterrechte. Unterschiede bestehen darin, dass Tantiemen nicht wie Finanzierungsgenussscheine einer Masse von Anlegern eingeräumt werden, sondern nur einem bestimmten Personenkreis, vor allem Vorstandsmitgliedern oder Geschäftsführern. Außerdem sind Tantiemen in der Regel nicht wertpapiermäßig verbrieft. Die massenhafte Begebung und die wertpapiermäßige Verbriefung sind jedoch nur formale Modalitäten und spielen für den Anlegerschutz keine Rolle. Für den Anlegerschutz ist die Gewinnabhängigkeit von Tantieme und

---

[379] BGH NJW 1960, 721.
[380] *Hefermehl* in Geßler/Hefermehl § 86 Rn 31 für Tantieme.

Genussschein entscheidend. Die Tantiemerechtsprechung des Bundesgerichtshofs ist auf Genussscheine anwendbar und spricht ebenfalls für einen schuldrechtlichen Anlegerschutz nach den Grundsätzen des Wegfalls der Geschäftsgrundlage.

Fraglich ist, ob sich mit einem Teil der Literatur aus einer Analogie zu § 216 Abs. 3 AktG oder § 23 UmwG oder aufgrund eines Rechtsgedankens, der den §§ 216 Abs. 3 AktG, 23 UmwG zugrunde liegt, Anpassungsansprüche ableiten lassen. § 216 Abs. 3 AktG bezweckt, den wirtschaftlichen Inhalt eines gewinnabhängigen Rechts aufrecht zu erhalten. § 216 Abs. 3 AktG betrifft nur den Spezialfall, dass sich durch eine Kapitalerhöhung aus Gesellschaftsmitteln die Berechnungsgrößen für die Ausschüttung verändern. Nach § 216 Abs. 3 AktG ist die Ausschüttung nach einem neuen Berechnungsschlüssel zu berechnen, der die Genussschein- oder Gewinnschuldverschreibungsinhaber so stellt, wie sie vor der Kapitalerhöhung gestanden haben.

Beispiel: Die X-Aktiengesellschaft emittierte Genussscheine mit einer Ausschüttung in Höhe des 1,4 fachen der Dividende. Die X-Aktiengesellschaft erhöhte das Grundkapital aus Gesellschaftsmitteln von 100 Mio. auf 200 Mio. Folge? Würde der Ausschüttungsberechnungsschlüssel unverändert gelassen, sänke die Ausschüttung bei gleichbleibender Ertragslage der X-Aktiengesellschaft um die Hälfte. Den Genussscheininhabern steht deshalb ein Anpassungsanspruch aus § 216 Abs. 3 AktG zu. Um dem Anleger einen gleich großen Anspruch zu erhalten, erhöht sich der Ausschüttungsfaktor 1,4 im selben Verhältnis wie die Erhöhung des Grundkapital, nämlich von 1,4 auf 2,8 der Dividende.

§ 216 Abs. 3 AktG führt also nur zu einer Veränderung der Berechnung der Ausschüttung nach der Kapitalerhöhung. Es wird nur die mathematische Formel für die Ausschüttungsberechnung angepasst. In eine völlig andere Richtung zielt der Verwässerungsschutz wegen vertraglicher Konzernierung. Im Vertragskonzern liegt das Problem darin, dass eine für den abhängigen Emittenten nachteilige Ausübung der Konzernleitung in die Ertragslage des Emittenten eingreift. Mit der Anpassung nach den Regeln über den Wegfall der Geschäftsgrundlage soll eine sinkende Ertragskraft des Emittenten ausgeglichen werden. Im Gegensatz dazu geht § 216 Abs. 3 AktG von einer gleichbleibenden Ertragskraft aus. Das konzernspezifische Autonomieproblem wird von § 216 Abs. 3 AktG nicht erfasst. Aus § 216 Abs. 3 AktG kann deshalb ein Verwässerungsschutz im Vertragskonzern nicht hergeleitet werden. Anders könnte es sich mit einer Analogie zu § 23 UmwG verhalten. Nach § 23 UmwG sind einem Sonderrechtsinhaber im Fall der Verschmelzung gleichwertige Rechte in dem übernehmenden Rechtsträger zu gewähren. Wird der Emittent von Genussscheinen oder Gewinnschuldverschreibungen mit einem anderen Unternehmen verschmolzen, bezweckt

§ 23 UmwG in erster Linie, dem Sonderrechtsinhaber des übertragenden Rechtsträgers einen Schuldner zu erhalten. Die Genussrechte oder Gewinnschuldverschreibungen sollen nicht wegen Unmöglichkeit untergehen, weil nach der Verschmelzung der Emittent als übertragender Rechtsträger liquidationslos erlischt. Im Gegensatz zur Verschmelzung, bei der der Emittent rechtlich erlischt, bleibt das abhängige Unternehmen im Vertragskonzern rechtlich existent. Der Normzweck des § 23 UmwG taugt deshalb nur bedingt für eine Analogie. Außerdem treten bei der Verschmelzung nach § 23 UmwG keine Autonomieprobleme auf, da der Emittent mit dem aus der Verschmelzung hervorgehenden wiederum autonomen Rechtsträger teilidentisch ist. Die Gefahr für die Genussschein- und Gewinnschuldverschreibungsinhaber besteht jedoch darin, dass aufgrund des Beherrschungsvertrags rechtmäßige Leitungsmacht ausgeübt wird, die für die Anleger Nachteile bringen kann. Für die Berücksichtigung nachteiliger wirtschaftlicher Entwicklungen infolge der vertraglichen Konzernierung ist § 23 UmwG nicht zugeschnitten. § 23 UmwG will den Anleger vor den Nachteilen der Umwandlung selbst schützen. Einen Anlegerschutz nach der Umwandlung bedarf es nach der Konzeption des § 23 UmwG nicht. Anders als im Fall der Konzernierung geht das Gesetz davon aus, dass zwei autonome Gesellschaften zu einer wiederum autonomen Gesellschaft verschmolzen werden. Bei der durch Verschmelzung hervorgegangenen autonomen Gesellschaft stellen sich keine erhöhten Anlegerschutzprobleme, weil das Autonomieprinzip die wirtschaftlichen Interessen der Anleger ausreichend wahrt. § 23 UmwG kann es deshalb bei einem punktuellen Schutz vor der Umwandlung selbst belassen. Konzernspezifischer Anlegerschutz will Eingriffe in die Autonomie ausgleichen. Bei der Verschmelzung gibt es kein Autonomieproblem. Die Analogie zu § 23 UmwG passt auf die Konzernierung nicht. Für eine Anwendung der §§ 216 Abs. 3 AktG, 23 UmwG bleibt also nur eine Analogie in dem Sinn übrig, dass diesen Rechtsnormen der allgemeine Rechtsgedanke entnommen werden kann, dass Genussschein- und Gewinnschuldverschreibungsinhaber durch Anpassung vor Grundlagenentscheidungen und damit verbundenen Äquivalenzstörungen zu schützen seien. Damit ist aber genau der Fall des Wegfalls der Geschäftsgrundlage angesprochen, so dass es für die Anwendung eines Rechtsgedankens aufgrund der §§ 216 Abs. 3 AktG, 23 UmwG an einer Regelungslücke fehlen würde. Denn ein Anpassungsschutz lässt sich in diesen Fällen unmittelbar aus den Grundsätzen über den Wegfall der Geschäftsgrundlage ableiten.

Der Schutz der Genussscheininhaber erfolgt deshalb ausschließlich über die Grundsätze des Wegfalls der Geschäftsgrundlage, nicht über eine Analogie zu § 216 Abs. 3 AktG oder § 23 UmwG oder über die Anwendung eines Rechtsgedankens, der den §§ 216 Abs. 3 AktG, 23 UmwG zugrunde liegt, und auch nicht über die analoge Anwendung des § 304 AktG.

Die Voraussetzungen des Wegfalls der Geschäftsgrundlage liegen vor. Die Parteien sind bei Zeichnung der Genussscheine oder Gewinnschuldverschreibungen von einem bestimmten Grundlagenstatus des Emittenten ausgegangen. Der Status des Emittenten ist Geschäftsgrundlage. Der Anleger hätte bei Kenntnis der Sachlage die Genussscheine oder Gewinnschuldverschreibungen überhaupt nicht oder nicht zu diesen Bedingungen gezeichnet. Mit Abschluss des Beherrschungs- und Gewinnabführungsvertrages weist der nunmehr abhängige Emittent keinen Überschuss mehr aus. Statt eines Überschusses entsteht eine Gewinnabführungsverpflichtung, so dass die Bezugsgrößen des Ausschüttungsanspruchs eines Genussscheins oder einer Gewinnschuldverschreibung (Jahresüberschuss, Bilanzgewinn oder Dividende) stets Null betragen. Außerdem stört die Einflussmöglichkeit des herrschenden Unternehmens auf den abhängigen Emittenten die Interessenparallelität zwischen den Interessen der Aktionäre und der Anleger. Es droht die Gefahr, dass dem Emittenten konzernbedingt ein fremdes Unternehmensinteresse durchgesetzt wird. Dadurch ist die Ergebnislage des abhängigen Emittenten grundlegend gefährdet. Der Emittent hätte sich redlicherweise auf die Berücksichtigung dieses Umstandes einlassen müssen. Wie sich aus der Wertung der §§ 216 Abs. 3 AktG, 23 UmwG ergibt, fallen Grundlagenänderungen nicht in den alleinigen Risikobereich des Anlegers. Die Wertung entspricht auch dem vergleichbaren Schutz der außenstehenden Aktionäre, welche nach § 304 AktG Ausgleich verlangen können. Wegen der gravierenden Änderungen durch die vertragliche Konzernierung, ist den Inhabern von Genussscheinen oder Gewinnschuldverschreibungen ein Festhalten am Vertrag ohne Anpassung nicht zumutbar. Mit Abschluss eines Beherrschungs- und Gewinnabführungsvertrages entfällt die Geschäftsgrundlage. Genussscheine und Gewinnschuldverschreibungen müssen den veränderten Umständen angepasst werden. Schuldner des Vertragsanpassungsanspruch ist der (abhängige) Emittent, nicht das herrschende Unternehmen.

Ein Detailproblem besteht darin, ob ein Anpassungsanspruch wegen Wegfalls der Geschäftsgrundlage ausscheidet, wenn der Emittent von Anfang an Konzernunternehmen war. Diese Ansicht wird von *Frantzen*[381] vertreten. Ein Anspruch auf Anpassung wegen Wegfalls der Geschäftsgrundlage scheitere, wenn ein von vornherein abhängiges Konzernunternehmen (Vertragskonzern) Genussrechte ausgebe, falls dem Anleger die Konzernierung beim Erwerb bekannt sei. Er sei dann nicht mehr schutzwürdig. Ein Vertragsanpassungsanspruch wegen Wegfalls der Geschäftsgrundlage scheide aus, wenn der Emittent bereits zum Zeitpunkt der Emission ein Konzernunternehmen war. Dies klingt zunächst plausibel, da in diesem Fall im Sinne der Geschäftsgrundlagenlehre kein Umstand vorhanden war, der nachträglich entfallen konnte. Unter Fortsetzung des Status-quo kann es mit anderen Worten keinen Wegfall der Geschäftsgrundlage geben. Berücksichtigt

---

[381] *Frantzen*, Genußscheine (1993), S. 286.

man jedoch, dass es verschiedene Intensitäten der Beherrschung geben kann, ist der obige Ansatz zu relativieren.

Beispiel: Eine Aktiengesellschaft der Elektrobranche schließt mit dem Mutterunternehmen eines Elektrokonzerns einen Beherrschungs- und Gewinnabführungsvertrag ab. Die nunmehr abhängige Aktiengesellschaft vervollständigt mit ihren Produkten das Sortiment des Elektrokonzerns und darf die Vertriebswege des Konzerns nutzen. Die abhängige Aktiengesellschaft stimmt ihre Unternehmensstrategie mit dem Konzern ab, agiert im übrigen aber wie ein unabhängiges Unternehmen. Die abhängige Aktiengesellschaft emittiert nun Genussscheine, die den Anlegern durchschnittliche Renditen von 6 % bescheren. Nach einem Vorstandswechsel bei der Konzernmutter strukturiert der neue Vorstand der Muttergesellschaft den Konzern vollständig um und unterwirft den abhängigen Emittenten einer intensiven Leitungsmacht. Die Rendite der Anleger sinkt im folgenden auf nur noch 1 %. In diesem Fall besteht durchaus ein Anspruch der Genussscheininhaber auf Vertragsanpassung nach den Regeln über den Wegfall der Geschäftsgrundlage. Der Wegfall der Geschäftsgrundlage beruht darauf, dass durch die Intensivierung der Leitungsmacht durch die Konzernmutter die Abhängigkeit des Emittenten eine trotz fortbestehender vertraglicher Konzernierung völlig neue Qualität erhalten hat.

### 3.1.2. Art und Weise der Vertragsanpassung

a) Meinungsstand

Umstritten sind Art und Weise der Vertragsanpassung nach Abschluss eines Beherrschungs- und Gewinnabführungsvertrages. Ein Großteil der Literatur[382] spricht nur allgemein von Vertragsanpassung ohne zu konkretisieren. Andere[383] verweisen pauschal auf eine Vertragsanpassung in Analogie zu den §§ 304 oder 305 AktG. Als erster beschäftigte sich *Martens*[384] näher mit der Vertragsanpassung. *Martens* will den Anlegern entsprechend § 304 AktG einen Ausgleichsanspruch geben. Gewinnabhängige Ansprüche könnten nicht nach der

---

[382] *Geßler* in Geßler/Hefermehl (1975), AktG, § 304 Rn 28; *Thielemann*, Das Genußrecht (1988), S. 175 f. und 195; *Koppensteiner* in KöKo, AktG, § 304 Rn 13; *Sethe* AG 1993, 366; *Luttermann*, Unternehmen (1998), S. 538; *Krieger* in MüHandb., Band 4, § 63 Rn 57; *Hefermehl* in Geßler/Hefermehl, AktG, § 86 Rn 31 (für Tantieme).

[383] *Vollmer* ZGR 1983, 467, 471; *van Look* in Bundschuh/Hadding/Schneider, Recht und Praxis der Genußscheine (1987), S. 41; *Lutter* in KöKo, AktG, § 221 Rn 404; *Karollus* in Geßler/Hefermehl, AktG, § 221 Rn 419; *Emmerich/Sonnenschein*, Konzernrecht, § 17 III 2; *Emmerich/Habersack*, Aktienkonzernrecht, § 304 Rn 12; *Hüffer*, AktG, § 221 Rn 68a.

[384] *Martens*, 25 Jahre Bundesarbeitsgericht (1979), S. 367, 382 ff.

Ertragslage und den Ertragsaussichten der abhängigen Konzerngesellschaft bemessen werden, sondern müssten unter den Voraussetzungen eines engen, durch intensive Leitungsmacht geprägten Konzernverhältnisses auf die Ertragslage der Obergesellschaft abgestimmt werden. Der variablen Ausgleichsberechnung komme auf Dauer ein höherer Stellenwert zu, da sie unmittelbar die zukünftige Wirtschaftssituation und damit die konkrete Ertragsentwicklung widerspiegle, während die feste Ausgleichszahlung auf einer Festschreibung der augenblicklichen Wirtschaftssituation des abhängigen Unternehmens zur Zeit der Konzernierung beruhe. Mit *Martens* befürwortet auch *Hirte*[385] eine variable Anpassung an den Dividendensatz der Obergesellschaft nach § 304 Abs. 2 S. 2 und 3 AktG. Dagegen solle nach *Konzen*[386] und *Kallrath*[387] eine jährliche Ausgleichszahlung in Form einer festen Mindestverzinsung die Renditeinteressen der Inhaber von Genussscheinen und Gewinnschuldverschreibungen absichern. Die Höhe der Ausgleichszahlung könne in Anlehnung an den festen Ausgleich nach § 304 Abs. 1 S. 2, Abs. 2 S. 1 AktG bestimmt werden. Ausgehend von der Ertragslage der letzten Jahre sei die Ertragslage, die in der abhängigen Gesellschaft ohne die Konzernierung bestünde, gemäß § 287 ZPO zu schätzen. Abweichend davon zieht *Schneider*[388] den Grundgedanke des § 304 Abs. 2 AktG insgesamt entsprechend heran. Bei der Berechnung des Ausgleichs sei grundsätzlich von der bisherigen Ertragslage der Gesellschaft und ihren künftigen Ertragsaussichten auszugehen. Für den Fall, dass wegen des ungewissen Umfangs von Synergieeffekten im Vertragskonzern einerseits und der potentiellen Mitbelastung durch schlechte Ertragslagen anderer Konzernunternehmen andererseits eine Einzelbetrachtung nicht mehr möglich sei, könne hilfsweise in Anlehnung an den variablen Ausgleich nach § 304 Abs. 2 S. 2 und 3 AktG auch an den Konzerngewinn und an den Dividendensatz der Obergesellschaft angeknüpft werden. Für den Fall des Abschlusses eines Ergebnisabführungsvertrages schlägt *Meilicke*[389] vor, den Gewinn vor Ergebnisabführung als Bemessungsgrundlage für die Ausschüttung zu verwenden.

b) Stellungnahme

Die Lösung *Meilickes*, den Gewinn vor Ergebnisabführung als Bemessungsgrundlage für die Ausschüttung zu verwenden, mag für den Fall des Abschlusses eines (bloßen) Ergebnisabführungsvertrages ausreichen. Wird dagegen - wie regelmäßig - neben dem Ergebnisabführungsvertrag auch ein Beherrschungs-

---

[385] *Hirte* ZIP 1988, 488.
[386] *Konzen* RdA 1984, 65, 80 ff.
[387] *Kallrath*, Die Inhaltskontrolle (1994), S. 180.
[388] *Schneider* in FS Goerdeler (1987), S. 526; ebenso *Frantzen*, Genußscheine (1993), S. 285.
[389] *Meilicke* BB 1987, 1610.

vertrag abgeschlossen, genügt eine Anpassung des Berechnungsschlüssels für die Ausschüttung durch Bezugnahme auf das Ergebnis vor Gewinnabführung nicht. Denn der Beherrschungsvertrag ermöglicht es dem herrschenden Unternehmen, die Geschäftsführung des abhängigen Emittenten zu bestimmen. Das herrschende Unternehmen erhält die Möglichkeit, Weisungen zu erteilen, die die Ertragslage des abhängigen Unternehmens beeinflussen können. Wegen der Ausübung der Leitungsmacht durch das herrschende Unternehmen kann der Bilanzgewinn potentiell niedriger ausfallen als dies im Falle der Unabhängigkeit des Emittenten der Fall gewesen wäre. Eine Vertragsanpassung muss deshalb nicht nur den Wegfall der Bezugsgrößen des bisherigen Ausschüttungsschlüssels (Bilanzgewinn, Jahresüberschuss, Dividende) berücksichtigen, sondern auch eine Veränderung der Ertragssituation insgesamt ausgleichen.

Dazu ist eine am festen oder variablen Ausgleich nach § 304 Abs. 2 AktG orientierte Anpassung grundsätzlich geeignet. § 304 AktG sieht einen Ausgleich freilich nur für außenstehende Aktionäre vor. Das Recht der außenstehenden Aktionäre kann aus rechtsdogmatischen Gründen nicht analog auf die Genussscheininhaber angewendet werden. Trotzdem kann sich die Vertragsanpassung wegen Wegfalls der Geschäftsgrundlage inhaltlich an den Ausgleichsanspruch der außenstehenden Aktionäre anlehnen. Dafür spricht, dass die wirtschaftliche Situation der außenstehenden Aktionäre der der Inhaber von Genussscheinen und Gewinnschuldverschreibungen vergleichbar ist. Beide sind vom Unternehmenserfolg unmittelbar abhängig. Durch den Abschluss eines Beherrschungs- und Gewinnabführungsvertrages ist der wirtschaftliche Wert sowohl der Aktien als auch der Genussscheine und Gewinnschuldverschreibungen bedroht. Insoweit bestehen zwischen Aktien einerseits und Genussscheinen und Gewinnschuldverschreibungen andererseits keine Unterschiede.

Gegen eine inhaltliche Orientierung der Vertragsanpassung am Ausgleich nach § 304 AktG könnte sprechen, dass der Aktionär Gesellschafter der Aktiengesellschaft ist, der Genussschein- und Gewinnschuldverschreibungsinhaber jedoch Drittgläubiger wie jeder andere Gesellschaftsgläubiger auch. Der Unterschied zwischen Aktionär und Drittschuldner könnte eine andere Beurteilung erfordern. Denn beim Inhaber von Genussscheinen und Gewinnschuldverschreibungen ist nur der wirtschaftliche Wert des Wertpapiers von der Verwässerung betroffen, beim Aktionär betrifft die Verwässerung neben dem wirtschaftlichen Wert der Aktie auch noch die Mitgliedschaft. Dagegen lässt sich jedoch die Begründung des Gesetzesentwurfs zu den §§ 304, 305 AktG anführen. Die Begründung des Gesetzesentwurfs meint dazu, dass der Verwässerung der Mitgliedschaft durch das Abfindungs- und Austrittsrecht nach § 305 AktG Rechnung zu tragen sei. Demgegenüber werde nach der Gesetzesbegründung die wirtschaftliche Verwässerung durch die Garantiedividende nach § 304 AktG ausgeglichen. Der feste und der variable Ausgleich beruhen also nach dem Willen des Gesetzgebers nicht auf dem Unterschied zwischen der Verwässerung von Vermögensrechten und Mitgliedschaft. Vielmehr sollen sowohl der feste als auch der variable Ausgleich die Vermögensrechte der Aktionäre schützen. Mit einem speziellen Schutz der Mitgliedschaft hat die Unterscheidung zwischen festen und variablen Ausgleich nichts zu tun. Der Unterschied, dass bei den außenstehenden Aktionären auch die Verwässerung der Mitgliedschaft und nicht nur der Vermögensrechte betroffen ist, spricht nicht gegen die Zulassung einer an § 304 AktG orientierten Anpassung. Der Verwässerungsschutz der Vermögensrechte durch festen und variablen Ausgleich nach § 304 AktG passt deshalb auch auf die nur vermögensmäßig beteiligten Genussscheininhaber. Gegen eine inhaltliche Orientierung der Vertragsanpassung am Ausgleich nach § 304 AktG könnte desweiteren sprechen, dass der Aktionär notwendig Eigenkapitalgeber ist, aber das Genusskapital unter bestimmten Voraussetzungen, das Gewinnschuldverschreibungskapital zwingend als Fremdkapital zu qualifizieren ist. Aber wie bereits oben (Kapitel III 3.1.1.) gezeigt, sagt die Bilanzierung des Genuss- bzw. Gewinnschuldverschreibungskapitals nichts über die Rechtsstellung des Anlegers aus, sondern nur darüber, ob das Kapital Haftungsqualität für die Gläubiger besitzt. Wenn das Genusskapital ausreichende Haftungsqualität besitzt und somit als Eigenkapital bilanziert werden kann, kann daraus nicht abgeleitet werden, dass ein fester oder variabler Ausgleich möglich sein müsse. Die Frage des Wie der Anpassung ist eine Frage des materiellen Rechts, nicht der Bilanzierung. Da die Möglichkeit einer festen oder variablen Anpassung nicht Bilanzierungsvoraussetzung als Eigenkapital oder Fremdkapital ist, kann aus der Bilanzierung auch keine Schlussfolgerung auf die Art der Anpassung gezogen werden. Die Bilanzierung des Genusskapitals sagt also nichts über das Wie des Ausgleichs aus. Somit spricht nichts gegen eine inhaltliche Orientierung der Vertragsanpassung am Ausgleich nach § 304 AktG. Die Inhaber von Genussscheinen oder Gewinnschuldverschreibungen sind so zu stellen, wie wenn der Beherrschungs- und Gewinnabführungsvertrag nicht abgeschlossen worden wäre. Das heißt, es ist der hypothetische Zustand der Unabhängigkeit des Emittenten in die Zukunft hinein zu denken. Dieser hypothetische Zustand kann sich zum einen durch eine dem festen Ausgleich entsprechende Anpassung, die sich an der Ertragslage des Emittenten in der Vergangenheit orientiert, hergestellt werden. Genauso sachgerecht kann es sein, den Ausschüttungsanspruch der Anleger an den Gewinn der Konzernobergesellschaft und damit an die Ertragslage des Konzerns insgesamt anzuknüpfen. Der Ausgleich zugunsten der Anleger kann also zusammenfassend sowohl durch einen Ausgleich geschehen, der inhaltlich dem festen Ausgleich gemäß § 304 Abs. 2 S. 1 AktG entspricht, als auch durch einen Ausgleich entsprechend zum variablen Ausgleich nach § 304 Abs. 2 S. 2 AktG.

In Anlehnung an den festen Ausgleich nach § 304 Abs. 2 S. 1 AktG kann somit eine Vertragsanpassung zugunsten der Inhaber von Genussscheinen und Gewinnschuldverschreibungen in der Weise erfolgen, dass als Ausgleichszahlung mindestens die jährliche Zahlung des Betrags zuzusichern ist, der nach der bisherigen Ertragslage der Gesellschaft und ihren künftigen Ertragsaussichten unter Berücksichtigung angemessener Abschreibungen und Wertberichtigungen, jedoch ohne Bildung anderer Gewinnrücklagen, voraussichtlich als durchschnittliche Ausschüttung auf den einzelnen Genussschein oder die einzelne Gewinnschuldverschreibung verteilt werden könnte. Im Idealfall sollen die Inhaber von Genussscheinen oder Gewinnschuldverschreibungen damit so stehen, wie wenn der Beherrschungs- und Gewinnabführungsvertrag nicht abgeschlossen worden wäre. Der hypothetische Zustand der Unabhängigkeit des Emittenten ist in die Zukunft hinein zu denken. Da die Bilanz des abhängigen Unternehmens nach Abschluss des Beherrschungs- und Gewinnabführungsvertrages keinen Bilanzgewinn mehr ausweist und auch die Dividende entfällt, nach der die Ausschüttung berechnet werden könnte, ist der wichtigste Anhaltspunkt die bisherige Ertragslage des Emittenten. Dazu sind die für den Ausschüttungsanspruch der Genussschein- oder Gewinnschuldverschreibungsinhaber maßgeblichen Bezugsgrößen Jahresüberschuss, Bilanzgewinn oder Dividendensatz des Emittenten der letzten drei bis fünf Jahre zu ermitteln. Es ist zu prüfen, ob der Jahresüberschuss, Bilanzgewinn oder die Dividende der letzten 3 bis 5 Jahre zur Bedienung der Genussrechte und Gewinnschuldverschreibungen ausreichte. Herauszurechnen sind außerordentliche Erträge und Verluste sowie die Nachteile der schon vor Abschluss des Beherrschungs- und Gewinnabführungsvertrages bestehenden Abhängigkeit. Auf dieser Basis können die zukünftigen Jahresüberschüsse, Bilanzgewinne oder Dividenden geschätzt werden, wobei zur Vereinfachung der Berechnung grundsätzlich ein tendenziell gleichbleibendes Ertragspotential der Gesellschaft unterstellt werden darf. Der Genussschein oder die Gewinnschuldverschreibung ist insoweit zum festverzinslichen Wertpapier geworden. Der maßgebliche Zeitpunkt für die Zukunftsprognose ist der Tag des Beschlusses der abhängigen Gesellschaft über den Abschluss des Unternehmensvertrages. Dies führt dazu, dass spätere Entwicklungen zum Beispiel im Laufe eines Prozesses über den Anpassungsanspruch nicht mehr berücksichtigt werden dürfen, es sei denn die Entwicklungen waren in ihrem Kern bereits zur Zeit des Hauptversammlungsbeschlusses über den Beherrschungs- und Gewinnabführungsvertrag angelegt und absehbar. Dies bedeutet jedoch nicht, dass damit die Rechtsbeziehungen zwischen dem Emittenten und dem Anleger für alle Zeiten festgeschrieben wären. Denn der auf den Zeitpunkt der Beschlussfassung über den Unternehmensvertrag erfolgten Anpassung kann erneut die Geschäftsgrundlage entfallen. Die Geschäftsgrundlage entfällt ein weiteres Mal nur, wenn sich die Verhältnisse wesentlich ändern und dem Anleger ein Festhalten an der vorangegangen Anpassung nicht zumutbar ist. Es besteht für den Emittenten im Grundsatz jedoch keine Pflicht, die ursprüngliche Anpassung jährlich neu zu korrigieren. Zur Substanzerhaltung erforderliche und angemessene Abschreibungen und Wertberichtigungen sind zu berücksichtigen.

Dasselbe Verfahren ist auch bei von vornherein defizitären Emittenten anzuwenden. Auch bei defizitären Emittenten ist auf der Grundlage der Unternehmensergebnisse der letzten 3 bis 5 Jahre eine Zukunftsprognose abzugeben. Ist die Zukunftsprognose positiv, ist auf dieser Grundlage die zukünftige (feste) Ausschüttung zu berechnen. Ist die Zukunftsprognose negativ, ist bei verlustbeteiligten Genussscheinen das Genusskapital weiter zu verringern. Außerdem fällt die Ausschüttung auch in Zukunft aus. Keinesfalls hat der Anleger, der sich auf den Wegfall der Geschäftsgrundlage wegen der Konzernierung beruft einen Anspruch auf eine stets positive Mindestausschüttung. Ein weiterer Wegfall der Geschäftsgrundlage, diesmal zugunsten der Anleger, liegt erst vor, wenn sich die Verhältnisse im Vergleich zur ersten Anpassung wesentlich zum Positiven verändert haben und dem Emittenten ein Festhalten an der vorangegangenen Anpassung nicht zumutbar ist.

Schuldner der (angepassten) Ausschüttung ist weiterhin der (abhängige) Emittent, nicht das herrschende Unternehmen. Wurde bereits den außenstehenden Aktionären ein fester Ausgleich nach § 304 Abs. 2 S. 1 AktG zugesichert, kann der Ausgleich für die Genussscheininhaber an den Ausgleich für die außenstehenden Aktionäre anknüpfen.

Beispiel: Ein ehemals unabhängiger Emittent von Genussscheinen schließt mit einem anderen Unternehmen einen Beherrschungs- und Gewinnabführungsvertrag ab, durch den er nunmehr zum abhängigen Unternehmen wird. Nach den Genussscheinbedingungen steht den Anlegern eine Ausschüttung von 6 % des Nennbetrages zu, welche sich vermindert, wenn der Bilanzgewinn zur Bedienung der Genussscheine nicht ausreicht. Obwohl der Emittent in der Vergangenheit stets ausreichend Gewinne zur Bedienung der Genussscheine erwirtschaftet hatte, schreibt der Emittent nach Abschluss des Beherrschungs- und Gewinnabführungsvertrages nur noch rote Zahlen. Wählt der Genussscheininhaber Anpassung analog zum festen Ausgleich, ist der Bilanzgewinn der letzten 3 bis 5 Jahre zu ermitteln. Dieser reichte in der Vergangenheit jeweils zur Bedienung der Genussscheine aus. Auf dieser Basis ist nun die Zukunftsprognose bezüglich des Bilanzgewinns zu erstellen. Dabei sind Abschreibungen, Wertberichtigungen und eine an der Vergangenheit orientierte angemessene Rücklagenbildung zu berücksichtigen. Nun ist zu prüfen, ob der fiktive zukünftige Bilanzgewinn zur Bedienung der Genussscheininhaber ausreicht. Ist dies der Fall, erhalten die Genussscheininhaber vom Emittenten in Zukunft eine Ausschüttung von 6 % des Nennbetrages. Der Genussschein wird also zum festverzinslichen Wertpapier. Da der

Emittent laut Sachverhalt rote Zahlen schreibt, hat die herrschende Gesellschaft den Jahresfehlbetrag, auch soweit er durch die Bedienung der Genussscheine entsteht, auszugleichen, § 302 AktG. Eine spätere Änderung zuungunsten der Genussscheininhaber kommt nur in Betracht, wenn sich die Verhältnisse im Vergleich zur ersten Anpassung wesentlich verändert haben und dem Emittenten ein Festhalten an der vorangegangenen Anpassung nicht zumutbar ist.

Anstatt einer „festen" Anpassung können die Inhaber von Genussscheinen oder Gewinnschuldverschreibungen auch eine am variablen Ausgleich nach § 304 Abs. 2 S. 2 AktG orientierte Vertragsanpassung verlangen, wenn die herrschende Gesellschaft eine Aktiengesellschaft oder Kommanditgesellschaft auf Aktien ist. Der variable Ausgleich zugunsten der außenstehenden Aktionäre geht nach § 304 Abs. 2 S. 2 AktG auf Zahlung des Betrags, der auf Aktien der anderen Gesellschaft mit mindestens dem entsprechenden Nennbetrag jeweils als Gewinnanteil entfällt. Nach überwiegender Meinung[390] ist unter Gewinnanteil die vom herrschenden Unternehmen tatsächlich ausgeschüttete Dividende zu verstehen, die jeweils entsprechend dem Umrechnungsverhältnis auf die Aktiennennbeträge bei der abhängigen Gesellschaft umzurechnen ist. Wegen des Umrechnungsverhältnisses verweist § 304 Abs. 2 S. 3 AktG auf die Vorschriften über die Verschmelzung von Aktiengesellschaften (§§ 12 Abs. 2 S. 2 Nr. 2, 15 UmwG). Für die Bemessung des Umtauschverhältnisses ist vom wahren inneren Wert beider Gesellschaften auszugehen, so dass die Festsetzung des variablen Ausgleichs neben der Bewertung der abhängigen Gesellschaft zusätzlich noch die des herrschenden Unternehmens erforderlich macht. Eine „variable Anpassung" kommt in Betracht bei Genussscheinen oder Gewinnschuldverschreibungen, deren Bezugsgröße für die Ausschüttung die Dividende des Emittenten ist. Die Ausschüttung für die Genussscheins- oder Gewinnschuldverschreibungsinhaber kann dann an die Dividende des herrschenden Unternehmens anknüpfen. Der Anteil der Genussschein- oder Gewinnschuldverschreibungsinhaber an der Dividende des herrschenden Unternehmens ergibt sich aus dem Umrechnungsverhältnis der Aktiennennbeträge beider Gesellschaften aufgrund der Unternehmensbewertung. Diese Lösung kann für die Genussschein- und Gewinnschuldverschreibungsinhaber von Vorteil sein, wenn den außenstehenden Aktionären ein variabler Ausgleich zugesichert wurde. Haben die beiden Gesellschaften einen variablen Ausgleich für die außenstehenden Aktionäre vereinbart, musste ohnehin eine doppelte Unternehmensbewertung erfolgen, um den Gewinnanteil der außenstehenden Aktionäre an der herrschenden Gesellschaft

[390] OLG Düsseldorf AG 1978, 238; OLG Düsseldorf AG 1984, 216, 219; LG Frankfurt AG 1987, 315, 317 f.; LG Dortmund AG 1981, 236, 239 f.; *Geßler* in Geßler/Hefermehl, AktG, § 304 Rn 101; *Exner*, Beherrschungsvertrag (1984), S. 188; *Emmerich/Sonnenschein*, Konzernrecht, § 17 V 3; *Hüffer* § 304 Rn 15; *Krieger* in MüHandb., Band 4, § 70 Rn 78.

berechnen zu können. An die (variable) Garantiedividende der außenstehenden Aktionär können auch die Genussscheininhaber anknüpfen.

Beispiel: Die X-Aktiengesellschaft, die Genussscheine emittiert hat, aus welchen den Genussscheininhabern 145 % der an die Anteilseigner auszuschüttenden Dividende auszuzahlen ist, schließt mit einer anderen Aktiengesellschaft einen Beherrschungs- und Gewinnabführungsvertrag ab. Nach der Bewertung, die zur Berechnung des variablen Ausgleichs für die außenstehenden Aktionäre durchgeführt wurde, beträgt der Wert der X-Aktiengesellschaft im Verhältnis zur herrschenden Gesellschaft 20 %. Somit sind von der Dividende der herrschenden Gesellschaft 29 % (= 145 % von 20 %) an die Genussscheininhaber auszuzahlen.

Fraglich ist, ob eine variable Anpassung für die Genussscheine erfolgen kann, wenn die Bezugsgröße ein Prozentsatz des Nennbetrags des Genussscheins ist, der auszuzahlen ist, solange der Bilanzgewinn oder Jahresüberschuss dazu ausreicht. Denkbar wäre, auch in diesem Fall auf die Dividende der herrschenden Gesellschaft abzustellen und damit den Anlegern einen dem variablen Ausgleich nach § 304 Abs. 2 S. 2 AktG entsprechende Anpassung zukommen zu lassen. Dagegen spricht aber, dass der variable Ausgleich für die außenstehenden Aktionäre darauf abzielt, die Gewinnabhängigkeit der Aktie beizubehalten. Es sollen die mit der Aktie verbundenen Chancen und Risiken ins Stadium der Abhängigkeit fortgeführt werden. Genussscheine mit einer festen Verzinsung des Nennbetrags des Genussscheins sind jedoch nicht aktienähnlich ausgestaltet. Sie ähneln vielmehr festverzinslichen Obligationen. Eine gewisse Erfolgsabhängigkeit erhalten sie erst dadurch, dass die feste Ausschüttung von dem Vorhandensein eines ausreichenden Jahresüberschusses bzw. Bilanzgewinns abhängig gemacht wird. Eine Koppelung an die veränderliche Dividende der herrschenden Gesellschaft ergäbe keinen Sinn, weil dem Anleger vornehmlich die feste Ausschüttung nach dem Nennbetrags zustehen soll. Der obligationenähnliche Genussschein soll im Idealfall eines stets ausreichenden Jahresüberschusses bzw. Bilanzgewinns wie ein festverzinsliches Wertpapier wirken, nicht wie eine stets in der Dividende variable Aktie. Eine variabler Anpassung in Anlehnung an § 304 Abs. 2 S. 2 AktG passt deshalb nur für aktienähnliche Genussscheine und Gewinnschuldverschreibungen, nicht aber für obligationenähnliche Genussscheine.

Eine variable Anpassung steht ebenso wie der variable Ausgleich nach § 304 Abs. 2 S. 2 AktG unter dem Vorbehalt der Angemessenheit. Schließt der (abhängig werdende) Emittent von Genussscheinen oder Gewinnschuldverschreibungen mit einem Unternehmen einen Beherrschungs- und Gewinnabführungsvertrag, welches selbst abhängiges Konzernunternehmen ist, ist die Vereinbarung eines variablen Ausgleichs bezogen auf die Dividende der (abhängigen) Obergesellschaft nicht möglich, weil nicht angemessen. Denn die ihrerseits abhängige Obergesellschaft schüttet in der Regel keine Gewinne aus. In diesem Fall können die Genussschein- oder Gewinnschuldverschreibungsinhaber nach den Regeln über den Wegfall der Geschäftsgrundlage vom Emittenten eine Ausschüttung verlangen, der sich entweder auf die Dividende des herrschenden Konzernunternehmens bezieht[391] oder der nach der bisherigen Ertragslage des Emittenten und seinen künftigen Ertragsaussichten berechnet wird[392]. Entsprechendes gilt, wenn der (abhängige werdende) Emittent von Genussscheinen oder Gewinnschuldverschreibungen mit einem ursprünglich unabhängigen (herrschenden) Unternehmen einen Beherrschungs- und Gewinnabführungsvertrag abschließt und das anfangs herrschende Unternehmen plötzlich selbst abhängig wird. In diesem Fall entfällt die Geschäftsgrundlage für die Ausschüttung zugunsten der Anleger ein zweites Mal und die Anleger können erneut Vertragsanpassung verlangen. Die neue Ausschüttung kann sich entweder nach der bisherigen Ertragslage des Emittenten und seinen künftigen Ertragsaussichten oder nach der Dividende des nunmehr herrschenden Unternehmens bemessen[393]. Ein Wegfall der Geschäftsgrundlage kommt auch in Betracht, wenn der Emittent von Genussscheinen oder Gewinnschuldverschreibungen eine (abhängige) Tochtergesellschaft hat, welche nun einen Beherrschungs- und Gewinnabführungsvertrag mit einer Konzernobergesellschaft abschließt. Denn nun wird das Unternehmensergebnis nicht mehr an den Emittenten, sondern an die Konzernobergesellschaft abgeführt. Die Ausschüttung der Anleger kann sich nun entweder auf die bisherige Ertragslage des Emittenten und seine künftigen Ertragsaussichten oder aber nach der Dividende der Konzernobergesellschaft berechnen, wenn diese Konzernobergesellschaft auch herrschenden Unternehmen gegenüber dem Emittenten ist. Eine variable Anpassung ist ebenfalls nicht angemessen und scheidet aus, wenn Dividende und Verschmelzungswertrelation nicht feststellbar sind. Den Anlegern ist dann eine fester Mindestausschüttung nach der bisherigen Ertragslage des Emittenten und seinen künftigen Ertragsaussichten zu garantieren[394].

Die Angemessenheit einer variablen Anpassung steht auch in Frage, wenn das abhängige Unternehmen eine Verlustgesellschaft und das herrschende Unternehmen Gewinngesellschaft ist, oder umgekehrt. Denn die Anleger würden mit Verlusten bzw. Gewinnen von Gesellschaft belastet bzw. begünstigt, in die sie

---

[391] für außenstehende Aktionäre: OLG Düsseldorf AG 1992, 200, 204 f.; *Bayer* in FS Ballerstedt (1975), S. 157, 177 f.; *Exner*, Beherrschungsvertrag (1984), S. 195 ff.; Kamprad AG 1984, 321, 323 ff.; *Raiser*, Recht der Kapitalgesellschaften, § 54 Rn 53; *Emmerich/Sonnenschein*, Konzernrecht, § 17 VI 2; *Hüffer*, AktG, § 304 Rn 17; *Krieger* in MüHandb., Band 4, § 70 Rn 76.

[392] *Emmerich/Sonnenschein*, Konzernrecht, § 17 VI 2.

[393] *Emmerich/Sonnenschein*, Konzernrecht, § 17 VI 2 für außenstehende Aktionäre.

[394] *Koppensteiner* in KöKo, AktG, § 304 Rn 22; *Hüffer*, AktG, § 304 Rn 14.

nicht investiert hatten. Erwirtschaftete der Emittent in der Vergangenheit stets Verluste, wäre es nicht angemessen, die Anleger von Unternehmensgewinnen profitieren zu lassen, die nicht auf der Leistung des Emittenten beruhen. Eine Partizipation der Anleger an den Gewinnen des herrschenden Unternehmen widerspräche der Wertung des § 304 AktG, wonach fester und variabler Ausgleich grundsätzlich zwei wirtschaftlich gleichwertige Regelungen darstellen. Bei einer festen Anpassung, die sich an der bisherigen Ertragslage orientiert, hätte der Anlager aber keinen Zins erhalten. Folglich kann der Anleger über eine variable Anpassung keine Beteiligung an den Gewinnen der herrschenden Gesellschaft beanspruchen. Dem könnte die Überlegung entgegengehalten werden, dass das Profitieren von Gewinnen des herrschenden Unternehmens zu der Chance gehört, die der Inhaber eines erfolgsabhängigen Wertpapiers mit dessen Zeichnung erwirbt. Dem Chancengedanken steht jedoch die Wertung der §§ 23 UmwG, 216 Abs. 3 AktG entgegen. Aus dem in § 23 UmwG enthaltenen Anpassungsgebot ergibt sich, dass die Verschmelzung im besonderen und alle anderen Umwandlungen im allgemeinen nicht zur Chance oder zum Risiko der in § 23 UmwG genannten Sonderrechte zählen. Genussscheine und Gewinnschuldverschreibungen sind vielmehr anzupassen. Auch bei Kapitalerhöhung ist der Berechnungsschlüssel für die Ausschüttung nach § 216 Abs. 3 AktG anzupassen. Wie gerade erörtert, besteht ein Anpassungsgebot auch im Fall des Entstehens einer qualifizierten Abhängigkeit durch Konzernierung. Dem lässt sich entnehmen, dass alle Grundlagenänderungen außerhalb des Risikos und auch außerhalb der Chancen liegen, die der Anleger hinzunehmen hat. Der Anleger eines äktienähnlichen Genussscheins oder einer Gewinnschuldverschreibung kann deshalb keine Anpassung des dividendenabhängigen Berechnungsschlüssels an die Dividende des herrschenden Unternehmens verlangen, wenn der Emittent in der Vergangenheit nur Verluste erwirtschaftete. Eine am Dividendensatz des herrschenden Unternehmens orientierte Anpassung wäre nicht angemessen.

Im Gegensatz zum Ausgleich nach § 304 AktG, wonach das abhängige Unternehmen und damit im Ergebnis das herrschende Unternehmen die Art des Ausgleichs bestimmt, der außenstehende Aktionär also keine Einflussmöglichkeit auf die Ausgleichsart besitzt, ist es beim Anpassungsanspruch wegen des Wegfalls der Geschäftsgrundlage der Inhaber des Genussscheins bzw. der Gewinnschuldverschreibung, der die Art des Ausgleichs bestimmt.
Das Begehren des Anlegers ist auf die nach dem veränderten Vertragsinhalt geschuldete Leistung gerichtet, nicht auf Zustimmung zur Anpassung[395]. Der Anleger kann vom Emittenten eine bestimmte Ausschüttung beanspruchen und hat darzulegen, dass sich diese Ausschüttung aus seiner Berechnung in Anlehnung zum festen oder variablen Ausgleich ergibt.

---

[395] *Heinrichs* in Palandt, BGB, § 242 Rn 134.

### 3.1.3. Anpassungsverfahren

a) Meinungsstand

Ein Problem besteht im Anpassungsverfahren. Hier droht eine unendliche Aufsplitterung der Wertpapierverträge, wenn jeder Anleger für sich eine individuelle Vertragsanpassung verlangen könnte. Je nach Verhandlungsgeschick bzw. Prozessverlauf könnte die Anpassung für jeder Anleger unterschiedlich ausgehen. Für die Anleger würde die unbefriedigende Situation eintreten, dass etwa eine Anlegergruppe eine bestimmte Mindestausschüttung akzeptiert haben könnte und eine andere Anlegergruppe nach einem Prozess wesentlich günstigere Konditionen erhält. Außerdem könnten zusätzliche Schwierigkeiten entstehen, wenn ein Anleger eine an der bisherigen Ertragslage des Emittenten und seinen künftigen Ertragsaussichten orientierte Mindestausschüttung und ein anderer Anleger eine an der Dividende des herrschenden Unternehmens orientierte Ausschüttung begehrt. Für den Emittenten wären die Genussscheine oder Gewinnschuldverschreibungen schließlich wegen der Vielzahl unterschiedlicher Anpassungsbegehren und der unterschiedlichen ausgehandelten Konditionen nicht mehr verwaltbar. Für die außenstehenden Aktionäre ist das ähnliche Problem durch Einführung des Spruchstellenverfahrens nach § 306 AktG gelöst worden. Danach steht allen außenstehenden Aktionären ein gerichtliches Verfahren zur Überprüfung des Ausgleichs- und Abfindungsangebotes zur Verfügung. Ein eventuell günstiger Ausgang des Spruchstellenverfahrens kommt auch den außenstehenden Aktionären zugute, die sich nicht am Verfahren beteiligt haben. Das Spruchstellenverfahren nach § 306 AktG können jedoch nur die außenstehenden Aktionäre einleiten, nach allgemeiner stillschweigender Meinung nicht die Inhaber von Genussscheinen oder Gewinnschuldverschreibungen. Fraglich ist jedoch, ob auf Inhaber von Genussscheinen oder Gewinnschuldverschreibungen das Gesetz[396] betreffend die gemeinsamen Rechte der Besitzer von Schuldverschreibungen (SchuldVG) anwendbar ist. Die Anwendbarkeit des Schuldverschreibungsgesetzes wird von der herrschenden Meinung teils stillschweigend teils ausdrücklich[397] abgelehnt. Danach muss jeder Wertpapierinhaber seine Rechte, notfalls vor Gericht, einzeln durchsetzen, was zu den oben genannten

---

[396] RGBl. S. 691; BGBl. III 4134-1.

[397] *Flechtheim* in Düringer/Hachenburg, HGB, Anh. § 179 Rn 14; *Ernst*, Der Genußschein (1963), S. 220 f.; *Ernst* AG 1967, 75, 79; *Schilling* in GroßKo, AktG, § 221 Rn 12; *Silberberger*, Der Partizipationsschein (1983), S. 127; *Thielemann*, Das Genußrecht (1988), S. 134, 200; *Rid-Niebler*, Genußrechte (1989), S. 129; *Hammen* BB 1990, 1920; *Sethe* AG 1993, 354; *Luttermann*, Unternehmen (1998), S. 526 ff.

Schwierigkeiten führen kann. Lediglich von der neueren Literatur[398] wird die Anwendung des Schuldverschreibungsgesetzes zunehmend befürwortet.

b) Stellungnahme

Gegen eine Anwendung des Schuldverschreibungsgesetzes auf Genussscheine spricht vor allem der Wille des historischen Gesetzgebers von 1899. Diesem war es vor allem um das Schicksal festverzinslicher Wertpapiere im Konkurs des Emittenten gegangen. An Genussscheine dachte er damals nicht. Dies ist auch verständlich. Denn damals beherrschten Genussscheine die Diskussion, die an die Stelle amortisierter Aktien treten sollten, oder Genussscheine, die der damals noch nicht gesetzlich geregelten Vorzugsaktie ohne Stimmrecht entsprachen. Nach den damaligen Vorstellungen sollte es sich bei Genussscheinen je nach Einzelfall um Aktien handeln können. Demzufolge sprach man auch von „Genussaktien". Dementsprechend war damals rechtsdogmatisch unklar, ob Genussrechte nicht Mitgliedschaftsrechte vermitteln. Dass die Anwendung des Schuldverschreibungsgesetzes insbesondere auf Genussscheine nicht erwogen oder in der Folgezeit abgelehnt worden war, verwundert deshalb nicht. Die damalige rechtsdogmatische Diskussion ist jedoch mittlerweile überholt. Es ist in der heutigen Literatur schon seit einiger Zeit einhellige Meinung, dass Genussscheine ausschließlich Gläubigerrechte verkörpern, niemals aber Gesellschafterrechte. Mit Abschaffung des Konzessionssystems und mit Einführung der Vorzugsaktie ohne Stimmrecht, kommen heutzutage weder Amortisationsgenussscheine noch „Vorzugsgenussaktien" vor. Der heutige Kapitalmarkt hat mit den damals die Diskussion beherrschenden Genussscheinen nichts mehr zu tun. Deshalb kommt der historischen Auslegung des Schuldverschreibungsgesetzes kein Stellenwert mehr zu. Der Gesetzeswortlaut spricht in § 1 Abs. 1 SchuldVG weder ausdrücklich gegen noch für eine Anwendung des Schuldverschreibungsgesetzes auf Genussscheine. Für die Anwendung des Schuldverschreibungsgesetzes kommt es im wesentlichen darauf an, ob die Genussscheine mit „im voraus bestimmten Nennwerten" im Sinne des Schuldverschreibungsgesetzes ausgestellt werden, § 1 Abs. 1 SchuldVG. Die heute überwiegend begebenen und an der Börse handelbaren Finanzierungsgenussscheine werden bei Emission mit bestimmten Nennwerten ausgestellt. Der durch die Nennwerte verkörperte Rückzahlungsbetrag kann sich bei Genussscheinen jedoch verringern, wenn die Genussscheine an Verlusten des Emittenten teilgenommen haben. Der Formulierung „im voraus bestimmte Nennwerte" ist nicht zwingend zu entnehmen, dass

---

[398] *Gottlieb*, Der Genußschein, S. 35 f. zitiert nach *Karollus* in Geßler/Hefermehl, AktG, § 221 Rn 374; *Hirte* ZIP 1991, 1467 f.; *Lutter* in KöKo, AktG, § 221 Rn 266, 268; *Karollus* in Geßler/Hefermehl, AktG, § 221 Rn 374; *Hirte* mit Darstellung der Rechtslage im europäischen Ausland in Lutter/Hirte, ZGR Sonderheft 16, 19 ff., 21.

der anfängliche Nennwert in jedem Fall auch dem Rückzahlungsbetrag entsprechen müsse. Vielmehr lässt sich § 11 SchuldVG, der die Aufgabe oder Beschränkung der Rechte der Inhaber von Schuldverschreibungen zulässt, sogar entnehmen, dass es auf einen dem anfänglichen Nennwert entsprechenden Rückzahlungsbetrag nicht notwendig ankommt. Vielmehr geht der Gesetzeszweck dahin, dass den Anlegern gleiche Rechte zustehen, die sich in ihrem rechtlichen Schicksal stets gleich entwickeln. Dies ist bei Genussscheinen der Fall. Der Gesetzeswortlaut ist also insoweit offen. Da der Gesetzeswortlaut nicht entgegensteht, sollte das Schuldverschreibungsgesetz auf Genussscheine Anwendung finden. Dies entspricht der Interessenlage sowohl des Emittenten der Genussscheine als auch der Interessen der Anleger. Die Anleger haben ein Interesse daran, ihren Interessen durch eine in der Gläubigerversammlung organisierte Bündelung stärkeres Gewicht und höhere Durchsetzungskraft zu verleihen. Dem Emittenten ist daran gelegen, einheitliche Regelungen mit Wirkung für alle Anleger vereinbaren zu können und nicht über jeden Anspruch einzeln verhandeln zu müssen. Deswegen sollte mit der neueren Literatur auf alle Finanzierungsgenussscheine das Schuldverschreibungsgesetz angewendet werden. Die Anwendung des Schuldverschreibungsgesetzes scheidet nur bei Genussscheinen aus, die keine Rückzahlung des eingesetzten Kapitals vorsehen (zum Beispiel Genussscheine auf Benutzung von Betriebseinrichtungen, Genussscheine (nur) auf Gewinn und Liquidationserlös)[399].

Das Schuldverschreibungsgesetz ist in jeden Fall auf Gewinnschuldverschreibungen anwendbar. Gewinnschuldverschreibungen unterschieden sich von Genussscheinen dadurch, dass Gewinnschuldverschreibungen nicht verlustbeteiligt sind. Da die Gewinnschuldverschreibungen am Verlust des Emittenten nicht teilnehmen, wird der Rückzahlungsbetrag durch Verluste des Emittenten nicht berührt. Der Rückzahlungsbetrag ist deshalb genauso fest wie der anfängliche Nennwert. Dadurch fallen Gewinnschuldverschreibungen in jedem Fall unter § 1 Abs. 1 SchuldVG.

Schließt der Emittent von Genussscheinen oder Gewinnschuldverschreibungen einen Beherrschungs- und Gewinnabführungsvertrag ab, durch den der Emittent zu einem abhängigen Unternehmen wird, können Gläubiger, deren Genussscheine bzw. Gewinnschuldverschreibungen zusammen den zwanzigsten Teil des Gesamtbetrags der im Umlauf befindlichen Schuldverschreibungen erreichen, oder ein von der Gläubigerversammlung bestellter Vertreter der Gläubiger die Einberufung einer Gläubigerversammlung verlangen, § 3 Abs. 2 SchuldVG. Die Anleger können in der Versammlung einen gemeinsamen Vertreter zur Wahrnehmung ihrer Rechte bestellen, § 1 Abs. 2 SchuldVG. Verhandlungen über eine Anpassung der Vertragsbedingungen können in der Gläubigerversammlung

---

[399] *Lutter* in KöKo, AktG, § 221 Rn 266.

durch die Gläubiger selbst oder durch den gemeinsamen Vertreter auch außerhalb der Gläubigerversammlung erfolgen. Kommt es zu einer Einigung über die Anpassungsmodalitäten ist ein Beschluss der Gläubigerversammlung über die Vertragsanpassung herbeizuführen. Der Beschluss bedarf der Mehrheit der abgegebenen Stimmen, § 10 Abs. 1 S. 1 SchuldVG. Die Mehrheit wird nach den Beträgen der Schuldverschreibungen berechnet, § 10 Abs. 1 S. 2 SchuldVG. Bei Gleichheit der Stimmen entscheidet die Zahl der Gläubiger, § 10 Abs. 1 S. 3 SchuldVG. Eine qualifizierte Mehrheit von drei Viertel der abgegebenen Stimmen ist bei einem Beschluss über die Vertragsanpassung wegen vertraglicher Konzernierung nicht notwendig, weil durch den Beschluss über die Vertragsanpassung nur der Status-quo aufrechterhalten werden soll, aber keine Anlegerrechte aufgegeben oder beschränkt werden. Die Anleger haben Beschluss zu fassen über die Höhe der (festen) garantierten Mindestausschüttung. Handelt es sich um einen Genussschein, der an der Dividende des Emittenten orientiert war, ist Beschluss zu fassen, ob ein fester Ausgleich orientiert an der bisherigen Ertragslage des Emittenten und seinen künftigen Ertragsaussichten oder ein variabler Ausgleich bezogen auf die Dividende der Obergesellschaft beansprucht werden soll. Wählen die Gläubiger die (variable) Anpassung bezogen auf die Dividende der Obergesellschaft, ist über den angebotenen Prozentsatz an der Dividende der Obergesellschaft Beschluss zu fassen. Der Beschluss der Gläubigerversammlung hat verbindliche Kraft für alle Anleger der bezeichneten Art, § 1 Abs. 1 SchuldVG. Überstimmte Anleger müssen den Mehrheitsbeschluss gegen sich gelten lassen. Ansonsten bleibt ihnen nur die Alternative, das Wertpapier zu veräußern.

### 3.1.4. Schadensersatzansprüche

a) Meinungsstand

Das Reichsgericht[400] entschied im Jahre 1922, dass bei Abschluss eines Beherrschungs- und Gewinnabführungsvertrages dem Inhaber eines Genussrechts nur dann Schadensersatzansprüche zustünden, wenn die Gesellschaft den Genussrechtsinhaber absichtlich schädige, § 826 BGB. Im übrigen sei die Frage, wie der Gewinn erzielt werde, eine innere Angelegenheit des Unternehmens. Die Gesellschaft habe gegenüber dem Genussscheininhaber freie Hand, wie sie ihre Geschäfte führe und eine Dividende erwirtschafte. In dem bloßen Abschluss des Beherrschungs- und Gewinnabführungsvertrages sah das Reichsgericht keine zum Schadensersatz verpflichtende Schädigung. Demgegenüber könnten nach *Würdinger*[401] den Anlegern allein wegen der Konzernbildung Schadensersatz-

[400] RGZ 105, 236, 240 f.
[401] *Würdinger* in GroßKo (1971), AktG, § 291 Anm. 48.

ansprüche aus positiver Vertragsverletzung zustehen. Mit Verweis auf *Würdinger* stünden auch nach *Geßler* und *Koppensteiner*[402] den Inhabern der Rechte auf Gewinnbeteiligung ein Ausgleichs- oder Schadensersatzanspruch zu. Nach *Krieger*[403] könnten die Anleger im Einzelfall bei besonders gravierenden Beeinträchtigungen ihrer vertraglichen Rechte Schadensersatz verlangen, hätten im allgemeinen aber die Nachteile hinzunehmen, die sich im Rahmen von Konzerntatbeständen möglicherweise ergeben, sofern nicht die Genussrechtsbedingungen Vorsorge treffen. Solchen Überlegungen müsse man aber mit Zurückhaltung begegnen. Nach *Thielemann*[404] kämen Schadensersatzansprüche erst in Betracht, wenn eine Anpassung des Genussrechtsvertrages aus tatsächlichen oder rechtlichen Gründen scheitere. Da der Schadensersatzanspruch ein Sekundäranspruch sei, komme er nur als ultima ratio in Frage. Seine Rechtsgrundlage finde er in der positiven Vertragsverletzung oder in den §§ 823 ff. BGB. Unklar bleibt allerdings, worin genau bei der Konzernierung die Pflichtverletzung liegen soll. *Krieger*[405] spricht allgemein von Beeinträchtigungen im Rahmen von Konzerntatbeständen, *Thielemann*[406] von Beeinträchtigungen bei der Konzernierung. Die Frage nach der Pflichtverletzung konkretisieren allein *Würdinger*[407] und *Geßler*[408], der sich der Ansicht *Würdingers* anschließt. Nach *Würdinger* stelle allein der bloße Abschluss eines Gewinnabführungsvertrages eine Verletzung der mit den Inhabern dieser Rechte geschlossenen Verträge durch die Gesellschaft dar, welche zu Schadensersatz wegen positiver Vertragsverletzung verpflichte. Durch die Ausgabe von Gewinnschuldverschreibungen oder Genussrechten habe die Gesellschaft den Inhabern dieser Recht eine Gewinnchance zugesagt, welche den Berechtigten von der Gesellschaft nicht beliebig wieder entzogen werden könne. Die Klöcknerentscheidung des Bundesgerichtshofs[409] enthält keine konzernspezifischen Ausführungen. Entgegen der Meinung des Reichsgericht stünden aber einem Genussscheininhaber nicht erst deliktsrechtliche Schadensersatzansprüche bei einer absichtlichen Schädigung (§ 826 BGB) zu, sondern auch Schadensersatzansprüche aus positiver Vertragsverletzung, wenn der Emittent seine Pflichten zu sorgfältiger Geschäftsführung verletzt habe. Maßstab sei der seriöse, das heißt der verantwortungsbewusst denkende und handelnde Kaufmann. *Hüffer*[410] hält Ansprüche aus positiver

---

[402] *Geßler* in Geßler/Hefermehl (1975), AktG, § 304 Rn 28; ebenso *Koppensteiner* in KöKo, AktG, § 304 Rn 13.
[403] *Krieger* in MüHandb., Band 4, § 63 Rn 57.
[404] *Thielemann*, Das Genußrecht (1988), S. 177.
[405] *Krieger* in MüHandb., Band 4, § 63 Rn 57.
[406] *Thielemann*, Das Genußrecht (1988), S. 175.
[407] *Würdinger* in GroßKo (1971), AktG, § 291 Anm. 48.
[408] *Geßler* in Geßler/Hefermehl (1975), AktG, § 304 Rn 28.
[409] BGHZ 119, 305 ff. (Klöckner).
[410] *Hüffer*, AktG, § 221 Rn 68a.

Vertragsverletzung generell für nicht weitgehend genug, *Kallrath*[411] hält sie für undienlich, weil sich im Vertragskonzern einzelne schädigende Maßnahmen nur noch schwer isolieren lassen.

b) Stellungnahme

Dass bereits im Abschluss eines Gewinnabführungsvertrages eine Pflichtverletzung gegenüber den Anlegern liegt (so *Würdinger* und *Geßler*), kann mit guten Gründen bezweifelt werden. Denn der Abschluss eines bloßen Gewinnabführungsvertrages (im Gegensatz zum Beherrschungsvertrag) schädigt die Anleger nicht. Im Gegensatz zum Abschluss eines Beherrschungsvertrages gewährt der bloße Gewinnabführungsvertrag kein Weisungsrecht des herrschenden Unternehmens gegenüber dem abhängigen Unternehmen. Es besteht keine Gefahr, dass der abhängige Emittent nicht mehr im Eigeninteresse, sondern im Interesse des herrschenden Unternehmens betrieben wird. Die Unabhängigkeit des Emittenten ist nicht beeinträchtigt. Ein Bedürfnis nach Anlegerschutz besteht nur hinsichtlich eines einzigen Punktes. Den Anlegern entfällt der Bezugswert für die Ausschüttung, da der Emittent weder einen Bilanzgewinn ausweist noch einen Dividendensatz ermittelt. Die dadurch den Anlegern entstehenden Probleme sind jedoch nicht unlösbar. Knüpfen die Genussscheine oder Gewinnschuldverschreibungen an einen Anteil am Bilanzgewinn an, so ist statt des Bilanzgewinns auf das abzuführende Ergebnis Bezug zu nehmen. Knüpfen die Genussscheine oder Gewinnschuldverschreibungen an die Aktionärsdividende an, so ist aufgrund des an das herrschende Unternehmen abzuführenden Ergebnisses ein fiktiver Dividendensatz zu errechnen. In jedem Fall ist das an das herrschende Unternehmen abzuführende Ergebnis geeignet, als Grundlage für die Ausschüttung zu dienen. In diesem Sinne betont ein Teil der Literatur[412] ausdrücklich, dass ein bloßer Ergebnisabführungsvertrag die Genussrechte nicht beeinträchtige. Der Ausschüttungsanspruch der Inhaber von Genussscheinen und Gewinnschuldverschreibungen sei auf der Grundlage des an das herrschende Unternehmen abzuführenden Ergebnisses zu ermitteln. Nach richtiger Auffassung kann also der Abschluss eines bloßen Ergebnisabführungsvertrages keine Schadensersatzansprüche der Anleger auslösen, da in diesen Fällen eine Verwässerungsgefahr nicht besteht.

---

[411] *Kallrath*, Die Inhaltskontrolle (1994), S. 180.

[412] *Schneider* in FS Goerdeler (1987), S. 525; *Frantzen*, Genußscheine (1993), S. 282 Fn 352; *Kallrath*, Die Inhaltskontrolle (1994), S. 178; *Karollus* in Geßler Hefermehl, AktG, § 221 Rn 419; *Luttermann*, Unternehmen (1998), S. 538; *Hefermehl* in Geßler/Hefermehl, AktG, § 86 Rn 30 (für Tantieme); *Mertens* in KöKo, AktG, § 86 Rn 8 (für Tantieme))

Anders ist die Situation, wenn ein Beherrschungs- (und Gewinnabführungsvertrag) abgeschlossen wurde. Im Abschluss eines Beherrschungsvertrages könnte durchaus eine Pflichtverletzung gegenüber den Anlegern gesehen werden. Der Beherrschungsvertrag unterstellt die Leitung einer Gesellschaft einem anderen Unternehmen, § 291 Abs. 1 AktG. Er begründet einen Vertragskonzern (§ 18 Abs. 1 S. 2 AktG) und berechtigt das herrschende Unternehmen, dem Vorstand der abhängigen Gesellschaft Weisungen zu erteilen, § 308 AktG. Der Beherrschungsvertrag begründet die Leitungsmacht gem. § 308 AktG und setzt damit die eigenverantwortliche Leitung der Gesellschaft durch ihren Vorstand (§ 76 AktG) zugunsten des herrschenden Unternehmens außer Kraft. Die Kapitalbindung wird zugunsten des herrschenden Unternehmens aufgehoben, § 291 Abs. 3 AktG. Durch den Beherrschungsvertrag wird eine qualifizierte Abhängigkeit hergestellt[413]. Den Anlegern droht die Gefahr, dass der abhängige Emittent nicht mehr in seinem Eigeninteresse und dem Interesse der Anleger betrieben wird. Es besteht die Möglichkeit, dass das abhängige Unternehmen zugunsten des herrschenden Unternehmens oder zugunsten des Konzerns geschädigt wird. Durch die Möglichkeit der Einflussnahme auf die Geschäftsleitung des abhängigen Unternehmens ist nicht nur die gewinnabhängige Verzinsung gefährdet, sondern auch das eingesetzte Kapital selbst. Trotzdem kann der Abschluss eines Beherrschungsvertrages (und Gewinnabführungsvertrages) gegenüber den Anlegern keine Pflichtverletzung sein. Die Herrschaftsmacht im Vertragskonzern ist rechtsdogmatisch völlig unbestritten legale Herrschaft über das abhängige Unternehmen. Es ist gerade der Grundgedanke der gesetzlichen Regelung, dass (abgesehen von der Eingliederung) gerade der Beherrschungsvertrag dem herrschenden Unternehmen das Recht verleiht, die Leitung der abhängigen Gesellschaft in legaler Weise in vollem Umfang an sich zu ziehen (§§ 291, 308 AktG). Durch den Beherrschungsvertrag wird die qualifizierte Abhängigkeit hergestellt und legitimiert[414]. Ist der organisatorische Zustand der vertraglichen Konzernierung legitim, kann die Konzernbildung gegenüber den Anlegern nicht verboten sein. Die Konzernierung gehört vielmehr zum Risiko der wirtschaftlichen Entwicklung des Emittenten, an dem der Anleger teilnimmt. Die Konzernbildung gehört zum Kern der unternehmerischen Handlungsfreiheit, die der Anleger gegen sich gelten lassen muss. Auch aus der Klöcknerentscheidung ergibt sich nichts anderes. Der Abschluss eines Beherrschungs- und Gewinnabführungsvertrages gehört zum Bild eines ordentlichen Kaufmanns. Es kann nicht gesagt werden, dass ein Kaufmann, der einen Unternehmensvertrag eingeht, völlig unverantwortlich handeln würde. Die Konzernbildung ist keine unternehmerische Entscheidung, die schlechthin nicht gerechtfertigt werden könnte und zu deren Durchführung ein verantwortungsbewusst denkender und handelnder Kaufmann zu keiner Zeit

[413] *K. Schmidt*, Gesellschaftsrecht, § 31 III 2 a.

[414] *K. Schmidt*, Gesellschaftsrecht, § 31 III 2 a.

bereit wäre. Der Abschluss eines Beherrschungsvertrages begründet deshalb nicht die Haftung aus positiver Vertragsverletzung wegen sorgfaltswidriger Geschäftsführung.

Etwas anderes ist es natürlich, dass während der vertraglichen Konzernierung Geschäftsführungsmaßnahmen getroffen werden, die die Haftung aus positiver Vertragsverletzung wegen sorgfaltswidriger Geschäftsführung begründen können. Nach der Klöckner-Entscheidung des Bundesgerichtshofs haftet der Emittent dem Anleger aus positiver Vertragsverletzung wegen sorgfaltswidriger Geschäfte, zu deren Durchführung ein verantwortungsbewusst denkender und ordentlich handelnder Kaufmann zu keiner Zeit bereit wäre. Dabei kommt es darauf an, ob der Emittent (als fiktiv unabhängiges Unternehmen gedacht) sorgfaltswidrige Geschäfte ausführt. Ob diese Geschäfte vom herrschenden Unternehmen angewiesen waren oder nicht spielt ebensowenig eine Rolle wie die Frage, ob das abhängige Unternehmen die Weisungen des herrschenden Unternehmens befolgen musste. Der Emittent kann sich der Haftung gegenüber den Anlegern nicht durch den Einwand entziehen, dass die schädigende Geschäftsführungsmaßnahme vom herrschenden Unternehmen angewiesen worden war und der Emittent diese Weisung befolgen musste. Für die Haftung gegenüber den Anlegern spielt das Konzerninnenverhältnis keine Rolle. Innen- und Außenverhältnis sind abstrakt zu sehen. Für die Haftung aus positiver Vertragsverletzung wegen sorgfaltswidriger Geschäftsführung ist nur entscheidend, ob die Geschäftsführungsmaßnahme im Außenverhältnis gegenüber den Anlegern pflichtwidrig war oder nicht.

Das bloße Befolgen von Weisungen des herrschenden Unternehmens macht den Emittenten den Anlegern gegenüber noch nicht aus positiver Vertragsverletzung schadenersatzpflichtig. Denn nach allgemein anerkannter Konzernrechtsdogmatik ist Herrschaft im Vertragskonzern legitime Herrschaft. Der Unternehmensvertrag berechtigt das herrschende Unternehmen, dem Vorstand der abhängigen Gesellschaft Weisungen zu erteilen (§ 308 AktG). Dem entspricht auf Seiten der abhängigen Gesellschaft, dass das Befolgen einer Weisung grundsätzlich legitim ist. Dabei ist unerheblich, ob durch die Weisung beim abhängigen Unternehmen ein Jahresfehlbetrag entsteht, der nach § 302 AktG auszugleichen ist, oder nicht. Auch das differenzierte Weisungssystem des Konzerninnenverhältnisses in § 308 AktG wirkt sich auf den Anlegerschutz nicht aus. Es ist unerheblich, ob es sich um Weisungen handelte, die sanktionslos befolgt werden mussten oder um Weisungen, die zwar befolgt werden mussten, aber Schadensersatzansprüche des abhängigen Unternehmens auslösen oder um sachlich ungerechtfertigte Weisungen, die nicht befolgt werden müssen und deren Befolgung zum Schadensersatz verpflichtet. Denn Maßstab der Pflichtverletzung gegenüber den Anlegern ist nach der Klöckner-Entscheidung des Bundesgerichtshofs das

Verhalten eines ordentlichen Kaufmanns. Es widerspricht nicht schlechthin dem Verhalten eines ordentlichen Kaufmanns, eine Weisung des herrschenden Unternehmens zu befolgen. Allein das Befolgen einer Weisung führt also noch nicht zur Haftung des abhängigen Unternehmens gegenüber den Anlegern. Auf der anderen Seite entfällt für den abhängigen Emittenten nicht automatisch die Haftung gegenüber den Anlegern, wenn er nach § 308 AktG die Weisung befolgen musste. Hätte ein ordentlich denkender Kaufmann (als fiktiv unabhängiger Kaufmann gedacht) die konkret angewiesene Handlung nicht ausgeführt, haftet der Emittent gegenüber den Anlegern aus positiver Vertragsverletzung wegen sorgfaltswidriger Geschäftsführung, auch wenn er im Konzerninnenverhältnis die Weisung befolgen musste. Die Voraussetzungen der Haftung des (abhängigen) Emittenten für sorgfaltswidrige Geschäftsführung sind erfüllt, wenn ein ordentlicher Kaufmann (als fiktiv unabhängiges Unternehmen gedacht) die vom herrschenden Unternehmen angewiesene Maßnahme keinesfalls befolgt hätte. Die Übertragung der Wertungen des Innenausgleichs zwischen dem herrschenden und dem abhängigen Unternehmen auf das Verhältnis des Emittenten zum Anleger ist nicht gerechtfertigt. Maßstab der Anlegerhaftung kann nicht das Verhalten der herrschenden Gesellschaft, sondern nur das Verhalten der abhängigen Gesellschaft sein. Deshalb ist darauf abzustellen, welche Pflichten die abhängige Gesellschaft gegenüber den Anlegern zu erfüllen hat und nicht welche Pflichten im Konzerninnenverhältnis zu erfüllen sind. Entscheidend ist die Pflichtverletzung des abhängigen Unternehmens, so dass auf das angewiesene Verhalten aus Sicht des abhängigen Unternehmens abzustellen ist. Denn für die Haftung gegenüber den Anlegern wegen sorgfaltswidriger Geschäftsführung kommt es auf die Rechtsbeziehung des Anlegers zum Emittenten an. Der Emittent ist dem Anleger zur sorgfältigen Geschäftsführung verpflichtet, nicht das anweisende herrschende Unternehmen. Haftungsgrund ist die sorgfaltswidrige Geschäftsführung des Emittenten, nicht das Verhalten (= Weisung) des herrschenden Unternehmens.

Deshalb verstößt der Emittent gegen die Pflichten eines ordentlich denkenden und handelnden Kaufmanns, wenn er sachlich ungerechtfertigte schädigende Weisungen befolgt, die nicht befolgt werden müssen und deren Befolgung nicht nur die Organe des herrschenden (§ 309 Abs. 2 S. 1 AktG), sondern nach § 310 Abs. 1 S. 1 mit §§ 93 und 116 AktG auch die Organe des abhängigen Unternehmens zum Schadensersatz verpflichtet. Denn in diesem Fall ergibt sich aus den §§ 308, 309 AktG, dass ein ordentlich denkender und handelnder Kaufmann, solche Weisungen zurückgewiesen hätte. Befolgt er sie trotzdem, macht sich der Emittent den Anlegern gegenüber schadenersatzpflichtig.

Ebenso gehört es zu den Pflichten eines ordentlich denkenden und handelnden Kaufmanns, Schadensersatzansprüche gegenüber dem herrschenden Unternehmen durchzusetzen. Das herrschende Unternehmen ist berechtigt, dem Vorstand der abhängigen Gesellschaft hinsichtlich der Leitung der Gesellschaft Weisungen zu erteilen, § 308 Abs. 1 S. 1 AktG. Verletzen die gesetzlichen Vertreter des herrschenden Unternehmens gegenüber der abhängigen Gesellschaft bei der Erteilung von Weisungen an diese die Sorgfalt eines ordentlichen und gewissenhaften Geschäftsleiters, haftet die herrschende Gesellschaft aus positiver Vertragsverletzung des Beherrschungsvertrags bzw. aus Organhaftung oder aus § 309 AktG mit § 31 BGB[415] und die Organe der herrschenden Gesellschaft aus § 309 Abs. 2 S. 1 AktG. Setzt der abhängige Emittent die Schadensersatzansprüche nicht durch, haftet er den Anlegern dem Grunde nach wegen positiver Vertragsverletzung auf Schadensersatz.

Kern des Innenverhältnisses im Vertragskonzernrecht ist der Anspruch der abhängigen Gesellschaft gegen die herrschende Gesellschaft auf Verlustübernahme, § 302 AktG. Er bewirkt, dass es bei der abhängigen Gesellschaft während der Vertragsdauer nicht zu einem Jahresfehlbetrag und damit zu einer Überschuldung kommen kann. Etwaige Fehlbeträge in der Bilanz sind durch den ebenfalls in die Bilanz einzustellenden Anspruch gegen das herrschende Unternehmen auszugleichen. Der Grundgedanke des § 302 AktG ist ein mehrfacher. Erstens ist die Verlustübernahme der Ausgleich für die weitgehenden Eingriffsrechte, die Gewinnabführungs- und Beherrschungsverträge dem herrschenden Unternehmen eröffnen[416]. Wer die Geschicke der Gesellschaft bestimmen kann oder ihren ganzen Gewinn erhält, muss auch für Verluste einstehen[417]. Das herrschende Unternehmen muss das volle Unternehmensrisiko der abhängigen Gesellschaft tragen[418]. Zweitens dient die Verlustübernahme dem Kapitalerhaltungsschutz. Die Verlustübernahmepflicht soll die durch § 291 Abs. 3 AktG angeordnete weitgehende Lockerung der Vermögensbindung im Interesse der Gesellschaft und ihrer Gläubiger zu kompensieren[419]. Die Organe des abhängigen

---

[415] Begründung RegE zu § 309, bei Kropff, AktG, S. 404 f.; *Mestmäcker* in FS Kronstein (1967), S. 135 f.; *Mertens*, AcP 168 (1968), 225, 228 f.; *Beuthien* JuS 1970, 53, 55; *Möhring* in FS Schilling (1973), S. 253, 257 f.; *Baumbach/Hueck*, AktG, § 309 Rn 1; *Geßler* in Geßler/Hefermehl, AktG, § 309 Rn 47 ff.; *Exner*, Beherrschungsvertrag, S. 85 ff.; *Ulmer* in FS Stimpel (1985), S. 705, 715 ff.; *Kantzas*, Das Weisungsrecht, S. 188 ff.; *Koppensteiner* in KöKo, AktG, § 309 Rn 25 ff.; *Drüke*, Die Haftung (1990), S. 93 f.; *Wellkamp* WM 1993, 2155, 2157; *Emmerich/Habersack*, Aktienkonzernrecht, § 309 Rn 18; *Hüffer*, AktG, § 309 Rn 26 f.

[416] Begründung RegE zu § 302, bei Kropff, AktG, S. 391; BGHZ 116, 37, 41 f. (Stromlieferung); *Hommelhoff* in FS Goerdeler (1987), S. 221, 226 ff.; *Koppensteiner* in KöKo, AktG, § 302 Rn 4; *Drüke*, Die Haftung (1990), S. 175 ff.; *Zöllner* in 59. DJT (1992), S. R 35, 42 ff.; *Emmerich/Habersack*, Aktienkonzernrecht, § 302 Rn 17.

[417] Begründung RegE zu § 302, bei Kropff, AktG, S. 391.

[418] BGHZ 116, 37, 41 f. (Stromlieferung); *Emmerich/Sonnenschein*, Konzernrecht, § 16 VI 2.

[419] BGHZ 103, 1, 10 (Familienheim); BGHZ 107, 7, 18 (Tiefbau); BGHZ 115, 187, 197 (Video); *Ulmer* AG 1986, 123, 126; *Ulmer* NJW 1986, 1579, 1584; *Stimpel* in FS Goerdeler

Unternehmens müssen den Anspruch (spätestens) nach Ende des Geschäftsjahres unverzüglich geltend zu machen[420]. Die Geltendmachung des Verlustübernahmeanspruchs gehört zu den Pflichten eines ordentlich denkenden und handelnden Kaufmanns. Verstöße lösen dem Grunde nach Schadensersatzansprüche aus positiver Vertragsverletzung gegenüber den Anlegern aus.

Ebenso muss der Emittent etwaige Schadensersatzansprüche gegen die gesetzlichen Vertreter des herrschenden Unternehmens nach § 117 AktG verfolgen[421]. § 117 AktG wird von § 309 AktG nicht verdrängt.

Existenzgefährdende Eingriffe in die abhängige Aktiengesellschaft sind absolut verboten. Kommt der Emittent einer Weisung nach, die die Existenz des Emittenten bedroht, macht sich der Emittent den Anlegern gegenüber schadenersatzpflichtig. Denn existenzgefährdende oder sogar existenzvernichtende Weisungen dürfen vom abhängigen Unternehmen keinesfalls befolgt werden. Sie sind nach herrschender Meinung[422] absolut verboten, denn der Leitgedanke der §§ 300 ff. AktG ist, dass das Autonomieinteresse der abhängigen Gesellschaft geschützt und weiterhin schützbar bleibt. Dies setzt den Fortbestand des beherrschten Unternehmens voraus.

Schadensersatzansprüche aus positiver Vertragsverletzung wegen schädigender Geschäftsführung spielt jedoch im Vertragskonzern nicht die große Rolle wie im einfachen faktischen Konzern. Denn der Genussschein- oder Gewinnschuldverschreibungsvertrag ist, da infolge des Abschlusses des Beherrschungs- und Gewinnabführungsvertrages die Geschäftsgrundlage entfällt, den veränderten Umständen anzupassen. Der Berechnungsschlüssel für die Ausschüttung ist entweder fest nach der bisherigen Ertragslage und den zukünftigen Erfolgsaussichten oder variabel nach der Dividende des herrschenden Unternehmens anzupassen. Von schädigenden Geschäftsführungsmaßnahmen - soweit sich solche im Vertragskonzern überhaupt einzeln ermitteln lassen - wird der Anleger nicht berührt. Sein Ausschüttungsanspruch ist durch die Anpassung gesichert. Durch die Anpassung besteht in etwa die Lage, die voraussichtlich auch bei Unabhängigkeit des Emittenten bestanden hätte. Den Anleger entsteht aber ein

---

(1987), S. 601, 614 ff.; *Stimpel* ZGR 1991, 144, 151 ff.; *Sonnenschein/Holdorf* JZ 1992, 715, 718 ff.; *Raiser*, Das Recht der Kapitalgesellschaften, § 54 Rn 39; *Emmerich/Sonnenschein*, Konzernrecht, § 16 VI 1; *Emmerich/Habersack*, Aktienkonzernrecht, § 302 Rn 17; *Hüffer*, AktG, § 302 Rn 3.

[420] LG Bochum AG 1987, 324, 325.

[421] *Emmerich/Sonnenschein*, Konzernrecht, § 18 VI 1.

[422] OLG Düsseldorf AG 1990, 490, 492 (DAB/Hansa); *Geßler* in Geßler/Hefermehl, AktG, § 308 Rn 55; *Hommelhoff*, Die Konzernleitungspflicht, S. 150; *Emmerich/Sonnenschein*, Konzernrecht, § 18 IV 4 c; *K. Schmidt*, Gesellschaftsrecht, § 31 III 2 c; *Hüffer*, AktG, § 308 Rn 19; *Krieger* in MüHandb., Band 4, § 70 Rn 134.

Schaden, wenn die Pflichtverstöße des Emittenten so gravierend sind, dass sie das eingesetzte Kapital gefährden. Die Vertragsanpassungsansprüche können solche Pflichtverstöße nicht egalisieren. Denn Garantieausschüttungen decken nur das Risiko der laufenden Zahlungen ab, nicht die Erhaltung des eingesetzten Kapitals. Das eingesetzte Kapital gefährdende Pflichtverstöße können darin bestehen, dass der Konzerninnenausgleich nicht durchgeführt wird (zum Beispiel die Verlustübernahme unterlassen wird) oder der Emittent existenzgefährdende Weisungen befolgt.

Der Schadensersatzanspruch geht auf Geld. Der Anleger kann nicht die Rückgängigmachung der Konzernierung verlangen. Aus dem Umstand, dass die Anleger den Abschluss eines Beherrschungs- und Gewinnabführungsvertrages nicht verhindern können, kann im Umkehrschluss geschlossen werden, dass sie die Beendigung des Beherrschungs- und Gewinnabführungsvertrages auch nicht verlangen können. Die Konzernierung gehört zum Kern unternehmerischer Handlungsfreiheit. Die Entschließung darüber steht nur den Gesellschaftern zu, nicht den Drittgläubigern. Somit kann der Schadensersatzanspruch der Anleger nur auf Geld gehen. Haftungsschuldner ist der abhängige Emittent selbst, nicht die herrschende Gesellschaft, andere Konzernunternehmen oder der „Konzern". Die Beherrschung einer Gesellschaft begründet keine Durchgriffshaftung[423].

Die von der Literatur aufgeworfene Frage nach Schadensersatzansprüchen im Vertragskonzern ist deshalb dahingehend zu beantworten, dass es Schadensersatzansprüche aus positiver Vertragsverletzung wegen pflichtwidriger Geschäftsführung gegenüber den Anlegern nach allgemeinen Grundsätzen (Klöcknerformel) geben kann, wenn der Emittent (als fiktiv unabhängiges Unternehmen gedacht) Geschäfte ausführt, die ein ordentlicher Kaufmann nicht ausgeführt hätte. Die Konzernierung selbst, also die Bildung eines Vertragskonzerns durch Abschluss eines Beherrschungs- und/oder Gewinnabführungsvertrages begründet jedoch keine Haftung aus positiver Vertragsverletzung gegenüber den Anlegern, weil es insoweit an einer Pflichtverletzung gegenüber den Anlegern fehlt. Das bloße Befolgen einer Weisung begründet für sich alleine ebensowenig eine Haftung des abhängigen Unternehmens (= Emittent) wegen sorgfaltswidriger Geschäftsführung gegenüber den Anlegern. Die Voraussetzungen der Haftung des (abhängigen) Emittenten für sorgfaltswidrige Geschäftsführung sind erst erfüllt, wenn ein (fiktiv unabhängiger) ordentlicher Kaufmann die konkrete Maßnahme nicht ausgeführt hätte. Der Emittent kann sich nicht dadurch entlasten, dass die vorgenommene zu Schadensersatz verpflich-

---

[423] BGHZ 81, 311, 317 = NJW 1982, 383 (Sonnenring); BGH NJW 1979, 1823, 1828 (Herrstadt); OLG Köln AG 1978, 17, 18; LG Frankfurt a.M. AG 1977, 321; *Paschke* AG 1988, 196, 199 f.; *Emmerich/Sonnenschein*, Konzernrecht, § 16 V 1; *K. Schmidt*, Gesellschaftsrecht, § 9 IV 3 b.

tende Maßnahme auf einer Konzernweisung beruhte, die im Konzerninnenverhältnis zu befolgen war. Ein Schaden kommt jedoch im Hinblick auf die durch Vertragsanpassung gesicherte Ausschüttung nur in Betracht, wenn das eingesetzte Kapital selbst gefährdet ist. Das eingesetzte Kapital gefährdende Pflichtverstöße können zum Beispiel sein das Unterlassen des Verlustausgleichs (§ 302 AktG) oder das Befolgen existenzgefährdender Weisungen.

Neben den Schadensersatzansprüchen aus positiver Vertragsverletzung bestehen die subsidiären aktienrechtlichen Ansprüche. Soweit die Inhaber von Genussscheinen oder Gewinnschuldverschreibungen von der abhängigen Gesellschaft keine Befriedigung erlangen können, können Ersatzansprüche der abhängigen Gesellschaft gegen das herrschende Unternehmen sowie gegen die Organe außer von der abhängigen Gesellschaft auch von den Gläubigern geltend gemacht werden können, § 309 Abs. 4 S. 3 AktG. Dabei handelt es sich um Ansprüche der abhängigen Gesellschaft gegen das herrschende Unternehmen wegen positiver Vertragsverletzung des Beherrschungsvertrags bzw. Organhaftung oder §§ 309 AktG, 31 BGB, Ansprüche der abhängigen Gesellschaft gegen Organe der herrschenden Gesellschaft nach § 309 Abs. 2 S. 1 AktG und Ansprüche der abhängigen Gesellschaft gegen Organe des abhängigen Unternehmens nach § 310 Abs. 1 AktG mit §§ 93 und 116 AktG. Im Einzelfall kann auch der subsidiäre Anspruch des § 117 Abs. 5 AktG gegeben sein. Den Aktionärsanspruch nach § 309 Abs. 4 S. 1 AktG können Inhaber von Genussscheinen oder Gewinnschuldverschreibungen nicht, auch nicht analog geltend machen.

### 3.1.5. Kündigung aus wichtigem Grund

a) Meinungsstand

Eine Mindermeinung in der Literatur[424] gesteht den Anlegern die Möglichkeit zur Kündigung aus wichtigem Grund wegen der Konzernierung zu. Teilweise[425] wird ohne Begründung auf die Abfindung entsprechend § 305 AktG Bezug genommen. Eine argumentative Auseinandersetzung zur analogen Anwendbarkeit des § 305 AktG erfolgt nicht. Vielmehr wird pauschal auf die Analogie zu den §§ 304, 305

---

[424] *Martens*, 25 Jahre Bundesarbeitsgericht (1979), S. 367, 382 ff.; *Vollmer* ZGR 1983, 467, 471; *Meilicke* BB 1987, 1610; *Schneider* in FS Goerdeler (1987), S. 527; *van Look* in Bundschuh/Hadding/Schneider, Recht und Praxis der Genußscheine (1987), S. 41; *Thielemann*, Das Genußrecht (1988), S. 177 und 194 f.; *Capelle*, Der Genußschein (1989), S. 123; *Sethe* AG 1993, 366; *Luttermann*, Unternehmen (1998), S. 538.

[425] *Martens*, 25 Jahre Bundesarbeitsgericht (1979), S. 367, 382 ff.; *Vollmer* ZGR 1983, 467, 471; *van Look* in Bundschuh/Hadding/Schneider, Recht und Praxis der Genußscheine (1987), S. 41.

AktG insgesamt verwiesen. Die Analogie zu § 305 AktG sei anscheinend das logische Anhängsel zum Ausgleichsanspruch analog § 304 AktG. Teilweise gesteht die Mindermeinung[426] den Anlegern die Möglichkeit zur Kündigung aus wichtigem Grund zu. Nähere Ausführung machen *Schneider*[427], *Thielemann*[428] und *Luttermann*[429]. Nach *Schneider*[430] erhalte der Genussrechtsinhaber bei Abschluss eines Unternehmensvertrags einen Anspruch auf Anpassung des Genussrechts oder wahlweise die Möglichkeit zur Kündigung des Genussrechtsverhältnisses aus wichtigem Grund. Das gelte zumal dann, wenn der Genussrechtsinhaber dartun könne, dass die Ertragslage des herrschenden Unternehmens erheblich schlechter sei als die Ertragslage des gewährenden Unternehmens. Nach *Thielemann*[431] stellen die Unternehmensentscheidungen Umwandlung, Eingliederung, Verschmelzung und Konzernierung in der Regel einen für den Genussberechtigten unzumutbaren Eingriff in den Genussrechtsvertrag dar, so dass ein Kündigungsrecht aus wichtigem Grund gegeben sei. Die Genussrechtsinhaber hätten mangels abweichender vertraglicher Regelung die Wahl zwischen der Kündigung aus wichtigem Grund und der Anpassung durch Vertragsänderung. Im Widerspruch hierzu meint *Thielemann* aber an anderer Stelle[432], ein Schadensersatz bzw. eine Abfindung komme erst in Betracht, wenn eine Anpassung des Genussrechtsvertrages aus tatsächlichen oder rechtlichen Gründen scheitere. Nach *Luttermann*[433] müsse ein außerordentliches Kündigungsrecht als ultima ratio bestehen, wenn etwa mangelnde Ertragslage des herrschenden Unternehmens einen angemessenen Vermögensausgleich hindere. Jedenfalls sei die Lösung über die Kündigung der rechtsdogmatisch sauberere Weg, da das Abfindungsrecht nach § 305 AktG nur für außenstehende Aktionäre gelte. Im Gegensatz dazu lehnt die überwiegende Meinung[434] in der Literatur ein Kündigungsrecht der Anleger ab. Teilweise[435] geschieht dies ohne nähere

---

[426] *Meilicke* BB 1987, 1610; *Schneider* in FS Goerdeler (1987), S. 527; *Thielemann*, Das Genußrecht (1988), S. 177 und 194 f.; *Sethe* AG 1993, 366; *Luttermann*, Unternehmen (1998), S. 538 f.

[427] *Schneider* in FS Goerdeler (1987), S. 527.

[428] *Thielemann*, Das Genußrecht (1988), S. 177 und 194 f.

[429] *Luttermann*, Unternehmen (1998), S. 538 f.

[430] *Schneider* in FS Goerdeler (1987), S. 527.

[431] *Thielemann*, Das Genußrecht (1988), S. 195.

[432] *Thielemann*, Das Genußrecht (1988), S. 177.

[433] *Luttermann*, Unternehmen (1998), S. 538 f.

[434] *Würdinger* in GroßKo (1971), AktG, § 291 Anm. 48; *Geßler* in Geßler/Hefermehl (1975), AktG, § 304 Rn 28; *Hirte* ZIP 1988, 488; *Frantzen*, Genußscheine (1993), S. 282 f.; *Kallrath*, Die Inhaltskontrolle (1994), S. 181; *Karollus* in Geßler/Hefermehl, AktG, § 221 Rn 419; *Lutter* in KöKo, AktG, § 221 Rn 404; *Hüffer* § 221 Rn 68a.

[435] *Würdinger* in GroßKo (1971), AktG, § 291 Anm. 48; *Geßler* in Geßler/Hefermehl (1975), AktG, § 304 Rn 28; *Kallrath*, Die Inhaltskontrolle (1994), S. 181; *Hüffer*, AktG, § 221 Rn 68a.

Begründung. Überwiegend wiederholt die herrschende Meinung[436] standardmäßig zwei Argumente gegen eine Kündigungsmöglichkeit. Erstes Argument gegen eine Kündigung aus wichtigem Grund seien die §§ 304, 305 AktG, nach denen ausweislich der Gesetzesbegründung eine wirtschaftliche Verwässerung der Vermögensrechte der außenstehenden Aktionäre nur durch Ausgleich nach § 304 AktG zu erfolgen habe, während Austritt und Abfindung nach § 305 AktG als Reaktion auf die Verwässerung der Gesellschafterrechte gedacht sei, welche bei Genussscheininhabern aber keine Rolle spiele, da Genussscheininhabern keine Gesellschafterrechte zustünden. Zweites Argument gegen eine Kündigung aus wichtigem Grund sei die Wertung aus § 23 UmwG (= § 347 a AktG a.F.), wonach bei Grundlagenänderungen, insbesondere der Verschmelzung, der Vertragsanpassung der Vorrang vor der Kündigung einzuräumen sei.

b) Stellungnahme

Für die analoge Anwendung des § 305 AktG spricht vor allem die vergleichbare wirtschaftliche Stellung der Inhaber von Genussscheinen und Gewinnschuldverschreibungen mit den Aktionären. Vor allem der Genussschein ähnelt in wirtschaftlicher Hinsicht einer Aktie, insbesondere einer Vorzugsaktie ohne Stimmrecht. Wie bereits oben ausführlich behandelt, sind die Inhaber solcher erfolgsorientierter Wertpapiere von der Konzernierung ebenso betroffen wie die außenstehenden Aktionäre. Der Abschluss eines Beherrschungs- und Gewinnabführungsvertrages hat nachhaltigen Einfluss auf die Ertragslage der Gesellschaft. Da die Aktiengesellschaft nicht mehr in ihrem Eigeninteresse betrieben wird, droht den Anlegern die Gefahr, durch Eingriffe, die der abhängigen Aktiengesellschaft ein fremdes Unternehmensinteresse durchsetzen, geschädigt zu werden. Die Aktionäre werden gegen die Aushöhlung der Vermögenssubstanz des abhängigen Unternehmens durch § 305 AktG geschützt. Nach § 305 Abs. 1 AktG muss ein Beherrschungs- und Gewinnabführungsvertrag die Verpflichtung des anderen Vertragsteils enthalten, auf Verlangen eines außenstehenden Aktionärs dessen Aktien gegen eine im Vertrag bestimmte angemessene Abfindung zu erwerben. Als Abfindung muss der Vertrag vor allem Aktien der herrschenden Gesellschaft vorsehen. § 305 AktG bezweckt, die außenstehenden Aktionäre dafür zu entschädigen, dass die abhängige Gesellschaft im Vertragskonzern nicht mehr in ihrem Eigeninteresse betrieben wird.

Gegen eine analoge Anwendung des § 305 AktG spricht jedoch erstens, dass angesichts der Möglichkeit zur Kündigung aus wichtigem Grund keine

---

[436] *Hirte* ZIP 1988, 488; *Frantzen,* Genußscheine (1993), S. 282 f.; *Karollus* in Geßler/Hefermehl, AktG, § 221 Rn 419; *Lutter* in KöKo, AktG, § 221 Rn 404.

Regelungslücke besteht. Kündigung aus wichtigem Grund und Austritt nach § 305 AktG sind dasselbe. Zwischen beiden Lösungen besteht kein struktureller Unterschied. Aus rechtsdogmatischen Gründen sollten jedoch Gesellschafterrechte nicht analog auf Gläubigerrechte angewendet werden. Inhaber von Genussscheinen oder Gewinnschuldverschreibungen sind keine Aktionäre. Inhaber von Genussscheinen oder Gewinnschuldverschreibungen sind allein schuldrechtliche Gläubiger, also Dritter und niemals Gesellschafter des Emittenten. Die analoge Anwendung gesellschaftsrechtlicher Regeln auf Genussscheininhaber verwischen die Grenzen zwischen Gesellschaftsrecht und Schuldrecht. Es gibt nur Gesellschafterrechte und Drittrechte, keine Mischrechte. Deshalb ist der Herleitung des Anlegerschutzes aus dem Schuldrecht der Vorrang einzuräumen vor einer analogen Anwendung von Gesellschafterrechten. Die analoge Anwendung der Gesellschafterrechte auf Genussscheininhaber ist rechtsdogmatisch bedenklich. Die Lösung sollte aus dem Vertragsrecht entwickelt werden. Danach ist die Kündigung aus wichtigem Grund vorzuziehen. Wegen des Vorrangs der schuldrechtlichen Regeln über die Kündigung fehlt es für die analoge Anwendung des gesellschaftsrechtlichen § 305 AktG an einer Regelungslücke.

Zweitens hat das schuldrechtliche Kündigungsrecht eine höhere Praktikabilität und die Einheitlichkeit für sich. Denn die Anwendung der Kündigung aus wichtigem Grund erübrigt die schwierige Abgrenzung, ob insbesondere ein Genussschein aktienähnlich oder nur obligationenähnlich und damit die Analogie zu § 305 AktG gerechtfertigt ist. Der schuldrechtliche Anlegerschutz kann auf aktienähnliche Genussscheine genauso angewendet werden wie auf obligationenähnliche Genussscheine oder Gewinnschuldverschreibungen. Eine einheitliche Anwendung der schuldrechtlichen Regeln über die Kündigung aus wichtigem Grund auf alle gewinnorientierten Wertpapiere leistet folglich einen Beitrag zur Einheitlichkeit und Sicherheit der Rechtsanwendung. Es ist statt dessen im Einzelfall zu prüfen, ob ein wichtiger Grund für eine Kündigung gegeben ist. Gegen § 305 AktG spricht auch, dass auch sonst keine Gesellschafterrechte auf Anleger analog angewendet werden.

Drittens passt § 305 AktG auch nicht hundertprozentig auf Inhaber von Genussscheinen oder Gewinnschuldverschreibungen. Denn § 305 AktG belässt es nicht bei dem Austrittsrecht. Das Austrittsrecht wird vielmehr ergänzt durch ein Recht auf angemessene Abfindung. Die Abfindung soll in erster Linie in Aktien des herrschenden Unternehmens bestehen. Damit ist § 305 AktG ersichtlich auf Aktionäre zugeschnitten. Auf Genussschein- oder Gewinnschuldverschreibungsinhaber passt die Abfindung in Gestalt durch Aktien nicht. Der Austausch von Genussscheinen oder Gewinnschuldverschreibungen in Aktien ist nicht gleichwertig. Die rechtsdogmatisch sauberere Lösung über die Kündigung ist deshalb vorzuziehen.

Fraglich ist jedoch, ob angesichts des Anspruchs auf Vertragsanpassung wegen Wegfalls der Geschäftsgrundlage infolge der vertraglichen Konzernierung ein Recht zur Kündigung aus wichtigem Grund bestehen kann. Nach allgemeiner Schuldrechtsdogmatik geht die Kündigung vor, soweit bei einem Dauerschuldverhältnis die Geschäftsgrundlage gestört ist und zugleich die Voraussetzungen der Kündigung gegeben sind. Das Kündigungsrecht entfällt aber, wenn sich die Störung durch Anpassung des Vertrages an die veränderten Umstände ausgleichen lässt[437]. Nach allgemeiner Meinung gibt es kein Wahlrecht zwischen Kündigung und Anpassung wegen Wegfalls der Geschäftsgrundlage. Vielmehr ist entscheidend, ob sich die Vertragsstörung durch Änderung der Vertragsbedingungen ausgleichen lässt, so dass dem Anleger ein Festhalten am (angepassten) Vertrag zugemutet werden kann.

Ein Argument für die Zumutbarkeit des Festhaltens am (angepassten) Vertrag könnte sich aus der Wertung des § 216 Abs. 3 AktG ergeben[438]. Der Sinn des § 216 Abs. 3 AktG ist es, im Fall der Kapitalerhöhung den wirtschaftlichen Inhalt eines gewinnabhängigen Rechts aufrecht zu erhalten. Denn durch die Kapitalerhöhung verändern sich die Berechnungsgrößen für den Ausschüttungsanspruch. Auf die Genussschein- und Gewinnschuldverschreibungsinhaber würde ein geringerer Anteil entfallen, wenn die Gewinne im Verhältnis des Grundkapitals zum Genusskapital aufzuteilen sind. Deshalb bestimmt § 216 Abs. 3 AktG eine Änderung des Berechnungsschlüssels, wonach die Genussschein- und Gewinnschuldverschreibungsinhaber zu stellen sind, wie sie vor der Kapitalerhöhung gestanden haben. In den Fällen des Abschlusses eines Beherrschungs- und Gewinnabführungsvertrages liegt das Problem aber nicht in der bloßen Berechnung des Gewinns des Emittenten. Im Vertragskonzern liegt das Problem vielmehr darin, dass der Abschluss des Beherrschungsvertrags eine legitime Leitungsmacht des herrschenden Unternehmens begründet, aufgrund derer das herrschende Unternehmen die Geschäftsführung des abhängigen Unternehmens nachteilig beeinflussen kann. Der Abschluss des Beherrschungsvertrages wirkt sich somit unmittelbar auf die wirtschaftliche Situation und die Ertragslage des Emittenten insgesamt aus. Konzernspezifischer Anlegerschutz beruht auf der Störung der Autonomie des Emittenten, § 216 Abs. 3 AktG bezweckt keinen Autonomieschutz. Da § 216 Abs. 3 AktG von einer gleichbleibenden Ertragslage

---

437 BGH NJW 1958, 785; *Heinrichs* in Palandt, BGB, § 242 Rn 120; *Vollkommer* in Jauernig, BGB, § 242 Rn 98; *Roth* in MüKo, BGB, § 242 Rn 583 ff.; *Teichmann* in Soergel, BGB, § 242 Rn 270.

438 *Frantzen*, Genußscheine (1993), S. 282 f.; *Karollus* in Geßler/Hefermehl, AktG, § 221 Rn 419; *Lutter* in KöKo, AktG, § 221 Rn 404.

eines autonomen Emittenten ausgeht, kann aus § 216 Abs. 3 AktG nicht geschlossen werden, der Anleger sei auch bei einer infolge der Konzernierung sinkenden Ertragskraft des Emittenten auf Vertragsanpassung beschränkt. Aus § 216 Abs. 3 AktG kann nicht geschlossen werden, dass ein Festhalten am (angepassten) Vertrag zumutbar und ein Recht zur Kündigung im Fall des Abschlusses eines Beherrschungsvertrages für den Anleger ausgeschlossen sein soll.

Fraglich ist, ob sich aus § 23 UmwG die Wertung entnehmen lässt, dass bei Abschluss eines Beherrschungs- und Gewinnabführungsvertrages der Vertragsanpassung der Vorrang vor der Kündigung zu geben sei. Nach § 23 UmwG sind einem Genussschein- und Gewinnschuldverschreibungsinhaber im Fall einer Umwandlung, insbesondere der einer vertraglichen Konzernierung vergleichbaren Verschmelzung, gleichwertige Rechte zu gewähren. In erster Linie ist es der Sinn des § 23 UmwG, dem Genussschein- und Gewinnschuldverschreibungsinhaber einen Schuldner zu erhalten. Die Genussrechte Gewinnschuldverschreibungen sollen nicht wegen Unmöglichkeit ersatzlos untergehen, weil nach der Verschmelzung der Emittent als eigener Rechtsträger nicht mehr existent sei. Die Anordnung der Gewährung gleichwertiger Rechte im übernehmenden Rechtsträger zum Schutz der Anleger spricht nicht gegen ein außerordentliches Kündigungsrecht. Der Emittent soll nach § 23 UmwG den Genussrechtsvertrag oder die Gewinnschuldverschreibung nicht wegen der vom Anleger mangels Stimmrecht nicht beeinflussbare Verschmelzung beenden können. Daraus kann aber nicht der Umkehrschluss gezogen werden, dass auch der Anleger den Vertrag nicht wegen der Konzernierung beenden kann. In zweiter Linie enthält § 23 UmwG auch einen wirtschaftlichen Verwässerungsschutz. Die neu zu gewährenden Rechte müssen mit den alten Rechten wirtschaftlich gleichwertig sein. Dabei schützt § 23 UmwG jedoch nur vor den Nachteilen der Umwandlung selbst. § 23 UmwG schützt nicht vor nachteiligen Weisungen, die im Gefolge der Umwandlung möglicherweise auftreten können. Einen Anlegerschutz nach der Umwandlung bedarf es nach der Konzeption des § 23 UmwG auch nicht. Anders als im Fall der Konzernierung geht das Gesetz davon aus, dass zwei autonome Gesellschaften zu einer wiederum autonomen Gesellschaft verschmolzen werden. Bei der durch Verschmelzung hervorgegangenen autonomen Gesellschaft stellen sich keine erhöhten Anlegerschutzprobleme, weil das Autonomieprinzip die wirtschaftlichen Interessen der Anleger ausreichend wahrt. § 23 UmwG kann es deshalb bei einem punktuellen Schutz vor der Umwandlung selbst belassen. Im Vertragskonzern droht den Anlegern Gefahr durch Eingriffe in die Autonomie der Gesellschaft nach der Konzernierung. Anlegerschutz im Konzern will Eingriffe in die Autonomie in Gestalt nachteiliger Weisungen ausgleichen. Bei der Verschmelzung gibt es kein Autonomieproblem. Die Analogie zu § 23 UmwG passt für einen Ausgleich vor schädigender Geschäftsführung nach der

Konzernierung nicht. Aus § 23 UmwG, der nur punktuell vor den wirtschaftlichen Nachteilen der Grundlagenentscheidung Umwandlung selbst schützt, kann nicht die Wertung entnommen werden, dass dem Genussschein- oder Gewinnschuldverschreibungsinhaber auch schädigende Geschäftsführungsmaßnahmen infolge nachteiliger Weisungen im Gefolge der Konzernierung zugemutet werden können.

Fraglich ist, ob sich aus den §§ 304, 305 AktG die Wertung entnehmen lässt, dass sich der Anleger mit einer Vertragsanpassung zufrieden geben muss und kein Kündigungsrecht aus wichtigem Grund hat. Diese Wertung scheint angesichts der Gesetzesbegründung zunächst plausibel. Der Gesetzgeber hat zum Ausgleich des wirtschaftlichen Verwässerung der Vermögensinteressen der außenstehenden Aktionäre den Ausgleich nach § 304 AktG geschaffen. Einer Verwässerung speziell der Mitgliedschaftsrechte der außenstehenden Aktionäre hat der Gesetzgeber durch das Austritts- und Abfindungsrecht nach § 305 AktG Rechnung getragen. Da für die Genussscheininhaber als Nichtgesellschafter eine Verwässerung der Gesellschafterrechte nicht in Frage kommt, scheint § 305 AktG folglich nicht anwendbar. Diese sehr schablonenartige Sichtweise ist bisher nie in Frage gestellt worden, weil es in der konzernrechtlichen Diskussion über die §§ 304, 305 AktG immer nur um die außenstehenden Aktionäre ging. An Anleger, die nur vermögensmäßig von der Aktiengesellschaft abhängen, aber keine Gesellschafterrechte besitzen, hat im Zusammenhang mit den §§ 304, 305 AktG bisher niemand gedacht. Infolgedessen wurde die Richtigkeit der Gesetzesbegründung bisher nicht bezweifelt. Ob der Zuordnung der Vermögensrechte zu § 304 AktG und der Gesellschafterrechte zu § 305 AktG auch dann bedenkenlos gefolgt worden wäre, wenn diese Unterscheidung unmittelbare juristische Bedeutung gehabt hätte, ist fraglich. Man könnte die §§ 304, 305 AktG auch als einheitliche Verwässerungsschutzvorschriften ansehen, die in ihrem Zusammenspiel einheitlich die Verwässerung sowohl der Vermögens- als auch der Gesellschafterrechte ausgleichen sollen. Würde man die §§ 304, 305 AktG als einheitliche Regelungen zum Verwässerungsschutz ansehen, könnte man für die Anleger aus der Existenz des § 305 AktG sogar das positive Argument für ein außerordentliches Kündigungsrecht der Genussscheininhaber ableiten. Dass Austritt und Abfindung nach § 305 AktG ausschließlich auf der Verwässerung der Gesellschafterrechte beruhen ist, eine nicht begründbare Behauptung. Gegen die von der herrschenden Meinung aus § 305 AktG abgeleitete Wertung lässt sich schließlich anführen, dass Austritts- und Kündigungsrechte keine spezifischen Gesellschafterrechte darstellen. Genussscheine und Gewinnschuldverschreibungen können wie jedes andere Dauerschuldverhältnis aus wichtigem Grund gekündigt werden, wenn einer Partei die Fortsetzung des Schuldverhältnisses nicht mehr zugemutet werden kann. Deshalb kann aus dem Austrittsrecht der Gesellschafter nicht im Umkehrschluss die Wertung abgeleitet werden, dass den

Anlegern vergleichbare Rechte nicht zustünden. § 305 AktG spricht also weder zwingend gegen noch zwingend für ein Kündigungsrecht der Inhaber von Genussscheinen oder Gewinnschuldverschreibungen.

Da sich somit aus keinem der von der Literatur zitierten Paragraphen (§§ 216 Abs. 3, 304, 305 AktG, 23 UmwG) der zwingende Schluss ziehen lässt, die Anleger seien auf Vertragsanpassung beschränkt, ist die Frage nach einem außerordentlichen Kündigungsrecht über die Grundsätze des allgemeinen Schuldrechts zu beantworten. Nach allgemeinem Schuldrecht kann die Störung der Geschäftsgrundlage eines Dauerschuldverhältnisses durchaus zu einer Kündigung aus wichtigem Grund berechtigen. Die Kündigungsmöglichkeit entfällt aber, wenn sich die Störung durch Anpassung des Vertrages an die veränderten Umstände ausgleichen lässt und dem Vertragspartner, der sich auf die Störung beruft, im Hinblick auf die Anpassungsmöglichkeit ein Festhalten am Vertrag zugemutet werden kann[439].

Dem Anleger könnte ein Festhalten am Vertrag deshalb zumutbar sein, weil er mit der Zeichnung eines gewinnabhängigen Wertpapiers in gewisser Weise ein wirtschaftliches Risiko übernommen hat. Zu diesem Risiko könnte auch die Konzernierung gehören. Bei der Konzernierung handelt es sich aber um eine Grundlagenentscheidung. Grundlagenänderungen muss kein Anleger rechtlos hinnehmen. Dies ergibt sich aus der Wertung der § 216 Abs. 3 AktG und § 23 UmwG. Bei Kapitalerhöhung und in den Umwandlungsfällen erfolgt jeweils eine Vertragsanpassung, §§ 216 Abs. 3 AktG, 23 UmwG. Dem ist die Wertung zu entnehmen, dass Grundlagenänderungen nicht zum Risiko des Inhabers von Genussscheinen oder Gewinnschuldverschreibungen gehören. Auch außenstehende Aktionäre werden nicht auf ihr Gesellschafterrisiko verwiesen, sondern haben die Rechte der Ausgleichs- und Abfindungsansprüche aus den §§ 304, 305 AktG. Grundlagenentscheidungen wie die Konzernierung gehören also nicht zum wirtschaftlichen Risiko der Anleger, das die Anleger ohne Ausgleich hinzunehmen haben. Ein Festhalten könnte aber deshalb zumutbar sein, weil den Anlegern ein Anpassungsanspruch wegen Wegfalls der Geschäftsgrundlage zusteht. Wie bereits oben beschrieben, spielen einzelne Schädigungen im Vertragskonzern für die Anleger nicht dieselbe Rolle wie im einfachen faktischen Konzern. Denn die Ausschüttungsansprüche der Inhaber von Genussscheinen und Gewinnschuldverschreibungen werden den Gegebenheiten der vertraglichen Konzernierung angepasst. Die angepassten Ausschüttungsansprüche (Garantieausschüttungen oder Ausschüttungen nach der Ertragslage der Obergesellschaft) werden von einzelnen Schädigungen des abhängigen Emittenten

---

[439] BGH NJW 1958, 785; *Heinrichs* in Palandt, BGB, § 242 Rn 120; *Roth* in MüKo, BGB, § 242 Rn 583 ff.; *Teichmann* in Soergel, BGB, § 242 Rn 270; *Vollkommer* in Jauernig, BGB, § 242 Rn 98.

nicht berührt. Die Ausschüttung ist durch Anpassung gesichert. Über den Anpassungsanspruch sollen die Anleger gerade so gestellt werden, wie sie bei hypothetischer Unabhängigkeit des Emittenten stehen würden. Bei optimaler Anpassung besteht in etwa die Lage, die voraussichtlich auch bei Unabhängigkeit des Emittenten ohne Schädigungen durch das herrschende Unternehmen bestanden hätte. Zwar zeigt die Praxis im Zusammenhang mit Ausgleich und Abfindung gem. §§ 304, 305 AktG für die außenstehenden Aktionäre, dass der Anpassungsschutz mit zahlreichen Schwierigkeiten verbunden ist. Die Probleme liegen vor allem in der Unternehmensbewertung. Nach dem DAT/Altana-Beschluss des Bundesverfassungsgerichts[440], wonach bei der Unternehmensbewertung auch der Börsenkurs zu berücksichtigen sei, ist in Zukunft mit erfreulicheren Ergebnissen zu rechnen. Die Vertragsanpassung des Wertpapiervertrages stellt deshalb insgesamt einen ausreichenden Ausgleich für die Veränderungen infolge der Konzernierung dar. Den Anlegern kann ein Festhalten am Vertrag zugemutet werden.

Fraglich ist, ob nicht die Konzernierung selbst, aber Umstände im Gefolge der Konzernierung einen wichtigen Grund zur Kündigung abgeben können. Trotz der Anpassung könnte die Zumutbarkeitsgrenze überschritten sein, wenn konzernbedingte Maßnahmen so gravierend sind, dass deren Nachteile - unabhängig von der Garantie der laufenden Ausschüttungen - das eingesetzte Kapital gefährden. In diesem Fall genügt die Anpassung der Ausschüttungsberechnung nicht, um die Einflussnahme des herrschenden Unternehmens auf den Emittenten auszugleichen. Das eingesetztes Kapital gefährdende Pflichtverstöße können darin bestehen, dass der Konzerninnenausgleich nicht durchgeführt wird. Wie bereits oben ausgeführt, ist der Kern des Innenverhältnisses im Vertragskonzernrecht der Anspruch der abhängigen Gesellschaft gegen die herrschende Gesellschaft auf Verlustübernahme, § 302 AktG. Die Verlustübernahme dient gerade dem Kapitalerhaltungsschutz. Die Organe des abhängigen Unternehmens müssen den Anspruch (spätestens) nach Ende des Geschäftsjahres unverzüglich geltend machen[441]. Die Geltendmachung des Verlustübernahmeanspruchs gehört zu den Pflichten eines ordentlich denkenden und handelnden Kaufmanns. Wird der Konzerninnenausgleich nicht durchgeführt, riskiert der Anleger sein eingesetztes Kapital. Ebenso gehört es zu den Pflichten eines ordentlich denkenden und handelnden Kaufmanns, Schadensersatzansprüche gegenüber dem herrschenden Unternehmen durchzusetzen. Setzt der abhängige Emittent die Schadensersatzansprüche nicht durch, begeht er im Verhältnis zu den Anlegern eine Pflichtverletzung. Ebenso verstößt der Emittent gegen die Pflichten eines ordentlich denkenden und handelnden Kaufmanns, wenn er sachlich ungerechtfertigte Weisungen befolgt, die nicht befolgt werden müssen und deren Befolgung zum

---

[440] BVerfG AG 1999, 566 ff. (DAT/Altana).
[441] LG Bochum AG 1987, 324, 325.

Schadensersatz verpflichtet. Denn in diesem Fall ergibt sich aus den §§ 308, 309 AktG, dass ein ordentlich denkender und handelnder Kaufmann, solche Weisungen zurückgewiesen hätte. Ebenso muss der Emittent etwaige Schadensersatzansprüche gegen die gesetzlichen Vertreter des herrschenden Unternehmens nach § 117 AktG verfolgen[442]. Existenzgefährdende Eingriffe in die abhängige Aktiengesellschaft sind absolut verboten. Kommt der Emittent einer Einflussnahme nach, die die Existenz des Emittenten bedroht, ist sofort ein Kündigungsgrund gegeben. Denn existenzgefährdende oder sogar existenzvernichtende Weisungen dürfen vom abhängigen Unternehmen keinesfalls befolgt werden. Unterlässt es also das abhängige Unternehmen, den Konzerninnenausgleich durchzusetzen, ist ein wichtiger Grund für eine Kündigung gegeben. Denn zu den Pflichten eines ordentlich denkenden und handelnden Kaufmanns gehört es, Schadensersatzansprüche gegen das herrschende Unternehmen durchzusetzen, schädigende sachlich nicht gerechtfertigte Weisungen abzulehnen, für die Durchsetzung der Verlustübernahme (§ 302 AktG) zu sorgen und die Befolgung existenzgefährdender Weisungen zu verweigern. Allerdings wird ein einmaliges Unterlassen nicht in jedem Fall zur Kündigung aus wichtigem Grund ausreichen. Denn dem Anleger stehen zur Durchsetzung seiner Interessen die Schadensersatzansprüche aus positiver Vertragsverletzung zu. Erst bei einem weiteren Unterlassung liegen die Voraussetzungen zur Kündigung vor. Ein zweimaliges Unterlassen wird für eine außerordentliche Kündigung ausreichen. Denn dem Anleger ist es nicht zuzumuten, jedes Jahr erneut zu klagen und dabei jeweils Kostenrisiken und Unannehmlichkeiten einzugehen. Befolgt der Emittent existenzgefährdende Weisungen, ist ein sofortiges Kündigungsrecht gegeben.

---

[442] *Emmerich/Sonnenschein*, Konzernrecht, § 18 VI 1.

## 3.2. Optionsanleihen, Wandelanleihe

### 3.2.1. Vertragsanpassung wegen Wegfalls der Geschäftsgrundlage

a) Meinungsstand

Im Gegensatz zur lebhaften Diskussion über Anpassungsansprüche bei Genussscheinen, gibt es bei den Options- und Wandelanleihen diesbezüglich nur eine Meinungsäußerung von *Kallrath*. Nach *Kallrath*[443] sei eine Anpassung der Rechte der Wandel- und Optionsberechtigten nicht geboten, obwohl der Abschluss eines Beherrschungs- und Gewinnabführungsvertrages mittelbar auch die Stellung der Wandel- und Optionsberechtigten beeinflusse. Im Vertragskonzern würden die Options- und Wandelanleiheinhaber durch die §§ 304, 305 AktG in ausreichender Weise geschützt. Gleiches lässt sich zwischen den Zeilen auch aus allgemeinen Äußerungen in der aktienrechtlichen Literatur[444] herauslesen, wonach der Zeitpunkt des Aktienerwerbs für die Ausgleichs- und Abfindungsansprüche nach §§ 304, 305 AktG irrelevant sei. Ein Detailproblem ergibt sich für die Fallvariante, dass die Frist nach § 305 Abs. 4 AktG für die Annahme des Abfindungsangebotes abgelaufen ist, noch ehe die Aktienbezugs- oder Umtauschrechte der Options- oder Wandelanleihen erstmalig ausgeübt werden konnten. Für die Fälle der Umwandlung, insbesondere der Verschmelzung und Eingliederung, ist dies in der aktienrechtlichen Literatur umstritten[445]. Im speziellen Fall der Options- und Wandelanleihen solle nach *Kallrath*[446] eine Abfindung nach § 305 AktG ausscheiden, wenn die Frist des § 305 Abs. 4 AktG vor Ausübung des Wandel- oder Optionsrechts abgelaufen sei. Es müsse dann ein Ausgleich (nur) nach § 304 AktG stattfinden.

b) Stellungnahme

Für die Frage eines Anpassungsbedürfnisses ist zwischen der Anleihe und dem Aktienbezugs- oder Umtauschrecht zu unterscheiden. Für die Anleihe fehlt es an einem speziellen Anpassungsbedürfnis. Die festverzinsliche Anleihe wird durch

---

[443] *Kallrath*, Die Inhaltskontrolle (1994), S. 177.

[444] *Exner*, Beherrschungsvertrag (1984), S. 150 ff.; *Koppensteiner* in KöKo, AktG, § 304 Rn 12; *Krieger* in MüHandb., Band 4, § 70 Rn 64; *Emmerich/Habersack*, Aktienkonzernrecht, § 304 Rn 19 und § 305 Rn 18.

[445] Dafür: *Exner*, Beherrschungsvertrag (1984), S. 150; *Hohner* DB 1973, 1487 Fn 6; offen: *Koppensteiner* in KöKo, AktG, § 305 Rn 15; dagegen: *Krieger* in MüHandb., Band 4, § 70 Rn 95.

[446] *Kallrath*, Die Inhaltskontrolle (1994), S. 177.

schädliche Maßnahmen im Vertragskonzern nicht berührt. Sie ist unverändert zu bedienen. Den Anlegern entsteht durch die Konzernierung kein Schaden.

Aber auch bei den Aktienbezugs- und Umtauschrechten scheidet eine Anpassung wegen Wegfalls der Geschäftsgrundlage aus. Erstens besteht für eine Anpassung vor Ausübung des Bezugs- oder Umtauschrechts kein Bedürfnis. Es werden keine vom Gewinn des Emittenten abhängigen Ansprüche verwässert. Zweitens erfolgt eine Anpassung, wenn der Bezugs- oder Umtauschrechtsinhaber von seinem Aktienerwerbsrecht Gebrauch macht und die Aktionärsstellung erlangt. Als Aktionär kann er nach §§ 304, 305 AktG Ausgleich und Abfindung verlangen. Der schuldrechtliche Inhaber eines Aktienerwerbsrechts wird in keiner Weise benachteiligt, wenn er nach Ausübung seines Rechts, wie ein Aktionär behandelt wird. Drittens steht den Anlegern für den Fall, dass das Bezugs- oder Umtauschrecht wegen dessen wirtschaftlichen Entwertung nicht ausgeübt wird, ein Schadensersatzanspruch aus positiver Vertragsverletzung zu, wenn die schädigenden Maßnahmen dem Anleger gegenüber eine Pflichtverletzung darstellen. Den Anlegern ist ein Festhalten am Vertrag deshalb zumutbar. Die Options- oder Wandelanleiheinhaber können keine Vertragsanpassung wegen Wegfalls der Geschäftsgrundlage verlangen. Statt einer Anpassung erfolgen Ausgleich und Abfindung, wenn sie nach Ausübung der Bezugs- oder Umtauschrechte Aktionäre werden.

Fraglich ist, ob - wie *Kallrath* meint - nur noch ein Ausgleich nach § 304 AktG erfolgen kann und eine Abfindung nach § 305 AktG ausscheidet, wenn die Frist des § 305 Abs. 4 AktG vor Ausübung des Wandel- oder Optionsrechts abgelaufen ist. Dafür spricht die buchstabengetreue Anwendung des § 305 Abs. 4 AktG. Dagegen spricht der Sinn und Zweck des § 305 Abs. 4 AktG. § 305 Abs. 4 AktG ist eine Schutzvorschrift zugunsten der Aktionäre. Das Gesetz enthält nämlich keine Frist, so dass das Abfindungsangebot 30 Jahre lang angenommen werden könnte, § 195 BGB. Unternimmt es die herrschende Gesellschaft jedoch, die gesetzliche Regelung durch ein befristetes Abfindungsangebot rechtsgeschäftlich zu modifizieren, dann darf sie das Recht der außenstehenden Aktionäre auf Abfindung nicht durch eine unangemessen kurze Frist zu unterlaufen suchen. § 305 AktG ist die Wertung zu entnehmen, dass es der Gesetzgeber für ungenügend hält, Aktionären Anteile an beherrschten Gesellschaften aufzuzwingen[447]. Angewendet auf Options- und Wandelanleihen bedeutet dies, dass das herrschende Unternehmen eine Frist zu setzen hat, die von den Bezugs- und Umtauschrechtsinhaber auch tatsächlich genutzt werden kann. Seit der Klöcknerentscheidung des Bundesgerichtshofs ist anerkannt, dass die Emittenten erfolgsorientierter Wertpapiere nach Treu und Glauben (§ 242 BGB) verpflichtet sind, die Interessen der Anleger in gewissem Umfang zu berücksichtigen. Es

---

[447] *Exner*, Beherrschungsvertrag (1984), S. 150.

wäre möglich, neben der kurzen Erwerbsfrist für außenstehende Aktionäre, den Bezugs- und Umtauschrechtsinhabern eine eigens nur für sie geltende längere Erwerbsfrist zu setzen, die frühestens zwei Monate nach der erstmöglichen Ausübung des vertraglichen Bezugs- oder Umtauschrechts endet. Die Setzung einer Frist nach § 305 Abs. 4 AktG, die abläuft, noch ehe die Aktienbezugs- oder Umtauschrechte erstmalig ausgeübt werden können, ist wegen Verstoßes gegen § 242 BGB unzulässig.

### 3.2.2. Schadensersatzansprüche

Auch bei Options- und Wandelanleihen bleibt für Schadensersatzansprüche aus positiver Vertragsverletzung gegenüber den Anlegern wegen Schädigung durch pflichtwidrige Geschäftsführung grundsätzlich kein Raum. Denn dem Options- oder Wandelanleiheinhaber stehen nach Ausübung des Aktienbezugs- oder Umtauschrechts die Rechte der §§ 304, 305 AktG zu. Er hat Anspruch auf einen angemessenen Ausgleich nach § 304 AktG, sowie den Abfindungsanspruch des § 305 AktG. Ein über die §§ 304, 305 AktG hinausgehender Schutz vor schädigenden Geschäftsführungsmaßnahmen - soweit sich solche im Vertragskonzern überhaupt einzeln ermitteln lassen - besteht weder für die Inhaber von Aktienbezugs- oder Umtauschrechten noch für Aktionäre. Der Anleger steht nicht schlechter als wenn er zur Zeit der Zeichnung der Options- oder Wandelanleihe Aktionär geworden wäre. Mehr kann er auch nicht erwarten. Die Interessen des Anlegers sind durch die §§ 304, 305 AktG gewahrt. Den Anlegern fehlt es insoweit an einem Schaden.

Ein Schadensersatzanspruch aus positiver Vertragsverletzung wegen pflichtwidriger Schädigung der Anleger kommt auch hier nur in Extremfällen in Betracht. Schadensersatzansprüche sind möglich, wenn das Aktienbezugs- oder Umtauschrecht nicht ausgeübt wird, weil die erwerbbaren Aktien der abhängigen Gesellschaft durch pflichtwidriges Verhalten des Emittenten entwertet worden sind. Der Emittent haftet nach der Klöcknerentscheidung des Bundesgerichtshofs für unverantwortliche Geschäftsführungsmaßnahmen, die schlechthin kein seriöser Kaufmann durchführen würde. Konzernbedingte Pflichtwidrigkeiten können darin bestehen, dass der Emittent die Durchsetzung des Konzerninnenausgleichs unterlassen oder existenzgefährdende Weisungen befolgt hat.

### 3.2.3. Kündigung aus wichtigem Grund

Für die Frage nach der Kündbarkeit von Options- oder Wandelanleihen aus wichtigem Grund ist zwischen der festverzinslichen Anleihe und dem Aktienbezugs- oder Umtauschrecht zu unterscheiden. Die festverzinsliche Anleihe ist aus wichtigem Grund kündbar. In der Tatsache der Konzernierung liegt jedoch ebensowenig ein wichtiger Grund wie in nachteiligen Einflussnahmen auf die abhängige Gesellschaft. Die Anleihe wird, da sie festverzinslich ist, durch schädliche Maßnahmen des Emittenten nicht berührt. Die Anleihe ist unverändert zu bedienen. Den Anlegern entsteht insoweit kein Schaden.

Das Aktienbezugs- oder Umtauschrecht ist nicht kündbar[448]. Es wird entweder ausgeübt oder nicht ausgeübt. Macht der Anleger von seinem Aktienbezugs- oder Umtauschrecht keinen Gebrauch, weil es durch Aktienkursverluste infolge schädigender Geschäftsführungsmaßnahmen entwertet wurde, steht dem Anleger unter den oben genannten Voraussetzungen ein Schadensersatzanspruch aus positiver Vertragsverletzung gegen den Emittenten zu. Eines Kündigungsrechts aus wichtigem Grund bedarf es nicht.

---

[448] *Kallrath*, Die Inhaltskontrolle (1994), S. 132.

## 4. Der Emittent ist abhängiges Unternehmen im qualifiziert faktischen Konzern

### 4.1. Genussscheine, Gewinnschuldverschreibungen

#### 4.1.1. Vertragsanpassung wegen Wegfalls der Geschäftsgrundlage

a) Meinungsstand

Die Auswirkungen des Entstehens eines qualifiziert faktischen Konzerns auf Genussscheine und Gewinnschuldverschreibungen wird in der Literatur kaum behandelt. Dies mag daran liegen, dass der qualifiziert faktische Aktienkonzern im Gegensatz zum qualifiziert faktischen GmbH-Konzern bisher keine große Rolle spielt. Vielleicht hat die herrschende Meinung der Konzernrechtsliteratur, wonach eine qualifiziert faktische Beherrschung von Aktiengesellschaften unzulässig sei, dazu geführt, dass im Aktienkonzernrecht in größerem Umfang als im GmbH-Recht zur Legalisierung der qualifiziert faktischen Beherrschung Unternehmensverträge abgeschlossen werden. Entsprechend spärlich sind die Literaturstimmen zum Anlegerschutz im qualifiziert faktischer Aktienkonzern. Wie in allen übrigen Fällen der Konzernierung könne der Inhaber von Genussscheinen oder Gewinnschuldverschreibungen das Entstehen eines qualifiziert faktischen Konzerns nicht verhindern[449]. Während *Hüffer*[450] die Entwicklung von Sonderregeln für den Anlegerschutz bei qualifiziert faktischen Konzernen für zu früh hält, habe nach *Karollus* und *Konzen*[451] im qualifiziert faktischen Konzern ein an § 304 AktG orientierter Ausgleich stattzufinden. Diese Analogie entspreche der heute weithin anerkannten Entwicklung eines Haftungsmodells für qualifiziert faktische Konzerne in Anlehnung an § 302 AktG.

b) Stellungnahme

Wie im Vertragskonzern ist es im qualifiziert faktischen Aktienkonzern ebensowenig gerechtfertigt, den Anleger auf eine Schutzlücke zu verweisen. Denn als qualifiziert faktischen Konzern bezeichnet man solche Abhängigkeitsverhältnisse, in denen das auf Einzeleingriff, Nachteilsausgleich und Schadensersatzpflicht aufgebaute gesetzliche Haftungssystem der §§ 311, 317, 318 AktG nicht

---

[449] *Schneider* in FS Goerdeler (1987), S. 511, 529 ff.
[450] *Hüffer*, AktG, § 221 Rn 68a.
[451] *Konzen* RdA 1984, 65, 80 ff.; *Karollus* in Geßler/Hefermehl, AktG, § 221 Rn 420; unklar *Schneider* in FS Goerdeler (1987), S. 529 f.

funktioniert, weil wegen der Breite und Dichte der Einflussnahme des herrschenden Unternehmens auf die abhängige Gesellschaft einzelne Weisungen und deren Auswirkungen nicht mehr isoliert werden können. Das Eigeninteresse der abhängigen Gesellschaft wird infolge des vom herrschenden Unternehmen ausgeübten Einflusses so nachhaltig beeinträchtigt, wie dies bei Vorliegen eines Beherrschungsvertrags der Fall wäre. In der Rechtsprechung des Bundesgerichtshofs und Bundesarbeitsgerichts ist der qualifizierte faktische Konzern als Konzernhaftungstatbestand mittlerweile fest etabliert[452]. Im qualifizierten faktischen Konzern ist die Autonomie eines Unternehmens in ihrem Kern berührt. Von einer Gewährleistung richtiger Willensbildung kann keine Rede mehr sein. Anschauungsbeispiele der qualifizierten Abhängigkeit sind nach bisheriger Erfahrung diejenigen Gestaltungen, bei denen die abhängige Gesellschaft wie eine bloße Betriebsabteilung geführt wird. Das Entstehen eines qualifiziert faktischen Konzerns ist deshalb ebenso wie das Entstehen eines qualifizierten Konzerns durch Unternehmensvertrag eine wesentliche Grundlagenänderung für die Anleger. Es ist gerechtfertigt, mit Karollus und Konzen einen Vertragsanpassungsanspruch der Inhaber von Genussscheinen oder Gewinnschuldverschreibungen anzunehmen. Diese Lösung entspricht auch der herrschenden Konzernrechtsdogmatik, wonach das Haftungsmodell im qualifiziert faktischen Konzern aus den Regeln des Vertragskonzernrechts zu entwickeln ist. Nach herrschende Meinung[453] im GmbH-Konzernrecht soll dem abhängigen Unternehmen ein Verlustübernahmeanspruch gegen das herrschenden Unternehmens analog § 302 AktG zustehen. Für eine analoge Anwendung des § 302 AktG spreche die Lückenhaftigkeit der Vorschriften über faktische Konzerne. Der Normzweck gehe dahin, dass eine zentralisierte Organisation keine Dezentralisierung des Verlustrisikos erlaube. Eine der Beherrschungsvertragssituation analoge faktische Konzernherrschaft erlege dem herrschenden Unternehmen auch analoge Folgelasten auf. Die Verlustausgleichspflicht des § 302 AktG müsse auch eingreifen, wenn die qualifizierte Abhängigkeit nicht durch Unternehmensvertrag, sondern auf unzulässige (faktische) Weise ohne Unternehmensvertrag zustande gekommen sei. Diese Überlegungen zum GmbH-Konzernrecht sind auch auf den qualifizierten faktischen Aktienkonzern zu übertragen. Im herrschende Meinung im Schrifttum[454] befürwortet die analoge Anwendung der §§ 302, 303 AktG auch

---

[452] BGHZ 107, 7, 15 f. = NJW 1989, 1800, 1801 f. (Tiefbau); BGHZ 122, 123, 127 = NJW 1993, 1200, 1202 (TBB); *Emmerich/Sonnenschein*, Konzernrecht, § 20a I.

[453] BGHZ 95, 330 (Autokran); BGHZ 107, 7 (Tiefbau); BGHZ 115, 187 (Video); BGHZ 116, 37 (Stromlieferung); BGHZ 122, 123 (TBB); BGH AG 1994, 179 (EDV-Peripherie); BGH AG 1995, 35 (Freiberufler-Konzern I); BGH AG 1995, 326 (Freiberufler-Konzern II); *Emmerich/Sonnenschein*, Konzernrecht, § 20a II und § 24a I; *K. Schmidt*, Gesellschaftsrecht, § 31 IV 4 und § 39 III 3; *Emmerich/Habersack*, Aktienkonzernrecht, Vor § 311 Rn 22; *Hüffer*, AktG, § 302 Rn 30 und § 311 Rn 9.

[454] *Geßler* in FS Flume (1978), Band II, S. 55, 65; *Martens* in, 25 Jahre Bundesarbeitsgericht (1979), S. 367, 385; *Lutter* ZGR 1982, 244, 262 ff.; *Flume*, Allgemeiner Teil des Bürgerlichen

im Aktienkonzernrecht. Somit spricht die Parallele zum Vertragskonzernrecht für einen Anspruch der Anleger auf Vertragsanpassung. Im Vertragskonzernrecht wird ein Anspruch auf Vertragsanpassung bei Abschluss eines Beherrschungs- und Gewinnabführungsvertrages nach ganz herrschender Meinung[455] befürwortet. Entgegen dem überwiegenden Teil der Literatur[456] zum Vertragskonzern und entgegen der Meinung von *Karollus* und *Konzen*[457] zum qualifiziert faktischen Konzern im besonderen sollte der Vertragsanpassungsanspruch jedoch nicht auf eine Analogie zu § 304 gestützt werden. Wie bereits oben dargelegt, erfolgt die rechtsdogmatisch korrekte Lösung über das Institut des Wegfalls der Geschäftsgrundlage[458]. Die rechtsdogmatischen Bedenken gegen die Anwendung des Rechts der außenstehenden Aktionäre (§§ 304, 305 AktG) wurden bereits oben ausführlich dargelegt.

---

Rechts, Band I/2, § 4 IV; *Stimpel* AG 1986, 117, 121 f.; *Ulmer* AG 1986, 123; *Wiedemann* ZGR 1986, 656, 668 ff.; *Kropff* in FS Goerdeler (1987), S. 259, 265, 273 f.; *W. Werner* in FS Goerdeler (1987), S. 677, 682; *Decher*, Personelle Verflechtungen (1990), S. 119 ff.; *Deilmann*, Die Entstehung des qualifizierten faktischen Konzerns (1990), S. 125 ff.; *Raiser*, Recht der Kapitalgesellschaften, § 53 Rn 46, 49 f.; *Zöllner* in 59. DJT (1992), S. R 35, 39 ff.; *Kropff* AG 1993, 485, 493 ff.; *K. Schmidt*, Gesellschaftsrecht, § 31 IV 4 a; *Emmerich/Sonnenschein*, Konzernrecht, § 20a III 4 b; *Emmerich/Habersack*, Aktienkonzernrecht, Vor § 311 Rn 39; *Hüffer*, AktG, § 302 Rn 30 und § 311 Rn 11; *Krieger* in MüHandb., Band 4, § 69 Rn 113, 121 ff.

455 *Geßler* in Geßler/Hefermehl (1975), AktG, § 304 Rn 28; *Martens* in, 25 Jahre Bundesarbeitsgericht (1979), S. 367, 382 ff.; *Vollmer* ZGR 1983, 445, 467, 471; *Konzen* RdA 1984, 65, 80 ff.; *van Look* in Bundschuh/Hadding/Schneider, Recht und Praxis der Genußscheine (1987), S. 35, 41; *Schneider* in FS Goerdeler (1987), S. 511, 525 ff.; *Meilicke* BB 1987, 1610; *Koppensteiner* in KöKo, AktG, § 304 Rn 13; *Thielemann*, Das Genußrecht (1988), S. 175 ff. und 194 f.; *Hirte* ZIP 1988, 477, 488; *Frantzen*, Genußscheine (1993), S. 282 ff.; *Sethe* AG 1993, 351, 366 f. mit Fn 359; *Kallrath*, Die Inhaltskontrolle (1994), S. 178 ff.; *Karollus* in Geßler/Hefermehl, AktG, § 221 Rn 419; *Lutter* in KöKo, AktG, § 221 Rn 404; *Emmerich/Sonnenschein*, Konzernrecht, § 17 III 2; *Luttermann*, Unternehmen (1998), S. 538; *Emmerich/Habersack*, Aktienkonzernrecht, § 304 Rn 12; *Hüffer*, AktG, § 221 Rn 68a; *Krieger* in MüHandb., Band 4, § 63 Rn 57.

456 *Martens*, 25 Jahre Bundesarbeitsgericht (1979), S. 367, 382 ff.; *Vollmer* ZGR 1983, 445, 467, 471; *Konzen* RdA 1984, 65, 80 ff.; *van Look* in Bundschuh/Hadding/Schneider, Recht und Praxis der Genußscheine (1987), S. 35, 41; *Hirte* ZIP 1988, 477, 488; *Karollus* in Geßler/Hefermehl, AktG, § 221 Rn 419; *Lutter* in KöKo, AktG, § 221 Rn 404; *Emmerich/Sonnenschein*, Konzernrecht, § 17 III 2; *Luttermann*, Unternehmen (1998), S. 538; *Emmerich/Habersack*, Aktienkonzernrecht, § 304 Rn 12; *Hüffer*, AktG, § 221 Rn 68a.

457 *Karollus* in Geßler/Hefermehl, AktG, § 221 Rn 420; *Konzen* RdA 1984, 65, 80 ff.

458 *Geßler* in Geßler/Hefermehl (1975), AktG, § 304 Rn 28; *Schneider* in FS Goerdeler (1987), S. 511, 525 ff.; *Koppensteiner* in KöKo, AktG, § 304 Rn 13; *Frantzen*, Genußscheine (1993), S. 282 ff.; *Sethe* AG 1993, 351, 366 f. mit Fn 359; *Kallrath*, Die Inhaltskontrolle (1994), S. 180; *Krieger* in MüHandb.; Band 4, § 63 Rn 57 und § 70 Rn 63.

### 4.1.2. Art und Weise der Anpassung

a) Meinungsstand

Die Rechtsfolgen einer Vertragsanpassung sprechen in der Literatur nur *Karollus* und *Konzen*[459] an. Danach habe im qualifiziert faktischen Konzern ein an § 304 AktG orientierter Ausgleich stattzufinden.

b) Stellungnahme

Dafür spricht, dass die Rechtslage bei qualifiziert faktischer Konzernierung der bei vertraglicher Konzernierung entspricht. Denn bei beiden Arten der Konzernierung wird eine qualifizierte Abhängigkeit hergestellt. Es ist nicht einsichtig, dass der Anleger, wenn die qualifizierte Abhängigkeit auf unzulässige (faktische) Weise ohne Unternehmensvertrag zustande gekommen ist, schlechter stehen solle, als bei der Entstehung qualifizierter Abhängigkeit durch Unternehmensvertrag. Wenn die qualifizierte Abhängigkeit schon auf unzulässige Weise durch faktische Konzernierung erfolgt, muss der Anleger erst recht so gestellt werden, als wenn qualifizierte Abhängigkeit durch legitimen Abschluss eines Unternehmensvertrages entstanden ist. Die Anlehnung an § 304 AktG entspricht genau der Rechtslage bei vertraglicher Konzernierung. Auch im Vertragskonzern erfolgt die Vertragsanpassung nach herrschender Meinung[460] in Parallele zum Ausgleich nach § 304 AktG. Fester und variabler Ausgleich nach § 304 AktG passen auch auf Genussscheine und Gewinnschuldverschreibungen. Denn die Inhaber von Genussscheinen oder Gewinnschuldverschreibungen so zu stellen sind, wie wenn der Beherrschungs- und Gewinnabführungsvertrag nicht abgeschlossen worden wäre. Das heißt, es ist der hypothetische Zustand der Unabhängigkeit des Emittenten in die Zukunft hinein zu denken. Dieser hypothetische Zustand kann sich zum einen durch eine dem festen Ausgleich entsprechende Anpassung, die sich an der Ertragslage des Emittenten in der Vergangenheit orientiert, hergestellt werden. Genauso sachgerecht kann es sein, den Ausschüttungsanspruch der Anleger an den Gewinn der Konzernobergesellschaft anzuknüpfen. Die Anpassung zugunsten der Anleger kann also sowohl durch einen Ausgleich geschehen, der dem festen Ausgleich gemäß § 304 Abs. 2 S. 1 AktG entspricht,

---

[459] *Karollus* in Geßler/Hefermehl, AktG, § 221 Rn 420; *Konzen* RdA 1984, 65, 80 ff.

[460] *Martens*, 25 Jahre Bundesarbeitsgericht (1979), S. 367, 382 ff.; *Vollmer* ZGR 1983, 445, 467, 471; *Konzen* RdA 1984, 65, 80 ff.; *van Look* in Bundschuh/Hadding/Schneider, Recht und Praxis der Genußscheine (1987), S. 35, 41; *Hirte* ZIP 1988, 477, 488; *Karollus* in Geßler/Hefermehl, AktG, § 221 Rn 419; *Lutter* in KöKo, AktG, § 221 Rn 404; *Emmerich/Sonnenschein*, Konzernrecht, § 17 III 2; *Luttermann*, Unternehmen (1998), S. 538; *Emmerich/Habersack*, Aktienkonzernrecht, § 304 Rn 12; *Hüffer*, AktG, § 221 Rn 68a.

als auch durch einen Ausgleich entsprechend zum variablen Ausgleich nach § 304 Abs. 2 S. 2 AktG. In Anlehnung an den festen Ausgleich nach § 304 AktG ist als Ausschüttung mindestens die jährliche Zahlung des Betrags zuzusichern, der nach der bisherigen Ertragslage der Gesellschaft und ihren künftigen Ertragsaussichten voraussichtlich als durchschnittlicher Anteil auf den einzelnen Genussschein oder die Gewinnschuldverschreibung verteilt werden könnte. Anstatt einer „festen" Anpassung können die Anleger dividendenabhängiger Genussscheine oder Gewinnschuldverschreibungen auch eine am variablen Ausgleich nach § 304 Abs. 2 S. 2 AktG orientierte Vertragsanpassung verlangen und die Ausschüttung an die Dividende der herrschenden Gesellschaft anknüpfen. Sind Dividende und Verschmelzungswertrelation nicht feststellbar, so ist den Anlegern eine feste Mindestausschüttung nach der bisherigen Ertragslage des Emittenten und seinen künftigen Ertragsaussichten zu garantieren[461]. Schuldner des Ausschüttungsanspruchs ist der Emittent, nicht das herrschende Unternehmen.

### 4.1.3. Schadensersatzansprüche

Wie oben bereits ausgeführt, begründet der Abschluss eines Beherrschungs- und Gewinnabführungsvertrages für sich alleine noch keine Schadensersatzansprüche aus positiver Vertragsverletzung. Denn vertragliche Konzernierung ist rechtlich zulässig und widerspricht nicht dem Verhalten eines ordentlich denkenden und handelnden Kaufmanns. Die Herrschaftsmacht im Vertragskonzern ist rechtsdogmatisch völlig unbestritten legale Herrschaft über das abhängige Unternehmen. Es ist gerade der Grundgedanke der gesetzlichen Regelung, dass (abgesehen von der Eingliederung) gerade der Beherrschungsvertrag dem herrschenden Unternehmen das Recht verleiht, die Leitung der abhängigen Gesellschaft in legaler Weise in vollem Umfang an sich zu ziehen. Demgegenüber ist eine qualifiziert faktische Konzernierung nach herrschender Meinung[462] unzulässig. Die qualifizierte Beherrschung einer Aktiengesellschaft ist wegen § 76 Abs. 1 AktG ohne Abschluss eines Beherrschungsvertrags verboten, der qualifiziert faktische Aktienkonzern also ein Unrechtstatbestand. Der Vorstand hat die Aktiengesellschaft unter eigener Verantwortung zu leiten, § 76 Abs. 1 AktG. Der Vorstand der abhängigen Gesellschaft handelt rechtswidrig und kann sich schadenersatzpflichtig machen, wenn er die Gesellschaft in eine qualifiziert

---

461 *Hüffer*, AktG, § 304 Rn 14.

462 OLG Hamm NJW 1987, 1030 = AG 1987, 38; *Hommelhoff*, Die Konzernleitungspflicht (1982), S. 138 ff.; *Flume*, Allgemeiner Teil des Bürgerlichen Rechts, Band I/2, § 4 IV; *Deilmann*, Die Entstehung (1990), S. 82; *Raiser*, Recht der Kapitalgesellschaften, § 53 Rn 38; *K. Schmidt*, Gesellschaftsrecht, § 31 IV 4; *Emmerich/Sonnenschein*, Konzernrecht, § 20a IV; *Emmerich/Habersack*, Aktienkonzernrecht, Vor § 311 Rn 43; *Krieger* in MüHandb., Band 4, § 69 Rn 113, 128; a.A. *Decher* DB 1990, 2006 f.

faktische Abhängigkeit führt[463]. Eingriffe in die durch § 76 Abs. 1 AktG verankerte Pflicht zur eigenverantwortlichen Leitung würde ein verantwortungsbewusst denkender und handelnder Kaufmann zu keiner Zeit dulden. Ein Emittent, der es ohne Abschluss eines Beherrschungs- und Gewinnabführungsvertrages zu einer qualifizierten Abhängigkeit kommen lässt, handelt somit den Anlegern gegenüber unseriös und schlechthin unverantwortlich. Der abhängige Emittent ist als ordentlicher Kaufmann verpflichtet, die Ausübung qualifizierter Leitungsmacht durch Abschluss eines Beherrschungsvertrages mit dem herrschenden Unternehmen oder Eingliederung zu legalisieren oder die Einflussnahme auf das zulässige Maß einer einfach faktischen Abhängigkeit zurückzuschrauben. Im qualifiziert faktischen Konzern begründet also schon allein die Tatsache der qualifiziert faktischen Konzernierung eine Pflichtverletzung gegenüber den Anlegern, die den Emittenten aus positiver Vertragsverletzung schadenersatzpflichtig machen kann.

Im qualifiziert faktischen Konzern kommt den Schadensersatzansprüchen eine erhöhte Bedeutung zu. Zwar steht den Anlegern ein Anspruch auf Vertragsanpassung zu. Von schädigenden Geschäftsführungsmaßnahmen - soweit sich solche bei qualifizierter Abhängigkeit überhaupt ermitteln lassen - wird der Anleger dann nicht berührt. Seine Ausschüttung ist durch die Anpassung gesichert. Durch die Anpassung besteht in etwa die Lage, die voraussichtlich auch bei Unabhängigkeit des Emittenten bestanden hätte. Den Anlegern fehlt es insoweit an einem Schaden. Schadensersatzansprüche können jedoch relevant werden, wenn eine qualifiziert faktische Beherrschung noch vor einer Anpassung des Ausschüttungsberechnungsschlüssels beendet oder auf das Maß einer einfach faktischen Abhängigkeit reduziert wird. Da allein schon der Zustand qualifiziert faktischer Konzernierung den Anlegern gegenüber rechtswidrig ist, liegt bereits im Bestehen eines qualifiziert faktischen Konzerns eine tatbestandsmäßige positive Vertragsverletzung gegenüber den Anlegern vor. Es kommt nicht mehr darauf an, ob sich trotz der intensiven Leitungsmacht, der das abhängige Unternehmen unterliegt, einzelne Weisungen und ihre nachteiligen Wirkungen isolieren lassen. Der Schaden ist insoweit zu schätzen. Dabei kann die Gewinnermittlung zur Zeit der qualifiziert faktischen Konzernierung mit der bisherigen Ertragslage des Emittenten verglichen werden. Die Schadensersatzhaftung wegen unseriöser Geschäftsführung gilt erst recht bei existenzgefährdenden Eingriffen in die qualifiziert faktisch abhängige Aktiengesellschaft.

Kann der Genussschein- oder Gewinnschuldverschreibungsinhaber vom Emittenten keine Befriedigung erlangen, kann er hilfsweise den Ersatzanspruch der Gesellschaft gegen die Vorstandsmitglieder geltend machen, § 93 Abs. 5 AktG.

---

463 *K. Schmidt*, Gesellschaftsrecht, § 31 IV 4.

Lassen sich einzelne Weisungen und ihre Wirkungen ausnahmsweise isolieren, haftet der Emittent aus positiver Vertragsverletzung auf Schadensersatz für Maßnahmen, die schlechthin nicht gerechtfertigt werden können und zu deren Durchführung ein verantwortungsbewusst denkender und handelnder Kaufmann zu keiner Zeit bereit wäre. Der Emittent ist dabei wie ein (fiktiv) unabhängiges Unternehmen zu sehen. Auf das Konzerninnenverhältnis kommt es dabei nicht an. Daneben haben die Anleger auch Ansprüche aus §§ 317 Abs. 4, 309 Abs. 3 bis 5 AktG. Der Genussschein- oder Gewinnschuldverschreibungsinhaber hat keinen Anspruch auf Rückgängigmachung der qualifiziert faktischen Konzernierung. Denn die Bestimmung über Unternehmensentscheidungen fällt nicht in den Machtbereich eines bloß schuldrechtlichen Drittgläubigers.

Die Frage nach Schadensersatzansprüchen im qualifiziert faktischen Konzern ist deshalb dahingehend zu beantworten, dass es Schadensersatzansprüche aus positiver Vertragsverletzung wegen pflichtwidriger Geschäftsführung gegenüber den Anlegern nach allgemeinen Grundsätzen (Klöcknerformel) geben kann, wenn der Emittent Geschäfte ausführt, die ein ordentlicher Kaufmann nicht ausgeführt hätte. Die qualifiziert faktische Konzernierung selbst begründet eine Haftung aus positiver Vertragsverletzung gegenüber den Anlegern, weil sie eine Pflichtverletzung gegenüber den Anlegern darstellt.

### 4.1.4. Kündigung aus wichtigem Grund

a) Meinungsstand

In der Literatur wird die Frage der Kündigung bei qualifiziert faktischer Konzernierung nicht behandelt. Geht man von der Prämisse aus, dass der qualifiziert faktische Konzern mit dem Vertragskonzern in gewissen Beziehungen gleich zu behandeln ist, könnte ein Recht zur Kündigung aus wichtigem Grund abzulehnen sein. Denn die herrschende Meinung[464] lehnt im Vertragskonzern ein Recht zur Kündigung ab.

b) Stellungnahme

Wie bereits beim Vertragskonzern behandelt, sind die von der herrschenden Meinung beim Vertragskonzern angeführten zwei Argumente nicht durch-

---

[464] *Würdinger* in GroßKo (1971), AktG, § 291 Anm. 48; *Geßler* in Geßler/Hefermehl (1975), AktG, § 304 Rn 28; *Hirte* ZIP 1988, 488; *Frantzen*, Genußscheine (1993), S. 282 f.; *Kallrath*, Die Inhaltskontrolle (1994), S. 181; *Karollus* in Geßler/Hefermehl, AktG, § 221 Rn 419; *Lutter* in KöKo, AktG, § 221 Rn 404; *Hüffer* § 221 Rn 68a.

schlagend. Aus den §§ 304, 305 AktG lässt sich nicht die Wertung entnehmen, dass sich der Anleger mit einer Vertragsanpassung zufrieden geben müsse und kein Kündigungsrecht aus wichtigem Grund haben solle. Aus den §§ 304, 305 AktG könnte sich vielmehr sogar der positive Schluss gezogen werden, dass den Genussschein- oder Gewinnschuldverschreibungsinhabern in Parallele zu § 305 AktG ein Austrittsrecht zu gewähren sei. Zwar geht es beim Aktionärsschutz zusätzlich um eine Verwässerung der Mitgliedschaft, während bei Genussscheinen oder Gewinnschuldverschreibungen die Mitgliedschaftsverwässerung keine Rolle spielen kann. Dass aber § 305 AktG im Gegensatz zu § 305 AktG gerade auf der Verwässerung der Mitgliedschaft beruhen soll, ist eine nicht begründete Behauptung. Vielmehr ist es allgemeine Meinung, dass jedes Dauerschuldverhältnis aus wichtigem Grund kündbar ist, wenn einer Vertragspartei ein Festhalten am Vertrag nicht mehr zumutbar ist. § 305 AktG ist deshalb nicht die Wertung zu entnehmen, dass im qualifiziert faktischen Konzern eine Kündigung von vornherein ausgeschlossen ist. Auch § 23 UmwG lässt sich nicht als Argument gegen ein Kündigungsrecht anführen. Zum einen lässt sich aus der Möglichkeit der Vertragsanpassung nicht automatisch auf die Unzulässigkeit der Kündigung schließen. Zum anderen ist der Fall der Verschmelzung mit dem der qualifiziert faktischen Konzernierung nicht vergleichbar. Erstens verfolgt § 23 UmwG den Zweck, die Genussscheine und Gewinnschuldverschreibungen aufrecht zu erhalten, obwohl der übertragende Rechtsträger erlischt. Bei qualifiziert faktischer Konzernierung bleibt das abhängige Unternehmen jedoch rechtlich weiterhin existent. Aus § 23 UmwG, wonach der Emittent den Genussrechts- oder Gewinnschuldverschreibungsvertrag nicht wegen der Verschmelzung beenden können soll, kann nicht der Schluss gezogen werden, dass der Anleger den Wertpapiervertrag nicht wegen der Konzernierung beenden kann. Zweitens berücksichtigt § 23 UmwG nicht die bei Konzernierung auftretenden Autonomieprobleme. Den §§ 304, 305 AktG und insbesondere dem § 305 AktG liegt das Problem zugrunde, dass dem abhängigen Unternehmen gegenüber nach der Konzernierung ein fremdes Unternehmensinteresse durchgesetzt wird. Bei Verschmelzung und bei § 23 UmwG treffen derartige Gesichtspunkt nicht zu. Anlegerschutz im Konzern will Eingriffe in die Autonomie in Gestalt nachteiliger Weisungen ausgleichen. § 23 UmwG schützt nur vor der Umwandlung selbst. Da sich somit auch im qualifiziert faktischen Konzern kein zwingender Schluss ziehen lässt, die Anleger seien auf Vertragsanpassung beschränkt, ist die Frage nach einem außerordentlichen Kündigungsrecht über die Grundsätze des allgemeinen Schuldrechts zu lösen. Auch im qualifiziert faktischen Konzern kommt es auf die Frage an, ob sich die Störung durch Anpassung der Genussscheine oder Gewinnschuldverschreibungen an die veränderten Umstände ausgleichen lässt und dem Vertragspartner, der sich auf die Störung beruft, im Hinblick auf die Anpassungsmöglichkeit ein Festhalten am Vertrag zugemutet werden kann.

Die qualifiziert faktische Konzernierung ist eine wesentliche Grundlagenänderung zuungunsten der Anleger. Sie fällt nicht in den Risikobereich des Wertpapierinhabers und muss von diesem nicht hingenommen werden. Die qualifiziert faktische Konzernierung bedeutet einen schwerwiegenden Eingriff in die Rechte der Inhaber von Genussscheinen oder Gewinnschuldverschreibungen. Denn im qualifiziert faktischen Konzern gibt der Vorstand des Emittenten seine Pflicht zur eigenverantwortlichen Leitung der Aktiengesellschaft auf. Die Aufgabe der eigenverantwortlichen Leitung stört die grundsätzliche Interessenparallelität zwischen der Gesellschaft und den Anlegern. Denn die unabhängige Gesellschaft wird natürlicherweise in ihrem eigenen Interesse tätig. Für eine gewisse Kontrolle sorgen der Aufsichtsrat und die Aktionäre. Da die Anleger ebenso wie die Aktionäre an einem erfolgreichen Wirtschaften der Gesellschaft interessiert sind, werden die Interessen der Anleger durch die parallelen Interessen der Aktionäre indirekt mitgeschützt. Diese grundsätzliche Interessenparallelität wird empfindlich gestört, wenn der Gesellschaft gegenüber fremde Unternehmensinteressen durchgesetzt werden. Erschwerend kommt hinzu, dass der Aktionärs- und Anlegerschutz mangels gesetzlicher Regelungen und der noch unsicheren rechtsdogmatischen Grundlagen schwächer ausgeprägt ist als im gesetzlich geregelten Vertragskonzern. Da die Konzernierung nur faktisch erfolgt, gibt es auch keine Unternehmensbewertung, die - so unsicher sie auch sein mag - den Anlegern Anhaltspunkte für eine Vertragsanpassung bieten könnte. Die Anleger können sich auch nicht an den Ausgleich oder die Abfindung der außenstehenden Aktionäre anhängen, da ein solcher nicht erfolgt. Deswegen stellt die Möglichkeit einer Vertragsanpassung des Wertpapiervertrages keinen ausreichenden Ausgleich für die Veränderungen infolge der qualifiziert faktischen Konzernierung dar. Die Anpassung ist so unsicher und unvollkommen, dass den Anlegern ein Festhalten am Vertrag nicht zugemutet werden kann. Außerdem besteht im Gegensatz zum Vertragskonzern im qualifiziert faktischen Konzern noch ein zusätzlicher wesentlicher rechtsdogmatischer Unterschied. Der Vertragskonzern ist ein legitimer Konzernierungszustand. Demgegenüber ist die qualifiziert faktische Konzernierung im Recht der Aktiengesellschaft nach herrschender Meinung[465] ein Unrechtstatbestand. Qualifiziert faktische Konzernierung ist mit der Pflicht des Vorstands zur eigenverantwortlichen Leitung der Aktiengesellschaft gemäß § 76 Abs. 1 AktG unvereinbar und ohne Abschluss eines Beherrschungsvertrags unzulässig. Eine Legalisierung kann nur durch Abschluss eines Beherrschungsvertrages oder durch Eingliederung erfolgen. Ansonsten muss die

---

[465] OLG Hamm NJW 1987, 1030 = AG 1987, 38; *Hommelhoff*, Die Konzernleitungspflicht (1982), S. 138 ff.; *Flume*, Allgemeiner Teil des Bürgerlichen Rechts, Band I/2, § 4 IV; *Deilmann*, Die Entstehung (1990), S. 82; *Raiser*, Recht der Kapitalgesellschaften, § 53 Rn 38; *K. Schmidt*, Gesellschaftsrecht, § 31 IV 4; *Emmerich/Sonnenschein*, Konzernrecht, § 20a IV; *Emmerich/Habersack*, Aktienkonzernrecht, Vor § 311 Rn 43; *Krieger* in MüHandb., Band 4, § 69 Rn 113, 128; a.A. *Decher* DB 1990, S. 2006 f.

Einflussnahme auf ein zulässiges Maß zurückgenommen werden. Stellt der Zustand der qualifiziert faktischen Konzernierung einen latent rechtswidrigen Zustand dar, ergibt sich daraus auch ein Recht zur Kündigung aus wichtigem Grund. Die Herstellung und Aufrechterhaltung der qualifiziert faktischen Konzerns ist den Anlegern gegenüber unseriös und verantwortungslos. Denn ein verantwortungsbewusst denkender und handelnder Kaufmann, würde Eingriffe in die eigenverantwortlichen Leitung der Aktiengesellschaft (§ 76 Abs. 1 AktG) zu keiner Zeit dulden. Ein Festhalten am Vertrag ist den Anlegern bei qualifiziert faktischer Konzernierung nicht zumutbar.

Im qualifiziert faktischen Konzern hat der Anleger ein Recht zur Kündigung aus wichtigem Grund. Da eine Kündigung aus wichtigem Grund jedoch nur eine ultima ratio darstellt, ist ein Kündigungsrecht nicht schon sofort bei Herstellung qualifiziert faktischer Konzernierung gegeben. Der Anleger muss dem Emittenten Gelegenheit geben, den rechtswidrigen Zustand qualifiziert faktischer Konzernierung entweder zu beenden oder zu legalisieren. Ein Kündigungsrecht ist dann gegeben, wenn der Emittent in qualifiziert faktische Abhängigkeit gerät, aber es unterlässt diesen (rechtswidrigen) Konzernierungszustand entweder rückgängig zu machen oder durch Abschluss eines Beherrschungsvertrages oder durch Eingliederung zu legalisieren. Ein Kündigungsrecht ist auch gegeben, wenn der (abhängige) Emittent den Verlustübernahmeanspruch analog § 302 AktG gegen das herrschende Unternehmen nicht durchsetzt und damit das eingesetzte Kapital der Anleger gefährdet. Ein einmaliges Unterlassen reicht hierfür aus, da dem Anleger wegen der Dichte der Beherrschung ein auf Einzelweisungen bezogene Schadensersatzansprüche aus positiver Vertragsverletzung nicht möglich sind. Ein wichtiger Grund zur Kündigung liegt dann vor, wenn das abhängige Unternehmen die Beseitigungs- und Unterlassungsansprüche nicht geltend macht und auch sonst nicht für Nachteilsausgleich sorgt. Existenzgefährdende Eingriffe in die abhängige Aktiengesellschaft sind absolut verboten. Kommt der Emittent einer Einflussnahme nach, die die Existenz des Emittenten bedroht, ist sofort ein Kündigungsgrund gegeben. Diesbezügliches Verschulden des Vorstands der abhängigen Gesellschaft muss sich der Emittent zurechnen lassen. Dem Anleger steht ein Recht zur Kündigung aus wichtigem Grund wegen der Konzernierung zu.

## 4.2. Optionsanleihen, Wandelanleihe

### 4.2.1. Vertragsanpassung wegen Wegfalls der Geschäftsgrundlage

a) Meinungsstand

*Kallrath*[466] verweist ohne nähere Ausführung auf die von der Rechtswissenschaft zum qualifiziert faktischen Konzern entwickelten allgemeinen Grundsätze. Nach diesen Grundsätzen lehne sich das Recht des qualifiziert faktischen Konzerns an die Regelungen im Vertragskonzern an. Daraus lässt sich folgern, dass Kallrath eine Anpassung der Rechte der Wandel- und Optionsanleihen im qualifiziert faktischen Konzern ebenso wenig für geboten hält, wie eine Anpassung bei vertraglicher Konzernierung.

b) Stellungnahme

Ebenso wie im Vertragskonzern fehlt es für die Anleihe an einem Anpassungsbedürfnis. Der Zinssatz wird durch die qualifiziert faktische Konzernierung nicht berührt. Die Zinszahlung erfolgt unverändert. Das Insolvenzrisiko ist dem Inhaber der festverzinslichen Anleihe dadurch genommen, dass etwaige Fehlbeträge vom herrschenden Unternehmen analog § 302 AktG auszugleichen sind[467].

Aber auch das Aktienbezugs- und Umtauschrecht ist nicht anzupassen. Mit Ausübung des Aktienbezugs- und Umtauschrechts tritt der Inhaber in die volle Rechtsstellung der Altaktionäre ein. Mehr kann er nicht erwarten. Eine Minderung seiner Rechte tritt nicht ein. Übt der Anleger wegen der durch die qualifiziert faktische Konzernierung bedingten wirtschaftlichen Entwertung sein Aktienbezugs- oder Umtauschrecht nicht aus, stehen im Schadensersatzansprüche aus positiver Vertragsverletzung zu. Da die qualifiziert faktische Konzernierung

---

466 *Kallrath*, Die Inhaltskontrolle (1994), S. 178.

467 *Geßler* in FS Flume (1978), Band II, S. 55, 65; *Martens* in, 25 Jahre Bundesarbeitsgericht (1979), S. 367, 385; *Lutter* ZGR 1982, 244, 262 ff.; *Flume*, Allgemeiner Teil des Bürgerlichen Rechts, Band I/2, § 4 IV; *Stimpel* AG 1986, 117, 121 f.; *Ulmer* AG 1986, 123; *Wiedemann* ZGR 1986, 656, 668 ff.; *Kropff* in FS Goerdeler (1987), S. 259, 265, 273 f.; *W. Werner* in FS Goerdeler (1987), S. 677, 682; *Decher*, Personelle Verflechtungen (1990), S. 119 ff.; *Deilmann*, Die Entstehung des qualifizierten faktischen Konzerns (1990), S. 125 ff.; *Raiser*, Recht der Kapitalgesellschaften, § 53 Rn 46, 49 f.; *Zöllner* in 59. DJT (1992), S. R 35, 39 ff.; *Kropff* AG 1993, 485, 493 ff.; *K. Schmidt*, Gesellschaftsrecht, § 31 IV 4 a; *Emmerich/Sonnenschein*, Konzernrecht, § 20a III 4 b; *Emmerich/Habersack*, Aktienkonzernrecht, Vor § 311 Rn 39; *Hüffer*, AktG, § 302 Rn 30 und § 311 Rn 11; *Krieger* in MüHandb., Band 4, § 69 Rn 113, 121 ff.

einen Unrechtstatbestand darstellt, haftet der Emittent den Anlegern für alle von der qualifiziert faktischen Konzernierung verursachten Schäden. Den Anlegern ist ein Festhalten am Vertrag ohne Anpassung zumutbar. Die Options- oder Wandelanleiheinhaber können wegen Wegfalls der Geschäftsgrundlage keine Vertragsanpassung verlangen.

### 4.2.2. Schadensersatzansprüche

Wie oben bereits ausgeführt, ist eine qualifiziert faktische Konzernierung nach herrschender Meinung[468] unzulässig. Die qualifizierte faktische Konzernierung ist wegen Verstoßes gegen § 76 Abs. 1 AktG verboten und damit ein Unrechtstatbestand. Da ein verantwortungsbewusst denkender und handelnder Kaufmann Eingriffe in seine nach § 76 Abs. 1 AktG zwingend eigenverantwortliche Leitung ohne Abschluss eines Beherrschungsvertrags zu keiner Zeit dulden würde, stellt die qualifiziert faktische Konzernierung gegenüber den Anlegern eine Pflichtverletzung dar. Übt der Inhaber eines Aktienbezugs- oder Umtauschrechts sein Recht infolge einer durch die qualifiziert faktische Konzernierung bedingten Entwertung nicht aus, ist der Emittent zum Schadensersatz verpflichtet. Im qualifiziert faktischen Konzern begründet also allein die Tatsache der qualifiziert faktischen Konzernierung eine Pflichtverletzung gegenüber den Anleger. Ein Emittent, der es ohne Abschluss eines Beherrschungs- und Gewinnabführungsvertrages zu einer qualifizierten Abhängigkeit kommen lässt, handelt den Anlegern gegenüber unseriös und schlechthin unverantwortlich. Will der Emittent das potentielle Haftungsrisiko ausschalten, muss er die qualifiziert faktische Konzernierung durch Abschluss eines Beherrschungsvertrages oder durch Eingliederung legalisieren oder die Einflussnahme auf das zulässige Maß einer einfach faktischen Abhängigkeit zurückzuschrauben. Neben Ansprüchen aus positiver Vertragsverletzung bestehen die Ansprüche der §§ 310 Abs. 1, 93 Abs. 5, 309 Abs. 4 S. 3, 117 Abs. 5 AktG.

---

[468] OLG Hamm NJW 1987, 1030 = AG 1987, 38; *Hommelhoff*, Die Konzernleitungspflicht (1982), S. 138 ff.; *Flume*, Allgemeiner Teil des Bürgerlichen Rechts, Band I/2, § 4 IV; *Deilmann*, Die Entstehung (1990), S. 82; *Raiser*, Recht der Kapitalgesellschaften, § 53 Rn 38; *K. Schmidt*, Gesellschaftsrecht, § 31 IV 4; *Emmerich/Sonnenschein*, Konzernrecht, § 20a IV; *Emmerich/Habersack*, Aktienkonzernrecht, Vor § 311 Rn 43; *Krieger* in MüHandb., Band 4, § 69 Rn 113, 128; a.A. *Decher* DB 1990, 2006 f.

### 4.2.3. Kündigung aus wichtigem Grund

Bei Options- oder Wandelanleihen bedarf es keines Kündigungsrechts aus wichtigem Grund. Die festverzinsliche Anleihe wird durch die qualifiziert faktische Konzernierung nicht geschädigt. Für die Aktienbezugs- oder Umtauschrechte besteht kein Bedürfnis für eine Kündigung. Macht der Inhaber von seinem Bezugs- oder Umtauschrecht Gebrauch, stehen ihm die Aktionärsrechte in vollem Umfang zu. Kann er die Bezugs- oder Umtauschrechte wegen der qualifiziert faktischen Konzernierung aus wirtschaftlichen Gründen nicht ausüben, stehen ihm Schadensersatzansprüche aus positiver Vertragsverletzung gegen den Emittenten zu.

# 5. Der Emittent ist abhängiges Unternehmen bei Eingliederung

## 5.1. Genussscheine, Gewinnschuldverschreibungen

### 5.1.1. Vertragsanpassung wegen Wegfalls der Geschäftsgrundlage

a) Meinungsstand

Nach der herrschenden Meinung[469] seien den Inhabern von Genussscheinen und Gewinnschuldverschreibungen bei Eingliederung des Emittenten in entsprechender Anwendung des § 23 UmwG wirtschaftlich gleichwertige Rechte in der Hauptgesellschaft zu gewähren. Danach wäre die Hauptgesellschaft zur Neuemission von Genussscheinen oder Gewinnschuldverschreibungen verpflichtet. Hauptargument sei die strukturelle Ähnlichkeit der Eingliederung mit der Verschmelzung (Weisungen, § 323 Abs. 1 AktG; Vermögen § 323 Abs. 2 AktG). Außerdem wird auf § 320 b Abs. 1 AktG verwiesen, wonach den ausgeschiedenen Aktionären der eingegliederten Gesellschaft ein Abfindungsanspruch auf Aktien der Hauptgesellschaft zu gewähren sei. Desweiteren verweise § 320 b Abs. 1 S. 4 AktG auf die entsprechenden Regelungen für die Verschmelzung. *Hüffer*[470] will bei der Eingliederung die Mithaftung der Hauptgesellschaft für Genussverpflichtungen der Tochter (§ 322 AktG) durch Abfindungsansprüche der Genussberechtigten analog § 320 b AktG ergänzen. Die analoge Anwendung des § 23 UmwG sei im Hinblick auf §§ 319 Abs. 4, 322 AktG fragwürdig. Demgegenüber sei nach *Habersack*[471] die Eingliederung auf die von der eingegliederten Gesellschaft ausgegebenen Genussrechte ohne Einfluss. Für den notwendigen Schutz würden die §§ 321 f. AktG sorgen. Eine Pflicht der Hauptgesellschaft zur Gewährung von Genussscheine lehnt *Habersack* mit der Begründung ab, dass es sich bei Genussrechten um gewöhnliche Gläubigerrechte handle und nicht um mitgliedschaftliche Rechtsverhältnisse. Auch *Thielemann*[472] lehnt eine Gewährungspflicht der Hauptgesellschaft ab und befürwortet über die Ansicht *Habersacks* hinausgehend bei Genussrechten gemäß einer Gesamtanalogie zu den §§ 216 Abs. 3 S. 1, 347a AktG (= § 23 UmwG), 13 Abs. 3 KapErhG eine Anpassung an die veränderten Umstände beim Emittenten (=

---

[469] *Frantzen*, Genußscheine (1993), S. 278 f.; *Karollus* in Geßler/Hefermehl, AktG, § 221 Rn 418; *Lutter* in KöKo § 211 Rn 402; *Kallrath*, Die Inhaltskontrolle (1994), S. 184 f.; *Luttermann*, Unternehmen (1998), S. 539; *Krieger* in MüHandb., Band 4, § 63 Rn 57.

[470] *Hüffer*, AktG (1997), § 221 Rn 68a.

[471] *Habersack* in Emmerich/Habersack, Aktienkonzernrecht, § 320 b Rn 8.

[472] *Thielemann*, Das Genußrecht (1988), S. 175 ff. und 194 f.; ebenso *Capelle*, Der Genußschein (1989), S. 123.

eingegliederte Gesellschaft). Schadensersatz wegen positiver Vertragsverletzung oder nach den §§ 823 ff. BGB oder eine Abfindung nach den Grundsätzen des Wegfalls der Geschäftsgrundlage kämen erst in Betracht, wenn eine Anpassung des Genussrechtsvertrages aus tatsächlichen oder rechtlichen Gründen scheitere. Im Widerspruch dazu meint *Thielemann*[473] auf Seite 195, die Genussrechtsinhaber hätten die Wahl zwischen der Kündigung aus wichtigem Grund und der Anpassung durch Vertragsänderung.

b) Stellungnahme

Die Eingliederung stellt aus der Sicht der Anleger eine gravierende Grundlagenänderung dar. Die Eingliederung bedeutet die vollständige organisatorische Einordnung des Emittenten in eine andere Gesellschaft. Die Eingliederung geht über den Abschluss eines Beherrschungs- und Ergebnisabführungsvertrags (§ 291 AktG) hinaus. Der Hauptgesellschaft steht die grundsätzlich unbeschränkte Leitungsmacht zu, § 323 Abs. 1 AktG. Im Innenverhältnis führt die Eingliederung nahezu zur totalen Herrschaft der Hauptgesellschaft über die eingegliederte Gesellschaft. Im Gegensatz zur Rechtslage beim Beherrschungsvertrag bestehen für sie nach dem Wortlaut des § 323 AktG nicht einmal Schranken aufgrund des Konzerninteresses. Zugleich ist durch § 323 Abs. 2 AktG die Vermögensbindung bei der abhängigen Gesellschaft zugunsten der Hauptgesellschaft weitgehend aufgehoben. Die gesetzliche Vermögensbindung (§§ 57, 58, 60 AktG) ist vom Gesetz ausdrücklich zugunsten der Hauptgesellschaft aufgehoben worden, § 323 Abs. 2 AktG. Das Gesetz verzichtet sogar auf die Anordnung der Bildung einer gesetzlichen Rücklage bei der eingegliederten Gesellschaft, §§ 150, 324 Abs. 1 AktG. Die Ausschüttungsansprüche der Anleger sind aufs höchste gefährdet. Es ist deshalb nicht gerechtfertigt, die Anleger bei Eingliederung des Emittenten auf eine Schutzlücke zu verweisen. Die §§ 216 Abs. 3 AktG, 23 UmwG enthalten die Wertung, dass Grundlagenänderungen nicht mehr in den Risikobereich der Anleger gehören.

Fraglich ist, ob den Inhabern von Genussscheinen oder Gewinnschuldverschreibungen nach der herrschenden Meinung[474] analog § 23 UmwG gleichwertige Rechte in der Hauptgesellschaft zu gewähren sind. Rechtsdogmatisch bestehen Bedenken gegen die Analogie zu § 23 UmwG. Denn der Normzweck des § 23 UmwG passt nicht zur Eingliederung. § 23 UmwG bezweckt in erster Linie, den Inhabern von Sonderrechten einen Schuldner zu erhalten. Denn bei der Verschmelzung erlischt der übertragende Rechtsträger liquidationslos. Bei der

---

[473] *Thielemann*, Das Genußrecht (1988), S. 195.

[474] *Frantzen*, Genußscheine (1993), S. 278 f.; *Karollus* in Geßler/Hefermehl, AktG, § 221 Rn 418; *Lutter* in KöKo, AktG, § 211 Rn 402; *Kallrath*, Die Inhaltskontrolle (1994), S. 184 f.

Eingliederung verhält es sich jedoch anders. Bei der Eingliederung bleibt die eingegliederte Gesellschaft als eigene juristische Person bestehen, sie tritt lediglich in ein verstärktes Stadium qualifizierter Abhängigkeit ein. Die Frage nach dem Schicksal der Sonderrechte im rechtlich existenten Rechtsträger wird von § 23 UmwG, der auf den erlöschenden Rechtsträger Anwendung findet, nicht beantwortet. Der Normzweck des § 23 UmwG passt also nicht auf die Eingliederung. Zu hinterfragen ist auch die von der herrschenden Meinung betonte Strukturähnlichkeit der Eingliederung mit der Verschmelzung. Klar ist, dass die Eingliederung über den Abschluss eines Beherrschungs- und Gewinnabführungsvertrages hinausgeht und in ihrer Konzentrationsintensität zwischen Verschmelzung und Vertragskonzern steht. Häufig ist die Eingliederung Vorstufe zur Verschmelzung. Der Status der Eingliederung ist mit dem der Verschmelzung jedoch nicht so ähnlich, dass dies eine Gleichbehandlung rechtfertigen könnte. Zwar besteht im Konzerninnenverhältnis eine nahezu unbeschränkte Leitungsmacht der Hauptgesellschaft, § 323 Abs. 1 AktG. Auch ist die Vermögensbindung bei der abhängigen Gesellschaft zugunsten der Hauptgesellschaft weitgehend aufgehoben, § 323 Abs. 2 AktG. Dies ist jedoch keine Besonderheit von Eingliederung und Verschmelzung. Auch im Vertragskonzern besteht eine Leitungsmacht des herrschenden Unternehmens, die die eigenverantwortliche Leitung der abhängigen Gesellschaft durch ihren Vorstand zugunsten des herrschenden Unternehmens außer Kraft setzt, § 308 AktG. Auch im Vertragskonzern kann das abhängige Unternehmen Weisungen nur ausnahmsweise verweigern, wenn sie offensichtlich nicht den Belangen des herrschenden Unternehmens oder des Konzerns dienen, § 308 Abs. 2 S. 2 AktG. Zwar geht die Weisungsmacht bei der Eingliederung über die im Vertragskonzern hinaus, weil bei der Eingliederung keine Schranken aufgrund des Konzerninteresses bestehen. Herrschaft und Weisungsmacht sind jedoch keine Besonderheit von Eingliederung und Verschmelzung. Auch die Vermögensbindung ist nicht nur bei der Eingliederung gefährdet. Eine weitgehende, wenn auch nicht so starke Lockerung besteht auch im Vertragskonzern. Deshalb sucht das Gesetz im Vertragskonzern die Lockerung der Vermögensbindung im Interesse der abhängigen Gesellschaft und ihrer Gläubiger durch die Verlustübernahme nach § 302 AktG zu kompensieren. Also bestehen nicht nur strukturelle Ähnlichkeiten zwischen der Eingliederung und Verschmelzung, sondern auch zwischen der Eingliederung und der vertraglichen Konzernierung. Der Strukturvergleich der herrschenden Meinung ist deshalb einseitig. Gegen die herrschenden Meinung spricht sogar ein gravierender struktureller Unterschied zwischen Eingliederung und Verschmelzung. Der strukturelle Unterschied liegt darin, dass bei der Eingliederung die eingegliederte Gesellschaft als eigene juristische Person erhalten bleibt, während bei der Verschmelzung der übertragende Rechtsträger liquidationslos erlischt. Dieser Unterschied spricht dafür, dass wegen des rechtlichen Bestandes des Emittenten bei der Eingliederung eine Gewährung der Wertpapiere durch die Hauptgesellschaft nicht in Frage kommt. Im Gegensatz zur Verschmelzung wird bei der Eingliederung auch sonst kein Vermögen auf die Hauptgesellschaft übertragen. Die Tatsache, dass der Emittent bei der Eingliederung rechtlich bestehen bleibt, legt vielmehr einen strukturellen Vergleich nicht zur Verschmelzung, sondern zur vertraglichen Konzernierung nahe. Im Vertragskonzern bleibt das abhängige Unternehmen, ebenso wie bei Eingliederung die eingegliederte Gesellschaft, als juristische Person bestehen und im Vertragskonzern existieren Weisungsrechte und Kapitalerhaltungsschutzprobleme ebenso wie bei der Eingliederung. Die Eingliederung ist daher der vertraglichen Konzernierung näher als der Verschmelzung. Im Vertragskonzern sind den Inhabern von Genussscheinen oder Gewinnschuldverschreibungen auch keine gleichwertigen Rechte in dem herrschenden Unternehmen zu gewähren. Vielmehr bleiben die Wertpapiere beim abhängigen Unternehmen und werden lediglich angepasst. Das Argument von der strukturellen Ähnlichkeit von Eingliederung und Verschmelzung ist daher nicht durchschlagend. Fraglich ist, ob der Verweis in § 320 b Abs. 1 S. 4 AktG auf die Regeln der Verschmelzung für eine Gleichbehandlung von Eingliederung und Verschmelzung spricht. In § 320 b Abs. 1 S. 4 AktG geht es um die Abfindung in Aktien der Hauptgesellschaft. Die Abfindung ist Konsequenz daraus, dass nach § 320 a S. 1 AktG mit der Eintragung der Eingliederung in das Handelsregister alle Aktien, die sich nicht in der Hand der Hauptgesellschaft befinden, auf die Hauptgesellschaft übergehen. Die Mitgliedschaftsrechte der außenstehenden Aktionäre müssen auf die Hauptgesellschaft überführt werden, um die mit der Eingliederung intendierte Herstellung einer 100 % -igen Tochtergesellschaft bewirken zu können. Da es bei Genussscheinen oder Gewinnschuldverschreibungen jedoch nicht um Mitgliedschaftsrechte geht und ein Ausscheiden der Genussschein- und Gewinnschuldverschreibungsinhaber zur Herstellung der 100 % -igen Tochterbeziehung nicht erforderlich ist, werden Genussscheine und Gewinnschuldverschreibungen von den Regeln über Ausscheiden und Abfindung nicht erfasst. Der Verweis in § 320 b Abs. 1 S. 4 AktG auf die Regeln der Verschmelzung geht also bezüglich Genussscheine und Gewinnschuldverschreibungen ins Leere. Fraglich ist die Bedeutung des § 320 b Abs. 1 AktG, wonach die ausgeschiedenen Aktionäre der eingegliederten Gesellschaft einen Abfindungsanspruch auf Aktien der Hauptgesellschaft haben. Aus dieser Vorschrift ergibt sich nicht, dass den Inhabern von Genussscheinen oder Gewinnschuldverschreibungen gleichwertige Rechte in der Hauptgesellschaft zu gewähren seien. Denn Aktionäre und Anleger müssen nicht gleich behandelt werden. Inhaber von Genussscheinen oder Gewinnschuldverschreibungen sind keine Aktionäre. Sie sind ausschließlich schuldrechtliche Gläubiger. Die Klöcknerentscheidung des Bundesgerichtshofs hat auch gezeigt, dass Anlegerschutz und Aktionärsschutz nicht parallel laufen müssen. So konnten in der genannten Entscheidung die Anleger die Aktiengesellschaft auf Schadensersatz wegen positiver Vertragsverletzung des Genussscheinvertrages haftbar machen, obwohl den Aktionären kein Anspruch gegen die Aktiengesellschaft zustand. Die Aktionäre müssen vielmehr versuchen, die Vorstandsmitglieder haftbar zu machen, was wegen § 93 Abs. 5 AktG die Anleger wiederum nur hilfsweise können. Auch in Bezugs auf Anfechtungsklage oder Informationsrechte bestehen Unterschiede zwischen Aktionärsschutz und Anlegerschutz. Dass die ausgeschiedenen Aktionäre der eingegliederten Gesellschaft nach § 320 b Abs. 1 AktG einen Abfindungsanspruch auf Aktien der Hauptgesellschaft haben, taugt nicht als Argument dafür, dass selbiges Recht auch den Inhabern von Genussscheinen oder Gewinnschuldverschreibungen zustehen müsse. Als Argument gegen die analoge Anwendung des § 23 UmwG lässt sich mit *Hüffer* auch auf § 322 AktG hinweisen. Nach § 322 Abs. 1 S. 1 AktG haftet von der Eingliederung an die Hauptgesellschaft für die vor diesem Zeitpunkt begründeten Verbindlichkeiten der eingegliederten Gesellschaft den Gläubigern als Gesamtschuldner. Angewendet auf Genussscheine oder Gewinnschuldverschreibungen, die nur schuldrechtliche Gläubigerrechte verbriefen und keine Mitgliedschaftsrechte, bedeutet dies, dass die Hauptgesellschaft für die Erfüllung der Ausschüttungen an die Anleger als Gesamtschuldner neben der eingegliederten Gesellschaft mithaftet. Das Gesetz geht davon aus, dass kein Rechtsübergang der Verbindlichkeiten der eingegliederten Gesellschaft auf die Hauptgesellschaft stattfindet. Der Gläubigerschutz soll nach dem Gesetz durch Mithaftung der Hauptgesellschaft bewirkt werden, nicht durch Rechtsübergang.

Auch die von *Hüffer* vorgeschlagene Analogie zu § 320 b AktG kann nicht überzeugen. Erstens handelt es sich bei § 320 b AktG um einen Anspruch der Aktionäre. Inhaber von Genussscheinen oder Gewinnschuldverschreibungen sind jedoch keine Aktionäre. Wie oben gezeigt sind die verschiedenen Aktionärsvorschriften auf die Inhaber von Genussscheinen oder Gewinnschuldverschreibungen weder direkt noch analog anwendbar, auch das Recht der außenstehenden Aktionäre ist nicht analog anwendbar. Zweitens passt der Sinn des Abfindungsanspruchs nach § 320 b AktG nicht auf Inhaber von Genussscheinen oder Gewinnschuldverschreibungen. Denn § 320 b AktG ergänzt § 320 a AktG. Nach § 320 a S. 1 AktG gehen mit der Eintragung der Eingliederung in das Handelsregister alle Aktien, die sich nicht in der Hand der Hauptgesellschaft befinden, auf diese über, um eine 100 % - ige Tochtergesellschaft entstehen zu lassen. Der Abfindungsanspruch nach § 320 b AktG ist die Entschädigung dafür, dass die Eingliederung durch Mehrheitsbeschluss auf einen Ausschluss der außenstehenden Aktionäre durch Mehrheitsbeschluss hinausläuft. Ein Übergang der Genussscheine oder Gewinnschuldverschreibungen auf die Hauptgesellschaft findet aber nach § 320 a AktG nicht statt. Ein solcher wäre auch inkonsequent. Denn die Eingliederung wird nach § 320 a AktG durch Übertragung der Mitgliedschaftsrechte bewirkt. Bei Genussscheinen oder Gewinnschuldverschreibungen stehen jedoch keine Mitgliedschaftsrechte in Frage. Die Inhaber von Genussscheinen oder Gewinnschuldverschreibungen haben lediglich einen schuldrechtlichen Gläubigerstatus. Ihr Ausscheiden ist zur Herstellung einer 100 %-igen Tochtergesellschaft nicht erforderlich. Da aber kein Ausscheiden nach § 320 a AktG erfolgt, kann es auch keine Abfindung wegen Ausscheidens nach § 320 b AktG geben. *Hüffers* Analogie zu § 320 b AktG ist deshalb ebenfalls abzulehnen. Folglich ist die Hauptgesellschaft weder analog § 23 UmwG noch analog § 320 b Abs. 1 AktG verpflichtet, gleichwertige Genussscheine oder Gewinnschuldverschreibungen zu gewähren. Die Genussschein- oder Gewinnschuldverschreibungsemission bleibt bei der eingegliederten Gesellschaft (so auch *Habersack* und *Thielemann*) und wird lediglich durch eine gesamtschuldnerische Mithaftung der Hauptgesellschaft nach § 322 Abs. 1 AktG ergänzt. Die Mithaftung nach § 322 Abs. 1 AktG geht nur auf Geld (Sicherung der Ausschüttung), nicht auf Gewährung von Genussscheinen oder Gewinnschuldverschreibungen.

Fraglich ist, ob nach *Thielemann*[475] gemäß einer Gesamtanalogie zu den §§ 216 Abs. 3 S. 1, 347a AktG (= § 23 UmwG), 13 Abs. 3 KapErhG eine Anpassung an die veränderten Umstände zu erfolgen hat. Die Gesamtanalogie zu den §§ 216 Abs. 3 S. 1, 347a AktG (= § 23 UmwG), 13 Abs. 3 KapErhG ist problematisch. Wie bereits ausgeführt, liegt der Zweck des § 23 UmwG darin, dem Anleger einen Schuldner zu erhalten, weil der Emittent bei Verschmelzung liquidationslos erlischt. Da bei Eingliederung die eingegliederte Gesellschaft bestehen bleibt, trifft dieser Zweck nicht zu. Auch § 216 Abs. 3 AktG hat mit der Eingliederung nichts zu tun, da bei Eingliederung keine Kapitalerhöhung in der eingegliederten Gesellschaft stattfindet. Dass den §§ 216 Abs. 3 S. 1, 347a AktG (= § 23 UmwG), 13 Abs. 3 KapErhG ein allgemeiner Gerechtigkeitsgedanke des Schutzes vor wesentlichen Änderungen zugrunde liegt, spricht nicht für die Gesamtanalogie. Die in diesen Rechtsnormen enthaltene bloße Gerechtigkeitsvorstellung eines Schutzes vor Äquivalenzstörungen ist nicht analogiefähig. Vielmehr sollte gleich auf das Institut des Wegfalls der Geschäftsgrundlage zugegriffen werden. Denn die Konzernfreiheit oder eine bestimmte Konzernierungsstufe ist ein wesentlicher Umstand, der bei Zeichnung der Genussscheine oder Gewinnschuldverschreibungen dem Vertrag zugrunde gelegt worden ist. Konzernierung ist stets eine Grundlagenänderung. Die Konzernierung fällt als Grundlagenänderung auch nicht in den alleinigen Risikobereich des Anlegers. Denn der Wertung der §§ 216 Abs. 3 AktG, 23 UmwG lässt sich entnehmen, dass Grundlagenänderungen als stets wesentliche Äquivalenzstörungen nicht zum Risikobereich der Anleger gehören. Bei Kapitalerhöhung ist nach § 216 Abs. 3 AktG der Ausschüttungsberechnungsschlüssel anzupassen. Nach § 23 UmwG sind in den Umwandlungsfällen gleichwertige Rechte im übernehmenden Rechtsträger zu gewähren. Auch im Fall der vertraglichen Konzernierung befürwortet die ganz herrschende Meinung eine Vertragsanpassung zugunsten der Anleger.

---

[475] *Thielemann*, Das Genußrecht (1988), S. 175 ff. und 194 f.

Ein Festhalten am Vertrag ist den Anlegern bei Grundlagenänderungen deshalb ohne entsprechende Anpassung nicht zumutbar. Bei Eingliederung entfällt also die Geschäftsgrundlage des Wertpapiervertrages, so dass dieser den veränderten Umständen anzupassen ist.

In der Literatur wird nicht behandelt, ob auch dann anzupassen ist, wenn der Emittent auch schon vor der Eingliederung Konzernunternehmen gewesen ist. Im Bereich des Vertragskonzerns wird dies von der Literatur verneint. Entgegen der Literatur spricht jedoch vieles für eine differenzierende Sichtweise. Denn es kann durchaus verschiedene Intensitäten der Beherrschung geben. So stellt der Übergang vom einfachen faktischen Konzern zur Eingliederung durchaus eine grundlegende Beeinträchtigung der Anlegerinteressen dar. Denn das Recht des einfach faktischen Konzerns geht davon aus, dass das abhängige Unternehmen durch Ausgleichs- und Schadensersatzansprüche so zu stellen ist, als sei es weiterhin unabhängig. Gegenüber der fiktiven Unabhängigkeit ist die Eingliederung jedoch eine wesentliche Grundlagenänderung, da bei der Eingliederung die eigenverantwortliche Leitungsmacht des Vorstands sowie die Kapitalbindung fast vollständig aufgehoben sind. Auch der Übergang vom Vertragskonzern zur Eingliederung stellt eine wesentliche Grundlagenänderung dar. So führt die Eingliederung zum Ausscheiden der außenstehenden Aktionäre, die über ihre Minderheitenrechte wenigstens in geringem Maße für einen Interessengleichlauf von Aktionären und Anlegern sorgen können. Auch die noch weitergehenderen Weisungsrechte und die nunmehr fast vollständige Aufhebung der Kapitalbindung führt zu einem qualitativ intensiveren Konzernierungsstatus. Doch sind die Anleger bereits insoweit geschützt, als ihnen nach der herrschenden und hier vertretenen Meinung auch schon mit Abschluss des Beherrschungs- und Gewinnabführungsvertrages ein Anpassungsanspruch zugestanden hat. Mit der Eingliederung ist dann nur noch zu prüfen, ob sich die Verhältnisse durch die Eingliederung im Vergleich zur vertraglichen Konzernierung erneut verändert haben, so dass die bereits mit dem Abschluss des Beherrschungs- und Gewinnabführungsvertrag erfolgte Anpassung möglicherweise erneut anzupassen ist.

Als Zwischenergebnis lässt sich somit festhalten, dass wegen der Ähnlichkeit der Eingliederung mit der vertraglichen Konzernierung nach den Regeln über den Wegfall der Geschäftsgrundlage eine Vertragsanpassung bei der eingegliederten Gesellschaft zu erfolgen hat.

### 5.1.2. Art und Weise der Anpassung

a) Meinungsstand

Wie eine Anpassung bei der Eingliederung inhaltlich aussehen könnte, wird in der Literatur nicht behandelt. *Thielemann*[476] spricht lediglich von einer Anpassung an die veränderten Umstände. Wegen der Ähnlichkeit der Eingliederung mit der vertraglichen Konzernierung bietet sich ein Vergleich zur Anpassung beim Vertragskonzern an. Im Vertragskonzern erfolgt die Anpassung nach herrschender Meinung[477] in Parallele zum Ausgleich für die außenstehenden Aktionäre (§ 304 AktG).

b) Stellungnahme

Zwar ist der Aktionär Gesellschafter der Aktiengesellschaft, der Genussschein- oder Gewinnschuldverschreibungsinhaber jedoch Drittgläubiger wie jeder andere Gesellschaftsgläubiger auch. Dennoch ähneln sich die Situation der Aktionäre und der Genussschein- und Gewinnschuldverschreibungsinhaber in wirtschaftlicher Hinsicht. Beide sind vom Unternehmenserfolg unmittelbar abhängig. Durch den Abschluss eines Beherrschungs- und Gewinnabführungsvertrages ist der wirtschaftliche Wert sowohl der Aktien der außenstehenden Aktionäre als auch der Genussscheine und Gewinnschuldverschreibungen bedroht. § 304 AktG enthält unabhängig von der Rechtsstellung der außenstehenden Aktionäre Modelle, wie die Beeinträchtigung gewinnabhängiger Ansprüche durch die vertragliche Konzernierung ausgeglichen werden kann. Ausgangspunkt der Überlegungen zum Anlegerschutz ist die Prämisse, dass die Inhaber von Genussscheinen oder Gewinnschuldverschreibungen so zu stellen sind, wie wenn der Beherrschungs- und Gewinnabführungsvertrag nicht abgeschlossen worden wäre. Das heißt, es ist der hypothetische Zustand der Unabhängigkeit des Emittenten in die Zukunft hinein zu denken. Dieser hypothetische Zustand kann sich zum einen durch eine dem festen Ausgleich entsprechende Anpassung, die sich an der Ertragslage des Emittenten in der Vergangenheit orientiert, hergestellt werden. Genauso sachgerecht kann es sein, den Ausschüttungsanspruch der Anleger an

---

[476] *Thielemann*, Das Genußrecht (1988), S. 175 ff. und 194 f.

[477] *Martens*, 25 Jahre Bundesarbeitsgericht (1979), S. 367, 382 ff.; *Vollmer* ZGR 1983, 445, 467; 471; *Konzen* RdA 1984, 65, 80 ff.; *van Look* in Bundschuh/Hadding/Schneider, Recht und Praxis der Genußscheine (1987), S. 41; *Hirte* ZIP 1988, 488; *Lutter* in KöKo, AktG, § 221 Rn 404; *Karollus* in Geßler/Hefermehl, AktG, § 221 Rn 419; *Emmerich/Sonnenschein*, Konzernrecht, § 17 III 2; *Luttermann*, Unternehmen (1998), S. 538; *Emmerich/Habersack*, Aktienkonzernrecht, § 304 Rn 12; *Hüffer*, AktG, § 221 Rn 68a; über Wegfall der Geschäftsgrundlage: *Schneider* in FS Goerdeler (1987), S. 526; *Frantzen*, Genußscheine (1993), S. 285; *Kallrath*, Die Inhaltskontrolle (1994), S. 180.

den Gewinn der Konzernobergesellschaft anzuknüpfen. Der Ausgleich zugunsten der Anleger kann also sowohl durch einen Ausgleich geschehen, der dem festen Ausgleich gemäß § 304 Abs. 2 S. 1 AktG entspricht, als auch durch einen Ausgleich in Anlehnung an den variablen Ausgleich nach § 304 Abs. 2 S. 2 AktG.

Eine am variablen Ausgleich nach § 304 Abs. 2 S. 2 AktG orientierte Vertragsanpassung kommt bei dividendenabhängigen Genussscheinen und Gewinnschuldverschreibungen in Betracht. Voraussetzung ist jedoch, dass die Hauptgesellschaft eine Aktiengesellschaft oder Kommanditgesellschaft auf Aktien ist. In Parallele zum variablen Ausgleich nach § 304 Abs. 2 S. 2 AktG ist der Berechnungsschlüssel für die Ausschüttung an die Dividende der Hauptgesellschaft anzupassen. Nach überwiegender Meinung[478] ist unter Gewinnanteil im Sinn des § 304 Abs. 2 S. 2 AktG die vom herrschenden Unternehmen tatsächlich ausgeschüttete Dividende zu verstehen, die jeweils entsprechend dem Umrechnungsverhältnis auf die Aktiennennbeträge bei der abhängigen Gesellschaft umzurechnen ist. Wegen des Umrechnungsverhältnisses verweist § 304 Abs. 2 S. 3 AktG auf die Vorschriften über die Verschmelzung von Aktiengesellschaften (§§ 12 Abs. 2 S. 2 Nr. 2, 15 UmwG). Der Anteil der Genussschein- oder Gewinnschuldverschreibungsinhaber an der Dividende der Hauptgesellschaft ergibt sich aus dem Umrechnungsverhältnis der Aktiennennbeträge beider Gesellschaften aufgrund der Unternehmensbewertung. Die Anpassung kann sich an der Abfindung für die ausgeschiedenen Aktionäre nach § 320 b AktG orientieren. Werden als Abfindung Aktien der Hauptgesellschaft gewährt, so kann auf die nach § 320 b Abs. 1 S. 4 AktG zu ermittelnde Verschmelzungswertrelation Bezug genommen werden.

Eine variable Anpassung ist nicht angemessen, wenn sich die Ausschüttung nach einem bestimmten Prozentsatz des Nennbetrags des Genussscheins richtet, die auszuzahlen ist, solange der Bilanzgewinn oder Jahresüberschuss dazu ausreicht. Dagegen spricht, dass der Typ des obligationenähnlichen Genussscheins gerade nicht auf eine dividendensatzabhängige Ausschüttung ausgerichtet ist. Obligationenähnliche Genussscheine ähneln vielmehr festverzinslichen Wertpapieren. Eine Koppelung an die veränderliche Dividende der Hauptgesellschaft ergäbe keinen Sinn, weil dem Anleger vornehmlich die feste Ausschüttung nach dem Nennbetrag zustehen soll. Eine variable Anpassung in Anlehnung an § 304 Abs. 2 S. 2 AktG passt auf Genussscheine mit fester Ausschüttung nach einem bestimm-

---

[478] OLG Düsseldorf AG 1978, 238; OLG Düsseldorf AG 1984, 216, 219; LG Frankfurt AG 1987, 315, 317 f.; LG Dortmund AG 1981, 236, 239 f.; *Geßler* in Geßler/Hefermehl, AktG, § 304 Rn 101; *Exner*, Beherrschungsvertrag (1984), S. 188 ff.; *Emmerich/Sonnenschein*, Konzernrecht § 17 V 3; *Hüffer*, AktG, § 304 Rn 15; *Krieger* in MüHandb., Band 4, § 70 Rn 78.

ten Prozentsatz vom Nennbetrag des Genussscheins nicht. Die variable Anpassung scheitert auch, wenn bei der Eingliederung die eine Gesellschaft eine Gewinngesellschaft, die andere aber eine Verlustgesellschaft ist. Ist die eingegliederte Gesellschaft eine Verlustgesellschaft und die Hauptgesellschaft eine Gewinngesellschaft würde eine variable Anpassung dazu führen, dass die Anleger der Verlustgesellschaft über ihren auf den Dividendensatz der Hauptgesellschaft bezogenen Ausschüttungsanspruch an den Gewinnen der Hauptgesellschaft beteiligt wären. Dies wäre jedoch nicht angemessen, weil die Gewinne von einer anderen Gesellschaft als dem Emittenten herrühren. Im umgekehrten Fall würden Anleger mit Verlusten der Hauptgesellschaft oder anderer Konzernunternehmen belastet, obwohl der Emittent bisher Gewinne erwirtschaftete. Der Anleger kann jedoch nicht erwarten, an anderen Gewinnen oder Verlusten als denen des Emittenten zu partizipieren. Ein variabler Ausgleich entspräche nicht den wirtschaftlichen Verhältnissen der eingegliederten Gesellschaft. Mangels Angemessenheit muss somit in diesen Fällen ein variabler Ausgleich ausscheiden. Eine variable Anpassung ist ebenfalls nicht angemessen, wenn die Hauptgesellschaft ihrerseits abhängiges Konzernunternehmen zum Beispiel im Vertragskonzern ist. Denn die seinerseits abhängige Hauptgesellschaft schüttet in der Regel keine Gewinne aus. Eine variable Anpassung kann dann nur auf den Dividendensatz des die Hauptgesellschaft beherrschenden Unternehmens erfolgen. Andernfalls muss eine feste Anpassung erfolgen, die sich an der bisherigen Ertragslage des Emittenten und seinen künftigen Ertragsaussichten orientiert. Sind Dividende und Verschmelzungswertrelation nicht feststellbar, so ist den Anlegern eine feste Mindestausschüttung nach der bisherigen Ertragslage des Emittenten und seinen künftigen Ertragsaussichten zu garantieren[479].

Ist die variable Anpassung nicht angemessen oder möglich oder wählen die Anleger die feste Anpassung, ist in Parallele zum festen Ausgleich nach § 304 Abs. 2 S. 1 AktG als Ausschüttung mindestens die jährliche Zahlung des Betrags zuzusichern, der nach der bisherigen Ertragslage der Gesellschaft und ihren künftigen Ertragsaussichten unter Berücksichtigung angemessener Abschreibungen und Wertberichtigungen voraussichtlich als durchschnittliche Ausschüttung auf den einzelnen Genussschein oder die einzelne Gewinnschuldverschreibung verteilt werden könnte. Die Vergangenheitsschau umfasst die letzten drei bis fünf Jahre. Auf der Basis der Vergangenheitswerte ist eine Zukunftsprognose zu stellen. Die Anpassung kann sowohl zugunsten als auch zulasten der Anleger wirken. Bei negativer Zukunftsprognose fällt die Ausschüttung in Zukunft dauerhaft aus. Bei Verlustbeteiligung kann sich der Rückzahlungsanspruch weiter verringern bis zum vollständigen Verlust des Kapitals. Die Anleger, der sich auf den Wegfall der Geschäftsgrundlage wegen der Konzernierung berufen, haben keinen Anspruch auf eine stets positive Mindestausschüttung.

[479] *Hüffer*, AktG, § 304 Rn 14.

### 5.1.3. Anpassungsverfahren

Das Spruchstellenverfahren nach § 306 AktG ist nur auf Aktionäre nicht auf Inhaber von Genussscheinen oder Gewinnschuldverschreibungen anwendbar. Auf Genussscheine oder Gewinnschuldverschreibungen ist jedoch, wie bereits oben ausgeführt, entgegen der herrschenden Meinung, das Gesetz[480] betreffend die gemeinsamen Rechte der Besitzer von Schuldverschreibungen (SchuldVG) anwendbar. Auch bei der Eingliederung entspricht es dem Interesse der Anleger, in einer Gläubigerversammlung dem Emittenten organisiert gegenübertreten zu können. Der Emittent hat wiederum ein Interesse an einer einheitlichen Anpassung der Genussscheine oder Gewinnschuldverschreibungen. Bei der Eingliederung können Inhaber von Genussscheinen oder Gewinnschuldverschreibungen, deren Genussscheine bzw. Gewinnschuldverschreibungen zusammen den zwanzigsten Teil des Gesamtbetrags der im Umlauf befindlichen Schuldverschreibungen erreichen, oder ein von der Gläubigerversammlung bestellter Vertreter der Gläubiger die Einberufung einer Gläubigerversammlung verlangen, § 3 Abs. 2 SchuldVG. Über die Anpassung kann die Gläubigerversammlung mit einfacher Mehrheit der abgegebenen Stimmen beschließen, § 10 Abs. 1 S. 1 SchuldVG. Die Anleger haben darüber Beschluss zu fassen, wie der Berechnungsschlüssel für die Ausschüttung angepasst werden soll. Der Beschluss der Gläubigerversammlung hat verbindliche Kraft für alle Genussscheine und Gewinnschuldverschreibungen, § 1 Abs. 1 SchuldVG. Überstimmte Anleger müssen den Mehrheitsbeschluss gegen sich gelten lassen. Ansonsten bleibt ihnen nur die Alternative, das Wertpapier zu veräußern.

### 5.1.4. Schadensersatzansprüche

a) Meinungsstand

Fraglich ist, ob dem Anleger wegen der Eingliederung Schadensersatzansprüche aus positiver Vertragsverletzung zustehen können. Nach *Thielemann*[481] kämen Schadensersatzansprüche erst in Betracht, wenn eine Anpassung des Genussrechtsvertrags aus tatsächlichen oder rechtlichen Gründen scheitere. Da der Schadensersatzanspruch ein Sekundäranspruch sei, komme er nur als ultima ratio in Frage. Seine Rechtsgrundlage finde er in der positiven Vertragsverletzung, in den §§ 823 ff. BGB oder in den Grundsätzen des Wegfalls der Geschäftsgrundlage. Ohne konkret auf die Eingliederung einzugehen seien nach *Krieger*[482]

---

[480] RGBl. S. 691; BGBl. III 4134-1.
[481] *Thielemann*, Das Genußrecht (1988), S. 177.
[482] *Krieger* in MüHandb., Band 4, § 63 Rn 57.

im Rahmen von Konzerntatbeständen Schadensersatzansprüche der Anleger im Einzelfall bei besonders gravierenden Beeinträchtigungen möglich.

b) Stellungnahme

Fraglich ist, ob allein schon die Eingliederung an sich eine Pflichtverletzung gegenüber den Anlegern darstellt. Die Eingliederung des Emittenten führt zwar zu gravierenden Beeinträchtigungen des Emittenten. Eingliederung ist die organisatorische Einordnung einer Gesellschaft in eine andere, §§ 319 ff. AktG. Durch die Eingliederung entsteht ein Unterordnungskonzern, § 18 Abs. 1 S. 2 AktG. Die Eingliederung kommt der Verschmelzung nahe[483]. Von der Verschmelzung unterscheidet sich die Eingliederung dadurch, dass die eingegliederte Gesellschaft als selbständige juristische Person erhalten bleibt, so dass man die eingegliederte Gesellschaft als rechtlich selbständige Betriebsabteilung bezeichnen kann[484]. Die Eingliederung geht über den Abschluss eines Beherrschungs- und Ergebnisabführungsvertrags (§ 291 AktG) hinaus, steht also zwischen Verschmelzung und Unternehmensvertrag. Sie ist gekennzeichnet durch das Fehlen außenstehender Aktionäre und durch einen umfassenden Gläubigerschutz (§§ 320a, 322 AktG). Beides zusammen erlaubte es dem Gesetzgeber, der Hauptgesellschaft in § 323 Abs. 1 AktG eine grundsätzlich unbeschränkte Leitungsmacht zu verleihen. Im Innenverhältnis führt die Eingliederung nahezu zur totalen Herrschaft der Hauptgesellschaft über die eingegliederte Gesellschaft. Im Gegensatz zur Rechtslage beim Beherrschungsvertrag bestehen für sie nach dem Wortlaut des § 323 AktG nicht einmal Schranken aufgrund des Konzerninteresses. Zugleich ist durch § 323 Abs. 2 AktG die Vermögensbindung bei der abhängigen Gesellschaft zugunsten der Hauptgesellschaft weitgehend aufgehoben. Die gesetzliche Vermögensbindung (§§ 57, 58, 60 AktG) ist vom Gesetz ausdrücklich zugunsten der Hauptgesellschaft aufgehoben worden, § 323 Abs. 2 AktG. Angesichts der Mithaftung der Hauptgesellschaft und des Fehlens außenstehender Aktionäre verzichtet das Gesetz auf die Bildung einer gesetzlichen Rücklage bei der eingegliederten Gesellschaft, §§ 150, 324 Abs. 1 AktG. Die Eingliederung eröffnet also vielfältige Möglichkeiten, die eingegliederte Gesellschaft zugunsten der Hauptgesellschaft zu schädigen. Durch die Möglichkeit der Einflussnahme auf die Geschäftsleitung der eingegliederten Gesellschaft ist nicht nur die gewinnabhängige Ausschüttung gefährdet, sondern auch das eingesetzte Kapital selbst.

---

[483] Begründung RegE, Vorbem. vor § 319, bei Kropff, AktG, S. 421; *Emmerich/Sonnenschein*, Konzernrecht, § 7 I; *Hüffer*, AktG, § 319 Rn 2.

[484] Begründung RegE zu § 326, bei Kropff, AktG, S. 431; *Raiser*, Recht der Kapitalgesellschaften, § 55 Rn 1 ; *Martens* AG 1992, 209; *K. Schmidt*, Gesellschaftsrecht, § 30 III 1; *Emmerich/Sonnenschein*, Konzernrecht, § 7 I; *Hüffer*, AktG, § 319 Rn 2.

Trotzdem kann die Eingliederung an sich und auch das bloße Befolgen von Weisungen den Anlegern gegenüber keine Pflichtverletzung darstellen. Denn die Eingliederung nach §§ 319 ff. AktG ist rechtlich eine absolut legale Konzernstruktur. Die Eingliederung erlaubt es der Hauptgesellschaft auf legale Weise die fast unbeschränkte Herrschaft über die eingegliederte Gesellschaft auszuüben. Die Eingliederung begründet eine qualifizierte Abhängigkeit und legitimiert sie gleichzeitig. Die Mithaftung im Außenverhältnis (§ 322 AktG) sowie die Verpflichtung zum Verlustausgleich (§ 324 Abs. 3 AktG) im Innenverhältnis sind Ausdruck einer Strukturhaftung. Es geht nicht um Schadensersatz wegen schuldhafter und rechtswidriger Pflichtverletzungen. Ist die Organisationsstruktur der Eingliederung legitim, kann die Konzernbildung und Weisungserteilung gegenüber den Anlegern grundsätzlich nicht verboten sein. Die Eingliederung ist vielmehr ein Teil des wirtschaftlichen Risikos, das der Anleger mit der Zeichnung erfolgsabhängiger Wertpapiere übernimmt. Die Konzernbildung gehört zum Kern der unternehmerischen Handlungsfreiheit, die der Anleger gegen sich gelten lassen muss. Nach der Klöckner-Entscheidung des Bundesgerichtshofs haftet der Emittent dem Anleger aus positiver Vertragsverletzung wegen sorgfaltswidriger Geschäftsführung nur, wenn die Geschäftsführung völlig unverantwortlich war. Maßstab ist der seriöse, das heißt der verantwortungsbewusst denkende und handelnde Kaufmann. Der Genussscheininhaber brauche nicht damit zu rechnen, dass sein Kapital durch Entscheidungen gefährdet werde, die schlechthin nicht gerechtfertigt werden können und zu deren Durchführung ein verantwortungsbewusst denkender und handelnder Kaufmann zu keiner Zeit bereit wäre. Gemessen am Maßstab des verantwortungsbewusst denkenden und handelnden Kaufmanns, kann die Eingliederung an sich oder das Befolgen von Weisungen nicht als völlig unverantwortlich bezeichnet werden. Es kann nicht gesagt werden, dass ein Kaufmann, der einer Eingliederung zustimmt oder Weisungen nachkommt, völlig unverantwortlich handeln würde. Die Eingliederung an sich oder das bloße Befolgen von Weisungen begründet deshalb nicht die Haftung aus positiver Vertragsverletzung wegen sorgfaltswidriger Geschäftsführung.

Auch wenn die Eingliederung selbst und das bloße Befolgen von Weisungen keine Haftung aus positiver Vertragsverletzung wegen sorgfaltswidriger Geschäftsführung begründet, können natürlich während der Eingliederung (nicht durch die Eingliederung) schädigende Geschäftsführungsmaßnahmen getroffen werden, die eine Haftung aus positiver Vertragsverletzung wegen sorgfaltswidriger Geschäftsführung auslösen. Die Voraussetzungen der Schadensersatzhaftung sind erfüllt, wenn der Anleger sorgfaltswidrige Geschäfte ausführt, zu deren Durchführung ein verantwortungsbewusst denkender und ordentlich handelnder Kaufmann zu keiner Zeit bereit wäre. Dabei ist der Emittent als (fiktiv) unabhängiges Unternehmen zu denken. Ob diese Geschäfte von der Hauptgesellschaft angewiesen waren oder die eingegliederte Gesellschaft die

Weisungen befolgen musste, spielt keine Rolle. Für die Außenhaftung gegenüber den Anlegern kommt es auf die Pflichtwidrigkeit gegenüber den Anlegern an, nicht auf Rechte und Pflichten im Konzerninnenverhältnis. Den Anlegern gegenüber ist es pflichtwidrig, wenn die eingegliederte Gesellschaft den Konzerninnenausgleich nicht durchführt. Der Emittent ist als ordentlich denkender und handelnder Kaufmann verpflichtet, Schadensersatzansprüche gegen Mitglieder des Vorstands und gegebenenfalls des Aufsichtsrats bei der Erteilung und Befolgung von Weisungen, §§ 323 Abs. 1 S. 2, 308 Abs. 2 S. 1, Abs. 3, 309, 310 AktG, sowie Ansprüche der eingegliederten Gesellschaft gegen die Hauptgesellschaft und die Mitglieder des Vorstandes der Hauptgesellschaft durchzusetzen, wenn sie bei der Erteilung von Weisungen sorgfaltswidrig gehandelt haben. Außerdem muss der konzerninterne Verlustausgleich nach § 324 Abs. 3 AktG durchgeführt werden. Ebenso muss der Emittent etwaige Schadensersatzansprüche gegen die gesetzlichen Vertreter des herrschenden Unternehmens nach § 117 AktG verfolgen. Setzt der abhängige Emittent die Schadensersatzansprüche nicht durch, haftet er den Anlegern dem Grunde nach aus positiver Vertragsverletzung auf Schadensersatz. Existenzgefährdende Eingriffe in die abhängige Aktiengesellschaft sind absolut verboten. Kommt der Emittent einer Weisung nach, die die Existenz des Emittenten bedroht, macht sich der Emittent den Anlegern gegenüber schadenersatzpflichtig. Die Anleger können jedoch nicht nach § 249 S. 1 BGB verlangen, dass die Eingliederung rückgängig zu machen sei.

Neben den Schadensersatzansprüchen aus positiver Vertragsverletzung bestehen die subsidiären aktienrechtlichen Ansprüche, §§ 323 Abs. 1 S. 2, 309 Abs. 4 S. 3 AktG. Im Einzelfall kann auch der subsidiäre Anspruch des § 93 Abs. 5 AktG oder des § 117 Abs. 5 AktG gegeben sein.

In der Regel wird es jedoch an einem Schaden der Anleger fehlen. Denn die Ausschüttung selbst ist durch die Vertragsanpassungsansprüche der Anleger gesichert. Schäden des eingesetzten Kapitals werden kaum eintreten, da die Hauptgesellschaft zum Verlustausgleich verpflichtet ist (§ 324 Abs. 3 AktG) und für die Verbindlichkeiten der eingegliederten Gesellschaft als Gesamtschuldner mithaftet, § 322 Abs. 1 AktG.

### 5.1.5. Kündigung aus wichtigem Grund

a) Meinungsstand

Mit der außerordentlichen Kündigung bei Eingliederung beschäftigt sich alleine *Thielemann*[485]. Die Kündigung käme nach *Thielemann* erst in Betracht, wenn eine Anpassung des Genussrechtsvertrages aus tatsächlichen oder rechtlichen Gründen scheitere. Im Widerspruch dazu meint *Thielemann*[486] allerdings auf Seite 195, die Genussrechtsinhaber hätten die Wahl zwischen der Kündigung aus wichtigem Grund und der Anpassung durch Vertragsänderung. Es liegt jedoch die Vermutung nahe, dass auch die Autoren, die bei der Eingliederung § 23 UmwG analog anwenden wollen, mit dem Hinweis auf die in § 23 UmwG angeblich enthaltene Wertung, wonach bei Grundlagenänderungen der Vertragsanpassung der Vorrang vor der Kündigung einzuräumen sei, eine Kündigung aus wichtigem Grund ablehnen. Zumindest bei der der Eingliederung ähnlichen vertraglichen Konzernierung lehnt die herrschende Meinung[487] in der Literatur ein Kündigungsrecht der Anleger ab. Danach spreche gegen eine Kündigung aus wichtigem Grund erstens eine Wertung aus § 23 UmwG, wonach bei Grundlagenänderungen, insbesondere der Verschmelzung, der Vertragsanpassung der Vorrang vor der Kündigung einzuräumen sei. Zweitens ergebe sich aus der Gesetzesbegründung zu den §§ 304, 305 AktG, dass eine wirtschaftliche Verwässerung der Vermögensrechte der außenstehenden Aktionäre nur durch Ausgleich nach § 304 AktG zu erfolgen habe, während Austritt und Abfindung nach § 305 AktG als Reaktion auf die Verwässerung der Gesellschafterrechte gedacht sei. Da die Verwässerung der Gesellschafterrechte jedoch bei Genussscheinen oder Gewinnschuldverschreibungen keine Rolle spielt, sei ein dem § 305 AktG entsprechender Austritt nicht möglich.

b) Stellungnahme

Wie bereits oben behandelt, ist der angebliche Wertungswiderspruch zwischen einem Kündigungsrecht und § 23 UmwG nicht vorhanden. Die Eingliederung ähnelt der vertraglichen Konzernierung, nicht aber der Verschmelzung. Denn im

---

485 *Thielemann*, Das Genußrecht (1988), S. 177, 195.

486 *Thielemann*, Das Genußrecht (1988), S. 195; ebenso *Capelle*, Der Genußschein (1989), S. 123.

487 *Würdinger* in GroßKo (1971), AktG, § 291 Anm. 48; *Geßler* in Geßler/Hefermehl (1975), AktG, § 304 Rn 28; *Martens*, 25 Jahre Bundesarbeitsgericht (1979), S. 367, 382 ff.; *Hirte* ZIP 1988, 488; *Frantzen*, Genußscheine (1993), S. 282 f.; *Kallrath*, Die Inhaltskontrolle (1994), S. 181; *Karollus* in Geßler/Hefermehl, AktG, § 221 Rn 419; *Lutter* in KöKo, AktG, § 221 Rn 404; *Hüffer*, AktG, § 221 Rn 68a.

Vertragskonzern und bei der Eingliederung bleibt das abhängige Unternehmen rechtlich existent, während bei der Verschmelzung im Gegensatz dazu der übertragende Rechtsträger erlischt. Es ist gerade der Sinn des § 23 UmwG, trotz des liquidationslosen Erlöschens des übertragenden Rechtsträgers, dem Anleger einen Schuldner zu erhalten. Da es bei der Eingliederung aber kein Erlöschen des Emittenten gibt, geht der Zweck des § 23 UmwG ins Leere. Ein weiterer Unterschied zwischen Eingliederung und Verschmelzung besteht darin, dass sich bei der Verschmelzung das konzerntypische Autonomieproblem nicht stellt. Das Gesetz geht davon aus, dass zwei autonome Gesellschaften zu einer wiederum autonomen Gesellschaft verschmolzen werden. Bei der Eingliederung stellt sich demgegenüber ein erhöhter Anlegerschutzbedarf, weil hier wegen der umfassenden Leitungsmacht der Hauptgesellschaft und der fast vollständigen Aufhebung des Kapitalerhaltungsschutzes die Gefahr droht, dass die eingegliederte Gesellschaft nicht mehr in ihrem Eigeninteresse betrieben wird. Anlegerschutz im Konzern will gerade Eingriffe in die Autonomie durch nachteilige Weisungen ausgleichen, während solche Gesichtspunkte bei der Verschmelzung und bei § 23 UmwG keine Rolle spielen. Aus § 305 AktG lässt sich auch nicht zwingend die Wertung entnehmen, dass ausschließlich außenstehenden Aktionären, nicht aber schuldrechtlichen Gläubigern ein Recht zum Ausscheiden aus der eingegliederten Gesellschaft zusteht. Es ist allgemein anerkannt, dass jedes Dauerschuldverhältnis aus wichtigem Grund kündbar ist, wenn einer Partei das Festhalten am Vertrag nicht mehr zugemutet werden kann. Kündigungsrechte sind kein Privileg für Aktionäre. Deshalb ist stets in jedem Einzelfall ein Kündigungsrecht aus wichtigem Grund zu prüfen und scheidet nicht schon von vornherein aufgrund einer Wertungen aus § 305 AktG aus. Dies gilt um so mehr als die angebliche Wertung, wonach § 305 AktG speziell der Verwässerung der Mitgliedschaftsrechte der außenstehenden Aktionäre Rechnung tragen solle, auch nur eine nicht begründete Behauptung darstellt. Es gibt keine rechtsdogmatisch fundierte Begründung, dass Austrittsrechte ausschließlich Gesellschafter vor Konzernierung schützen sollen, nicht aber auch gewinnabhängige Drittgläubiger. Sowohl aus § 23 UmwG als auch aus den §§ 304, 305 AktG lässt sich nicht die Wertung entnehmen, dass bei Eingliederung wegen der Anpassungsmöglichkeit ein außerordentliches Kündigungsrecht ausscheidet. Die Frage nach einem außerordentlichen Kündigungsrecht ist deshalb nach den Grundsätzen des allgemeinen Schuldrechts zu beantworten. Nach allgemeinem Schuldrecht kann die Störung der Geschäftsgrundlage eines Dauerschuldverhältnisses durchaus zu einer Kündigung aus wichtigem Grund berechtigen. Die Kündigungsmöglichkeit entfällt aber, wenn sich die Störung durch Anpassung des Vertrages an die veränderten Umstände ausgleichen lässt und dem Vertragspartner, der sich auf die Störung beruft, im Hinblick auf die Anpassungsmöglichkeit ein Festhalten am Vertrag zugemutet werden kann[488]. Es besteht also im Ausgangspunkt kein echtes

[488] BGH NJW 1958, 785; *Heinrichs* in Palandt, BGB, § 242 Rn 120; *Roth* in MüKo, BGB, §

Wahlrecht zwischen der Kündigung aus wichtigem Grund und einer Vertragsanpassung. Es ist entscheidend, ob sich die Vertragsstörung durch Änderung der Vertragsbedingungen ausgleichen lässt, so dass dem Anleger ein Festhalten am (angepassten) Vertrag zugemutet werden kann.

Die Eingliederung bedeutet einen schwerwiegenden Eingriff in die Rechte der Genussschein- und Gewinnschuldverschreibungsinhaber. Die Leitungsmacht der Hauptgesellschaft ist fast unbeschränkt, § 323 Abs. 1 AktG. Die eigenverantwortliche Leitung des Emittenten ist fast vollständig außer Kraft gesetzt. Zugleich ist durch § 323 Abs. 2 AktG die Vermögensbindung bei der abhängigen Gesellschaft zugunsten der Hauptgesellschaft weitgehend aufgehoben. Wegen des Fehlens außenstehender Aktionäre, fehlt jedes Korrektiv gegen die Herrschaft der Hauptgesellschaft. Von einer Interessenparallelität zwischen Aktionären und Anlegern kann keine Rede mehr sein. Die Autonomie des Emittenten ist durch die Einordnung der eingegliederten Gesellschaft vollständig aufgehoben. Die Eingliederung geht in ihrer Wirkung über den Abschluss eines Beherrschungs- und Gewinnabführungsvertrages hinaus. Sie stellt die intensivste Art der Konzernierung dar. Den Inhabern von Genussscheinen und Gewinnschuldverschreibungen droht eine vollkommene Unterordnung des Emittenten unter die Fremdinteressen der Hauptgesellschaft. Ein Festhalten am Vertrag könnte aber deshalb zumutbar sein, weil den Anlegern ein Anpassungsanspruch wegen Wegfalls der Geschäftsgrundlage zusteht. Nach der Vertragsanpassung spielen einzelne Schädigungen - soweit sie sich aus der Dichte der Leitungsmacht isolieren lassen - bei Eingliederung für die Anleger eine ähnlich geringe Rolle wie im Vertragskonzern. Denn die Ausschüttungsansprüche der Inhaber von Genussscheinen und Gewinnschuldverschreibungen werden den Gegebenheiten der Eingliederung dergestalt angepasst, dass sie von einzelnen Schädigungen durch die Hauptgesellschaft nicht berührt werden. Die Ausschüttung ist durch Anpassung des Berechnungsschlüssels gesichert. Über den Anpassungsansprüche werden die Anleger so gestellt werden, wie sie bei hypothetischer Unabhängigkeit des Emittenten gestanden hätten. Die Garantieausschüttungen oder Ausschüttungen nach der Ertragslage der Obergesellschaft bestehen unabhängig von eventuellen Schädigungen des Emittenten durch die Hauptgesellschaft. Im Idealfall besteht ungefähr die Lage, die voraussichtlich auch ohne die Eingliederung bestanden hätte. Die Vertragsanpassung des Wertpapiervertrages stellt deshalb insgesamt einen angemessenen Ausgleich für die Veränderungen infolge der Eingliederung dar. Den Anlegern kann ein Festhalten am Vertrag zugemutet werden.

Auch im Gefolge der Eingliederung sind kaum Maßnahmen denkbar die zur Kündigung aus wichtigem Grund berechtigen könnten. Die laufenden Ausschüt-

---

242 Rn 583 ff.; *Teichmann* in Soergel, BGB, § 242 Rn 270; *Vollkommer* in Jauernig, BGB, § 242 Rn 98.

tungen sind durch Garantieausschüttungen oder Ausschüttungen nach der Ertragslage der Obergesellschaft den veränderten Umständen angepasst. Eine finanzielle Sicherung erfolgt wie im Vertragskonzern durch die Verpflichtung der Hauptgesellschaft zum Verlustausgleich nach § 324 Abs. 3 AktG. Das eingesetzte Kapital ist bei der Eingliederung nicht unmittelbar gefährdet. Denn im Gegensatz zum Vertragskonzern besteht über die Verlustausgleichspflicht der Hauptgesellschaft nach § 324 Abs. 3 AktG hinaus eine gesamtschuldnerische Mithaftung der Hauptgesellschaft für Verbindlichkeit der eingegliederten Gesellschaft, § 322 Abs. 1 AktG. Angesichts der Mithaftung der Hauptgesellschaft nach § 322 Abs. 1 AktG genügt eine unterlassene Durchführung des Konzerninnenausgleichs nicht, um eine Kündigung zu rechtfertigen. Der Anleger kann sich selbst bei Ausfall des Emittenten bei der Hauptgesellschaft nach § 322 Abs. 1 AktG befriedigen. Eine Kündigung aus wichtigem Grund kommt nur in Betracht bei existenzgefährdenden Eingriffen in die eingegliederte Aktiengesellschaft. Kommt der Emittent einer Einflussnahme nach, die die Existenz des Emittenten bedroht, ist sofort ein Kündigungsgrund gegeben. Denn existenzgefährdende oder sogar existenzvernichtende Weisungen dürfen keinesfalls befolgt werden. Der herrschenden Meinung ist also insoweit zu folgen als allein die bloße Eingliederung oder das bloße Befolgen von Weisungen bei Eingliederung keinen wichtigen Grund für eine Kündigung bildet.

## 5.2. Optionsanleihen, Wandelanleihe

### 5.2.1. Vertragsanpassung wegen Wegfalls der Geschäftsgrundlage

a) Meinungsstand

Die Inhaber von Options- oder Wandelanleihen können eine Eingliederung des Emittenten nicht verhindern[489]. § 192 Abs. 4 AktG steht einer Eingliederung nicht entgegen[490]. Auch die Frage nach dem Schicksal von Aktienbezugs- und Umtauschrechten von Options- oder Wandelanleihen im Fall der Eingliederung des Emittenten wurde zuerst *Würdinger*[491] aufmerksam. Nach *Würdinger* könnten die Options- oder Wandelanleiheinhaber ihren Anspruch auf Aktienbezug bzw. -umtausch bei Fälligkeit ungeachtet der Eingliederung geltend machen. *Würdinger* zieht die Konsequenz, dass auf diese Weise durch den Erwerb auch nur einer einzigen Aktie die Eingliederung gemäß § 327 Abs. 1 Nr. 3 AktG beendet würde. Dieser Ansicht schlossen sich *Semler* und *Grunewald*[492] mit Verweis auf *Würdinger* ohne eigene Stellungnahme an. Eine vollständige Wende vollzog sich nach einem Aufsatz von *Martens*[493]. *Martens* vertrat mit ausführlicher Begründung die Meinung, die vereinbarten Bezugs- oder Umtauschrechte auf Aktien des Emittenten würden im Zeitpunkt der Eingliederung erlöschen und seien durch wertäquivalente Bezugs- oder Umtauschrechte auf Erwerb von Aktien der Hauptgesellschaft zu ersetzen. Aus dem Vergleich der §§ 320 Abs. 4 a.F. (= § 320 b Abs. 1), 322 AktG ließe sich relativ eindeutig entnehmen, dass der Gesetzgeber zwar eine mitgliedschaftliche Abschichtung zugunsten der Hauptgesellschaft bezweckt habe, im übrigen aber die Rechte der mit der eingegliederten Gesellschaft verbundenen Gläubiger nicht beeinträchtigen, sondern durch die gesamtschuldnerische Haftung der Hauptgesellschaft sogar verstärken wollte. Der Verlust bzw. der Rechtsübergang der Optionsrechte komme durch eine analoge Anwendung des § 320 Abs. 4 AktG a.F. (= § 320 b Abs. 1) in Betracht. Jede mitgliedschaftliche Rechtsbeziehung zur einzugliedernden Gesellschaft solle zugunsten der Hauptgesellschaft absorbiert und auf die Hauptgesellschaft übergeleitet werden. Diese solle zukünftig als Alleinaktionärin auftreten können. Nur sofern sie sich selbst einzelner Aktien begebe, entfalle die Eingliederung nach § 327 Abs. 1 Nr. 3 AktG. Die Optionsrechte könnten nicht

---

[489] *Karollus* in Geßler/Hefermehl, AktG, § 221 Rn 198; *Krieger* in MüHandb, Band 4, § 63 Rn 21.

[490] *Würdinger* in GroßKo, AktG, § 320 Anm. 25; *Bungeroth* in Geßler/Hefermehl, AktG, § 192 Rn 64; *Martens* AG 1992, 210; *Krieger* in MüHandb, Band 4, § 57 Rn 30.

[491] *Würdinger* in GroßKo, AktG, § 320 Anm. 25.

[492] *Semler/Grunewald* in Geßler/Hefermehl, AktG, § 327 Rn 9.

[493] *Martens* AG 1992, 209, 211 ff.

mehr gegenüber der eingegliederten Gesellschaft geltend gemacht werden, da das bedingte Kapital seit dem Zeitpunkt der Eintragung der Eingliederung ausschließlich zugunsten der Hauptgesellschaft verwertbar sei. Wie sich aus der entsprechenden Anwendung des § 347a AktG (= § 23 UmwG) bzw. des § 320 Abs. 4 AktG a.F. (= § 320 b Abs. 1) ergebe, seien den Optionsrechtsinhabern Rechte zu gewähren, die denen in der eingegliederten Gesellschaft gleichwertig seien. Dieser Austausch der optionsrechtsrelevanten Aktien entspreche auch dem objektiven Interesse der Optionsrechtsinhaber. Ihre Optionsrechte gegenüber der eingegliederten Gesellschaft seien wirtschaftlich weitgehend bedeutungslos und rechtlich instabil, weil ein etwaiger Aktienerwerb durch eine nachfolgende Eingliederung alsbald wieder entzogen und durch Aktien der Hauptgesellschaft kompensiert werden könne. Deshalb entspreche die analoge Anwendung des § 320 Abs. 4 AktG a.F. (= § 320 b Abs. 1) auch den allseitigen Interessen der Hauptgesellschaft, der eingegliederten Gesellschaft und vor allem auch der Optionsrechtsinhaber. Diese Auffassung ist heute herrschende Meinung[494]. Die folgende Literatur[495] hat sich der Meinung *Martens* ohne weiteren Begründungsaufwand angeschlossen. Eine entsprechende Praxis haben die Gerichte[496] mittlerweile abgesegnet. Das Oberlandesgericht München[497] hat die Anfechtungsklage eines Aktionärs der Hauptgesellschaft gegen einen Beschluss abgewiesen, wonach für den Anspruch auf Aktien der eingegliederten Gesellschaft Aktien der Hauptgesellschaft gewährt werden und für die zur Abfindung solcher Ansprüche benötigten Aktien bedingtes Kapital geschaffen werden sollte. Das Oberlandesgericht Hamm[498] hat die entsprechende Klage eines Aktionärs der eingegliederten Gesellschaft abgewiesen. Der Bundesgerichtshof[499] hat zuletzt auf die Klage eines Anlegers hin entschieden, dass ein Optionsanleiheinhaber bei Optionsausübung keinen Anspruch mehr auf Verschaffung von Aktien der eingegliederten Gesellschaft habe, sondern nur noch einen äquivalenten Abfindungsanspruch gegen die Hauptgesellschaft. Das gesetzliche Modell der

---

494 BGH AG 1998, 283; OLG München WM 1993, 1285, 1288; OLG Hamm AG 1994, 376 ff., 378; *Martens* AG 1992, 209 ff., 213; *Bungeroth* in Geßler/Hefermehl, AktG, § 192 Rn 64; *Kallrath*, Die Inhaltskontrolle (1994), S. 184; *Karollus* in Geßler/Hefermehl, AktG, § 221 Rn 198; *Emmerich/Sonnenschein*, Konzernrecht, § 7 III 6; *Emmerich/Habersack*, Aktienkonzernrecht, § 320 b Rn 8; *Hüffer* § 320 b Rn 4; *Krieger* in MüHandb., Band 4, § 63 Rn 21.

495 *Bungeroth* in Geßler/Hefermehl, AktG, § 192 Rn 64; *Kallrath*, Die Inhaltskontrolle (1994), S. 184; *Karollus* in Geßler/Hefermehl, AktG, § 221 Rn 198; *Emmerich/Sonnenschein*, Konzernrecht, § 7 III 6; *Emmerich/Habersack*, Aktienkonzernrecht, § 320 b Rn 8; *Hüffer*, AktG, § 320 b Rn 4; *Krieger* in MüHandb., Band 4, § 63 Rn 21.

496 BGH AG 1998, 283; OLG München WM 1993, 1285, 1288; OLG Hamm AG 1994, 376 ff., 378.

497 OLG München WM 1993, 1285, 1288.

498 OLG Hamm AG 1994, 376 ff., 378.

499 BGH AG 1998, 283.

Mehrheitseingliederung unter Abfindung der Minderheitsaktionäre in Aktien der Hauptgesellschaft sei wegen des vergleichbaren Interessenkonflikts auf Optionsrechte, die von der eingegliederten Gesellschaft begeben worden sind und sich auf nicht mehr als 5 % des Grundkapitals beziehen, entsprechend anwendbar. Dem bloßen Aktienbezugsrecht sei auch kein größerer Bestandsschutz gegenüber einer Eingliederung einzuräumen als der aktienrechtlichen Mitgliedschaft selbst. Ferner hätte die Optionsanleiheinhaber wegen der wirtschaftlichen Entwertung regelmäßig kein anerkennenswertes Interesse am Erwerb von Aktien der eingegliederten Gesellschaft, da deren Gewinnpotential durch die Hauptgesellschaft beliebig gesteuert werden könne, ein Handel solcher Aktien nicht mehr stattfinde und allenfalls noch ihre Veräußerung auf privater Ebene bis zu einer erneuten Eingliederung in Betracht käme. Damit ist in dieser Diskussion durch das Urteil des Bundesgerichtshofs ein gewisser Schlusspunkt gesetzt.

Noch offen ist die rechtsdogmatische Konstruktion dieses Ergebnisses. Zu den rechtsdogmatischen Analogieproblemen nimmt allein *Martens*[500] Stellung, der sich schließlich für die Analogie zu § 320 Abs. 4 AktG a.F. (= § 320 b Abs. 1 AktG) entscheidet. Nach *Martens* sei das Optionsrecht als eine mitgliedschaftsähnliche Rechtsposition zu qualifizieren, weil das Optionsrecht weitgehend unentziehbar sei und dem Optionsrechtsinhaber den unmittelbaren Zugriff auf das Vollrecht, also die aktienrechtliche Mitgliedschaft ermögliche. Zwar bedürfe es nach § 200 AktG noch der Ausgabe der Bezugsaktien, dabei handle es sich aber lediglich um einen Formalakt. Das Bezugsrecht stehe wegen § 192 Abs. 4 AktG beim bedingten Kapital grundsätzlich nicht mehr zur Disposition der Gesellschaft, so dass der Optionsrechtsinhaber auch hinsichtlich der Mitgliedschaft hinreichend gesichert sei. Ohne Begründung wird teilweise[501] eine Analogie zu § 23 UmwG und teilweise[502] zu § 320 Abs. 4, Abs. 5 AktG a.F. und § 23 UmwG befürwortet. Der Bundesgerichtshof ließ rechtsdogmatische Fragen unter Hinweis auf das übereinstimmende Ergebnis ausdrücklich offen.

Schließlich besteht ein Randproblem darin, ob die Hauptgesellschaft stets eine bedingte Kapitalerhöhung beschließen müsse, wenn die Options- oder Wandelanleihen auch bei der eingegliederten Gesellschaft durch bedingtes Kapital gesichert waren. Nach *Martens*[503] solle dies nur bei zweifelhafter Leistungs-

---

[500] *Martens* AG 1992, 209 ff., 213; ebenso *Bungeroth* in Geßler/Hefermehl, AktG, § 192 Rn 64.

[501] *Kallrath*, Die Inhaltskontrolle (1994), S. 184; *Emmerich/Sonnenschein*, Konzernrecht, § 7 III 6; *Hüffer* § 320 b Rn 4.

[502] *Karollus* in Geßler/Hefermehl, AktG, § 221 Rn 198; *Emmerich/Habersack*, Aktienkonzernrecht, § 320 b Rn 8; nur analog § 320 b AktG *Krieger* in MüHandb., Band 4, § 63 Rn 21.

[503] *Martens* AG 1992, 213 f.

fähigkeit der Hauptgesellschaft gelten. Nach der Gegenansicht[504] sei die Durchsetzung des Umtausch- bzw. Bezugsrechts auch bei der Hauptgesellschaft durch bedingtes Kapital abzusichern. Bei anderweitiger Absicherung bestehe nur ein schwächerer Schutz. So könne beim genehmigten Kapital zwar eine dem § 199 Abs. 1 AktG vergleichbare Zweckbindung erreicht werden, keinesfalls bestehe aber eine dem § 192 Abs. 4 AktG entsprechende Unumkehrbarkeit der Bezugsrechtssicherung. § 192 Abs. 4 AktG schränke die Autonomie der Hauptversammlung zugunsten der Betreffenden ein und schütze die rechtliche Durchsetzbarkeit ihrer Bezugs- oder Umtauschrechte.

b) Stellungnahme

Richtig ist der Ausgangspunkt, dass Aktienbezugsrechte oder Umtauschrechte auf Aktien mit der Eingliederung nicht untergehen. Dagegen spricht erstens die Wertung aus § 192 Abs. 4 AktG, wonach ein Beschluss der Hauptversammlung, der dem Beschluss über die bedingte Kapitalerhöhung entgegensteht, nichtig ist. § 192 Abs. 4 AktG verbietet nicht die Eingliederung selbst, jedoch sind die Aktienbezugs- oder Umtauschrechte aufrecht zu erhalten. Die aus einer bedingten Kapitalerhöhung entstandenen Aktienbezugs- oder Umtauschrechte sollen nach § 192 Abs. 4 AktG nicht mehr zur Disposition der Hauptversammlung stehen. Zweitens ergibt sich aus den §§ 320 b, 322 AktG, dass sowohl die Rechte der außenstehenden Aktionäre, als auch die Rechte schuldrechtlicher Gläubiger durch die Eingliederung nicht beseitigt, sondern durch Umleitung auf die Hauptgesellschaft erhalten bzw. verstärkt werden sollen. Drittens lässt sich aus einem Erst-Recht-Schluss zu § 23 UmwG, wonach den Options- oder Wandelanleiheinhabern insbesondere bei Verschmelzung gleichwertige Rechte im übernehmenden Rechtsträger zu gewähren sind, der Schluss auf eine Erhaltung dieser Rechte ziehen. Denn wenn Aktienbezugs- oder Umtauschrechte sogar bei Wegfall des Emittenten infolge der Verschmelzung erhalten bleiben, so muss dies erst recht gelten, wenn der Emittent wie bei der Eingliederung existent bleibt und nur seine Unabhängigkeit verliert. Die Aktienbezugs- und Umtauschrechte können deshalb nicht ersatzlos untergehen.

Aber auch *Würdingers*[505] Ansicht, dass die Bezugs- und Umtauschrechte mit Hinweis auf § 192 Abs. 4 AktG weiterhin gegen den Emittenten ausgeübt werden könnten und damit die Eingliederung gemäß § 327 Abs. 1 Nr. 3 AktG enden würde, ist nicht konsequent zu Ende gedacht. *Martens*[506] wies zu Recht darauf hin, dass wegen der nach § 327 Abs. 1 Nr. 3 AktG drohenden Beendigung der

---

[504] *Karollus* in Geßler/Hefermehl, AktG, § 221 Rn 198; *Lutter* in KöKo, AktG, § 221 Rn 120.
[505] *Würdinger* in GroßKo, AktG, § 320 Anm. 25.
[506] *Martens* AG 1992, 211.

Eingliederung kraft Gesetzes, eine solche bis zum Ablauf der Optionsfrist praktisch unmöglich, also unter Umständen mehrerer Jahre blockiert wäre. Aber aus § 192 Abs. 4 AktG, den *Würdinger* zur Untermauerung seiner Meinung heranzieht, ergibt sich nicht nur der Schutz der Bezugs- oder Umtauschrechte. § 192 Abs. 4 AktG wurde von der Rechtsprechung[507] und Literatur[508] seit jeher dahin verstanden, dass nur solche Hauptversammlungsbeschlüsse nichtig sind, die den Aktienbezugs- oder Umtauschrechten unmittelbar entgegenstehen. Von der Nichtigkeitsfolge des § 192 Abs. 4 AktG ausgenommen sind mittelbar beeinträchtigende Hauptversammlungsbeschlüsse, auch wenn es sich bei ihnen um Grundlagenbeschlüsse handelt, insbesondere um eine Eingliederung. Grund für ein solches Verständnis des § 192 Abs. 4 AktG ist die Befürchtung, eine extensive Anwendung des § 192 Abs. 4 AktG könne zu einer schwerwiegenden Blockade unternehmenspolitisch gebotener Entscheidungen und somit zu einer weitreichenden Selbstentmündigung der Gesellschaft führen. *Würdinger* überdehnt den Schutzaspekt des § 192 Abs. 4 AktG, übergeht jedoch den Gesichtspunkt des Blockadeverbots. Das in § 192 Abs. 4 AktG ebenfalls enthaltene Blockadeverbot ist ein wesentliches Argument gegen die Ansicht *Würdingers*. Die von *Würdinger* gewählte Lösung ist also keineswegs gesetzestreue Rechtsanwendung. Vielmehr hat der Gesetzgeber das Problem im Zusammenhang mit Bezugs- und Umtauschrechten nicht gesehen und mit § 327 Abs. 1 Nr. 3 AktG auch nicht geregelt.

Für die These, dass sich die Aktienbezugs- und Umtauschrechte auf Aktien der Hauptgesellschaft richten, spricht schließlich § 320 b Abs. 1 AktG. Nach § 320 b Abs. 1 S. 1 AktG scheiden die Minderheitsaktionäre der eingegliederten Gesellschaft gegen Abfindung aus. Als Abfindung sind ihnen eigene Aktien der Hauptgesellschaft zu gewähren, § 320 b Abs. 1 S. 2 AktG. Daraus ergibt sich, dass § 320 b Abs. 1 AktG den Schutz der Mitgliedschaftsrechte an der eingegliederten Gesellschaft durch Überleitung auf die Hauptgesellschaft herstellen will. Parallel dazu ordnet § 322 AktG die gesamtschuldnerische Haftung der Hauptgesellschaft an. Die Hauptgesellschaft soll Alleinaktionärin und die eingegliederte Gesellschaft 100 % - ige Tochtergesellschaft werden. Diese Abfindungsregelung dient nicht nur dem Schutz der Minderheitsaktionäre, die am Verbleib in der dem Willen der Hauptgesellschaft völlig ausgelieferten eingegliederten Gesellschaft ohnehin kein Interesse mehr haben werden. § 320 b Abs. 1 AktG sichert auch die Eingliederung selbst, an deren Bestand ein unternehmerisches Interesse besteht. Die Hauptgesellschaft soll nach den §§ 319 ff.

---

[507] BGHZ 24, 279, 286 = NJW 1957, 1279; OLG Hamm AG 1994, 376 ff., 378.

[508] *Loos* DB 1960, 515, 543, 544; *Hueck* DB 1963, 1347; *Schilling* in GroßKo, AktG, § 192 Rn 14; *Martens* AG 1992, 210; *Bungeroth* in Geßler/Hefermehl, AktG, § 192 Rn 61, 64; *Lutter* in KöKo, AktG, § 192 Rn 34 f.; *Karollus* in Geßler/Hefermehl, AktG, § 221 Rn 198; *Hüffer*, AktG, § 192 Rn 17; *Krieger* in MüHandb., Band 4, § 57 Rn 28 ff.

AktG unangreifbare Alleinaktionärin sein. Die Eingliederung findet nur unter den Voraussetzungen des § 327 Abs. 1 AktG ihr Ende, insbesondere wenn sich die Hauptgesellschaft selbst einzelner Aktien begibt. Dieses Prinzip der uneingeschränkten Verfügungsmacht der Hauptgesellschaft über alle Aktien der eingegliederten Gesellschaft wäre aufgehoben, wenn die durch die Aktienbezugs- oder Umtauschrechte erwerbbaren Aktien der eingegliederten Gesellschaft von dem gesetzlichen Rechtsübergang nach § 320 b Abs. 1 AktG nicht erfasst würden. Deshalb ist die Gleichbehandlung der durch die Bezugs- oder Umtauschrechte erwerbbaren Aktien mit den bereits bestehenden Aktien der Minderheitsaktionäre im Rahmen des § 320 b Abs. 1 AktG geboten.

Die rechtsdogmatische Begründung dieser Lösung liegt in der Analogie zu § 320 b Abs. 1 AktG. Dazu muss das Aktienbezugs- oder Umtauschrecht, wie *Martens* meint, nicht als ein mitgliedschaftsähnliches Recht und der Options- oder Wandelanleiheinhaber nicht als mitgliedschaftsähnliche Rechtsposition qualifiziert werden. Denn es ist zu unterscheiden zwischen dem Bezugs- oder Umtauschrecht selbst und dem Gegenstand des Bezugsrechts. Das Bezugs - oder Umtauschrecht selbst hat allein schuldrechtlichen Charakter. Der Inhaber einer Options- oder Wandelanleihe ist ausschließlich schuldrechtlicher Gläubiger, solange er sein Bezugs- oder Umtauschrecht nicht ausübt. Davon zu unterscheiden ist der Gegenstand des Bezugs- oder Umtauschrechts, die Aktie. Die Aktie selbst vermittelt dem Aktionär das Mitgliedschaftsrecht aktuell, dem Options- oder Wandelanleiheinhaber erst, wenn ihm nach Ausübung des Bezugs- oder Umtauschrechts und Abschluss des Zeichnungsvertrages die Aktie ausgehändigt wird. Wendet man nun § 320 b Abs. 1 AktG im Eingliederungsfall analog an, berührt dies die rechtliche Qualifikation der Options- oder Wandelanleihe selbst nicht. Die Options- oder Wandelanleihe und das Bezugs- und Umtauschrecht auf Aktien bleibt ausschließlich schuldrechtlicher Natur. Die analoge Anwendung des § 320 b Abs. 1 AktG berührt ausschließlich den Gegenstand des Bezugs- oder Umtauschrechts, die Aktie. Die analoge Anwendung des § 320 b Abs. 1 AktG besagt nur, dass sich der schuldrechtliche Anspruch der Options- oder Wandelanleiheinhaber inhaltlich nicht mehr auf den Erwerb von Aktien des Emittenten, sondern auf Abfindung durch Aktien der Hauptgesellschaft richtet. Dadurch wird der Options- oder Wandelanleiheinhaber weder zu einem Aktionär oder einem Aktionär ähnlich. Die analoge Anwendung des § 320 b Abs. 1 AktG berührt also nicht die Rechtsstellung des Options- oder Wandelanleiheinhabers oder die rechtliche Qualifikation des Bezugs- oder Umtauschrechts, sondern sie führt nur zu einer Auswechslung des Gegenstandes des Bezugs- oder Umtauschrechts von einer Aktie des Emittenten zu einem Abfindungsanspruch, der inhaltlich Aktien der Hauptgesellschaft zum Gegenstand hat. Der Anleger bleibt ausschließlich schuldrechtlicher Gläubiger und das Bezugs- oder Umtauschrecht ist ausschließlich schuldrechtlicher Natur, niemals mitgliedschaftsähnlich. Zum Aktionär wird der Anleger auch im Fall der Eingliederung erst, wenn er sein Bezugs- oder Umtauschrecht ausübt, den Zeichnungsvertrag zeichnet und Aktien der Hauptgesellschaft erhält. Der analogen Anwendung des § 320 b Abs. 1 AktG stehen somit keine rechtlichen Bedenken entgegen.

Gegen eine analoge Anwendung des § 23 UmwG hat schon *Martens* geltend gemacht, dass der tiefere Grund des § 23 UmwG im rechtlichen Untergang der übertragenden Gesellschaft und damit auch dem Untergang der bisher gegen die übertragende Gesellschaft gerichteten Options- und Wandlungsrechte liege. In der Tat liegt das Problem der Analogie zu § 23 UmwG in der Vergleichbarkeit der Eingliederung mit der Verschmelzung. Unbestritten kommt die konzernrechtliche Eingliederung nach §§ 319 ff. AktG der Verschmelzung sehr nahe und ist oft Vorstufe einer Verschmelzung. Der wesentliche Unterschied der Eingliederung zur Verschmelzung liegt jedoch darin, dass bei der Eingliederung die eingegliederte Gesellschaft als selbständige juristische Person erhalten bleibt. Bei der Verschmelzung jedoch erlischt der übertragende Rechtsträger liquidationslos. Deshalb ist der Sinn des § 23 UmwG, wonach einem Options- oder Wandelanleiheinhaber bei einer Umwandlung, insbesondere Verschmelzung, gleichwertige Rechte im übernehmenden Rechtsträger zu gewähren sind, in erster Linie, dem Anleger einen Schuldner zu erhalten. Die Rechte der Options- oder Wandelanleiheinhaber sollen nicht infolge des Erlöschens des übertragenden Rechtsträgers wegen Unmöglichkeit (§ 275 BGB) untergehen. Dieser Normzweck greift bei der Eingliederung nicht ein, da die eingegliederte Gesellschaft weiterhin rechtlich existent bleibt. Die Frage nach dem Schicksal der gegen die rechtlich existente Gesellschaft gerichteten Aktienbezugs- und Umtauschrechte wird von § 23 UmwG gerade nicht beantwortet, weil § 23 UmwG voraussetzt, dass der übertragende Rechtsträger erlischt. Die Analogie über § 320 b Abs. 1 AktG ist demnach vorzuziehen.

In der Literatur nicht behandelt wird der Inhalt des Rechts, dass gleichwertige Aktien der Hauptgesellschaft zu gewähren seien. In Übereinstimmung mit der Regelung in § 320 b Abs. 1 AktG sind die Aktienbezugs- und Umtauschrechte nach dem für die Eingliederung festgelegten Umtauschverhältnis der Anteile umzustellen. Dafür spricht, dass die Aktienbezugs- und Umtauschrechtsinhaber dadurch mit den Aktionären gleichbehandelt werden. Die Gleichbehandlung der Options- und Wandelanleiheinhaber mit den Aktionären ist gerechtfertigt, da die Aktienbezugs- und Umtauschrecht auf Erlangung des Aktionärsstatus gerichtet sind. Da die Bezugs- und Umtauschrechtsinhaber Aktionäre werden wollen, müssen sie sich bei der Eingliederung entsprechend behandeln lassen.

### 5.2.2. Schadensersatzansprüche

Wegen der bloßen Tatsache der Eingliederung bestehen keine Schadensersatzansprüche der Options- oder Wandelanleiheinhaber aus positiver Vertragsverletzung wegen pflichtwidriger Schädigung. Die Eingliederung selbst ist den Anlegern gegenüber keine pflichtwidrige Grundlagenänderung. Die Eingliederung ist eine rechtlich völlig legale Unternehmensstruktur. Es kann nicht gesagt werden, dass sich ein ordentlich denkender und handelnder Kaufmann der Eingliederung widersetzt hätte. Allein wegen der Eingliederung können die Anleger keinen Schadensersatz verlangen. Da den Anlegern statt Aktien des eingegliederten Emittenten Aktien der Hauptgesellschaft zu gewähren sind, entstehen durch potentielle eingliederungsbedingte Schädigungen des Emittenten keine Nachteile. Nach Ausübung des Bezugs- oder Umtauschrechts wird der Bezugs- oder Umtauschberechtigte Aktionär der Hauptgesellschaft. Insoweit wird auf die Ausführungen zu Kapitel III 1.2. verwiesen.

### 5.2.3. Kündigung aus wichtigem Grund

Auch bei Eingliederung ist zwischen der festverzinslichen Anleihe und dem Aktienbezugs- oder Umtauschrecht zu unterscheiden. Die festverzinsliche Anleihe ist aus wichtigem Grund kündbar. In der Tatsache der Konzernierung liegt jedoch ebensowenig ein wichtiger Grund wie in nachteiligen Einflussnahmen auf die abhängige Gesellschaft. Die Anleihe wird, da sie festverzinslich ist, durch schädliche Maßnahmen des Emittenten nicht berührt. Die Anleihe ist unverändert zu bedienen. Den Anlegern entsteht insoweit kein Schaden. Die Hauptgesellschaft haftet für die Bedienung der festverzinslichen Anleihe nach § 322 Abs. 1 AktG als Gesamtschuldner mit.

Das Aktienbezugs- oder Umtauschrecht ist nicht kündbar[509]. Es wird entweder ausgeübt oder nicht ausgeübt. Durch die Eingliederung eröffnete Möglichkeiten der Schädigung des Emittenten und eine dadurch bedingte Entwertung der Aktienbezugs- oder Umtauschrechte, spielen keine Rolle. Denn die Bezugs- oder Umtauschrechte richten sich auf Aktien der Hauptgesellschaft.

---

[509] *Kallrath*, Die Inhaltskontrolle (1994), S. 132.

# IV. Kapitel: Anlegerschutz bei Umwandlung

## 1. Genussscheine, Gewinnschuldverschreibungen

### 1.1. Verschmelzung

#### 1.1.1. Anpassung der Sonderrechte des übertragenden Rechtsträgers

a) Meinungsstand

Der wirtschaftliche Gehalt der Ausschüttung bei Genussscheinen und Gewinnschuldverschreibungen kann auch durch Verschmelzungen beeinträchtigt werden. Die Verschmelzung ist häufig Schlusspunkt und Ende eines fortschreitenden Konzentrationsprozesses. Dabei ist zu unterscheiden zwischen Genussscheinen und Gewinnschuldverschreibungen im übertragenden Rechtsträger und Genussscheinen und Gewinnschuldverschreibungen im übernehmenden Rechtsträger. Denn wegen der Formulierung „Rechte in einem übertragenden Rechtsträger" findet § 23 UmwG unmittelbar nur Anwendung, wenn der Emittent bei der Verschmelzung übertragender Rechtsträger ist. Genussscheine und Gewinnschuldverschreibungen sind Sonderrechte im Sinn des § 23 UmwG, denn sie sind in § 23 UmwG ausdrücklich erwähnt. Nach § 23 UmwG sind den Inhabern von Genussscheinen oder Gewinnschuldverschreibungen gleichwertige Rechte in dem übernehmenden Rechtsträger zu gewähren. Es erfolge kein automatischer Rechtsübergang der Rechte aus Genussscheinen oder Gewinnschuldverschreibungen im Wege der Gesamtrechtsnachfolge auf den übernehmenden Rechtsträger nach § 20 Abs. 1 Nr. 1 UmwG[510]. Genussscheine und Gewinnschuldverschreibungen müssten bei Verschmelzung vom übernehmenden Rechtsträger neu emittiert werden. Dabei müsse der Berechnungsschlüssel für die Ausschüttung umgestellt werden. Denn die für die Ausschüttung des Genussscheins oder der Gewinnschuldverschreibung maßgebliche Bezugsgröße (zum Beispiel Jahresüberschuss, Bilanzgewinn oder Dividende) des übertragenden Rechtsträgers könne nach Verschmelzung nicht mehr gesondert festgestellt werden. Die Umstellung habe dahingehend zu erfolgen, dass die Ausschüttung des Genussscheins oder der Gewinnschuldverschreibung nach Verschmelzung an eine Bezugsgröße des übernehmenden Rechtsträgers (Jahresüberschuss, Bilanzgewinn, Dividende) anknüpfe[511]. Maßgebend für die Umstellung sei in der Regel

---

[510] *Vossius* in Widmann/Mayer, UmwG, § 23 Rn 21.

[511] *Vossius* in Widmann/Mayer, UmwG, § 23 Rn 17; *Dehmer*, UmwG, § 23 Rn 13; *Grunewald* in Lutter, UmwG, § 23 Rn 17.

das für die Anteile ermittelte Umtauschverhältnis, soweit dieses angemessen sei[512]. § 23 UmwG gebe den Inhabern der genannten Sonderrechte einen Anspruch auf die Gewährung gleichwertiger Rechte. Was gleichwertige Rechte in dem übernehmenden Rechtsträger konkret bedeutet, wird in der Literatur kaum behandelt. Überwiegend[513] findet sich nur die allgemeine Formulierung, dass gleichwertig nicht formal, sondern wirtschaftlich zu verstehen sei. Die Inhaber von Genussscheinen oder Gewinnschuldverschreibungen sollten nicht auf irgendeine beliebige Art und Weise abgefunden werden, sondern ihre Rechtsstellung solle so weit wie möglich auch in dem übernehmenden Rechtsträger beibehalten werden. Wegen der hiermit verbundenen technischen Schwierigkeiten ordne § 23 UmwG keine Surrogation an. Eine Abfindung in Geld oder ein Umtausch in Wertpapiere anderer Art sei nicht gleichwertig. Solle die Gewährung gleichwertiger Rechte im Einzelfall nicht möglich sein, stehe den Anlegern ein Schadensersatz nach § 325 BGB (da die Verschmelzung bewusst herbeigeführt wurde) zu[514].

Beispiel[515]: Die Inhaber von Gewinnschuldverschreibungen an der Übertragerin erhalten 10 % des Gewinns, dessen Berechnung im einzelnen festgelegt ist. Die Anteile an der Übertragerin werden im Verhältnis 2 : 1 in Anteile an der Übernehmerin umgestellt, das Kapital der Übernehmerin wird hierzu um 25 % erhöht. Da die Anteilsinhaber der Übertragerin nach der Verschmelzung mit 20 % an der Übernehmerin beteiligt sind, ist hier eine Beteiligung am Gewinn der Übernehmerin von 10 % von 20 %, das heißt von 2 %, angemessen.

b) Stellungnahme

*Vossius'* Lösungsmodell passt sehr gut für Fälle, in denen sich die an der Verschmelzung beteiligten Rechtsträger hinsichtlich ihrer Verhältnisse und Ertragslage gleichen. Die Anpassung des Berechnungsschlüssels für die Ausschüttung auf der Grundlage des Umtauschverhältnisses der Anteile führt dann in der Tat zu einleuchtenden Ergebnissen. Für obligationenähnliche Genussschein wäre das Beispiel von Vossius folgendermaßen abzuwandeln:

---

[512] *van Look* in Bundschuh/Hadding/Schneider, Recht und Praxis der Genußscheine, S. 40; *Hirte* ZIP 1988, 487; *Frantzen*, Genußscheine (1993), S. 275; *Lutter* in KöKo, AktG, § 221 Rn 400; *Vossius* in Widmann/Mayer, UmwG, § 23 Rn 17, 21, 29; *Grunewald* in Lutter, UmwG, § 23 Rn 17.

[513] *Grunewald* in Geßler/Hefermehl, AktG, § 347a Rn 5; *Kraft* in KöKo, AktG, § 347a Rn 6; *Feddersen/Kiem* ZIP 1994, 1078, 1082; *Dehmer*, UmwG, § 23 Rn 9; *Bermel* in Goutier/Knopf/Tulloch, UmwG, § 23 Rn 13; *Grunewald* in Lutter, UmwG, § 23 Rn 11.

[514] *Grunewald* in Lutter, UmwG, § 23 Rn 17.

[515] nach *Vossius* in Widmann/Mayer, UmwG, § 23 Rn 30, 31.

Eine A-Aktiengesellschaft hatte Genussscheine ausgegeben, deren Ausschüttung 6 % des Nennbetrags betrug, solange der Bilanzgewinn ausreichte. Die A-Aktiengesellschaft wird nun auf die X-Aktiengesellschaft verschmolzen. Die Aktien an der A-Aktiengesellschaft werden im Verhältnis 2 : 1 in Aktien der X-Aktiengesellschaft umgestellt und das Grundkapital der X-Aktiengesellschaft hierzu um 25 % erhöht. Da die Aktionäre der A-Aktiengesellschaft nach der Verschmelzung mit 20 % an der X-Aktiengesellschaft beteiligt sind, beträgt die Ausschüttung des Genussscheins nach der Verschmelzung also 6 % des Nennbetrags des Genussscheins, solange 20 % des Bilanzgewinns der X-Aktiengesellschaft zur Bedienung ausreichen. Variante: Hätte die Ausschüttung des Genussscheins ursprünglich das Zweifache des Dividendensatzes der A-Aktiengesellschaft betragen, so läge er nach der Verschmelzung nur noch beim 0,4-fachen des Dividendensatzes der X-Aktiengesellschaft.

*Vossius'* Berechnungsmethode passt jedoch nicht in allen Fällen. Eine variable Anpassung ist nicht immer angemessen. Die variable Anpassung setzt nämlich voraus, dass der Ertrag des übertragenden Rechtsträgers im Jahresüberschuss, Bilanzgewinn oder der Dividende des übernehmenden Rechtsträger in Höhe des Umtauschverhältnisses der Anteile zum Tragen kommt. *Vossius'* Beispiel setzt also voraus, dass 20 % des Bilanzgewinns der X-Aktiengesellschaft dem Bilanzgewinn der vormaligen A-Aktiengesellschaft entspricht. Dies ist nur der Fall, wenn sich mit der Verschmelzung auch die Bilanzgewinne der an der Verschmelzung beteiligten Rechtsträger summieren. Dies mag dann der Fall sein, wenn es sich bei beiden Gesellschaften um Gewinngesellschaften handelt. Eventuelle durch die Kapitalerhöhung entstehende Verwässerungen sind nach den von der Literatur entwickelten Berechnungsmodellen (vgl. Kapitel II 1.7.) auszugleichen. Die variable Anpassung kann aber versagen, wenn es sich bei den Gesellschaften um eine Gewinn- und eine Verlustgesellschaft handelt. In einem solchen Fall gehen die gewinnbringende und verlustbringende Geschäftstätigkeit so ineinander über, dass sie sich auch unter Zuhilfenahme der Unternehmensbewertung bei der Verschmelzung nicht isolieren lassen. Erwirtschaftete die A-Aktiengesellschaft vor der Verschmelzung Gewinne und die X-Aktiengesellschaft nach der Verschmelzung nur Verluste, wäre es für die Anleger wenig tröstlich nach *Vossius'* nun mit (nur) 20 % an den Verlusten beteiligt zu werden. Die Anleger würden mit Verlusten der Gesellschaft belastet in die sie nicht investiert hatten. Erwirtschaftete umgekehrt die A-Aktiengesellschaft vor der Verschmelzung Verluste und die X-Aktiengesellschaft nach der Verschmelzung Gewinne, ist es nicht gerechtfertigt die Anleger mit 20 % an den Gewinnen zu beteiligen. Die Anleger würden sonst von Unternehmensgewinnen profitieren, die nicht auf der Leistung des (ehemaligen) Emittenten beruhen. Auch wenn das Unternehmensergebnis des übernehmenden Rechtsträgers (theoretisch) immer Null betrüge, würde die Ermittlung einer wie auch immer gearteten Verschmelzungswertrelation nichts nützen. Die Inhaber von Genussscheinen oder Gewinnschuldverschreibungen würden mit ihrer Ausschüttung ausfallen, auch wenn der Emittent ursprünglich glänzende Gewinne machte. In solchen Fällen wäre eine variable Anpassung nicht mehr gleichwertig im Sinn des § 23 UmwG.

Fraglich ist, wie in solchen Fällen eine Anpassung vorgenommen werden kann. Zu denken wäre an eine Art „festen Ausgleich", wie er außenstehenden Aktionären einer abhängigen Gesellschaft bei Abschluss eines Beherrschungs- und Gewinnabführungsvertrages zu gewähren ist, § 304 Abs. 2 S. 1 AktG. Die gewinnorientierte Ausschüttung bei Genussscheinen oder Gewinnschuldverschreibungen ist mit der Aktionärsdividende wirtschaftlich vergleichbar. Beide sind unmittelbar von der Ertragslage der Gesellschaft abhängig, die Aktie mehr der Genussschein oder die Gewinnschuldverschreibung weniger. Deshalb erscheint es grundsätzlich sachgerecht, auch für die Genussscheine oder Gewinnschuldverschreibungen eine Anpassung für möglich zu halten, die sich an der bisherigen Ertragslage des Emittenten (vor der Verschmelzung) und ihren künftigen Ertragsaussichten orientiert. Ein ähnliches Berechnungsverfahren wird von *Grunewald*[516] für die dem Genussrecht vergleichbare Tantieme vorgeschlagen.

§ 23 UmwG stünde einer festen Anpassung nicht entgegen. § 23 UmwG verlangt, dass gleichwertige Rechte in dem übernehmenden Rechtsträger zu gewähren sind. § 23 UmwG schreibt also keine bestimmte Anpassung vor. Es kommt darauf an, ob die feste Anpassung zu der ursprünglich gewinnorientierten Ausschüttungsregelung wirtschaftlich gleichwertig ist. Beträgt die Ausschüttung einen bestimmten Prozentsatz des Nennbetrags des Wertpapiers, solange der Jahresüberschuss oder Bilanzgewinn zur Bedienung ausreicht, spricht alles für eine Gleichwertigkeit. Denn derartig ausgestaltete Wertpapiere sind obligationenähnlich. Sie sind im Ergebnis darauf ausgerichtet, dem Anleger die feste Ausschüttung zu zahlen. Dafür spricht auch, dass in Verlustjahren ausgebliebene Ausschüttungen in den folgenden Gewinnjahren nachzuzahlen sind. Zweifelhaft ist die Gleichwertigkeit bei aktienähnlichen Wertpapieren, die die Ausschüttung an die Dividende des Emittenten ankoppeln. Feste Ausschüttung und gewinnabhängige Dividende sind wirtschaftlich grundsätzlich wesensverschieden. Jedoch spricht die gesetzliche Wertung des § 304 AktG auch in diesem Fall für eine wirtschaftliche Gleichwertigkeit. Nach § 304 AktG ist den außenstehenden Aktionären statt einer Dividende wahlweise entweder ein fester oder ein variabler Ausgleich anzubieten. Das Gesetz wertet in § 304 AktG den festen und den variablen Ausgleich damit als wirtschaftlich gleichwertige Kompensation für den Verlust der Dividende. Fester und variabler Ausgleich sind nach § 304 AktG gleichwertiger Dividendenersatz. Somit muss auch für dividendenabhängige Genussscheine oder Gewinnschuldverschreibungen eine am festen Ausgleich

[516] *Grunewald* in Lutter, UmwG, § 23 Rn 17 mit Fn 25.

orientierte Anpassung gleichwertig sein. § 23 UmwG lässt somit für alle Genussscheine und Gewinnschuldverschreibungen, für obligationenähnliche und für aktienähnliche, sowohl eine feste als auch eine variable Anpassung zu. Beide Alternativen sind gleichwertig im Sinn von § 23 UmwG.

Einer festen Anpassung könnte jedoch der Widerspruch entgegenstehen, dass Inhaber von Genussscheinen und Gewinnschuldverschreibungen im Fall der festen Anpassung unterschiedlich zu den Aktionären behandelt werden. Denn bei der festen Anpassung ist der Anleger an den Verlusten des aufnehmenden oder eines anderen übertragenden Rechtsträgers nicht beteiligt. Andererseits kommen ihm auch nicht dessen Gewinne zugute. Demgegenüber hat der Aktionär das Risiko der nach Verschmelzung entstehenden Ertragslage voll zu tragen. So kann die Dividende eines Aktionärs nach Verschmelzung mit einer Verlustgesellschaft trotz Berücksichtigung der Ertragslage bei der zur Verschmelzung vorzunehmenden Unternehmensbewertung sinken. Andererseits kann ein Aktionär einer Verlustgesellschaft nach Verschmelzung mit einer Gewinngesellschaft unter Beteiligung auch nur eines Bruchteils an den erwirtschafteten Gewinnen partizipieren. Dieser vermeintliche Widerspruch ist jedoch nur Konsequenz der unterschiedlichen Rechtsstellung von Anleger und Aktionär. Es gibt keinen Grundsatz, dass der Schutz der Inhaber von Genussscheinen bzw. Gewinnschuldverschreibungen und der Schutz der Aktionäre gleich ausgestaltet sein müsse. Vielmehr ergeben sich aus dem Unterschied zwischen der mitgliedschaftlichen Stellung der Aktionäre und der schuldrechtlichen Stellung der Anleger als bloße Drittgläubiger zahlreiche Unterschiede. So stehen dem Aktionär zahlreiche Mitwirkungs- und Kontrollrechte zu, zum Beispiel die Rechte in § 119 oder § 120 AktG, das Auskunftsrecht des Aktionärs nach § 131 AktG, das Stimmrecht und das Recht zur Anfechtungsklage (§§ 243 ff. AktG). All diese Aktionärsrechte stehen dem Anleger nicht zu. Demgegenüber kann der Anleger die Aktiengesellschaft im Fall einer schuldhaften Pflichtverletzung des Wertpapiervertrages auf Schadensersatz verklagen. Die Schadensersatzklage gegen die Gesellschaft ist wiederum den Aktionären versperrt. Sie müssen versuchen, die Mitglieder des Vorstands nach § 93 Abs. 2 AktG haftbar zu machen. Schadensersatzansprüche gegen Vorstandsmitglieder stehen den Anlegern wiederum nur zu, wenn sie von der Gesellschaft keine Befriedigung erlangen können, § 93 Abs. 5 AktG. Aus alledem ergibt sich, dass Anlegerschutz und Aktionärsschutz nicht parallel laufen. Der Anlegerschutz ist teilweise schwächer (zum Beispiel im Hinblick auf die spezifischen Gesellschafterrechte), teilweise aber auch stärker (zum Beispiel im Hinblick auf Schadensersatzansprüche). Es besteht somit kein Widerspruch darin, dass den Aktionären bei Verschmelzung keine einer festen Anpassung vergleichbaren Rechte zustehen.

Gegen eine feste Anpassung könnte sprechen, dass die Teilnahme an den Verlusten einer Gesellschaft, die mit dem Emittenten verschmolzen wird, zum Risiko gehört, das der Inhaber eines erfolgsabhängigen Wertpapiers mit dessen Zeichnung eingeht. Ebenso könnte es für den Anleger einer Verlustgesellschaft zu der mit dem erfolgsabhängigen Wertpapier verbunden Chance gehören, dass der Emittent mit einer gewinnbringenden Gesellschaft verschmolzen wird. Dieser Sichtweise steht jedoch bereits die Wertung des § 23 UmwG entgegen. Wie sich aus dem in § 23 UmwG enthaltenen Anpassungsgebot ergibt, gehört die Verschmelzung nicht mehr zum Risiko der in § 23 UmwG genannten Sonderrechte. Das Anpassungsgebot in § 23 UmwG für den Fall der Verschmelzung ist kein Einzelfall. § 23 UmwG gilt aufgrund der Verweisung in § 125 UmwG entsprechend für die Spaltung sowie aufgrund Verweisung in § 204 UmwG entsprechend für den Formwechsel. Auch im Falle einer Kapitalerhöhung ist der Berechnungsschlüssel für die Ausschüttung nach § 216 Abs. 3 AktG anzupassen. Nach herrschender Meinung besteht ein Anpassungsgebot auch im Fall des Entstehens einer qualifizierten Abhängigkeit im Konzern. Alle Grundlagenänderungen führen zu Vertragsanpassungsansprüchen der Inhaber von Genussscheinen und Gewinnschuldverschreibungen. Somit liegen alle Grundlagenänderungen außerhalb des Risikos, das der Anleger hinzunehmen hat. Der Anleger ist deshalb in den Verschmelzungsfällen nicht verpflichtet, an Verlusten anderer Gesellschaften teilzunehmen, aber auch nicht berechtigt, von den Gewinnen anderer Gesellschaften zu profitieren.

Für eine feste vom Aktionärsschutz abweichende Anpassung bestehen auch sachliche Gründe. So kann der Aktionär über die Verschmelzung selbst bestimmen. Entsprechend dem Grundsatz „volenti non fit iniuria“ übernimmt der Aktionär, auch wenn er überstimmt wurde, das Risiko einer möglichen Verwässerung seiner Dividende. Demgegenüber steht dem Anleger kein Stimmrecht zu. Ein Anleger, der die Verschmelzung und ihre Bedingungen nicht beeinflussen kann, muss auch keine außerhalb seiner Rechtsmacht liegenden Risiken von Äquivalenzstörungen hinnehmen. Dementsprechend hat der Gesetzgeber[517] den Schutz durch die Regelung des § 23 UmwG als erforderlich angesehen, weil die Rechtsstellung der Inhaber von Sonderrechten in einem übertragenden Rechtsträger zwar qualitativ über die schuldrechtliche Gläubigereigenschaft hinausgehe, andererseits aber diesen Inhabern von Rechten in einem übertragenden Rechtsträger die Möglichkeit fehle, durch Ausübung von Stimmrechten auf die Verschmelzung Einfluss zu nehmen. Deshalb ist es gerechtfertigt, die Risiken von Aktionären und Anlegern unterschiedlich zu werten. Ein zweiter Rechtfertigungsgrund liegt darin, dass der Aktionär neben seinem Dividendenanspruch - unbeschadet der Möglichkeit seine Aktien zu veräußern - an der Vermögenssubstanz der Aktiengesellschaft ewig beteiligt bleibt, bis zu Liquidation. Demgegenüber ist

---

[517] Begründung RegE zu § 23 UmwG.

der Ausschüttungsanspruch des Inhabers eines Genussscheins oder einer Gewinnschuldverschreibung auf eine Laufzeit beschränkt. Er muss seine Rendite innerhalb der Laufzeit des Wertpapiers erzielen. Läuft die Zeit ab, hat er keine Möglichkeit, an den späteren Gewinnen zu profitieren oder an der Substanz des Emittenten zu partizipieren. Es liegt somit kein Widerspruch darin, dass Genussschein- und Gewinnschuldverschreibungsinhaber im Gegensatz zu den Aktionären an Verwässerungsrisiken durch Verschmelzungen nicht beteiligt werden.

Ist eine feste Anpassung durchzuführen, orientiert sie sich an der bisherigen Ertragslage des Emittenten (= übertragender Rechtsträger) und seinen künftigen Ertragsaussichten. Danach ist die X-Aktiengesellschaft zur Zahlung einer 6 % -igen Ausschüttung verpflichtet, wenn die A-Aktiengesellschaft bisher stets eine Ausschüttung von 6 % vom Nennbetrag des Genussscheins bezahlt hatte und die Zukunftsprognose positiv war. War ein bestimmtes Vielfaches vom Dividendensatz der A-Aktiengesellschaft zu zahlen, ist die in den letzten drei bis fünf Jahren erzielte Durchschnittsausschüttung unter Berücksichtigung der Zukunftsprognose zu zahlen. Der Genussschein verwandelt sich bei einer festen Anpassung somit in ein festverzinsliches Wertpapier.

### 1.1.2. Anpassung der Sonderrechte des übernehmenden Rechtsträgers

a) Meinungsstand

Ist der Emittent von Genussscheinen oder Gewinnschuldverschreibungen übernehmender Rechtsträger, findet § 23 UmwG keine unmittelbare Anwendung. Denn § 23 UmwG setzt voraus, dass die Sonderrechte des § 23 UmwG in dem übertragenden Rechtsträger bestehen. Dieses Problem ist nur relevant bei der Verschmelzung zur Aufnahme, nicht bei der Verschmelzung zur Neugründung. Da nun weder § 23 UmwG noch sonst irgendeine gesetzliche Vorschrift eingreift, ist fraglich wie der Anlegerschutz zu bewirken ist. *Vossius*[518] verweist die Inhaber von Sonderrechten - ohne konkret auf Inhaber von Genussscheinen oder Gewinnschuldverschreibungen Bezug zu nehmen - auf die allgemeinen Ansprüche nach den §§ 22, 27 UmwG. Sie (die Sonderrechtsinhaber des übernehmenden Rechtsträgers) seien nicht in gleicher Weise geschützt wie die Sonderrechtsinhaber des übertragenden Rechtsträgers, auch wenn die zur Verfügung stehende Haftungsmasse des übernehmenden Rechtsträgers durch die Verschmelzung vermindert sein könne. Die wenige Literatur[519], die sich speziell mit Genussscheinen befasst, ist knapp. Die Anleger seien durch § 216 Abs. 3

---

[518] *Vossius* in Widmann/Mayer, UmwG, § 23 Rn 8.

[519] *Frantzen*, Genußscheine (1993), S. 274; *Lutter* in KöKo, AktG, § 221 Rn 400; *Karollus* in Geßler/Hefermehl, AktG, § 221 Rn 415.

AktG geschützt. Denn die übernehmende Gesellschaft werde in der Regel eine Kapitalerhöhung durchführen, um die Aktionäre der übertragenden Gesellschaft mit Aktien der übernehmenden Gesellschaft abfinden zu können. Für die Inhaber der von der übernehmenden Aktiengesellschaft emittierten Genussscheine oder Gewinnschuldverschreibungen entspreche die Lage daher jener bei Kapitalerhöhung. Folglich sei eine Anpassung insoweit vorzunehmen, als die neuen Aktionäre ihre Aktien ohne eigene Einlageleistung erhalten. Als Berechnungsfaktor biete sich wiederum der Wert des Bezugsrechts auf die Umtauschaktien an.

b) Stellungnahme

Fraglich ist, ob es nach *Vossius* bei der Regelungslücke bleibt und die Anleger nur nach allgemeinen Vorschriften zu schützen sind. Für eine Regelungslücke spricht, dass § 23 UmwG nur Sonderrechte in dem übertragenden Rechtsträger erfasst und das Umwandlungsgesetz zum Schutz Gläubiger des übernehmenden Rechtsträgers nur die allgemeinen Vorschriften der §§ 22, 27 UmwG kennt. Der Verweis auf die unmittelbare Gesetzeslage lässt aber auch den Schluss zu, dass bezüglich des Anlegerschutzes beim übernehmenden Rechtsträger eine Regelungslücke vorliegt, die entsprechend auszufüllen ist. Wie *Vossius* selbst zugibt, könne die zur Verfügung stehende Haftungsmasse des übernehmenden Rechtsträgers durch die Verschmelzung vermindert werden. Darüber hinaus verändern sich auch die Kapitalverhältnisse des übernehmenden Rechtsträgers, so dass der Berechnungsschlüssel für die Ausschüttung diesen neuen Kapitalverhältnissen angepasst werden muss. Der Anspruch auf Sicherheitsleistung nach § 22 UmwG und der Schadensersatzanspruch nach § 27 UmwG können das Bedürfnis nach einer wirtschaftlichen Anpassung der gewinnabhängigen Wertpapiere nicht ausfüllen. Es besteht also in den Verschmelzungsfällen dringender Anpassungsbedarf, so dass es nicht bei der Regelungslücke verbleiben darf.

Fraglich, ist, wie die Regelungslücke zu schließen ist. In Betracht käme eine Anpassung nach § 216 Abs. 3 AktG. Dagegen spricht, dass Umwandlungen und Kapitalerhöhungen keine identischen Rechtsvorgänge sind, die beliebig ausgetauscht werden könnten. Zwar geht die Verschmelzung zur Aufnahme regelmäßig mit einer Kapitalerhöhung einher. Aber Kapitalerhöhungen sind nicht notwendig mit Verschmelzungen verknüpft. Verschmelzungen setzen nicht notwendig eine Kapitalerhöhung voraus, auch wenn sie bei der Verschmelzung zur Aufnahme in der Regel erfolgen. § 216 Abs. 3 AktG statuiert zwar für Kapitalerhöhungen aus Gesellschaftsmitteln den allgemeinen Gerechtigkeitsgedanken eines Schutzes vor Äquivalenzstörungen. Dennoch handelt es sich bei Kapitalerhöhung und Verschmelzung um unterschiedliche Sachverhalte. Um den Verschmelzungsfällen gerecht zu werden, sollte deshalb unmittelbar auf die Verschmelzung abgestellt werden und nicht auf eine Kapitalerhöhung, die in der Regel, aber nicht notwendig mit der Verschmelzung einhergeht. Außerdem würde eine Lösung über § 216 Abs. 3 AktG versagen, wenn eine Gewinn- mit einer Verlustgesellschaft verschmolzen wird. Denn in diesem Fall würde - wie bereits oben bei Sonderrechten im übertragenden Rechtsträger dargestellt - der Genussschein- oder Gewinnschuldverschreibungsinhaber an den Gewinnen oder Verlusten des übertragenden Rechtsträgers beteiligt. Würde man allein auf die Kapitalerhöhung abstellen, könnte der Sonderrechtsinhaber im übernehmenden Rechtsträger mit Verlusten des übertragenden Rechtsträgers belastet werden, obwohl der übernehmende Rechtsträger in der Vergangenheit Gewinne erzielte. Umgekehrt könnte der Sonderrechtsinhaber in einer übernehmenden Verlustgesellschaft von den Gewinnen des übertragenden Rechtsträgers profitieren. Dass dies nicht gerechtfertigt wäre, wurde bereits bei der Anpassung von Sonderrechten im übertragenden Rechtsträger erläutert. In diesen Fällen könnte aus dem starren, auf das Grundkapital fixierten § 216 Abs. 3 AktG keine Anpassung abgeleitet werden, die sich an der bisherigen Ertragslage des Emittenten und seinen künftigen Ertragsaussichten orientiert. Die bloß formale Anknüpfung des § 216 Abs. 3 AktG an die Kapitalverhältnisse ließe einer „festen Anpassung“ keinen Raum und würde damit den wahren Wertveränderung nicht gerecht. Die Analogie des § 216 Abs. 3 AktG auf die Verschmelzung zur Aufnahme ist daher abzulehnen. Eine Anpassung über das Institut des Wegfalls der Geschäftsgrundlage ist als die flexiblere Lösung vorzugswürdig.

Eine Anpassung könnte sich jedoch analog § 23 UmwG ergeben. Dagegen spricht jedoch der unmittelbare Zweck des § 23 UmwG. Wie sich aus dem Abstellen auf Sonderrechte im übertragenden Rechtsträger, die wirtschaftlich gleichwertig im übernehmenden Rechtsträger zu gewähren sind, ergibt, bezweckt § 23 UmwG in erster Linie, den Rechtsübergang der Genussscheine und Gewinnschuldverschreibungen auf den übernehmenden Rechtsträger sicherzustellen. Die Genussscheine und Gewinnschuldverschreibungen sollen nicht wegen Unmöglichkeit (§ 275 BGB) erlöschen, weil der übertragende Rechtsträger mit der Verschmelzung liquidationslos erlischt. Dieser Normzweck trifft auf Genussscheine und Gewinnschuldverschreibungen des übernehmenden Rechtsträgers nicht zu. Denn der übernehmende Rechtsträger erlischt gerade nicht. Die Frage nach dem Schicksal der im rechtlich fortbestehenden Rechtsträger existierenden Sonderrechte wird von § 23 UmwG gerade nicht beantwortet, weil § 23 UmwG davon ausgeht, dass der übertragende Rechtsträger erlischt. Zwar ergibt sich aus dem Hinweis auf die Gleichwertigkeit der Rechte auch ein gewisser Schutz vor Äquivalenzstörungen bei Durchführung der Verschmelzung. Dem liegt jedoch nur die allgemeine Gerechtigkeitsvorstellung zugrunde, dass mit dem Rechtsübergang auch die Gleichwertigkeit von Leistung und Gegenleistung gewahrt bleiben müsse. Ein eigener Normzweck ist darin nicht enthalten. § 23 UmwG ist daher nicht analog auf die Genussscheine und Gewinnschuldverschreibungen des übertragenden Rechtsträgers anwendbar.

Ein Anpassungsanspruch könnte sich jedoch aus dem Rechtsinstitut des Wegfalls der Geschäftsgrundlage ergeben. Anleger und Emittent sind bei Zeichnung des Wertpapiervertrages davon ausgegangen, dass sich Leistung und Gegenleistung entsprechen und dieses Austauschverhältnis erhalten bleibe. Die Äquivalenzstörung infolge einer Verschmelzung fällt auch nicht in den Risikobereich des Anlegers. Aus der Wertung des § 23 UmwG ergibt sich, dass die Verschmelzung nicht mehr zum Risikobereich der in § 23 UmwG genannten Sonderrechte gehört. Auch das Risiko der Spaltung muss der Anleger nicht hinnehmen, §§ 123, 125, 23 UmwG. Bei Kapitalerhöhungen ist der Berechnungsschlüssel für die Ausschüttung nach § 216 Abs. 3 AktG anzupassen. Nach herrschender Meinung besteht ein Anpassungsgebot auch im Fall des Entstehens einer qualifizierten Abhängigkeit im Konzern. Jede Grundlagenänderung liegt folglich außerhalb des Risikos, das der Anleger hinzunehmen hat. Der Anleger ist deshalb bei Verschmelzung durch Aufnahme nicht verpflichtet, damit einhergehende Verwässerungsrisiken zu tragen. Der Inhaber von Genussscheinen oder Gewinnschuldverschreibungen des übernehmenden Rechtsträgers, kann deshalb eine Anpassung des Berechnungsschlüssels für die Ausschüttung nach den Regeln über den Wegfall der Geschäftsgrundlage verlangen. Dabei ist auf das bei der Unternehmensbewertung ermittelte Umtauschverhältnis der Anteile abzustellen (variable Anpassung). Lässt sich der Berechnungsschlüssel für die Ausschüttung nicht angemessen umstellen (zum Beispiel bei der Verschmelzung einer Verlust- und einer Gewinngesellschaft), dann ist eine feste Anpassung vorzunehmen, orientiert an der bisherigen Ertragslage des Emittenten vor der Verschmelzung und seinen künftigen Ertragsaussichten (feste Anpassung).

### 1.1.3. Kündigung aus wichtigem Grund

a) Meinungsstand

Fraglich ist, ob den Inhabern von Genussscheinen oder Gewinnschuldverschreibungen ein Recht zur Kündigung zustehen kann. Die herrschende Meinung verneint dies im allgemeinen und für den Fall der Verschmelzung[520] im besonderen. § 23 UmwG sei die Wertung zu entnehmen, dass bei Grundlagenänderungen wie der Verschmelzung Genussscheine und Gewinnschuldverschreibungen

[520] *Rid-Niebler*, Genußrechte (1989), S. 115; *Goerdeler/Müller* in Hachenburg, GmbHG, 8. Aufl., Anh. § 29 Rn 18; *Frantzen*, Genußscheine (1993), S. 273, 275 f.; *Karollus* in Geßler/Hefermehl, AktG, § 221 Rn 413.

fortbestehen und lediglich angepasst werden. Lediglich *Thielemann*[521] gesteht den Anlegern ein Wahlrecht zwischen Anpassung und Kündigung aus wichtigem Grund zu, nach einer Äußerung an anderer Stelle bestehe jedoch ein Kündigungsrecht nur als ultima ratio, wenn eine Anpassung scheitere.

b) Stellungnahme

Wie bereits oben (Kapitel III 3.1.5.) dargestellt, lässt sich aus § 23 UmwG nicht schon die Wertung entnehmen, dass eine Kündigung aus wichtigem Grund von vornherein unmöglich ist. Es ist stets zu prüfen, ob den Anlegern ein Festhalten an den angepassten Vertragsbedingungen noch zugemutet werden kann. Für den Fall, dass der Emittent der übernehmende Rechtsträger ist, kann den Anlegern ein Festhalten am angepassten Vertrag zugemutet werden. Die wirtschaftliche Anpassung der Genussscheine oder Gewinnschuldverschreibungen an die durch die Verschmelzung entstehenden veränderten Umstände reicht zum Schutz der Anleger aus. Auch konzernspezifische Gefahren bestehen nicht. Denn die grundsätzliche Interessenparallelität zwischen Aktionären und Anlegern ist in diesem Fall gewahrt. Die Anleger müssen nicht befürchten, dass der Emittent nicht mehr in seinem eigenen wirtschaftlichem Interesse betrieben wird. Durch die Verschmelzung entsteht vielmehr aus dem herrschenden Konzernunternehmen ein neues autonomes Konzernunternehmen. Der Anleger steht ebenso, wie wenn er Papiere eines anderen unabhängigen Unternehmens gezeichnet hätte. Eine konzernspezifische Beeinträchtigung durch die Verschmelzung findet nicht statt. Den Anlegern ist ein Festhalten am Vertrag zuzumuten. Ein wichtiger Grund zur Kündigung liegt also weder in der Verschmelzung selbst noch in der durch die Verschmelzung entstehenden Verwässerungsgefahr. Die Anleger können allein wegen der Verschmelzung nicht kündigen. Im Gefolge der Verschmelzung können jedoch andere allgemeine Gründe vorliegen, die eine Kündigung aus wichtigem Grund rechtfertigen (z.B. Manipulationen).

### 1.1.4. Schadensersatzansprüche

Schadensersatzansprüche können sind ergeben aus positiver Vertragsverletzung, aus den §§ 25 ff. UmwG oder aus §§ 823 Abs. 2 BGB, 23 UmwG[522]. Haftbar können sein die beteiligten Rechtsträger oder die an der Verschmelzung beteiligten Handelnden, das heißt die Vertretungs- und Aufsichtsorgane der beteiligten Rechtsträger, die Verschmelzungsprüfer sowie unter Umständen weitere Rechts-

---

[521] *Thielemann*, Das Genußrecht (1988), S. 177 und 195; ebenso *Capelle*, Der Genußschein (1989), S. 122.
[522] *Vossius* in Widmann/Mayer, UmwG, § 23 Rn 3.

und Wirtschaftsberater der beteiligten Rechtsträger. Die bloße Tatsache der Verschmelzung führt jedoch mangels Pflichtverletzung nicht zu einem Schadensersatzanspruch.

## 1.2. Spaltung

### 1.2.1. Anpassung der Sonderrechte des übertragenden Rechtsträgers

a) Meinungsstand

Die Spaltung des Emittenten stellt für die Inhaber von Genussscheinen oder Gewinnschuldverschreibungen einen schwerwiegenden Eingriff in ihre Rechtsposition dar. Die Folgen der Spaltung der emittierenden Aktiengesellschaft, insbesondere der Ausgliederung, auf Inhaber von Genussscheinen und Gewinnschuldverschreibungen werden nur vereinzelt erörtert. Unstreitig können die Genussscheininhaber gegen Aufspaltung, Abspaltung oder Ausgliederung der gesamten oder eines wesentlichen Teils der bisherigen geschäftlichen Aktivitäten des Genussscheinemittenten in Tochtergesellschaften nicht vorgehen[523]. Denn die Genussscheininhaber besitzen als bloße Gläubiger des Emittenten keine Gesellschafterrechte und können deshalb auf die Entscheidungen (auch Grundlagenentscheidungen) des Emittenten selbst oder seiner Organe keinen Einfluss nehmen. Die wenige zu diesem Thema existierende Literatur[524], die sich vor allem auf Genussscheine bezieht, befürwortet eine Vertragsanpassung wegen Wegfalls der Geschäftsgrundlage. Nach *Frantzen*[525] solle der Gewinnanspruch der Genussrechtsinhaber an die Konzernergebnisse (Konzernüberschuss, Konzernbilanzgewinn, Konzerneigen- oder Konzerngesamtkapitalrendite) anknüpfen. Die Rechtslage ist jedoch nach Inkrafttreten des Umwandlungsgesetzes von 1994 de lege lata überholt. Im Fall der Spaltung gelten nunmehr § 23 UmwG über die Verweisung in § 125 UmwG, sowie § 133 Abs. 2 und Abs. 6 UmwG.

Die aktuelle Literatur[526] beschränkt sich vor allem auf die Beschreibung des gesetzlichen Regelungsmodells. Danach seien auch in den Fällen der Spaltung in dem oder den übernehmenden oder neu gegründeten Rechtsträgern gleichwertige Rechte zu gewähren, §§ 123, 125, 23 UmwG. Der Anspruch nach § 23 UmwG richte sich gegen den oder die übernehmenden Rechtsträger. Die Anleger könnten also eine Neuemission beim übernehmenden Rechtsträger verlangen. Nach § 133 Abs. 2 S. 2 UmwG könnten bei Abspaltung und Ausgliederung die gleichwertigen Rechte im Sinne des § 125 in Verbindung mit § 23 UmwG auch in dem

---

[523] *Frantzen*, Genußscheine (1993), S. 249.
[524] *Frantzen*, Genußscheine (1993), S. 249 f.; *Karollus* in Geßler/Hefermehl, AktG, § 221 Rn 421.
[525] *Frantzen*, Genußscheine (1993), S. 251.
[526] *Vossius* in Widmann/Mayer, UmwG, § 23 Rn 38 ff. und § 133 Rn 34 ff.; *Hommelhoff* in Lutter, UmwG, § 133 Rn 60 ff.; *Dehmer*, UmwG, § 133 Rn 21 ff.

übertragenden Rechtsträger gewährt werden. Der in Anspruch genommene Gesamtschuldner könne sich nach § 133 Abs. 6 UmwG auf Verjährung (fünf Jahre) berufen.

Nach *Vossius*[527] seien den Inhabern von Genussscheinen und Gewinnschuldverschreibungen im Fall der Aufspaltung in jedem übernehmenden Rechtsträger gleichwertige Genussscheine oder Gewinnschuldverschreibungen zu gewähren. Rechte in nur einem übernehmenden Rechtsträger genügen nicht. Im Fall der Abspaltung und Ausgliederung seien zusätzlich in jedem der übernehmenden Rechtsträger gleichwertige Genussscheine oder Gewinnschuldverschreibungen zu gewähren. Da der übertragende Rechtsträger bei der Abspaltung und Ausgliederung nicht erlösche, bestünden die bereits emittierten Genussscheine oder Gewinnschuldverschreibungen beim übertragenden Rechtsträger unverändert fort. Nach *Hommelhoff*[528] bestimme der Spaltungsvertrag bzw. Spaltungsplan, gegen welchen Rechtsträger sich der Anspruch auf Rechtsgewährung richte. Der Spaltungsvertrag bzw. Spaltungsplan könne die Gewährungsschuld gegenüber sämtlichen Rechtsinhabern einem übernehmenden bzw. neuen Rechtsträger zuweisen, aber auch nach Belieben unter diesen Rechtsträgern aufteilen. Nach *Dehmer*[529] solle der Sonderrechtsinhaber selbst wählen können, ob er gleichwertige Rechte in dem übertragenden Rechtsträger, in dem übernehmenden Rechtsträger oder in einem, mehreren oder allen Rechtsträgern wolle. Das Wahlrecht des Sonderrechtsinhabers ergebe sich aus der vom Gesetz angeordneten gesamtschuldnerischen Haftung der beteiligten Rechtsträger. Gesamtschuldnerische Haftung bedeute nicht nur, dass der Gläubiger seinen Schuldner auswählen, sondern auch, dass er von jedem der Schuldner die Leistung auch nur zu einem Teil fordern könne.

b) Stellungnahme

Nach §§ 23, 125, 123 UmwG sind den Inhabern von Genussscheinen und Gewinnschuldverschreibungen in dem übertragenden Rechtsträger bei Spaltung gleichwertige Rechte in dem übernehmenden Rechtsträger zu gewähren. § 23 UmwG spricht nur von dem (einen) übernehmenden Rechtsträger. Dies liegt daran, dass § 23 UmwG auf die Verschmelzung zugeschnitten ist. Bei der Verschmelzung gibt es nur einen übernehmenden Rechtsträger. Auf den umgekehrten Fall der Spaltung, bei der mehrere übernehmende Rechtsträger existieren, passt der Wortlaut des § 23 UmwG nicht. § 23 UmwG gibt wegen seiner sprachlichen Fixierung auf die Verschmelzung keine Auskunft darüber, ob

---

[527] *Vossius* in Widmann/Mayer, UmwG, § 23 Rn 38 ff. und § 133 Rn 36.
[528] *Hommelhoff* in Lutter, UmwG, § 133 Rn 60 und Rn 62.
[529] *Dehmer*, UmwG, § 133 Rn 21 ff.

bei Spaltung die Sonderrechte nur in einem, in mehreren oder in allen übernehmenden Rechtsträgern zu gewähren sind. Aus dem Zweck des § 23 UmwG lässt sich auch keine weiterführende Erkenntnis ableiten. § 23 UmwG bezweckt in erster Linie, für die genannten Sonderrechte die Rechtsnachfolge bei Verschmelzung und Spaltung sicherzustellen. Ob Genussscheins- oder Gewinnschuldverschreibungsemissionen einem oder mehreren übernehmenden Rechtsträgern zuzuweisen sind, lässt sich anhand des Normzwecks nicht ermitteln. Desweiteren spricht § 23 UmwG noch von gleichwertigen Rechten. § 23 UmwG schützt also auch vor Äquivalenzstörungen durch die Verschmelzung oder Spaltung. Die gleichwertigen Rechte sind in dem übernehmenden Rechtsträger zu gewähren. Der Hinweis auf die Gleichwertigkeit der Sonderrechte in dem übernehmenden Rechtsträger beantwortet nicht die Frage, ob die Sonderrechte in einem, in mehreren oder in allen übernehmenden Rechtsträgern zu gewähren sind. Lediglich das Ergebnis der Zuweisung der Emission, also die Rechte in dem übernehmenden Rechtsträger müssen gleichwertig sein. § 23 UmwG ist also bezüglich der Zuweisungsfrage an den oder die übernehmenden Rechtsträger offen.

Nach allgemeinem Spaltungsrecht unterliegt es der privatautonomen Gestaltungsmacht des oder der an der Spaltung beteiligten Rechtsträger, Verbindlichkeiten zuzuweisen[530]. Nach der Konzeption des Umwandlungsgesetzes unterliegt der Umfang des Rechtsübergangs der Zuweisungsfreiheit der beteiligten Rechtsträger. Sie legen im Spaltungsvertrag oder Spaltungsplan fest, welche Gegenstände des Aktiv- und Passivvermögens auf die einzelnen Rechtsträger übertragen werden, § 126 Abs. 1 Nr. 9 UmwG. Den beteiligten Rechtsträgern obliegt es, Verbindlichkeiten im Spaltungsvertrag oder Spaltungplan einem Rechtsträger zuzuweisen. Dies gilt nicht nur für Schuldverhältnisse, die sich in einem einmaligen Leistungsaustausch erschöpfen. Auch Dauerschuldverhältnisse wie zum Beispiel Miet-, Pacht- oder Leasingverträge unterliegen dem Zuweisungsrecht im Spaltungsplan[531]. Da es sich auch bei Genussscheins- und Gewinnschuldverschreibungsverträgen um Dauerschuldverhältnisse handelt, ist es systemkonform, das Zuweisungsrecht des übertragenden Rechtsträgers auch auf Genussscheine und Gewinnschuldverschreibungen zu erstrecken. Dies spricht dafür, dass Genussscheine und Gewinnschuldverschreibungen im Spaltungsvertrag oder Spaltungsplan kraft privatautonomer Gestaltungsmacht einem einzigen, mehreren oder allen Rechtsträgern zugewiesen werden können.

Ein zweites Argument für eine Zuweisungsfreiheit liegt in § 133 Abs. 2 S. 2 UmwG. Nach § 133 Abs. 2 S. 2 UmwG können bei Abspaltung und Ausgliede-

---

530 *K. Schmidt*, Gesellschaftsrecht, § 13 IV 3; *Voigt*, Umwandlung und Schuldverhältnis (1997), S. 52, 61.

531 *Voigt*, Umwandlung und Schuldverhältnis (1997), S. 104 ff.

rung die gleichwertigen Rechte auch in dem übertragenden Rechtsträger gewährt werden. Die Formulierung „können auch gewährt werden" spricht ebenfalls für die privatautonome Gestaltungsfreiheit nach der Konzeption des Umwandlungsgesetzes. § 133 Abs. 2 S. 2 UmwG geht anscheinend von einer Art Ermessen („kann") der beteiligten Rechtsträger aus. Es gibt nach § 133 Abs. 2 S. 2 UmwG keinen automatischen Rechtsübergang der Genussscheine oder Gewinnschuldverschreibungen kraft Gesetzes auf einen, einzelne oder sämtliche Rechtsträger.

Ein drittes Argument ergibt sich aus § 133 Abs. 1 und Abs. 3 UmwG. Danach haften für die Verbindlichkeiten des übertragenden Rechtsträgers die an der Spaltung beteiligten Rechtsträger als Gesamtschuldner, § 133 Abs. 1 S. 1 UmwG. Diejenigen Rechtsträger, denen die Verbindlichkeiten nach § 133 Abs. 1 S. 1 UmwG im Spaltungs- und Übernahmevertrag oder Spaltungsplan nicht zugewiesen worden sind, haften für diese Verbindlichkeiten, wenn sie vor Ablauf von fünf Jahren nach der Spaltung fällig und daraus Ansprüche gegen sie gerichtlich gelten gemacht sind. Der Gesetzgeber hat also das Schutzbedürfnis der Gläubiger gesehen und es nicht bei einer Regelungslücke belassen. Gläubiger sollen nicht mit Schuldnern konfrontiert werden, die sie sich nicht ausgesucht haben und mit denen sie etwa wegen deren unsicheren Liquidität sonst möglicherweise nicht in vertragliche Beziehungen getreten wären. Trotzdem sieht das Gesetz die Regelung vor, dass sämtliche beteiligten Rechtsträger als Gesamtschuldner nur fünf Jahre mithaften. Nach fünf Jahren kann sich der Rechtsträger, dem die Verbindlichkeit nicht zugewiesen wurde, auf Verjährung berufen, § 133 Abs. 6 UmwG. Der Gläubiger muss seine Befriedigung bei dem Rechtsträger suchen, dem die Verbindlichkeit zugewiesen wurde. Es gibt also kein allgemeines Prinzip im Spaltungsrecht, dass Verbindlichkeiten aufzuteilen und jedem einzelnen Rechtsträger anteilig zuzuweisen sind. Das Gesetz lässt es durchaus zu, Verbindlichkeiten nur einem Rechtsträger zuzuweisen. Das Gesetz kennt sogar nach fünf Jahren eine Verjährung zugunsten derjenigen Rechtsträger, denen die Verbindlichkeit nicht zugewiesen worden ist.

Folglich entspricht *Vossius'* Vorstellung von einer ewigen Verbindung sämtlicher beteiligter Rechtsträger mit der Genussscheins- oder Gewinnschuldverschreibungsemission nicht der allgemeinen Konzeption des Gläubigerschutzes bei Spaltung. Die Rechtsgewährung in sämtlichen an der Spaltung beteiligten Rechtsträgern entspricht auch nicht einem dringenden Schutzbedürfnis der Anleger. Denn unter Umständen liegt die Häufung von Genussscheinen oder Gewinnschuldverschreibungen in sämtlichen Rechtsträgern weder im Interesse der betroffenen Rechtsträger noch im Interesse der Anleger selbst. Die Gesetzesbegründung[532] führt aus, dass sich die beteiligten Gläubiger oft ohne zwingenden Grund einem Schuldnerwechsel gegenüberstünden, gerade bei wirtschaftlich

[532] Begründung RegE zu § 133 UmwG.

unbedeutenden Ausgliederungen. Ein Ausgleich für eine Minderung des Werts dieser Rechte infolge einer Abspaltung kann auch durch zusätzliche Rechte beim gewährenden Rechtsträger erfolgen. Jedenfalls ist die Genussscheins- oder Gewinnschuldverschreibungsemission entgegen *Vossius* nicht zwingend sämtlichen beteiligten Rechtsträgern zuzuweisen.

Auch *Dehmers* Ansicht kann nicht gefolgt werden. Erstens verstößt *Dehmers* Theorie von der freien Wahlmöglichkeit der Sonderrechtsinhaber gegen die autonome Gestaltungsfreiheit der beteiligten Rechtsträger. Es obliegt nach dem Prinzip des Spaltungsrechts gerade den beteiligten Rechtsträgern, über die Spaltung und die Zuweisung der Rechte zu entscheiden. Zweitens verstößt *Dehmers* Ansicht auch gegen das Haftungssystem des § 133 UmwG. § 133 UmwG enthält ein differenziertes System der Haftung des Primärschuldners, des übertragenden Rechtsträgers (sofern er fortbesteht), sowie der an der Spaltung beteiligten Rechtsträger. Dabei ist die Haftungsstufung des § 133 UmwG keineswegs belanglos, weil sich der Gläubiger nach § 421 BGB den Schuldner frei aussuchen könne[533]. Gläubiger haben sich an den Primärschuldner zu halten. Die anderen Rechtsträger, denen die Verbindlichkeit im Spaltungs- und Übernahmevertrag nicht zugewiesen wurden, haften nur, wenn die Verbindlichkeit binnen fünf Jahren gerichtlich geltend gemacht oder schriftlich anerkannt worden ist. Davon, dass sich der Anleger aussuchen könne, wer welche Wertpapiere zu emittieren hat, kann keine Rede sein. Drittens kann *Dehmer* entgegengehalten werden, dass der Gesetzgeber zwischen der Anordnung gesamtschuldnerischer Haftung in § 133 Abs. 2 S. 1 UmwG und der Möglichkeit der Gewährung gleichwertiger Rechte auch in dem übertragenden Rechtsträger nach § 133 Abs. 2 S. 2 UmwG unterschieden hat. § 133 Abs. 2 S. 2 BGB, wonach gleichwertige Rechte auch in dem übertragenden Rechtsträger gewährt werden können, wäre überflüssig, wenn sich dies bereits aus der Anordnung der gesamtschuldnerischen Haftung nach § 133 Abs. 2 S. 1 oder § 133 Abs. 1 S. 1 UmwG ergeben würde. Das Gesetz differenziert gerade zwischen Gesamtschuldnerschaft und der Gewährung von Sonderrechten auch im übertragenden Rechtsträger. Daraus ergibt sich, dass letzteres nicht schon aus der Gesamtschuld folgt.

Vielmehr kann kraft privatautonomer Zuweisungsfreiheit im Spaltungsvertrag oder Spaltungsplan bestimmt werden, dass die Genussscheine oder Gewinnschuldverschreibungen von einem einzigen, mehreren oder anteilig von allen beteiligten Rechtsträgern zu gewähren sind. Folgt man dem, wird der Anlegerschutz in dreifacher Weise bewirkt. Erstens durch das Gebot der Gewährung gleichwertiger Rechte, §§ 23, 133 Abs. 2 S. 2 UmwG. Zweitens durch die gesamtschuldnerische Mithaftung aller an der Umwandlung beteiligter Rechtsträger fünf Jahre lang, § 133 Abs. 6 UmwG. Drittens durch Schadensersatz-

[533] so auch *Karsten Schmidt*, Gesellschaftsrecht, § 13 IV 5 a.

ansprüche der Gläubiger aus positiver Vertragsverletzung, §§ 25 ff., 125, 123 UmwG sowie §§ 823 Abs. 2 mit § 23 UmwG und § 826 BGB.

Der Anlegerschutz wird also erstens durch das Gebot der Gewährung gleichwertiger Rechte bewirkt, §§ 23, 133 Abs. 2 S. 2 UmwG. Von der Literatur nicht behandelt wird die Frage, wann die zu gewährenden Rechte bei Spaltung inhaltlich gleichwertig sind. Sowohl nach § 23 als auch nach § 133 Abs. 2 S. 2 UmwG sind den Anlegern gleichwertige Rechte zu gewähren. Nach §§ 123, 125, 23 UmwG sind Rechte in dem oder den übernehmenden Rechtsträgern zu gewähren. Nach § 133 Abs. 2 S. 2 UmwG können gleichwertige Rechte auch in dem übertragenden Rechtsträger gewährt werden. Dem lässt sich entnehmen, dass der Ausgleich nach §§ 123, 125, 23 UmwG und nach § 133 Abs. 2 S. 2 UmwG wirtschaftlich gleich sein soll. Für § 133 Abs. 2 S. 2 UmwG bedeutet dies, dass der Ausgleich nach § 133 Abs. 2 S. 2 UmwG auf das gleiche Ergebnis hinauslaufen muss wie der Ausgleich nach §§ 123, 125, 23 UmwG und umgekehrt. Die Anleger sind also auch bei § 133 Abs. 2 S. 2 UmwG so zu stellen, wie wenn gleichwertige Rechte zusätzlich zu den fortbestehenden Rechten im übertragenden Rechtsträger in dem oder den übernehmenden Rechtsträgern gewährt worden wären. Umgekehrt muss die Anpassung bei Abspaltung und Ausgliederung nach §§ 123, 125, 23 UmwG wirtschaftlich auf das gleiche Ergebnis hinauslaufen, wie wenn gleichwertige Rechte im übertragenden Rechtsträger nach § 133 Abs. 2 S. 2 UmwG gewährt worden wären. Die wirtschaftliche Austauschbarkeit der verschiedenen Anpassungsmöglichkeiten wird am besten dadurch gewährleistet, dass die Bezugsgrößen für die Ausschüttung spaltungsweit berücksichtigt werden. Für die Berechnung der Ausschüttung sind die Bezugsgrößen auch in der oder den abgespaltenen oder ausgegliederten Gesellschaften zu berücksichtigen. Für den Jahresüberschuss oder Bilanzgewinn ist nicht allein auf den übertragenden Rechtsträger, sondern auch auf den oder die übernehmenden Rechtsträger abzustellen. Ist Bezugsgröße die Dividende, ist nicht nur die Dividende des übertragenden Rechtsträgers, sondern auch die Dividende des übernehmenden Rechtsträgers maßgebend.

Beispiel: Die X-Aktiengesellschaft emittierte Genussscheine nach denen 6 % des Nennbetrages auszuschütten waren, solange der Bilanzgewinn ausreichte. Die X-Aktiengesellschaft gliedert nun die T-Aktiengesellschaft als 100 % - ige Tochtergesellschaft aus. Die X-Aktiengesellschaft will für die Genussscheininhaber gleichwertige Rechte nach § 133 Abs. 2 S. 2 UmwG schaffen. Wie könnte eine Vertragsanpassung aussehen? Nach § 133 Abs. 2 S. 2 UmwG ist die X-Aktiengesellschaft verpflichtet, für die Genussscheininhaber die gleiche Lage herzustellen, wie wenn die Verwässerung der bestehenden Genussscheine durch die zusätzliche Neuemission von Genussscheinen bei der T-Aktiengesellschaft ausgeglichen worden wäre. Die X-Aktiengesellschaft hat die Genussscheinbedingungen dahingehend anzupassen, dass die 6 % - ige Ausschüttung zu zahlen ist, solange die Bilanzgewinne der X-Aktiengesellschaft und der T-Aktiengesellschaft zur Bedienung der Genussscheine ausreichen.

Zweitens wird der Anlegerschutz durch die gesamtschuldnerische Mithaftung aller an der Umwandlung beteiligten Rechtsträger bewirkt. In den Fällen der Spaltung haften alle an der Spaltung beteiligten Rechtsträger für die Erfüllung der Verpflichtung nach §§ 133, 23 UmwG als Gesamtschuldner fünf Jahre lang, § 133 Abs. 2 S. 1, Abs. 6 UmwG. Für die Gewährung der Wertpapieremission haftet nur derjenige Rechtsträger, dem diese zugewiesen wurde. Gegen die übrigen Rechtsträger besteht eine gesamtschuldnerische Mithaftung und eventuell ein Sekundäranspruch auf Schadensersatz[534], welche sich nur auf Geld, nicht auf die Gewährung der Emission richten. Der gesamtschuldnerische Mithafter, dem die Wertpapieremission nicht zugewiesen wurde, kann sich nach § 133 Abs. 6 UmwG auf Verjährung berufen.

### 1.2.2. Anpassung der Sonderrechte des übernehmenden Rechtsträgers

Ist der Emittent von Genussscheinen oder Gewinnschuldverschreibungen der übernehmende Rechtsträger bei der Spaltung zur Aufnahme, gilt das zur Verschmelzung Gesagte. § 23 UmwG gilt weder direkt noch analog. Schon gar nicht sind analog § 133 Abs. 2 S. 2 UmwG gleichwertige Rechte in dem übertragenden Rechtsträger zu gewähren. Es erfolgt vielmehr eine Vertragsanpassung wegen Wegfalls der Geschäftsgrundlage. Der Inhaber von Genussscheinen oder Gewinnschuldverschreibungen des aufnehmenden Rechtsträgers, kann eine Anpassung des Berechnungsschlüssels für die Ausschüttung nach den Regeln über den Wegfall der Geschäftsgrundlage verlangen. Dabei ist auf die bei der Unternehmensbewertung ermittelte Verschmelzungswertrelation abzustellen (variable Anpassung). Lässt sich der Berechnungsschlüssel nicht angemessen umstellen (zum Beispiel bei der Verschmelzung einer Verlust- und einer Gewinngesellschaft), dann ist eine feste Anpassung vorzunehmen, orientiert an der bisherigen Ertragslage des Emittenten vor der Verschmelzung und seinen künftigen Ertragsaussichten (feste Anpassung).

---

[534] *Vossius* in Widmann/Mayer, UmwG, § 133 Rn 34 ff.

### 1.2.3. Kündigung aus wichtigem Grund

a) Meinungsstand

*Schneider*[535] will den Anlegern ein Recht zur Kündigung aus wichtigem Grund einräumen, dies allerdings nur, falls eine Anpassung nicht möglich sei. Nach *Frantzen*[536] hingegen sei eine Kündigung aus wichtigem Grund nicht möglich, weil dem die Wertung der §§ 216 Abs. 3 S. 1, 340 Nr. 7, 347a (= § 23 UmwG), 353 Abs. 1 AktG, 13 Abs. 3 S. 1 KapErhG entgegenstehe.

b) Stellungnahme

Wie bei der Verschmelzung (siehe oben Kapital IV 1.1.3.) liegt auch bei der Spaltung ein wichtiger Grund zur Kündigung weder in der Spaltung selbst noch in der durch die Spaltung entstehenden Verwässerungsgefahr. Den Anlegern ist ein Festhalten an den angepassten Vertragsbedingungen zuzumuten. Eine über die Probleme der Vertragsanpassung hinausgehende Gefährdungslage besteht für die Anleger nicht.

### 1.2.4. Schadensersatzansprüche

Den Inhabern von Genussscheinen oder Gewinnschuldverschreibungen können Schadensersatzansprüche aus positiver Vertragsverletzung, §§ 25 ff. UmwG, §§ 823 Abs. 2 BGB, 23 UmwG[537] oder § 826 BGB gegen beteiligte Rechtsträger oder Vertretungs- und Aufsichtsorgane der beteiligten Rechtsträger, die Verschmelzungsprüfer sowie unter Umständen weitere Rechts- und Wirtschaftsberater der beteiligten Rechtsträger zustehen. Ein Schadensersatzanspruch kommt insbesondere in Betracht, wenn die Wertpapieremission einem Rechtsträger zugewiesen wurde, obwohl bei sorgfältiger Betrachtung erkennbar gewesen wäre, dass die mit den Genussscheinen oder Gewinnschuldverschreibungen verbunden Leistungspflichten die finanzielle Leistungsfähigkeit des Rechtsträgers überfordern. Die bloße Tatsache der Spaltung selbst löst dagegen keine Schadensersatzansprüche der Anleger aus.

---

[535] *Schneider* in FS Goerdeler (1987), S. 530.

[536] *Frantzen*, Genußscheine (1993), S. 250.

[537] *Vossius* in Widmann/Mayer, UmwG, § 23 Rn 3.

## 2. Optionsanleihen, Wandelanleihen

### 2.1. Verschmelzung

#### 2.1.1. Anpassung der Sonderrechte des übertragenden Rechtsträgers

a) Meinungsstand

Die Frage nach den Auswirkungen einer Verschmelzung auf Options- oder Wandelanleihen des übertragenden Rechtsträgers ist im Umwandlungsgesetz von 1994 in § 23 UmwG gesetzlich geregelt. Danach sind den Inhabern von Wandelschuldverschreibungen in einem übertragenden Rechtsträger, gleichwertige Rechte in dem übernehmenden Rechtsträger zu gewähren. Wandelschuldverschreibungen im Sinn des § 23 UmwG sind Schuldverschreibungen mit einem Umtausch- oder Bezugsrecht auf Aktien, § 221 Abs. 1 S. 1 AktG, also Options- oder Wandelanleihen. § 23 UmwG gilt also mit seiner Bezugnahme auf Wandelschuldverschreibungen sowohl für Optionsanleihen als auch für Wandelanleihen. In allen Umwandlungsfällen des § 1 Abs. 1 des UmwG (Verschmelzung, Spaltung, Vermögensübertragung und Formwechsel) sind den Inhabern von Options- oder Wandelanleihen gleichwertige Rechte zu gewähren. Bei der Verschmelzung ist zwischen der Verschmelzung durch Aufnahme und der Verschmelzung durch Neugründung zu unterscheiden. Für beide Fälle hat der übernehmende oder neu gegründete Rechtsträger gleichwertige Options- oder Wandelanleihen zu gewähren, § 23 UmwG.

Nach der Literatur[538] sei die Frage nach dem Schicksal der Anleihe von der Frage nach dem Schicksal des Aktienbezugs- oder Umtauschrechts zu trennen. Die Anleihe gehe mit ihrer Verpflichtung zur Zahlung des Zinses und Rückzahlung des Kapitals ohne weiteres auf den übernehmenden oder neu gegründeten Rechtsträger über, § 20 Abs. 1 Nr. 1 UmwG. Die Zinsen seien von dem neuen Rechtsträger zu entrichten.

Anders verhalte es sich mit den Aktienbezugs- und Umtauschrechten. Die Aktienbezugs- und Umtauschrechte könnten nach der Verschmelzung nicht mehr gegenüber dem übertragenden Rechtsträger ausgeübt werden. Sie seien vielmehr nach §§ 23, 5 Abs. 1 Nr. 7 UmwG auf Aktien des übernehmenden oder neu gegründeten Rechtsträgers umzustellen[539]. Die neu gewährten Bezugs- und

---

[538] *Vossius* in Widmann/Mayer, UmwG, § 23 Rn 14.
[539] *Grunewald* in Geßler/Hefermehl, AktG, § 347a Rn 4; *Vossius* in Widmann/Mayer, UmwG, § 23 Rn 14.

Umtauschrechte auf Aktien des neuen Rechtsträgers müssten gegenüber den ursprünglichen Aktienbezugs- und Umtauschrechten wirtschaftlich gleichwertig sein. Für Wandelanleihen seien wiederum Wandelanleihen, für Optionsanleihen wiederum Optionsanleihen auszugeben[540]. Für die Gleichwertigkeit verweist die allgemeine Meinung[541] auf das im Verschmelzungsvertrag (§ 5 Abs. 1 Nr. 3 UmwG) für die Anteile festgelegte Umtauschverhältnis. Die Umtauschbedingungen seien bereits im Verschmelzungsvertrag festzulegen, § 5 Abs. 1 Nr. 7 UmwG. § 15 UmwG, der einen Ersatz für das dem Inhaber von Wandelschuldverschreibungen nicht zustehende Anfechtungsrecht beinhaltet, gelte nicht[542]. Der Begriff der Gleichwertigkeit in § 23 UmwG sei nicht formal, sondern wirtschaftlich zu verstehen. Gleichwertig bedeute auch, dass sich die Bezugs- und Umtauschrechte auf die gleiche Aktiengattung richten müssten. Zur Absicherung des Umtausch- oder Bezugsrechts habe die übernehmende Aktiengesellschaft ein bedingtes Kapital zu schaffen, wenn die Bezugs- und Umtauschrechte auch bei der übertragenden Aktiengesellschaft durch bedingtes Kapital gesichert waren oder sonst zur Herstellung einer vergleichbaren Sicherung der Inhaber der genannten Rechte erforderlich sei[543]. Nur *Martens*[544] vertritt die Auffassung, dass die Schaffung bedingten Kapitals nur bei zweifelhaftem Leistungsvermögen der übernehmenden oder neu gegründeten Rechtsträgers zwingend sein solle.

b) Stellungnahme

Bezüglich der festverzinslichen Anleihe stellen sich keine besonderen Anlegerschutzprobleme. Die festverzinsliche Anleihe wird durch die Verschmelzung inhaltlich nicht berührt. Unverändert sind Zins und Tilgung von dem übernehmenden oder neu gegründeten Rechtsträger zu übernehmen. Verwässerungsschutzprobleme stellen sich insoweit nicht.

Anders verhält es sich mit den Aktienbezugs- und Umtauschrechten. Bezugs- und Umtauschrechte sind Verwässerungsgefahren ausgesetzt, da die durch die Bezugs- und Umtauschrechte erwerbbare Vermögenssubstanz und Ertragslage

---

540 *Kallrath*, Die Inhaltskontrolle (1994), S. 184; *Kraft* in KöKo, AktG, § 347a Rn 7; *Vossius* in Widmann/Mayer, UmwG, § 23 Rn 28; *Dehmer*, UmwG, § 23 Rn 9; *Grunewald* in Lutter, UmwG, § 23 Rn 6.

541 *van Look* in Bundschuh/Hadding/Schneider, Recht und Praxis der Genußscheine, S. 40; *Grunewald* in Geßler/Hefermehl, AktG, § 347a Rn 6; *Vossius* in Widmann/Mayer, UmwG, § 23 Rn 14, 29; *Dehmer*, UmwG, § 23 Rn 11; *Kraft* in KöKo, AktG, § 347a Rn 6; *Bermel* in Goutier/Knopf/Tulloch, UmwG, § 23 Rn 14; *Grunewald* in Lutter, UmwG, § 23 Rn 12.

542 *Grunewald* in Lutter, UmwG, § 23 Rn 12.

543 *Karollus* in Geßler/Hefermehl, AktG, § 221 Rn 195; *Grunewald* in Lutter, UmwG, § 23 Rn 12; *Lutter* in KöKo, AktG, § 192 Rn 37.

544 *Martens* AG 1992, 214.

des übernehmenden oder neu gegründeten Rechtsträgers nicht mehr der des übertragenden Rechtsträgers (= Emittent) entspricht. In Übereinstimmung mit der allgemeinen Meinung in der Literatur sind die Aktienbezugs- und Umtauschrechte nach dem im Verschmelzungsvertrag festgelegten Umtauschverhältnis der Anteile (§ 5 Abs. 1 Nr. 3 UmwG) umzustellen. Dafür spricht, dass die Aktienbezugs- und Umtauschrechtsinhaber auf diese Weise mit den Aktionären gleichbehandelt werden. Die Gleichbehandlung der Aktienbezugs- und Umtauschrechtsinhaber mit den Aktionären ist gerechtfertigt, da die Aktienbezugs- und Umtauschrechte gerade auf Erwerb der Aktionärsstellung gerichtet sind. Wer das Recht erwirbt, Gesellschaftsanteile erwerben zu können, muss sich auch bei Verschmelzung entsprechend behandeln lassen.

Dieses Ergebnis ist zweifellos angemessen, wenn es sich bei beiden Aktiengesellschaften um Gewinngesellschaften handelt. Unterstellt, das Umtauschverhältnis der Anteile entspreche den tatsächlichen Wertverhältnissen, wäre für die Options- und Wandelanleiheinhaber eine dem Wert des Aktienerwerbsrecht am übertragenden Rechtsträger entsprechende Beteiligung am übernehmenden oder neu gegründeten Rechtsträger sichergestellt. Die durch die Verschmelzung ausgelösten Verwässerungsprobleme wären dann werterhaltend ausgeglichen worden. Bedenken bestehen jedoch, wenn eine Gewinn- mit einer Verlustgesellschaft verschmolzen wurde. Wäre der Emittent von Options- oder Wandelanleihen zum Beispiel eine Gewinngesellschaft gewesen, wäre die Ausübung des ursprünglichen Aktienbezugs- oder Umtauschrechts mit Gewinn möglich gewesen. Nach Verschmelzung mit einer Verlustgesellschaft schüttet die übernehmende oder neu gegründete Aktiengesellschaft aber möglicherweise keine Dividende mehr aus. Der Options- oder Wandelanleiheinhaber wird sein Bezugs- oder Umtauschrecht nicht ausüben. Der Options- oder Wandelanleiheinhaber wurde durch die Verschmelzung mit einem Geschäftsergebnis aus einer Gesellschaft belastet, in die er mit Zeichnung der Options- oder Wandelanleihe nicht investiert hatte. Umgekehrt kann der Options- oder Wandelanleiheinhaber von einer Verschmelzung profitierten, wenn er übertragende Rechtsträger (= Emittent) eine Verlustgesellschaft war, die nach Verschmelzung mit einer Gewinngesellschaft plötzlich wieder Gewinne erwirtschaftet. In diesem Fall stellt sich die Frage, ob er als Anleger der Verlustgesellschaft aus den Gewinnen der anderen Gesellschaft seinen Vorteil ziehen darf. Für eine Hinnahme dieser Konsequenz spricht, dass bei der Verschmelzung auch die Aktionäre einer Gewinnaktiengesellschaft mit den Verlusten einer anderen Gesellschaft belastet werden bzw. Aktionäre einer Verlustgesellschaft von Gewinnen einer Gewinngesellschaft profitieren. Die Stellung der Options- oder Wandelanleiheinhaber entspräche der Stellung der Aktionäre. Der Vergleich der Rechtsstellung der Aktienbezugs- oder Umtauschrechtsinhaber mit der Rechtsstellung der Aktionäre ist gerechtfertigt, da über die Aktienbezugs- oder Umtauschrechte gerade der Aktionärsstatus erreicht werden soll. Wer ein Aktienbezugsrecht erwirbt, kann sich nicht beklagen, nach Ausübung des Bezugsrechts wie ein Aktionär behandelt zu werden. Dies muss aber zuungunsten der Bezugs- oder Umtauschrechtsinhaber ebenso gelten wie zugunsten. Es ist daher gerechtfertigt, den Bezugs- oder Umtauschrechtsinhaber an den Aktionärsrisiken und Aktionärschancen zu beteiligen. Chancen und Risiken von Aktionären und von Aktienbezugs- und Umtauschrechtsinhabern laufen insoweit parallel.

In diesem Ergebnis könnte jedoch ein Widerspruch zur Behandlung der Genussscheine und Gewinnschuldverschreibungen bei Verschmelzung liegen. Inhaber von Options- oder Wandelanleihen nehmen an den Aktionärschancen und Risiken teil. Der Inhaber von Options- oder Wandelanleihen, der nach dem im Verschmelzungsvertrag festgelegten Umtauschverhältnis der Anteile Aktien erhält, hat das Risiko der nach Verschmelzung entstehenden Ertragslage voll zu tragen. So kann die Dividende der durch das Bezugs- oder Umtauschrecht erworbenen Aktie nach der Verschmelzung mit einer Verlustgesellschaft gemindert sein. Andererseits ist der Options- oder Wandelanleiheinhaber einer Verlustgesellschaft nach Verschmelzung mit einer Gewinngesellschaft nach Erwerb der Aktionärstellung anteilig an den Gewinnen beteiligt. Demgegenüber sollen die Inhaber von Genussscheinen oder Gewinnschuldverschreibungen nach dem unter Kapitel IV 1.1.1. vertretenen Ergebnis an den Verlusten des anderen Rechtsträgers nicht beteiligt sein. Andererseits sollen ihnen auch nicht deren Gewinne zugute kommen. Vielmehr sei bei Genussscheinen oder Gewinnschuldverschreibungen unter Umständen eine an der bisherigen Ertragslage der Gesellschaft und ihren künftigen Ertragsaussichten orientierte Anpassung vorzunehmen. Dieser Unterschied ist jedoch kein Wertungswiderspruch, sondern ergibt sich aus der unterschiedlichen Rechtsstellung von Genussscheins- bzw. Gewinnschuldverschreibungsinhabern und Aktienbezugs- bzw. Umtauschrechtsinhabern. Genussscheine oder Gewinnschuldverschreibungen gewähren nur Vermögensrechte am Emittenten. Sie vermitteln dem Anleger deshalb nur ein Zinsrisiko. Demgegenüber vermitteln Options- und Wandelanleihen ein Gesellschafterrisiko. Denn Options- oder Wandelanleihen sind auf den Erwerb der Aktionärsstellung gerichtet. Erlangt der Anleger nach Ausübung des Bezugs- oder Umtauschrechts die Aktionärsstellung, ist es gerechtfertigt, ihn auch wie einen Aktionär zu behandeln. Aktionäre des einen Rechtsträgers müssen Verluste des anderen Rechtsträgers ebenso tragen. Der Anlegerschutz von Genussscheinen und Gewinnschuldverschreibungen einerseits und von Options- und Wandelanleihen andererseits muss nicht parallel laufen. Es besteht somit kein Widerspruch darin, dass Options- und Wandelanleiheinhaber nach Erwerb der Aktionärsstellung Aktionärsrisiken und Aktionärschancen tragen, Inhaber von Genussscheinen oder Gewinnschuldverschreibungen hingegen nicht.

Dieses Ergebnis verträgt sich auch mit dem bei der Eingliederung gefundenen Ergebnis. Bei der Eingliederung stehen den Inhabern von Genussscheinen und Gewinnschuldverschreibungen Anpassungsansprüche gegen den eingegliederten Emittenten zu. Die Ausschüttungsberechnung ist anzupassen entweder an Bezugsgrößen der Hauptgesellschaft oder an der bisherigen Ertragslage des eingegliederten Emittenten und seinen künftigen Ertragsaussichten. Dagegen richten sich die Aktienbezugs- und Umtauschrechte der eingegliederten Gesellschaft auf Aktien der Hauptgesellschaft. Die Aktien des eingegliederten Emittenten stehen nach der Eingliederung den Aktienbezugs- oder Umtauschrechtsinhabern nicht mehr zur Verfügung. Es ist somit gerechtfertigt, wie bei der Eingliederung, die Bezugs- und Umtauschrechte den Aktien folgen zu lassen, obwohl bei Genussscheinen und Gewinnschuldverschreibungen ein Gleichlauf von Aktien und Genussscheinen bzw. Gewinnschuldverschreibungen nicht stattfindet. Genussscheine und Gewinnschuldverschreibungen einerseits und Options- und Wandelanleihen andererseits sind bezüglich des Anlegerschutzes unterschiedlich zu behandeln. Dies rechtfertigt sich sachlich daraus, dass Genussscheine und Gewinnschuldverschreibungen nur Geldansprüche gewähren, während Options- und Wandelanleihen dagegen auf die Erlangung des Aktionärsstatus gerichtet sind.

### 2.1.2. Anpassung der Sonderrechte des übernehmenden Rechtsträgers

a) Meinungsstand

Für Sonderrechte in dem übernehmenden Rechtsträger gilt § 23 UmwG nicht. § 23 UmwG setzt voraus, dass die Sonderrechte in dem übertragenden Rechtsträger bestehen. Da diese Konstellation (Sonderrechte im übernehmenden Rechtsträger) weder von § 23 UmwG noch sonst einer gesetzlichen Vorschrift erfasst wird, ist fraglich, wie Options- und Wandelanleihen in dem übernehmenden Rechtsträger zu schützen sind. Nach *Karollus*[545] bleiben die Bezugs- und Umtauschrechte unberührt, wenn der Emittent die übernehmende Aktiengesellschaft sei. Beschließe der übernehmende Emittent zur Abfindung der Aktionäre der übertragenden Aktiengesellschaft eine Kapitalerhöhung, werde der Verwässerungsschutz durch § 216 Abs. 3 AktG bewirkt.

b) Stellungnahme

Die Verschmelzung ist aus Sicht des übernehmenden Rechtsträgers ebenso wie für den übertragenden Rechtsträger eine wesentliche Grundlagenänderung. Die

[545] *Karollus* in Geßler/Hefermehl, AktG, § 221 Rn 195.

Verschmelzung wirkt sich auch auf die Vermögens- und Ertragslage des übernehmenden Rechtsträgers aus. Da der übernehmende Rechtsträger in der Regel eine Kapitalerhöhung beschließen wird, um den Umtausch der Anteile des übertragenden Rechtsträgers durchführen zu können, ist darüber hinaus eine Anpassung der Aktienbezugs- oder Umtauschrechte an die neuen Kapitalverhältnisse erforderlich. Dagegen bedarf es für die festverzinsliche Anleihe keines weiteren Verwässerungsschutzes. Die Anleihe wird von dem übernehmenden Rechtsträger unverändert bedient.

Gegen die von *Karollus* favorisierte Anpassung analog § 216 Abs. 3 AktG spricht, dass § 216 Abs. 3 AktG den Verwässerungsschutz bei Grundkapitalveränderungen betrifft. Im vorliegenden Fall geht es jedoch um Verschmelzungen, nicht um Kapitalerhöhungen. Zwar geht mit Verschmelzungen in der Regel auch eine Kapitalerhöhung einher. Dies ist jedoch nicht notwendig. Verschmelzungen setzen nicht notwendig Kapitalerhöhungen voraus, Kapitalerhöhungen nicht notwendig Verschmelzungen. Verschmelzung und Kapitalerhöhung sind unterschiedliche Tatbestände. Eine entsprechende Anwendung des § 216 Abs. 3 AktG auf die Verschmelzung geht über den Anwendungsbereich des § 216 Abs. 3 AktG hinaus.

Denkbar wäre eine Analogie zu § 23 UmwG. § 23 UmwG ist unmittelbar auf Verwässerungen durch Verschmelzungen zugeschnitten. Sonderrechte im übernehmenden Rechtsträger werden bei Verschmelzung von Verwässerungsgefahren ebenso getroffen wie Sonderrechte im übertragenden Rechtsträger. Gegen die analoge Anwendung des § 23 UmwG spricht jedoch, dass der Normzweck des § 23 UmwG in erster Linie darauf abzielt, dem Sonderrechtsinhaber im übertragenden Rechtsträger einen Schuldner zu erhalten. Denn im Gegensatz zum übernehmenden Rechtsträger erlischt der übertragende Rechtsträger bei der Verschmelzung liquidationslos. Dieser Normzweck, dem Sonderrechtsinhaber einen Schuldner zu erhalten, trifft jedoch auf übernehmende Rechtsträger nicht zu. Denn mangels Erlöschens des übernehmenden Rechtsträgers ist die Rechtskontinuität des übernehmenden Rechtsträgers gesichert. Eine Analogie zu § 23 UmwG ist deshalb nicht gerechtfertigt.

Eine Anpassung könnte sich jedoch nach den Regeln über den Wegfall der Geschäftsgrundlage ergeben. Aktiengesellschaft und Options- oder Wandelanleiheinhaber sind davon ausgegangen, das sich bei Ausübung des Aktienbezugs- oder Umtauschrechts zum vorgegebenen Bezugspreis Leistung und Gegenleistung wertmäßig entsprechen und dieses Wertverhältnis erhalten bleibt. Durch die Verschmelzung ist das Austauschverhältnis jedoch grundlegend gestört. Wie sich aus der Wertung des § 23 UmwG ergibt, ist die Verschmelzung eine wesentliche Grundlagenänderung, die nicht mehr in den Risikobereich des

Sonderrechtsinhabers fällt und die der Sonderrechtsinhaber nicht mehr ohne Anpassung hinnehmen muss. Der Options- und Wandelanleiheinhaber ist nicht verpflichtet, mit der Verschmelzung einhergehende Verwässerungsrisiken zu tragen. Die Voraussetzungen des Wegfalls der Geschäftsgrundlage sind erfüllt. Inhaltlich kann sich die Anpassung der Aktienbezugs- und Umtauschrecht im übernehmenden Rechtsträger nach dem Umtauschverhältnis der Anteile (§ 5 Abs. 1 Nr. 3 UmwG) richten. Die Anpassung der Aktienbezugs- und Umtauschrechte im übertragenden Rechtsträger nach § 23 UmwG und im übernehmenden Rechtsträger nach den Regeln über den Wegfall der Geschäftsgrundlage sind wegen der vergleichbaren Interessenlage gleich zu behandeln. Dagegen wäre die von *Karollus* vorgeschlagene Lösung, wonach eine Anpassung analog § 216 Abs. 3 AktG insoweit vorzunehmen sei, als die Aktionäre ihre Aktien ohne eigene Einlageleistung erhielten, nur eine Hilfskonstruktion. Denn im Gegensatz zur Kapitalerhöhung gegen Einlage erfolgt bei der Verschmelzung ohnehin eine Unternehmensbewertung. Die Anpassung kann wie bei der Anpassung der Sonderrechte des übertragenden Rechtsträgers anhand des Umtauschverhältnisses der Anteile (§ 5 Abs. 1 Nr. 3 UmwG) geschehen. Danach richten sich die Aktienbezugs- und Umtauschrechte auf Aktien des übernehmenden Rechtsträgers unter Zugrundelegung des im Verschmelzungsvertrag für die Anteile festgelegten Umtauschverhältnisses (§ 5 Abs. 1 Nr. 3 UmwG).

### 2.1.3. Kündigung aus wichtigem Grund

Ebenso wie bei Genussscheinen oder Gewinnschuldverschreibungen liegt auch bei Options- oder Wandelanleihen ein wichtiger Grund zur Kündigung nicht in der Verschmelzung selbst oder in der durch die Verschmelzung entstehenden Verwässerungsgefahr. Eine Kündigung ist nicht schon deshalb ausgeschlossen, weil sich aus § 23 UmwG die Wertung ableiten ließe, dass der Anpassung der Vorrang vor der Kündigung einzuräumen sei. Denn § 23 UmwG bezweckt in erster Linie, einen Untergang der Sonderrechte wegen des liquidationslosen Erlöschens des übertragenden Rechtsträgers zu verhindern. Es ist vielmehr stets, auch bei Verschmelzung, zu prüfen, ob dem Sonderrechtsinhaber ein Festhalten am Vertrag, gegebenenfalls unter veränderten Umständen, zumutbar ist. Die Belange der Options- und Wandelanleiheinhaber werden durch die Anpassung der Aktienbezugs- und Umtauschrechte an die veränderten Umstände ausreichend geschützt. Wenn das Umtauschverhältnis dem wahren Wert der Anteile entspricht, sind die Bezugs- und Umtauschrechtsinhaber durch die Vertragsanpassung auf der Grundlage des Umtauschverhältnisses der Anteile ausreichend geschützt. Den Anlegern ist ein Festhalten an den angepassten Aktienbezugs- oder Umtauschbedingungen zuzumuten. Eine über die Probleme der Vertragsanpassung hinausgehende Gefährdungslage besteht für die Anleger nicht. Eine Kündigung aus wichtigem Grund wegen der Verschmelzung scheidet daher aus.

### 2.1.4. Schadensersatzansprüche

Die Verschmelzung selbst begründet auch keine Schadensersatzansprüche. Options- und Wandelanleiheinhaber können vom Emittenten nur verlangen, dass dieser wie ein ordentlich denkender Kaufmann handelt. Die Verschmelzung an sich überschreitet nicht den Rahmen ordentlich kaufmännischen Handelns. Die Verschmelzung ist ein rechtlich legaler Umwandlungsvorgang. Sie gehört, obwohl es sich um eine Grundlagenentscheidung handelt, zum Kern der unternehmerischen Handlungsfreiheit, die der Options- und Wandelanleiheinhaber hinzunehmen hat. Es kann nicht gesagt werden, dass ein ordentlich denkender und handelnder Kaufmann schlechthin keine Verschmelzung durchführen würde. Die Tatsache der Verschmelzung an sich stellt deshalb den Anlegern gegenüber keine Pflichtverletzung dar.

Dagegen können natürlich im Gefolge der Verschmelzung pflichtwidrige Schädigungen der Options- und Wandelanleiheinhaber erfolgen, die den Emittenten schadenersatzpflichtig machen. Insoweit bestehen keine konzernspezifischen Besonderheiten. In Betracht kommen Schadensersatzansprüche aus positiver Vertragsverletzung, aus §§ 25 ff. UmwG oder aus § 823 Abs. 2 BGB mit § 23 UmwG und § 826 BGB.

## 2.2. Spaltung

### 2.2.1. Anpassung der Sonderrechte des übertragenden Rechtsträgers

a) Meinungsstand

Die Literatur[546] beschränkt sich vor allem auf die Beschreibung des gesetzlichen Regelungsmodells. Danach sind auch in den Fällen der Spaltung in dem oder den übernehmenden Rechtsträgern gleichwertige Rechte zu gewähren, §§ 123, 125, 23 UmwG. Nach *Vossius*[547] bedeutet das, dass den Inhabern von Options- oder Wandelanleihen im Fall der Aufspaltung in jedem übernehmenden Rechtsträger gleichwertige Options- und Wandelanleihen zu gewähren seien. Rechte in nur einem übernehmenden Rechtsträger genügen nicht. Im Fall der Abspaltung und Ausgliederung seien zusätzlich in jedem der übernehmenden Rechtsträger gleichwertige Aktienbezugs- oder Umtauschrechte zu gewähren. Da der übertragende Rechtsträger bei der Abspaltung und Ausgliederung nicht erlösche, bestünden die bereits emittierten Options- oder Wandelanleihen im übertragenden Rechtsträger unverändert fort. Werde bei Abspaltung und Ausgliederung von dem Recht aus § 133 Abs. 2 S. 2 UmwG Gebrauch gemacht, gleichwertige Rechte im übertragenden Rechtsträger zu gewähren, dann hafte, da insoweit eine unvertretbare Leistung geschuldet werde, für die Erfüllung der primären Leistungspflicht nur der übertragende Rechtsträger[548]. Gegen die übrigen Rechtsträger bestehe nur ein Sekundäranspruch auf Schadensersatz.

Beispiel (nach *Vossius*): Von der Übertragerin A wird B zur Neugründung abgespalten. Bei der Übertragerin werden zusätzliche Wandelschuldverschreibungen mit Optionsrechten auf Aktien ausgegeben, § 133 Abs. 2 S. 2 UmwG. Unmittelbar aus dem Recht aus der Option könne nur A in Anspruch genommen werden, nicht hingegen B.

Nach *Hommelhoff*[549] bestimme der Spaltungsvertrag bzw. Spaltungsplan, gegen welchen Rechtsträger sich der Anspruch auf Rechtsgewährung richte. Der Spaltungsvertrag bzw. Spaltungsplan könne die Gewährungsschuld gegenüber sämtlichen Rechtsinhabern einem übernehmenden bzw. neuen Rechtsträger zuweisen, aber auch nach Belieben unter diesen Rechtsträgern aufteilen. Nach

---

546 *Karollus* in Geßler/Hefermehl, AktG, § 221 Rn 195; *Vossius* in Widmann/Mayer, UmwG, § 23 Rn 38 ff. und § 133 Rn 34 ff.; *Hommelhoff* in Lutter, UmwG, § 133 Rn 60 ff.

547 *Vossius* in Widmann/Mayer, UmwG, § 23 Rn 38 ff. und § 133 Rn 36.

548 *Vossius* in Widmann/Mayer, UmwG, § 133 Rn 41.

549 *Hommelhoff* in Lutter, UmwG, § 133 Rn 60 und Rn 62.

*Dehmer*[550] solle der Sonderrechtsinhaber selbst wählen können, ob er gleichwertige Rechte in dem übertragenden Rechtsträger, in dem übernehmenden Rechtsträger, einem, mehreren oder allen Rechtsträgern wolle. Das Wahlrecht des Sonderrechtsinhabers ergebe sich aus der vom Gesetz angeordneten gesamtschuldnerischen Haftung der beteiligten Rechtsträger. Gesamtschuldnerische Haftung bedeute nicht nur, dass der Gläubiger seinen Schuldner auswählen, sondern auch, dass er von jedem der Schuldner die Leistung auch nur zu einem Teil fordern könne.

b) Stellungnahme

Auch bei der Spaltung ist zwischen der Anleihe und den Aktienbezugs- oder Umtauschrechten auf Aktien zu unterscheiden. Die festverzinsliche Anleihe wird durch die Spaltung inhaltlich nicht berührt. Sie geht mit ihrer Verpflichtung zur Zahlung von Zins und Tilgung ohne weiteres gemäß Spaltungsvertrag oder -plan , auf den übernehmenden oder neu gegründeten Rechtsträger über, § 131 Abs. 1 Nr. 1 UmwG. Die Zinsen sind von dem übernehmenden oder neu gegründeten Rechtsträger zu entrichten, soweit die Anleihe nicht beim übertragenden Rechtsträger verbleiben soll. Verwässerungsschutzprobleme stellen sich insoweit nicht.

Problematisch ist jedoch das Schicksal der Aktienbezugs- und Umtauschrechte. Den Inhabern von Options- und Wandelanleihen in einem übertragenden Rechtsträger sind bei Spaltung gleichwertige Rechte in dem übernehmenden Rechtsträger zu gewähren, §§ 23, 125, 123 UmwG. Bei Abspaltung und Ausgliederung können die gleichwertigen Rechte im Sinne der § 23, 125, 123 UmwG auch in dem übertragenden Rechtsträger gewährt werden, § 133 Abs. 2 S. 2 UmwG. Nach § 133 Abs. 2 S. 1 UmwG haften alle an der Spaltung beteiligten Rechtsträger für die Erfüllung der Verpflichtung nach §§ 125, 23 UmwG als Gesamtschuldner.

Der Anordnung der gesamtschuldnerischen Haftung lässt sich jedoch entgegen *Dehmer* nicht entnehmen, dass der Options- und Wandelanleiheinhaber wählen könne, gegen welchen Rechtsträger sich seine Aktienbezugs- oder Umtauschrechte richten sollen. Gegen *Dehmers* These vom Wahlrecht der Options- und Wandelanleiheinhaber spricht erstens die autonome Gestaltungsfreiheit der beteiligten Rechtsträger[551]. Die beteiligten Rechtsträger sind die Herren über Durchführung und Modalitäten der Spaltung, nicht die Gläubiger oder Sonderrechtsinhaber. *Dehmers* Ansicht verstößt zweitens auch gegen das

[550] *Dehmer*, UmwG, § 133 Rn 21 ff.
[551] zur Zuweisungsfreiheit allgemein: *K. Schmidt*, Gesellschaftsrecht, § 13 IV 3; *Voigt*, Umwandlung und Schuldverhältnis (1997), S. 52, 61.

System des § 133 UmwG. § 133 UmwG enthält ein differenziertes Haftungssystem von Primärschuldnern und bloßen Mithaftern. Der Gläubiger hat sich in erster Linie an den Primärschuldner zu halten und kann sich seinen Schuldner gerade nicht frei aussuchen[552]. Drittens kann *Dehmer* entgegengehalten werden, dass der Gesetzgeber zwischen der Anordnung gesamtschuldnerischer Haftung in § 133 Abs. 2 S. 1 UmwG und der Möglichkeit der Gewährung gleichwertiger Rechte auch in dem übertragenden Rechtsträger nach § 133 Abs. 2 S. 2 UmwG unterschieden hat. § 133 Abs. 2 S. 2 BGB, wonach gleichwertige Rechte auch in dem übertragenden Rechtsträger gewährt werden können, wäre überflüssig, wenn sich dieselbe Rechtsfolge auch schon aus der Anordnung der gesamtschuldnerischen Haftung nach § 133 Abs. 2 S. 1 oder § 133 Abs. 1 S. 1 UmwG ergeben würde.

Auch gegen *Vossius'* Meinung von der grundsätzlichen Gewährpflicht gleichwertiger Rechte in sämtlichen Rechtsträgern spricht erstens die privatautonome Gestaltungsfreiheit der beteiligten Rechtsträger. Den beteiligten Rechtsträgern obliegt es, im Spaltungsvertrag bzw. -plan über die Zuweisung der Rechte zu bestimmen[553]. Für die Gestaltungsfreiheit der Rechtsträger spricht zweitens auch § 133 Abs. 2 S. 2 UmwG, wonach bei Abspaltung und Ausgliederung gleichwertige Rechte im übertragenden Rechtsträger gewährt werden „können“. Den Rechtsträger steht also nach dem Gesetzeswortlaut („kann“) ein gewisses Ermessen zu. Drittens spricht gegen *Vossius* das Haftungssystem in § 133 UmwG von Primärschuld, Mithaftung und Verjährung nach fünf Jahren. Aus § 133 UmwG lässt sich herauslesen, dass es kein allgemeines Prinzip im Spaltungsrecht gibt, dass Sonderrechte aufzuteilen und jedem einzelnen Rechtsträger anteilig zuzuweisen seien. Das Gesetz lässt es durchaus zu, Verbindlichkeiten nur einem Rechtsträger zuzuweisen.

Demnach unterliegen auch die Aktienbezugs- und Umtauschrechte der grundsätzlichen Zuweisungsfreiheit der beteiligten Rechtsträger. Im Spaltungsvertrag oder Spaltungsplan ist festzulegen, welchem Rechtsträger diese Rechte zuzuweisen sind. Die Frage nach der Zuweisung der Verbindlichkeit beantwortet jedoch noch nicht die Frage nach dem Objekt des Aktienbezugs- oder Umtauschrechts. Es bleibt zwar dabei, dass Aktienbezugs- und Umtauschrechte schuldrechtlicher Natur sind. Der Gegenstand des Aktienbezugs- und Umtauschrechts ist jedoch das Mitgliedschaftsrecht. Bei der Aufspaltung können zum Beispiel unabhängig von der Frage der Zuweisung keine Aktien des Emittenten mehr gewährt werden. Der Emittent ist bei Aufspaltung als übertragender Rechtsträger erloschen. Die Aktienbezugs- oder Umtauschrechte können sich nur

---

[552] so auch *Karsten Schmidt*, Gesellschaftsrecht, § 13 IV 5 a.

[553] zur Zuweisungsfreiheit allgemein: *K. Schmidt*, Gesellschaftsrecht, § 13 IV 3; *Voigt*, Umwandlung und Schuldverhältnis (1997), S. 52, 61.

gegen einen oder mehrere oder alle übernehmende Rechtsträger richten. Da eine Gesellschafterstellung in einer A-Aktiengesellschaft der Gesellschafterstellung in einer B-Aktiengesellschaft nicht gleichwertig ist, könnte bei den Aktienbezugsrechten und Umtauschrechten auf Aktien die Zuweisungsfreiheit eingeschränkt sein. Denn bei Aktienbezugs- und Umtauschrechten besteht die Besonderheit, dass es bei ihnen nicht um bloße schuldrechtliche Geldansprüche, sondern um Rechte auf Erlangung der Gesellschafterstellung geht. Die Aktienbezugs- und Umtauschrechte sind unvertretbar, das heißt, sie können nicht ohne weiteres von anderen Schuldnern als dem Emittenten erfüllt werden. Über das Schicksal der Aktien des übertragenden Rechtsträgers wurde jedoch im Spaltungsvertrag oder Spaltungsplan gemäß § 126 Abs. 1 Nr. 3 UmwG bereits entschieden. Der Spaltungsvertrag oder Spaltungsplan enthält Angaben über das Umtauschverhältnis der Anteile. Deshalb erscheint es gerechtfertigt, das Objekt des Aktienbezugs- und Umtauschrechts, die zu erwerbende Aktie, an den im Spaltungsvertrag oder Spaltungsplan festgelegten Anteilstausch zu koppeln. Die Zuweisungsfreiheit des Emittenten erfährt demnach eine Einschränkung gerade durch den Spaltungsvertrag oder Spaltungsplan (§ 126 Abs. 1 Nr. 3 UmwG) selbst.

Bei der Aufspaltung nach § 123 Abs. 1, 126 Abs. 1 Nr. 3 UmwG sind den Aktionären des übertragenden Rechtsträgers in einem bestimmten Umtauschverhältnis Anteile des übernehmenden Rechtsträgern zu gewähren. Das Aktienbezugs- oder Umtauschrecht kann sich nach Auflösung des übertragenden Rechtsträgers (= Emittent) nicht mehr gegen diesen richten, es geht insoweit ins Leere. Nach der vorrangigen Zuweisung im Spaltungsplan richten sich die Bezugs- und Umtauschrechte nunmehr anstelle der Aktien des übertragenden Rechtsträgers nach dem im Spaltungsvertrag bestimmten Umtauschverhältnis auf Anteile des oder der übernehmenden oder neu gegründeten Rechtsträger. Gegen eine vom Spaltungsvertrag völlig losgelöste freie Zuweisung nach Wahl der beteiligten Rechtsträger spricht, dass Aktien nur eines übernehmenden Rechtsträgers im Vergleich zu Aktien des übertragenden Rechtsträgers nicht gleichwertig sind. Denn anders als bei Genussscheinen oder Gewinnschuldverschreibungen geht es bei Aktienbezugs- und Umtauschrechten um etwas anderes. Genussscheine und Gewinnschuldverschreibungen sind auf Geldansprüche gerichtet. Gegen wen sich die Geldforderung richtet, ist, da es sich bei Geld um vertretbare Sachen handelt, abgesehen von Liquiditätsinteressen und einem wertmäßigen Äquivalenzschutz, einerlei. Solange der übernehmende Rechtsträger, dem die Verbindlichkeit aus den Genussscheinen oder Gewinnschuldverschreibungen zugewiesen ist, diese erfüllen kann, ist dem Anleger die Person des Emittenten gleichgültig. Der Inhaber von Genussscheinen oder Gewinnschuldverschreibungen hat nur ein Interesse auf Schutz vor der Insolvenz des neuen Emittenten. Bei Aktienbezugs- und Umtauschrechten geht es jedoch nicht um vertretbare Geldansprüche, sondern um Erwerb einer Mitgliedschaft. Die Mitgliedschaft in einer übertragenden A-Gesellschaft ist zu der Mitgliedschaft (nur) in der durch Aufspaltung hervorgegangenen B-Gesellschaft nicht gleichwertig. Aus Gleichwertigkeitsgesichtspunkten kommt der Mitgliedschaft in dem übertragenden Rechtsträger nur die Mitgliedschaft in allen übernehmenden Rechtsträgern gleich.

Beispiel: Die X-Aktiengesellschaft emittierte Optionsanleihen. Die X-Aktiengesellschaft wird aufgespalten in die A-Aktiengesellschaft und die B-Aktiengesellschaft im Verhältnis 1 : 1. Nach §§ 123 Abs. 1 Nr. 2, 125, 23 UmwG sind gleichwertige Aktienbezugsrechte dergestalt zu gewähren, dass der Anleger statt einer Aktie der X-Aktiengesellschaft entsprechend dem Umtauschverhältnis der Anteile gemäß Spaltungsplan (§ 126 Abs. 1 Nr. 3, 136 UmwG) jeweils 1 Aktie der A-Aktiengesellschaft und 1 Aktie der B-Aktiengesellschaft erhält. Aktien nur der A-Aktiengesellschaft wären nicht gleichwertig.

Bei der Abspaltung sind den Anteilsinhabern des übertragenden Rechtsträgers in einem bestimmten Umtauschverhältnis Anteile des übernehmenden Rechtsträgers zu gewähren, § 123 Abs. 2 UmwG. Auch hier bleibt der Zuweisungsfreiheit des Emittenten kein Raum. Denn im Spaltungsvertrag ist bestimmt, dass den Inhabern von Anteilen des übertragenden Rechtsträgers Anteile des übernehmenden Rechtsträgers zu gewähren sind. Würde sich das Aktienbezugs- oder Umtauschrecht auch weiterhin nur gegen den übernehmenden Rechtsträger richten, wäre dies gegenüber der früheren Rechtslage, wonach Aktien des übertragenden Rechtsträgers vor der Abspaltung zu gewähren sind, nicht gleichwertig. Die beteiligten Rechtsträger müssen sich auch bei Abspaltung an ihrem im Spaltungsvertrag gewählten Anteilstausch festhalten lassen.

Beispiel: Die X-Aktiengesellschaft emittierte Optionsanleihen. Von der X-Aktiengesellschaft wird die A-Aktiengesellschaft im Verhältnis 10 : 1 abgespalten. Nach §§ 123 Abs. 2 Nr. 2, 125, 23 UmwG sind gleichwertige Aktienbezugsrechte dergestalt zu gewähren, dass der Anleger zu zehn Aktien der X-Aktiengesellschaft zusätzlich eine Aktie der A-Aktiengesellschaft erhält. Aktien nur der X-Aktiengesellschaft wären nicht gleichwertig.

Bei der Ausgliederung sind die Anteile des übernehmenden Rechtsträger dem übertragenden Rechtsträger zu gewähren, § 123 Abs. 3 UmwG. In diesem Fall bleibt alles beim Alten, da die Anteile der 100 % - igen Tochtergesellschaft vom übertragenden Rechtsträger gehalten werden. Der Zuweisungsfreiheit der Rechtsträger sind auch insoweit Schranken gesetzt, als hier durch die Herstellung der 100 % igen Tochterbeziehung ein Erwerb der Anteile der Tochter nicht in Frage stehen kann. Diese Rechtslage entspricht der bei Eingliederung nach den

§§ 319 ff. AktG. Auch bei der Eingliederung können sich die Aktienbezugs- und Umtauschrechte nur gegen die Hauptgesellschaft richten. Die Options- und Wandelanleiheinhaber haben auch bei Eingliederung nach §§ 319 ff. AktG keinen Anspruch auf Erwerb von Aktien der 100 % igen Tochter. Deren Anteile stehen allein der Hauptgesellschaft zu Verfügung. Dies ist für die Eingliederung mittlerweile anerkannt und höchstrichterlich bestätigt[554]. Für den umgekehrten Fall der Ausgliederung kann nichts anderes gelten. Entgegen § 23 UmwG dürfen keine gleichwertigen Rechte im übernehmenden Rechtsträger gewährt werden, da nach dem Spaltungsplan gerade kein Anteilstausch stattfindet[555].

Beispiel: Die X-Aktiengesellschaft emittierte Optionsanleihen. Von der X-Aktiengesellschaft wird die A-Aktiengesellschaft ausgegliedert. Es ändert sich nichts. Die Anleger können ihre Aktienbezugsrechte gegenüber der X-Aktiengesellschaft vertragsgemäß ausüben. Die Bezugsrechtsinhaber haben keinen Anspruch auf Gewährung von Aktien der A-Aktiengesellschaft.

Dagegen ließe sich anführen, dass der Anlegerschutz bei Genussscheinen bzw. Gewinnschuldverschreibungen auf der einen und der Anlegerschutz bei Options- und Wandelanleihen auf der anderen Seite auseinanderliefe. Dies ist jedoch nur die Konsequenz daraus, dass Genussscheine und Gewinnschuldverschreibungen bloße Geldansprüche gewähren. Demgegenüber sind Options- und Wandelanleihen auf Erwerb der Mitgliedschaft gerichtet. Folglich ist es Bezugs- und Umtauschrechtsinhaber wie Aktionäre zu behandeln. Bei Genussscheinen und Gewinnschuldverschreibungen geht es um Geldansprüche, die als Geldleistungen vertretbar sind. Rechte auf Bezug oder Umtausch von Aktien sind jedoch grundsätzlich unvertretbar. Sie können nicht ohne weiteres von anderen Schuldnern als dem Emittenten erfüllt werden. Wie die Klöcknerentscheidung des Bundesgerichtshofs gezeigt hat, besteht keine Parallelität zwischen Genussrechten und Gesellschafterrechten. Der Schutz der Inhaber von Genussscheinen oder Gewinnschuldverschreibungen kann je nach Einzelfall schwächer oder sogar stärker ausgeprägt sein. Es gibt kein Postulat dahingehend, dass sämtliche Sonderrechte des § 23 UmwG das gleiche Schicksal teilen müssten. Es besteht eben ein Unterschied zwischen bloßen Drittgläubigerrechten und Gesellschafterrechten. Options- und Wandelanleihen, die auf Erwerb der Gesellschafterstellung ausge-

---

[554] BGH AG 1998, 209 ff., 213; OLG München WM 1993, 1285, 1288; OLG Hamm AG 1994, 376, 378; *Martens* AG 1992, 209 ff., 213; *Bungeroth* in Geßler/Hefermehl, AktG, § 192 Rn 64; *Kallrath*, Die Inhaltskontrolle (1994), S. 184; *Karollus* in Geßler/Hefermehl, AktG, 221 Rn 198; *Emmerich/Sonnenschein*, Konzernrecht, § 7 III 6; *Emmerich/Habersack*, Aktienkonzernrecht, § 320 b Rn 8; *Hüffer*, AktG, § 320 b Rn 4; *Krieger* in MüHandb., Band 4, § 63 Rn 21.

[555] in diese Richtung auch *Feddersen/Kiem* ZIP 1994, 1082 f.

richtet sind, sind eben verschieden zu Genussscheinen und Gewinnschuldverschreibungen, die bloße Geldansprüche gewähren.

### 2.2.2. Anpassung der Sonderrechte des übernehmenden Rechtsträgers

Für Sonderrechte im übernehmenden Rechtsträger bei der Spaltung zur Aufnahme stellen sich aus Sicht der Sonderrechtsinhaber des übernehmenden Rechtsträgers die oben beschriebenen Verschmelzungsprobleme. Die §§ 23, 133 Abs. 2 UmwG gelten nicht für Sonderrechte in dem übernehmenden Rechtsträger, weder direkt noch analog. Insbesondere scheidet die Möglichkeit aus, analog § 133 Abs. 2 S. 2 UmwG gleichwertige Rechte in dem übertragenden Rechtsträger zu gewähren. Die §§ 23, 133 Abs. 2 UmwG passen nicht auf Sonderrechte im übernehmenden Rechtsträger. Indem die §§ 23, 133 Abs. 2 UmwG anordnen, dass gleichwertige Rechte in dem übernehmenden Rechtsträger zu gewähren sind, reagieren die §§ 23, 133 Abs. 2 UmwG in erster Linie auf das liquidationslose Erlöschen des übertragenden Rechtsträgers. Beim übernehmenden Rechtsträger stehen jedoch keine Anlegerschutzprobleme wegen des Erlöschens des übernehmenden Rechtsträgers in Frage, da der übernehmende Rechtsträger weiterhin bestehen bleibt. Auch § 216 Abs. 3 AktG ist nicht anwendbar, da er an Veränderungen des Grundkapitals anknüpft, nicht an Verschmelzungen. Auch wenn Verschmelzungen in der Regel mit Kapitalerhöhungen einhergehen, handelt es sich bei Verschmelzungen und Kapitalerhöhung um unterschiedliche Rechtsvorgänge. Der Anspruch auf Vertragsanpassung ergibt sich aus dem Rechtsinstitut des Wegfalls der Geschäftsgrundlage. Denn die Verschmelzung ist für die Sonderrechtsinhaber eine wesentliche Grundlagenänderung. Wegen der durch die Verschmelzung veränderten Vermögens- und Ertragslage sowie der in der Regel vorgenommenen Erhöhung des Grundkapitals ist eine Anpassung der Aktienbezugs- und Umtauschrechte an die neuen Verhältnisse erforderlich. Aus der Wertung des § 23 UmwG ergibt sich, dass Umwandlungen nicht mehr in den Risikobereich des Sonderrechtsinhabers fallen. Lediglich die festverzinsliche Anleihe bedarf keines besonderen Verwässerungsschutzes. Die Anleihe wird unverändert bedient.

Da bei der Verschmelzung eine Unternehmensbewertung zu erfolgen hat, kann sich die Anpassung der Aktienbezugs- und Umtauschrechte nach dem Umtauschverhältnis der Anteile richten. Etwaige Nachteile die sich durch die Verschmelzung von Gewinn- mit Verlustgesellschaften ergeben können, muss der Inhaber eines Bezugs- oder Umtauschrechts ebenso hinnehmen wie ein Aktionär. Der Aktienbezugs- und Umtauschrechtsinhaber trägt insoweit Aktionärsrisiken.

### 2.2.3. Kündigung aus wichtigem Grund

Bezüglich der festverzinslichen Anleihe scheidet eine Kündigung aus wichtigem Grund aus. Da die Anleihe unverändert zu bedienen ist, scheiden insoweit Verwässerungsgefahren aus. Für die Aktienbezugs- und Umtauschrechte gibt es keine Kündigung. Die Bezugs- und Umtauschrechte werden entweder ausgeübt oder nicht ausgeübt. Einer Kündigungsmöglichkeit bedarf es diesbezüglich nicht. Die Rechte werden durch Anpassungsansprüche gewahrt. Übt der Options- oder Wandelanleiheinhaber sein Bezugs- oder Umtauschrecht wegen der wirtschaftlichen Entwertung der Aktien aus finanziellen Gründen nicht aus, werden seine Interessen durch Schadensersatzansprüche aus positiver Vertragsverletzung ausreichend gewahrt.

### 2.2.4. Schadensersatzansprüche

Die bloße Tatsache der Spaltung an sich begründet noch keine Schadensersatzansprüche der Options- oder Wandelanleiheinhaber aus positiver Vertragsverletzung. Es kann keineswegs gesagt werden, dass ein ordentlich denkender und handelnder Kaufmann keine Umwandlungen vornehmen würde. Sämtliche Umwandlungsformen sind rechtlich zulässige, absolut legale Strukturmaßnahmen. Sie gehören zum Kernbereich unternehmerischer Handlungsfreiheit, die der Anleger als allgemeines Anlegerrisiko hinnehmen muss.

Daneben können jedoch, nicht durch die Spaltung, aber gegebenenfalls im Gefolge der Spaltung schädigende Maßnahmen getroffen werden, die den Emittenten von Options- oder Wandelanleihen schadenersatzpflichtig machen können. Insoweit bestehen jedoch keine konzernspezifischen Besonderheiten. In Betracht kommen Ansprüche aus positiver Vertragsverletzung, §§ 25 ff. UmwG, § 823 Abs. 2 BGB mit § 23 UmwG oder § 826 BGB.

# V. Kapitel: Zusammenfassung der wichtigsten Ergebnisse

## 1. Genussscheine, Gewinnschuldverschreibungen

### 1.1. Allgemeines

Genussscheine und Gewinnschuldverschreibungen verbriefen ausschließlich schuldrechtliche Gläubigerrechte. Gesellschafterrechte (z.B.: §§ 131, 142 ff., 175 Abs. 2, 246, 249, 258 ff., 304, 305, 309 Abs. 4 S. 1, 315, 317 Abs. 1 S. 2, 320 b Abs. 1, 326 AktG) sind mit ihnen nicht verbunden. Der Anlegerschutz erfolgt ausschließlich auf schuldrechtlicher (z.B.: positive Vertragsverletzung, Wegfall der Geschäftsgrundlage, Kündigung aus wichtigem Grund, §§ 823 ff. BGB, Auskunftsrecht gem. § 242 BGB), gläubigerrechtlicher (§§ 93 Abs. 5, 117 Abs. 5, 303, 309 Abs. 4 S. 3, 317 Abs. 4, 321, 322 AktG) und spezialgesetzlicher (§ 216 Abs. 3 AktG, §§ 23, 133 Abs. 2 UmwG) Grundlage.

### 1.2. Der Emittent ist herrschendes Unternehmen im Konzern

Allein die bloße Tatsache der Konzernierung (einfach faktische, vertragliche Konzernierung, Eingliederung) begründet keine Schadensersatzansprüche, Anpassungsansprüche oder Kündigungsrechte aus wichtigem Grund (anders bei qualifiziert faktischer Konzernierung, die wegen Verstoßes gegen § 76 Abs. 1 AktG bereits an sich einen Unrechtstatbestand darstellt). Die Voraussetzungen eines Schadensersatzanspruchs wegen pflichtwidriger Schädigung der Anleger sind erst erfüllt, wenn entweder der Emittent selbst schädigende Maßnahmen durchführt, die ein ordentlich denkender und handelnder Kaufmann schlechthin nicht durchgeführt hätte, oder der Emittent einem abhängigen Unternehmen schädigende Geschäftsführungsmaßnahmen angewiesen oder diese geduldet hat, obwohl ein ordentlich denkender und handelnder Kaufmann sie schlechthin nicht angewiesen oder diese geduldet hätte und der Emittent die Schäden beim abhängigen Unternehmen ausgleichen oder ersetzen muss. Die Bildung stiller Reserven, freier Gewinnrücklagen, Kapitalerhöhungen oder -herabsetzungen, sowie die Ausgabe weiterer Genussscheine oder Gewinnschuldverschreibungen in abhängigen Unternehmen muss der Anleger grundsätzlich hinnehmen. Grenzen bilden nur Gesetz (z.B. § 254 Abs. 1 AktG) oder Satzung. Verstöße lösen Schadensersatzansprüche aus positiver Vertragsverletzung aus, wobei die fahrlässige Missachtung der Anlegerinteressen genügt. Innerhalb des rechtlich und satzungsmäßig Zulässigen, kommen mangels objektiver Maßstäbe für die Angemessenheit solcher Maßnahmen Schadensersatzansprüche aus positiver Vertragsverletzung nur in Extremfällen in Betracht, z.B. bei schädigenden Maßnahmen zur Unzeit am Ende der Laufzeit des Wertpapiers.

### 1.3. Der Emittent ist abhängiges Unternehmen im Konzern.

Allein die bloße Tatsache der einfach faktischen Konzernierung begründet keine Schadensersatzansprüche, Anpassungsansprüche oder Kündigungsrechte aus wichtigem Grund. Die Voraussetzungen eines Schadensersatzanspruchs wegen pflichtwidriger Schädigung der Anleger sind erst erfüllt, wenn der Emittent schädigende Maßnahmen durchführt, die ein ordentlich denkender und handelnder Kaufmann schlechthin nicht durchgeführt hätte, unabhängig davon, ob diese Maßnahmen vom herrschenden Unternehmen veranlasst worden waren. Neben Ansprüchen aus positiver Vertragsverletzung können Ansprüche aus §§ 93 Abs. 5, 117 Abs. 5, 317 Abs. 4, 309 Abs. 4 S. 3, 318 AktG, 823 ff. BGB gegeben sein. Ein Kündigungsrecht besteht als ultima ratio (z.B. wenn das eingesetzte Kapital gefährdet ist, weil der Konzerninnenausgleich nicht durchgeführt wurde oder existenzgefährdenden Veranlassungen nachgegeben wurde). Mit Entstehen qualifizierter Abhängigkeit (Abschluss eines Beherrschungs- und Ergebnisabführungsvertrages, qualifiziert faktische Konzernierung, Eingliederung) entfällt für die Anleger die Geschäftsgrundlage des Wertpapiervertrages. Der Berechnungsschlüssel für die Ausschüttung ist anzupassen entweder nach der bisherigen Ertragslage des abhängigen Unternehmens (= Emittent) und seinen künftigen Ertragsaussichten (feste Anpassung) oder (bei aktienähnlichen Genussscheinen oder Gewinnschuldverschreibungen) nach der Dividende des herrschenden Unternehmens (variable Anpassung). Für das Anpassungsverfahren ist nicht das Spruchstellenverfahren nach § 306 AktG, jedoch entgegen der herrschenden Meinung das Verfahren nach dem Gesetz betreffend die gemeinsamen Rechte der Besitzer von Schuldverschreibungen (SchuldVG) anwendbar. Angesichts der Vertragsanpassung bleibt für Schadensersatzansprüche aus positiver Vertragsverletzung, aus §§ 93 Abs. 5, 117 Abs. 5, 309 Abs. 4 S. 3, 310, 321, 322 AktG, 823 ff. BGB oder für Kündigungsrechte grundsätzlich kein Raum (Ausnahme bei qualifiziert faktischer Konzernierung, die wegen Verstoßes gegen § 76 Abs. 1 AktG einen Unrechtstatbestand darstellt). Bei der Eingliederung ist die Hauptgesellschaft entgegen der herrschenden Meinung nicht verpflichtet, gleichwertige Genussscheine oder Gewinnschuldverschreibungen zu gewähren. Die Wertpapieremission bleibt bei der eingegliederten Gesellschaft und wird angepasst.

## 1.4. Umwandlung

Bei Verschmelzung sind gleichwertige Genussscheine bzw. Gewinnschuldverschreibungen im übernehmenden oder neu gegründeten Rechtsträger zu gewähren, § 23 UmwG. Der Berechnungsschlüssel für die Ausschüttung ist anzupassen auf der Grundlage des durch die Unternehmensbewertung gewonnenen Umtauschverhältnisses der Anteile (variable Anpassung) oder (zum Beispiel bei der Verschmelzung einer Verlust- und einer Gewinngesellschaft) orientiert an der bisherigen Ertragslage des Emittenten vor der Verschmelzung und seinen künftigen Ertragsaussichten (feste Anpassung). Allein die bloße Tatsache der Verschmelzung begründet weder ein Kündigungsrecht aus wichtigem Grund, da den Anlegern ein Festhalten am angepassten Vertrag zumutbar ist, noch Schadensersatzansprüche (positive Vertragsverletzung, § 826 BGB). Bei Spaltung sind gleichwertige Genussscheine bzw. Gewinnschuldverschreibungen in einem, mehreren oder in allen übernehmenden oder neu gegründeten Rechtsträgern (§§ 23, 125, 123 UmwG) oder bei Abspaltung bzw. Ausgliederung im übertragenden Rechtsträger (§ 133 Abs. 2 S. 2 UmwG) zu gewähren. Die Bestimmung darüber treffen im Spaltungsvertrag oder Spaltungsplan die beteiligten Rechtsträger kraft privatautonomer Gestaltungsmacht und Zuweisungsfreiheit. Der Berechnungsschlüssel für die Ausschüttung ist wirtschaftlich gleichwertig anzupassen (z.B. durch spaltungsweite Anknüpfung). Der Anlegerschutz wird in dreifacher Weise bewirkt. Erstens durch das Gebot der Gewährung gleichwertiger Rechte, §§ 23, 133 Abs. 2 S. 2 UmwG. Zweitens durch die gesamtschuldnerische Mithaftung aller an der Umwandlung beteiligten Rechtsträger fünf Jahre lang, § 133 Abs. 6 UmwG. Drittens durch Schadensersatzansprüche (positive Vertragsverletzung, §§ 25 ff. UmwG, § 823 Abs. 2 BGB mit § 23 UmwG, § 826 BGB), insbesondere wenn die Wertpapieremission einem Rechtsträger zugewiesen wurde, obwohl bei sorgfältiger Prüfung erkennbar gewesen wäre, dass die mit den Genussscheinen oder Gewinnschuldverschreibungen verbunden Leistungspflichten die finanzielle Leistungsfähigkeit des übernehmenden oder neu gegründeten Rechtsträgers überfordern. Allein die bloße Tatsache der Spaltung begründet kein Kündigungsrecht aus wichtigem Grund oder Schadensersatzansprüche.

## 2. Optionsanleihen, Wandelanleihen

### 2.1. Allgemeines

Auch Options- und Wandelanleihen gewähren ausschließlich Gläubigerrechte. Der Anlegerschutz erfolgt ausschließlich auf schuldrechtlicher (z.B.: positive Vertragsverletzung, Wegfall der Geschäftsgrundlage, Kündigung aus wichtigem Grund, §§ 823 ff. BGB, Auskunftsrecht gem. § 242 BGB), gläubigerrechtlicher (§§ 93 Abs. 5, 117 Abs. 5, 303, 309 Abs. 4 S. 3, 317 Abs. 4, 321, 322 AktG) und spezialgesetzlicher (§ 216 Abs. 3 AktG, §§ 23, 133 Abs. 2 UmwG) Grundlage. Gesellschafterrechte (z.B.: §§ 131, 142 ff., 175 Abs. 2, 246, 249, 258 ff., 304, 305, 309 Abs. 4 S. 1, 315, 317 Abs. 1 S. 2, 326 AktG) bestehen erst nach Ausübung des Aktienbezugs- oder Umtauschrechts mit Ausgabe der Aktien gem. § 200 AktG oder mit Registereintragung gem. § 189 und auch dann nur mit Wirkung für die Zukunft.

### 2.2. Der Emittent ist herrschendes Unternehmen im Konzern.

Allein die bloße Tatsache der Konzernierung begründet keine Schadensersatzansprüche, Anpassungsansprüche oder Kündigungsrechte aus wichtigem Grund. Der festverzinslichen Anleihe drohen durch die Konzernierung keine Verwässerungsgefahren. Wird das Aktienbezugs- oder Umtauschrecht auf Aktien wegen dessen Entwertung nicht ausgeübt, weil der Emittent schädigende Maßnahmen durchführt oder duldet, die ein ordentlich denkender und handelnder Kaufmann schlechthin nicht durchgeführt oder geduldet hätte, stehen den Bezugs- oder Umtauschrechtsinhabern Schadensersatzansprüche aus positiver Vertragsverletzung wegen pflichtwidriger Schädigung zu. Die Bildung stiller Reserven, freier Gewinnrücklagen, Kapitalerhöhungen oder -herabsetzungen, sowie die Ausgabe von Genussscheinen, Gewinnschuldverschreibungen, Options- oder Wandelanleihen in einem abhängigen Unternehmen verwässern die Bezugs- oder Umtauschrechte nicht, da der Anleger nach Ausübung des Aktienbezugs- oder Umtauschrechts an der Vermögenssubstanz beteiligt ist. Aber auch den Vermögensabfluss durch übermäßige Ausschüttungen, Rücklagenauflösungen oder Kapitalherabsetzungen muss der Anleger mangels objektiver Maßstäbe für die Angemessenheit derartiger Maßnahmen innerhalb des gesetzlich und satzungsmäßig Zulässigen hinnehmen. Schadensersatzansprüche aus positiver Vertragsverletzung kommen diesbezüglich nur in Extremfällen in Betracht.

## 2.3. Der Emittent ist abhängiges Unternehmen im Konzern.

Allein die bloße Tatsache der Konzernierung begründet keine Schadensersatzansprüche, Anpassungsansprüche oder Kündigungsrechte aus wichtigem Grund. Mit der Entstehung qualifizierter Abhängigkeit entfällt nicht die Geschäftsgrundlage des Wertpapiervertrags. Der festverzinslichen Anleihe drohen durch die Konzernierung keine Verwässerungsgefahren. Wird das Aktienbezugs- oder Umtauschrecht auf Aktien wegen dessen Entwertung nicht ausgeübt, weil der Emittent schädigende Maßnahmen durchführt oder duldet, die ein ordentlich denkender und handelnder Kaufmann schlechthin nicht durchgeführt oder geduldet hätte (z.B. unterlassene Durchführung des Konzerninnenausgleichs oder das Nachgeben existenzgefährdender Veranlassungen), stehen den Bezugs- oder Umtauschrechtsinhabern Schadensersatzansprüche aus positiver Vertragsverletzung wegen pflichtwidriger Schädigung zu, unabhängig davon ob diese Maßnahmen vom herrschenden Unternehmen veranlasst worden waren bzw. der Emittent Weisungen befolgen musste. Neben Ansprüchen aus positiver Vertragsverletzung können Ansprüche aus §§ 93 Abs. 5, 117 Abs. 5, 317 Abs. 4, 309 Abs. 4 S. 3, 318, 322 AktG, 823 ff. BGB bestehen. Nach Ausübung des Aktienbezugs- oder Umtauschrechts (mit Ausgabe der Aktien gem. § 200 AktG oder mit Registereintragung gem. § 189) stehen den Bezugs- oder Umtauschberechtigten die Aktionärsrechte (z.B.: §§ 131, 142 ff., 175 Abs. 2, 246, 249, 258 ff., 304, 305, 309 Abs. 4 S. 1, 315, 317 Abs. 1 S. 2, 326 AktG) zu. Lediglich bei der Eingliederung sind die Aktienbezugs- und Umtauschrechte bereits vor deren Ausübung analog § 320 b Abs. 1 AktG auf Aktien der Hauptgesellschaft umzustellen, wobei das für die Eingliederung festgelegte Umtauschverhältnis der Anteile der außenstehenden Aktionäre nach § 320 b Abs. 1 AktG zugrunde gelegt werden kann. Zur Sicherung der Bezugs- und Umtauschrechte hat die Hauptgesellschaft bedingtes Kapital zu beschließen, wenn die Bezugs- und Umtauschrechte auch bei der eingegliederten Gesellschaft durch bedingtes Kapital gesichert waren.

## 2.4. Umwandlung

Bei Verschmelzung sind Options- oder Wandelanleiheinhabern gleichwertige Rechte im übernehmenden oder neu gegründeten Rechtsträger zu gewähren, § 23 UmwG. Die Umstellung der Bezugs- und Umtauschrechte auf Aktien des übernehmenden oder neu gegründeten Rechtsträgers erfolgt nach dem im Verschmelzungsvertrag (§ 5 Abs. 1 Nr. 3 UmwG) festgelegten Umtauschverhältnis der Anteile. Allein die bloße Tatsache der Verschmelzung begründet weder ein Kündigungsrecht aus wichtigem Grund noch irgendwelche Schadensersatzansprüche. Bei Spaltung sind den Options- und Wandelanleiheinhabern gleichwertige Rechte im übernehmenden oder neu gegründeten Rechtsträger (§§ 23, 125, 123 UmwG) oder bei Abspaltung bzw. Ausgliederung im übertragenden Rechtsträger (§ 133 Abs. 2 S. 2 UmwG) zu gewähren. Bei den Bezugs- und Umtauschrechten auf Aktien ist die privatautonome Gestaltungsmacht und Zuweisungsfreiheit der beteiligten Rechtsträger eingeschränkt durch den Spaltungsvertrag oder Spaltungsplan selbst. Die Umstellung der Aktienbezugs- und Umtauschrechte erfolgt nach Maßgabe des im Spaltungsvertrag oder Spaltungsplan festgelegten Anteilstausches. Bei Aufspaltung (§ 123 Abs. 1 UmwG) sind gemäß Spaltungsplan (§ 126 Abs. 1 Nr. 3 UmwG) gleichwertige Aktienbezugs- oder Umtauschrechte auf Aktien aller übernehmenden oder neu gegründeten Rechtsträger zu gewähren, §§ 123 Abs. 1, 125, 23 UmwG. Bei der Abspaltung (§ 123 Abs. 2 UmwG) sind zusätzlich zu den bestehenden Rechten gemäß Spaltungsvertrag oder Spaltungsplan (§ 126 Abs. 1 Nr. 3 UmwG) Bezugs- oder Umtauschrechte auf Aktien des übernehmenden oder neu gegründeten Rechtsträgers zu gewähren, §§ 123, Abs. 2, 125, 23 UmwG. Bei der Ausgliederung (§ 123 Abs. 3 UmwG) sind keine zusätzlichen Rechte zu gewähren, da ein Anteilstausch bei der Ausgliederung gerade nicht stattfindet. Insbesondere besteht bei Ausgliederung kein Anspruch auf Gewährung von Rechten im übernehmenden oder neu gegründeten Rechtsträger. Der Anlegerschutz wird in dreifacher Weise bewirkt. Erstens durch das Gebot der Gewährung gleichwertiger Rechte, §§ 23, 133 Abs. 2 S. 2 UmwG. Zweitens durch die gesamtschuldnerische Mithaftung aller an der Umwandlung beteiligten Rechtsträger fünf Jahre lang, § 133 Abs. 6 UmwG. Drittens durch Schadensersatzansprüche (positive Vertragsverletzung, §§ 25 ff. UmwG, § 823 Abs. 2 BGB mit § 23 UmwG, § 826 BGB). Allein die bloße Tatsache der Spaltung begründet kein Kündigungsrecht aus wichtigem Grund oder Schadensersatzansprüche.

## ABKÜRZUNGSVERZEICHNIS

| | |
|---|---|
| a.A./A.A. | anderer Ansicht |
| Abs. | Absatz |
| AcP | Archiv für die civilistische Praxis, Zeitschrift |
| a.E. | am Ende |
| a.F. | alter Fassung |
| AG | Die Aktiengesellschaft, Zeitschrift |
| AGB | Allgemeine Geschäftsbedingungen |
| AGBG | Gesetz zur Regelung des Rechts der Allgemeinen Geschäftsbedingungen (AGB-Gesetz) |
| AktG | Aktiengesetz |
| Anh. | Anhang |
| Anm. | Anmerkung/-en |
| Aufl. | Auflage |
| BAG | Bundesarbeitsgericht |
| BAGE | Entscheidungssammlung des Bundesarbeitsgerichts |
| BB | Der Betriebs-Berater, Zeitschrift |
| BGB | Bürgerliches Gesetzbuch |
| BGBl | Bundesgesetzblatt |
| BGH | Bundesgerichtshof |
| BGHZ | Entscheidungen des Bundesgerichtshof in Zivilsachen |
| BMJ | Bundesminister der Justiz/ Bundesministerium der Justiz |
| BT | Deutscher Bundestag |
| BT-Drucks. | Bundestagsdrucksache |
| bzw. | beziehungsweise |
| ca. | circa |
| DB | Der Betrieb, Zeitschrift |
| DJT | Deutscher Juristentag |
| DM | Deutsche Mark |
| f./ff. | folgend(e) |
| Fn | Fußnote |
| FS | Festschrift |
| gem. | gemäß |
| GmbH | Gesellschaft mit beschränkter Haftung |
| GmbHG | Gesetz betreffend die Gesellschaften mit beschränkter Haftung (GmbH-Gesetz) |
| GmbHR | GmbH-Rundschau, Zeitschrift |
| GroßKo | Großkommentar |
| HGB | Handelsgesetzbuch |
| h.M. | herrschende Meinung |
| Hrsg. | Herausgeber |

| | |
|---|---|
| IDW - HFA | Institut der Wirtschaftsprüfer - Hauptfachausschuß |
| i.H.v | in Höhe von |
| i.S.d | im Sinne des/der |
| i.V.m. | in Verbindung mit |
| JuS | Juristische Schulung, Zeitschrift für Studium und Ausbildung |
| JZ | Juristenzeitung, Zeitschrift |
| KapErhG | Gesetz über die Kapitalerhöhung aus Gesellschaftsmitteln und über die Verschmelzung von Gesellschaften mit beschränkter Haftung |
| KöKo | Kölner Kommentar |
| KWG | Gesetz über das Kreditwesen |
| KStG | Körperschaftsteuergesetz |
| LG | Landgericht |
| Lit. | Literatur |
| LM | Lindenmaier/Möhring, Nachschlagwerk des Bundesgerichtshofs |
| LS | Leitsatz |
| Mio. | Millionen |
| MüHandb. | Münchener Handbuch des Gesellschaftsrechts |
| MüKo | Münchener Kommentar |
| m.w.N. | mit weiteren Nachweisen |
| NJW | Neue Juristische Wochenschrift, Zeitschrift |
| Nr. | Nummer |
| OLG | Oberlandesgericht |
| RdA | Recht der Arbeit, Zeitschrift |
| RegE | Regierungsentwurf/Entwurf der Bundesregierung |
| RGZ | Entscheidungen des Reichsgerichts in Zivilsachen |
| RJM | Reichsjustizministerium |
| RG | Reichsgericht |
| RGBl. | Reichsgesetzblatt |
| Rn | Randnummer/-n |
| Rspr. | Rechtsprechung |
| S. | Seite/-n |
| SchuldVG | Gesetz betreffend die gemeinsamen Rechte der Besitzer von Schuldverschreibungen v. 4.12.1899, RGBl., S. 691 ff., in der Fassung der Veröffentlichung im BGBl. III, 4134-1 |
| sog. | sogenannte/-r/-n |
| UmwG | Umwandlungsgesetz |
| usw. | und so weiter |
| v. | von/vom |
| 5. VermBG | Fünftes Gesetz zur Förderung der Vermögensbildung der Arbeitnehmer |

| | |
|---|---|
| vgl. | vergleiche |
| WM | Wertpapier-Mitteilungen, Zeitschrift |
| WP | Wirtschaftsprüfer |
| WPg | Die Wirtschaftsprüfung, Zeitschrift |
| z.B. | zum Beispiel |
| ZBB | Zeitschrift für Bankrecht und Betriebswirtschaft |
| ZGR | Zeitschrift für Unternehmens- und Gesellschaftsrecht |
| ZHR | Zeitschrift für das gesamte Handelsrecht und Wirtschaftsrecht |
| ZIP | Zeitschrift für Wirtschaftsrecht |

**LITERATURVERZEICHNIS**

Altmeppen, Holger, Zur Vermögensbindung in der faktisch abhängigen AG, in: ZIP 1996, S. 693.

Bälz, Ulrich, Einheit und Vielheit im Konzern, in: Festschrift für Ludwig Raiser zum 70. Geburtstag, Tübingen 1974.

Bälz, Ulrich, Verbundene Unternehmen, in: AG 1992, S. 277.

Baumbach, Adolf / Hueck, Alfred, Aktiengesetz, 13. Aufl., München 1968.

Baumbach, Adolf / Hopt, Klaus, Handelsgesetzbuch, Kommentar, 29. Aufl., München 1995.

Bayer, Walter, Der Vertrag zugunsten Dritter, Tübingen 1995.

Bayer, Wilhelm, Mehrstufige Unternehmensverträge, in: Festschrift für Kurt Ballerstedt zum 70. Geburtstag, Berlin 1975.

Beck'scher Bilanzkommentar, Handels- und Steuerrecht - §§ 238 bis 339 HGB -, 4. Aufl., München 1999.

Beusch, Karl, Rücklagenbildung im Konzern, in: Bilanz- und Konzernrecht, Festschrift für Reinhard Goerdeler zum 65. Geburtstag, Düsseldorf 1987, S. 25.

Beuthien, Volker, Art und Grenzen der aktienrechtlichen Haftung herrschender Unternehmen für Leitungsmißbrauch, in: DB 1969, S. 1781.

Beuthien, Volker, Unternehmenskonzentration und Kleinaktionärsschutz, in: JuS 1970, S. 53.

Böckli, Peter, Schweizer Aktienrecht, 2. Aufl., Zürich 1996.

Boemle, Max, Der Partizipationsschein als Finanzierungsinstrument schweizerischer Aktiengesellschaften, in: AG 1972, S. 16.

Busch, Torsten, Schadensersatzansprüche von Genußrechtsinhabern als Eigenkapitalgeber?, in: AG 1993, S. 163.

Busch, Torsten, Aktienrechtliche Probleme der Begebung von Genußrechten zwecks Eigenkapitalverbreiterung, in: AG 1994, S. 93.

Busse von Colbe, Walter / Großfeld, Bernhard / Kley, Karl-Ludwig / Martens, Hans-Peter / Schlede, Klaus, Bilanzierung von Optionsanleihen im Handelsrecht, Heidelberg 1987.

Busse von Colbe, Walter, Handelsrechtliche Bilanzierung von Optionsanleihen und Optionsentgelten aus betriebswirtschaftlicher Sicht, in: Busse von Colbe/ Großfeld/Kley/Martens/Schlede, Bilanzierung von Optionsanleihen im Handelsrecht, Heidelberg 1987.

von Caemmerer, Ernst, Obligationen als Substanzrechte, in: JZ 1951, S. 417.

Capelle, Paul-Gerhard, Der Genußschein als kapitalmarktfähiges Instrument der Eigenfinanzierung von Aktiengesellschaften, Braunschweig 1989.

Claussen, Carsten Peter, Der Genußschein und seine Einsatzmöglichkeiten, in: Festschrift für Winfried Werner zum 65. Geburtstag, Berlin, New York 1984, S. 81.

Claussen, Carsten Peter, Anmerkung zu BGH, Urteil vom 5.10.1992 - II ZR 172/92, in: AG 1993, S. 132.

Commerzbank, Investment Research, Genußscheine, Frankfurt a.M. 1998.

Decher, Christian, Personelle Verflechtungen im Aktienkonzern, Heidelberg 1990.

Decher, Christian, Die Zulässigkeit des qualifizierten faktischen Aktienkonzerns, in: DB 1990, S. 2005.

Dehmer, Hans, Umwandlungsgesetz, Umwandlungsteuergesetz, 2. Aufl., München 1996.

Deilmann, Barbara, Die Entstehung des qualifizierten faktischen Konzerns, Berlin 1990.

Drücke, Heiner, Die Haftung der Muttergesellschaft für Schulden der Tochtergesellschaft, Köln, Berlin, Bonn, München 1990.

Düringer, Albert / Hachenburg, Max, Handelsgesetzbuch, Band 3 / Teil 1 Einleitung: Die Aktiengesellschaft im Leben der Wirtschaft und §§ 178 - 230a HGB, 3. Aufl., Mannheim, Berlin, Leipzig 1934.

von Einem, Henning, Die Rechtsnatur der Option, Berlin 1974.

Emde, Achim, Der Genußschein als Finanzierungsinstrument, Bochum 1987.

Emde, Achim, Die Auswirkungen von Veränderungen des Unternehmenskapitals auf Bestand und Inhalt von Genußrechten, in: DB 1989, S. 209.

Emmerich, Volker, Der heutige Stand der Lehre vom GmbH-Konzernrecht, in: AG 1987, S. 1.

Emmerich, Volker / Sonnenschein, Jürgen, Konzernrecht, 6. Aufl., München 1997.

Emmerich, Volker / Habersack, Mathias, Aktienkonzernrecht, Kommentar zu den §§ 15 - 22 und 291 - 328 AktG, München 1998.

Ernst, Tassilo, Der Genußschein im deutschen und schweizerischen Aktienrecht, Zürich 1963.

Ernst, Tassilo, Der Genußschein als Kapitalbeschaffungsmittel, in: AG 1967, S. 75.

Exner, Werner, Beherrschungsvertrag und Vertragsfreiheit, Frankfurt a.M., Bern, New York, Nancy 1984.

Feddersen, Dieter / Knauth, Klaus-Wilhelm, Eigenkapitalbildung durch Genußscheine, Frankfurt a. M. 1988.

Feddersen, Dieter / Meyer-Landrut, Andreas, Mehr Rechtssicherheit für Genußscheine, in: ZGR 1993, S. 312.

Feddersen, Dieter / Kiem, Roger, Die Ausgliederung zwischen „Holzmüller“ und neuem Umwandlungsrecht, in: ZIP 1994, S. 1078.

Flume, Werner, Allgemeiner Teil des Bürgerlichen Rechts, Band I 2, Die juristische Person, Heidelberg, New York, Tokyo 1983.

Forstmoser, Peter / Meier-Hayoz, Arthur / Nobel, Peter, Schweizerisches Aktienrecht, Bern 1996.

Frantzen, Christopher, Genußscheine, Köln, Berlin, Bonn, München 1993.

von Godin, Reinhard / Wilhelmi, Hans, Aktiengesetz, Band 1 §§ 1 - 178 AktG, Band 2 §§ 179 - 410 AktG, EGAktG, 4. Aufl., Berlin, New York 1971.

Gehling, Christian, „Obligationsähnliche Genußrechte“: Genußrechte oder Obligation, in: WM 1992, S. 1093.

Georgakopoulus, Leonidas, Zur Problematik der Wandelschuldverschreibung, in: ZHR 130 (1957), S. 84.

Georgiades, Apostolos, Optionsvertrag und Optionsrecht, in: Festschrift für Karl Larenz 1973, S. 409.

Geßler, Ernst, Leitungsmacht und Verantwortlichkeit im faktischen Konzern, in: Festschrift für Harry Westermann zum 65. Geburtstag, Karlsruhe 1974, S. 145.

Geßler, Ernst, Überlegungen zum faktischen Konzern, in: Festschrift für Werner Flume zum 70. Geburtstag, Band II, Köln 1978, S. 55.

Geßler, Ernst, Schutz vor Fremdeinflüssen in Aktienrecht, in: ZHR 145 (1981), S. 457.

Geßler, Ernst, Rücklagenbildung bei Gewinnabführungsverträgen, in: Beiträge zum Zivil-, Steuer- und Unternehmensrecht: Festschrift für Heinz Meilicke, Berlin, Heidelberg, New York, Tokyo 1985 , S. 18.

Geßler, Ernst / Hefermehl, Wolfgang / Eckardt, Ulrich / Kropff, Bruno, Aktiengesetz, Kommentar, Band 1 §§ 1 - 75 AktG, München 1973 - 1984, Band 2 §§ 76 - 147 AktG, München 1973 - 1974, Band 3 §§ 148 - 178 AktG, München 1973, Band 4 §§ 179 - 240 AktG München 1988 - 1994, Band 5 §§ 241 - 290 AktG, München 1984 - 1986, Band 6 §§ 291 - 410 AktG, München 1975 - 1994.

Goerdeler, Reinhard, Rücklagenbildung nach § 58 Abs. 2 AktG 1965 im Konzern, in: WPg 1986, S. 229.

Göhrum, Angelika, Einsatzmöglichkeiten von Genußrechten bei einer notleidenden GmbH oder AG, Frankfurt a.M. 1992.

Götz, Heinrich, Die Sicherung der Rechte der Aktionäre der Konzern-obergesellschaft bei Konzernbildung und Konzernleitung, in: AG 1984, S. 85.

Gottlieb, Josef, Der Genußschein im deutschen Recht, Berlin 1931.

Goutier, Klaus / Knopf, Rüdiger / Tulloch, Anthony, Kommentar zum Umwandlungsrecht, Heidelberg 1996.

Großkommentar, Aktiengesetz, Band 3 §§ 179 - 290 AktG, Band 4 §§ 291 - 410 AktG, EGAktG, 3. Aufl., Berlin, New York 1970-75; 5. Lieferung §§ 179 - 191 AktG, 4. Aufl., Berlin, New York 1995.

Habersack, Mathias, Genußrechte und sorgfaltswidrige Geschäftsführung, in: ZHR 155 (1991), S. 378.

Hachenburg, Max, Gesetz betreffend die Gesellschaften mit beschränkter Haftung (GmbHG), Großkommentar, Band 2 §§ 13 - 52 GmbHG, Band 3 §§ 53 - 85 GmbHG, 7. Aufl., Berlin, New York 1979.

Hachenburg, Max, Gesetz betreffend der Gesellschaften mit beschränkter Haftung (GmbHG), Großkommentar, Band 1 Allgemeine Einleitung §§ 1 - 34, 8. Aufl., Berlin, New York 1992.

Hammen, Horst, Unzulässigkeit aktiengleicher Genußrechte?, in: DB 1988, S. 2549.

Hammen, Horst, Offene Fragen beim Recht der Genußscheine, in: BB 1990, S. 1917.

Henrich, Dieter, Vorvertrag, Optionsvertrag, Vorrechtsvertrag, Berlin, Tübingen 1965.

Henze, Hartwig, Die Treupflicht im Aktienrecht, in: BB 1996, S. 489.

Hirte, Heribert, Genußscheine mit Eigenkapitalcharakter in der Aktiengesellschaft, in: ZIP 1988, S. 477.

Hirte, Heribert, Genußscheine und Kapitalherabsetzung, in: ZIP 1991, S. 1461.

Hirte, Heribert, Genüsse zum Versüßen vereinfachter Kapitalherabsetzungen, in: Festschrift für Carsten Peter Claussen zum 70. Geburtstag, Köln, Berlin, Bonn, München 1997.

Holzheimer, Dieter, Gestaltungsformen der Mitarbeiter - Beteiligung, in: Die Bank 1982, S. 16.

Hohner, Georg, Beherrschungsvertrag und Verschmelzung, in: DB 1973, S. 1487.

Holzheimer, Dieter, Die steuerliche Behandlung von Optionsanleihen, insbesondere beim Erwerber, in: WM 1986, S. 1169.

Hommelhoff, Peter, Die Konzernleitungspflicht, Köln, Berlin, Bonn, München 1982.

Hommelhoff, Peter, Der Verlustausgleich im Mehrmütter-Vertragskonzern, in: Festschrift für Reinhard Goerdeler zum 65. Geburtstag, Düsseldorf 1987, S. 221.

Hommelhoff, Peter, Praktische Erfahrungen mit dem Abhängigkeitsbericht, - Ergebnisse einer rechtstatsächlichen Umfrage, in: ZHR 156 (1992), S. 295.

Hommelhoff, Peter, Konzernmodelle und ihre Realisierung im Recht, in: Jean Nicolas Druey (Hrsg.), Das St. Galler Konzernrechtsgespräch, Bern, Stuttgart 1988, S. 107.

Hommelhoff, Peter / Druey, Jean Nicolas, Empfiehlt es sich, das Recht faktischer Unternehmensverbindungen - auch im Hinblick auf das Recht anderer EG-Staaten - neu zu regeln?, 59. DJT, Band I, München 1992, S. G 7 / H 1.

Hueck, Alfred, Die Behandlung von Wandelschuldverschreibungen bei Änderung des Grundkapitals, in: DB 1963, S. 1347.

Hueck, Alfred / Canaris, Claus-Wilhelm, Recht der Wertpapiere, 12. Aufl., München 1986.

Hüffer, Uwe, Aktiengesetz, 4. Aufl., München 1999.

IDW (Hrsg.), Die Fachgutachten und Stellungnahmen des Instituts der Wirtschaftsprüfer auf dem Gebiete der Rechnungslegung und Prüfung, Düsseldorf 1998.

Jauernig, Othmar, (Hrsg.), Bürgerliches Gesetzbuch mit Gesetz zur Regelung des Rechts der Allgemeinen Geschäftsbedingungen, 8. Aufl., München 1997.

Kallrath, Jürgen, Die Inhaltskontrolle der Wertpapierbedingungen von Wandel- und Optionsanleihen, Gewinnschuldverschreibungen und Genußscheinen, Köln 1994.

Kamprad, Balduin, Ausgleichszahlungen nach § 304 AktG in einem mehrstufigen Konzern, in: AG 1986, S. 321.

Kantzas, Ioannis, Das Weisungsrecht im Vertragskonzern, Frankfurt a.M. 1988.

Köhler, Helmut, Kapitalerhöhung und vertragliche Gewinnbeteiligung, in: AG 1984, S. 197.

Koch, Karl / Vogel, Horst, Zur handels- und steuerrechtlichen Behandlung von Optionsanleihen, in: BB 1986, Beilage 10 zu Heft 24/1986, S. 1.

Kölner Kommentar zum Aktiengesetz, 1. Aufl., Band 1 §§ 1 - 147 AktG, Köln, Berlin, Bonn, München 1985, Band 2 §§ 148 - 290 AktG, Köln, Berlin, Bonn, München 1985, 2. Aufl.: Band 1 §§ 1 - 75 AktG, Köln, Berlin, Bonn, München 1988, Band 2 §§ 76 - 94 AktG, Köln, Berlin, Bonn, München 1988 - 1995, Band 5/1 §§ 179 - 240 AktG, Köln, Berlin, Bonn, München 1989 - 1995, Band 6, §§ 291 - 328 AktG, Köln, Berlin, Bonn, München 1987.

Konzen, Horst, Arbeitnehmerschutz im Konzern, in: RdA 1984, S. 65.

Koppensteiner, Hans-Georg, Ordentliche Kapitalerhöhung und dividendenabhängige Ansprüche Dritter, in: ZHR 139 (1975), S. 191.

Kowalski, André, Der Ersatz von Gesellschafts- und Gesellschafterschaden, Köln 1990.

Kropff, Bruno, 25 Jahre Aktiengesetz - Was waren die Ziele, was wurde erreicht?, in: Lutter, 25 Jahre Aktiengesetz, Düsseldorf 1991, S. 19.

Kropff, Bruno, Konzerneingangskontrolle bei der qualifiziert konzerngebundenen AG, in: Festschrift für Reinhard Goerdeler zum 65. Geburtstag, Düsseldorf 1987, S. 259.

Kropff, Bruno, Benachteiligungsverbot und Nachteilsausgleich im faktischen Konzern, in: Festschrift für Walther Kastner zum 70. Geburtstag, Wien 1992, S. 279.

Kropff, Bruno, Die Beschlüsse des Aufsichtsrats zum Jahresabschluß und zum Abhängigkeitsbericht, in: ZGR 1994, S. 628.

Kropff, Bruno, Der „faktische" Konzern als Rechtsverhältnis, in: DB 1967, S. 2147 (Teil I), S. 2204 ( Teil II).

Kropff, Bruno, Aktiengesetz, Textausgabe des Aktiengesetzes vom 6.9.1965 mit Begründung des Regierungsentwurfs und Bericht des Rechtsausschusses des Deutschen Bundestages, Verweisungen und Sachverzeichnis, Düsseldorf 1965.

Larenz, Karl, Lehrbuch des Schuldrechts, Band 1, Allgemeiner Teil, 14. Aufl., München 1987.

Larenz, Karl, Lehrbuch des Schuldrechts, Band 2, 1. Halbband, Besonderer Teil, 13. Aufl., München 1986.

Larenz, Karl / Canaris Claus-Wilhelm, Lehrbuch des Schuldrechts, Band 2, 2. Halbband, Besonderer Teil, 13. Aufl., München 1994.

van Look, Frank, Zum Anlegerschutz bei Genußrechten, in: Bundschuh/Hadding/Schneider (Hrsg.), Recht und Praxis der Genußscheine, Schriften zum deutschen und ausländischen Geld-, Bank- und Börsenrecht Bd. 16, Frankfurt a.M. 1987, S. 35.

Loos, Gerold, Sachgemäße Ausgestaltung der Bedingungen von Wandelschuldverschreibungen zum Schutze der Wandelschuldverschreibungsgläubiger, in: DB 1960, S. 515 (Teil I), S. 543 (Teil II).

Lorch, Bernhard, Der börsenfähige aktienähnliche Genußschein, Bergisch Gladbach, Köln 1993.

Luchterhandt, Hans-Friedrich, Leitungsmacht und Verantwortlichkeit im faktischen Konzern, in: ZHR 133 (1970), S. 1.

Lutter, Marcus, 100 Bände BGHZ: Konzernrecht, in: ZHR 151 (1987), S. 444.

Lutter, Marcus, Das Recht der faktischen Unternehmensverbindungen und die Beschlüsse des 59. Deutschen Juristentages, in: DB 1992, S. 2429.

Lutter, Marcus, Die zivilrechtliche Haftung in der Unternehmensgruppe, in: ZGR 1982, S. 244.

Lutter, Marcus, Zur Binnenstruktur des Konzerns, in: Festschrift für Harry Westermann zum 65. Geburtstag, Karlsruhe 1974, S. 347.

Lutter, Marcus, Ausgabe von Genußscheinen und Jahresabschluß, in: Handelsrecht und Steuerrecht, Festschrift für Georg Döllerer, Düsseldorf 1988, S. 383.

Lutter, Marcus, Genußrechtsfragen - Besprechung der Entscheidungen BGH ZIP 1992, S. 1542 (Klöckner) und BGH ZIP 1992, S. 1728 (Bremer Bankverein) -, in: ZGR 1993, S. 291.

Lutter, Marcus, Rücklagenbildung in Konzern, in: Bilanz- und Konzernrecht, Festschrift für Reinhard Goerdeler zum 65. Geburtstag, Düsseldorf 1987, S. 327.

Lutter, Marcus / Hommelhoff, Peter, GmbH-Gesetz, Kommentar, 14. Aufl., Köln 1995.

Lutter, Marcus, Umwandlungsgesetz, Kommentar, 2. Aufl., Köln 2000.

Lutter, Marcus / Hirte, Heribert, Wandel- und Optionsanleihen in Deutschland und Europa, ZGR Sonderheft 16.

Luttermann, Claus, Anlegerschutz und Bezugsrechtsausschluß bei Genußrechten, in: DB 1993, S. 1809.

Luttermann, Claus, Unternehmen, Kapital und Genußrechte, Tübingen 1998.

Martens, Klaus-Peter, Die bilanzrechtliche Behandlung internationaler Optionsanleihen nach § 150 Abs. 2 AktG, in: Festschrift für Walter Stimpel zum 68. Geburtstag, Berlin, New York 1985, S. 621.

Martens, Klaus-Peter, Das Arbeitsverhältnis im Konzern, in: 25 Jahre Bundesarbeitsgericht, München 1979, S. 367.

Martens, Klaus-Peter, Die rechtliche Behandlung von Options- und Wandlungsrechten anläßlich der Eingliederung der verpflichteten Gesellschaft, in: AG 1992, S. 209.

Martens, Klaus-Peter, Kapitalrücklage und niedrigverzinsliche Optionsanleihe, in: Busse von Colbe/Großfeld/Kley/Martens/Schlede, Bilanzierung von Optionsanleihen im Handelsrecht, Heidelberg 1987.

Meilicke, Heinz, Wandelschuldverschreibungen bei Kapitalherabsetzung, in: BB 1963, S. 500.

Meilicke, Heinz, Welchen Genuß gewährt der Genußschein?, in: BB 1987, S. 1609.

Meilicke, Heinz, Inwieweit können Verluste aus Genußscheinen steuerlich geltend gemacht werden?, in: BB 1989, S. 465.

Mertens, Hans-Joachim, Die Haftung wegen Mißbrauchs der Leitungsmacht nach § 309 AktG in schadensersatzrechtlicher Sicht, in: AcP 168 (1968), S. 225.

Mestmäcker, Ernst-Joachim, Zur Systematik des Rechts der verbundenen Unternehmen im neuen Aktiengesetz, in: Festschrift für Heinrich Kronstein zum 70. Geburtstag, Karlsruhe 1967, S. 129.

Meyer, F., Wandelschuldverschreibungen, in: BB 1955, S. 549.

Möhring, Philipp, Zur Systematik der §§ 311, 317 AktG, in: Festschrift für Wolfgang Schilling zum 65. Geburtstag, Berlin, New York 1973, S. 253.

Münchener Handbuch des Gesellschaftsrechts, Band 4, Aktiengesellschaft, 2. Aufl., München 1999.

Münchener Kommentar zum Bürgerlichen Gesetzbuch, Band 1, Allgemeiner Teil §§ 1 - 240, AGB-Gesetz, 3. Aufl., München 1993, Band 2, Schuldrecht, Allgemeiner Teil §§ 241 - 432, 3. Aufl., München 1994, Band 5, Schuldrecht, Besonderer Teil III §§ 705 - 853, Partnerschafts-gesellschaftsG, ProdukhaftungsG, 3. Aufl., München 1997.

Niemeyer, Bruno, Genußrechtskapital von Privaten bei Sparkassen und Landesbanken/Girozentralen, Bonn 1990.

Palandt, Otto, Bürgerliches Gesetzbuch, 58. Aufl., München 1999.

Paschke, Marian, Rechtsfragen der Durchgriffsproblematik im mehrstufigen Unternehmensverbund, in: AG 1988, S. 196.

Pougin, Erwin, Genußrechte, in: Festschrift für Walter Oppenhoff zum 80. Geburtstag, München 1985, S. 275.

Pougin, Erwin, Genußrechte, Stuttgart 1987.

Raiser, Thomas, Recht der Kapitalgesellschaften, 2. Aufl., München 1992.

Reusch, Peter, Zur Einordnung der Genußrechte zwischen Vorzugsaktie und Gewinnschuldverschreibung, in: Bundschuh/Hadding/Schneider (Hrsg.), Recht und Praxis der Genußscheine, Schriften zum deutschen und ausländischen Geld-, Bank- und Börsenrecht Bd. 16, Frankfurt a.M. 1987, S. 21.

Reuter, Dieter, Verbesserung der Risikokapitalausstattung der Unternehmen durch Mitarbeiterbeteiligung?, in: NJW 1984, S. 1849.

Reuter, Dieter, Genuß ohne Reue?, in: AG 1985, S. 104.

Reuter, Dieter, Möglichkeiten und Grenzen gesellschaftsrechtlicher und kapitalmarktrechtlicher Maßnahmen mit dem Ziel einer verbesserten Eigenkapitalversorgung der deutschen Wirtschaft, in: Festschrift für Walter Stimpel zum 68. Geburtstag, Berlin, New York 1985, S. 645.

Rid-Niebler, Eva-Maria, Genußrechte als Instrumente der Eigenkapitalbeschaffung über den organisierten Kapitalmarkt für die GmbH, München 1988.

Rittner, Fritz, Gesellschaftsrecht und Unternehmenskonzentration - Zu den Vorschlägen der Monopolkommission -, in: ZGR 1990, S. 203.

Rowedder, Heinz, Gesetz betreffend die Gesellschaften mit beschränkter Haftung (GmbHG), Kommentar, 3. Aufl., München 1997.

Schäfer, Frank, Genußscheine mit Eigenkapitalcharakter, in: WM 1991, S. 1941.

Schlegelberger, Franz / Quassowski, Leo / Herbig, Gustaf / Geßler, Ernst / Hefermehl, Wolfgang, Aktiengesetz, Kommentar, 3. Aufl., Berlin 1939.

Schmidt, Karsten, Gesellschaftsrecht, 3. Aufl., Köln, Berlin, Bonn, München 1997.

Schmidt, Karsten, Verlustausgleich im qualifiziert faktischen Konzern, in: Hommelhoff/Stimpel/Ulmer (Hrsg.), Heidelberger Konzernrechtstage: Der qualifizierte faktische GmbH-Konzern, Köln 1992, S. 109.

Schmidt, Karsten, Abhängigkeit, faktischer Konzern, Nichtaktienkonzern und Divisionalisierung im Bericht der Unternehmensrechtskommission, in: ZGR 1981, S. 455.

Schmidt, Karsten, Abhängigkeit und faktischer Konzern als Aufgaben der Rechtspolitik, in: JZ 1992, S. 856.

Schneider, Uwe H., Genußrechte an Konzernunternehmen, in: Bilanz- und Konzernrecht, Festschrift für Reinhard Goerdeler zum 65. Geburtstag, Düsseldorf 1987, S. 511.

Schön, Wolfgang, Gibt es das partiarische Darlehen?, in: ZGR 1993, S. 210.

Scholz, Franz, Kommentar zum GmbH-Gesetz, Band 1 §§ 1 - 44 Anh. Konzernrecht, 8. Aufl., Köln 1993, 9. Aufl., Köln 2000, Band 2 §§ 45 - 85, 8. Aufl., Köln 1995.

Schumann, Günter, Optionsanleihen, Köln, Berlin, Bonn, München 1990.

Schwark, Eberhard, Gesellschaftsrecht und Kapitalmarktrecht, in: Festschrift für Walter Stimpel zum 68. Geburtstag, Berlin, New York 1985, S. 1087.

Sethe, Rolf, Genußrechte, Rechtliche Rahmenbedingungen und Anlegerschutz, in: AG 1993, S. 293 (Teil I), S. 351 (Teil II).

Soergel, Bürgerliches Gesetzbuch mit Einführungsgesetz und Nebengesetzen, Kommentar, 12. Aufl., Band 2, Schuldrecht I, Stuttgart, Berlin, Köln 1990, Band 3, Schuldrecht II, Stuttgart, Berlin, Köln 1991.

Silberberger, Axel, Der Partizipationsschein als Möglichkeit einer Mitarbeiterbeteiligung, Tübingen 1983.

Sonnenschein, Jürgen / Holdorf, Britta, Unbegrenzte Haftung eines GmbH Gesellschafters im Konzern, in: JZ 1992, S. 715.

von Staudinger, Julius, Kommentar zum Bürgerlichen Gesetzbuch mit Einführungsgesetz und Nebengesetzen; 13. Aufl., Erstes Buch, Allgemeiner Teil §§ 134 - 163, Berlin 1996, Zweites Buch, Recht der Schuldverhältnisse, Einleitung zu §§ 241 ff; §§ 241 - 243, Berlin 1995, Zweites Buch, Recht der Schuldverhältnisse §§ 255 - 292, Berlin 1995, Zweites Buch, Recht der Schuldverhältnisse §§ 293 - 327, Berlin 1995.

Stimpel, Walter, Durchgriffshaftung bei der GmbH: Tatbestände, Verlustausgleich, Ausfallhaftung, in: Festschrift für Reinhard Goerdeler zum 65. Geburtstag, Düsseldorf 1987, S. 601.

Stimpel, Walter, Die Rechtsprechung des BGH zur Innenhaftung des herrschenden Unternehmens im GmbH-Konzern, in: AG 1986, S. 117.

Stimpel, Walter, Haftung im qualifizierten faktischen GmbH-Konzern, in: ZGR 1991, S. 144.

Strohn, Lutz, Die Verfassung der AG im faktischen Konzern, Köln, Berlin, Bonn, München 1977.

Sura, Achim, Die Behandlung des Fremdeinflusses in Unternehmensverbindungen, in: ZHR 145 (1981), S. 432.

Thielemann, Arno, Das Genußrecht als Mittel der Kapitalbeschaffung und der Anlegerschutz, Pfaffenweiler 1988.

Thomas, Jürgen, Rücklagenbildung im Konzern, in: ZGR 1985, S. 365.

Ulmer, Peter, Verlustübernahmepflicht des herrschenden Unternehmens als konzernspezifischer Kapitalerhaltungsschutz, in: AG 1986, S. 123.

Ulmer, Peter, Gläubigerschutz im qualifizierten faktischen GmbH-Konzern, in: NJW 1986, S. 1579.

Voigt, Annette, Umwandlung und Schuldverhältnis, Heidelberg 1997.

Vollmer, Lothar, Der Genußschein - ein Instrument für mittelständische Unternehmen zur Eigenkapitalbeschaffung an der Börse, in: ZGR 1983, S. 445.

Vollmer, Lothar, Eigenkapitalbeschaffung für die GmbH durch Börsenzugang, in: GmbHR 1984, S. 329.

Vollmer, Lothar / Lorch, Bernhard, Der Schutz des aktienähnlichen Genußkapitals bei Kapitalveränderungen, in: ZBB 1992, S. 40.

Wedel, Hermann, Der Partizipationsschein als Kapitalbeschaffungsmittel der Aktiengesellschaften, Berlin 1969.

Wellkamp, Ludger, Die Haftung von Geschäftsleitern im Konzern, in: WM 1993, S. 2155.

Werner, Winfried, Probleme der Anwendung des § 303 AktG im qualifizierten faktischen GmbH-Konzern, in: Festschrift für Reinhard Goerdeler zum 65. Geburtstag, Düsseldorf 1987, S. 677.

Werner, Winfried, Gewinnverwendung im Konzern, in: Festschrift für Walter Stimpel zum 68. Geburtstag, Berlin, New York 1985, S. 935.

Westermann, Harm Peter, Grundfragen der Rechtsfortbildung im Aktienkonzernrecht, in: Festschrift für Klemens Pleyer zum 65. Geburtstag, Köln, Berlin, Bonn, München 1986, S. 421.

Widmann, Siegfried / Mayer, Dieter, Umwandlungsrecht, Umwandlungsgesetz, Umwandlungsteuergesetz, Kommentar, 47. Aktualisierung, Bonn 1999.

Wiedemann, Herbert, Die Unternehmensgruppe im Privatrecht, Tübingen 1988.

Wiedmann, Harald, Bilanzrecht, Kommentar zu den §§ 238 - 342a HGB, München 1999.

WP-Handbuch 1996, Handbuch für Rechnungslegung, Prüfung und Beratung, Band I, 11. Aufl., Düsseldorf 1996.

Wünsch, Horst, Der Genußschein im Sinne des § 174 AktG als Instrument der Verbriefung privatrechtlicher Ansprüche, in: Möglichkeiten und Grenzen der Rechtsordnung, Festschrift für Rudolf Strasser zum 60. Geburtstag, Wien 1983, S. 871.

Würdinger, Hans, Betrachtungen zum faktischen Konzern, in: DB 1973, S. 45.

Würdinger, Hans, Aktienrecht, 1. Aufl., Karlsruhe 1959.

Würdinger, Hans, Aktien- und Konzernrecht, 3. Aufl., Karlsruhe 1973.

Würdinger, Hans, Aktienrecht und das Recht der verbundenen Unternehmen, 4. Aufl., Heidelberg, Karlsruhe 1981.

Zöllner, Wolfgang, Empfiehlt es sich, das Recht faktischer Unternehmensverbindungen neu zu regeln?, in: 59. DJT, München 1992, S. R 35.

Zöllner, Wolfgang, Die Anpassung dividendensatzbezogener Verpflichtungen von Kapitalgesellschaften bei effektiver Kapitalerhöhung, in: ZGR 1986, S. 288.

Kolibri 360 GmbH
Ferdinand-Jühlke-Straße 7
99095 Erfurt, Deutschland
produktsicherheit@kolibri360.de

Druck:
CPI Druckdienstleistungen GmbH
im Auftrag der
Kolibri 360 GmbH
Ferdinand-Jühlke-Str. 7
99095 Erfurt